PERSPECTIVES COMPARATISTES
sous la direction de Véronique Gély et Bernard Franco
112

Entre Atlantique et océan Indien

Judith Misrahi-Barak

Entre Atlantique et océan Indien

Les voix de la Caraïbe anglophone

PARIS
CLASSIQUES GARNIER
2021

Judith Misrahi-Barak est maître de conférences au département d'études anglophones de l'université Paul-Valéry Montpellier 3 et membre du centre de recherches Études montpelliéraines du monde anglophone (EMMA). Ses recherches portent principalement sur les littératures caribéennes anglophones, les écritures migrantes et diasporiques, ainsi que les littératures dalit.

ISBN 978-2-406-12408-5 (livre broché)
ISBN 978-2-406-12409-2 (livre relié)
ISSN 2103-480X

AVERTISSEMENTS

Certains chapitres se sont occasionnellement appuyés sur des analyses antérieures publiées en anglais dans des ouvrages collectifs ou des revues universitaires. Les références ont été données en notes de bas de page ou dans la bibliographie finale même si les perspectives sont différentes.

La façon de faire référence à la littérature caribéenne ou noire américaine a changé au fil des décennies, tant en anglais qu'en français. Selon les époques et les contextes cette évolution pourra se refléter dans le volume. Les expressions « afro-caribéenne », « indo-caribéenne » et « sino-caribéenne » seront utilisées pour la littérature, par souci de cohérence, même si par ailleurs c'est l'expression « africaine américaine » ou « noire américaine » qui sera préférée.

Les citations tirées des archives et autres sources primaires en anglais ont été traduites en français et intégrées dans le corps du texte. Le texte original figure dans les notes de bas de pages. De façon à alléger la lecture, les citations de sources secondaires ont été seulement traduites et insérées dans le corps du texte. Toutes les traductions sont de mon fait, sauf mention contraire.

INTRODUCTION

Le 28 novembre 2017, Paulette Wilson raconte au quotidien *The Guardian* comment, en 2015, elle a reçu une injonction de quitter le territoire britannique, sous prétexte qu'elle était immigrante illégale. Arrivée au Royaume-Uni en 1968 pour rejoindre ses grands-parents, elle est pourtant menacée d'expulsion vers la Jamaïque qu'elle a quittée lorsqu'elle était âgée de 10 ans[1]. Décédée brutalement le 23 juillet 2020 à l'âge de 64 ans, Paulette Wilson est la première à travers laquelle est dénoncé le « scandale du Windrush », qui allait secouer le Royaume-Uni en 2018 et 2019, comme peu de scandales auparavant[2]. Si quelques articles avaient déjà été publiés depuis 2013 dans la presse britannique, la publication de son histoire fin 2017 amorce une prise de conscience dans l'opinion publique de la problématique à laquelle se trouve confrontée la *Windrush Generation*, ainsi nommée en référence aux premiers 492 immigrants caribéens arrivés sur l'*Empire Windrush* en 1948 pour reconstruire le Royaume-Uni après la guerre. Les situations d'Anthony Thompson, de Sarah O'Connor, d'Elwado Romeo, de Michael Brathwaite, puis celles de beaucoup d'autres, sont révélées dans les semaines suivantes, eux aussi menacés d'expulsion comme s'ils n'avaient pas travaillé au Royaume-Uni pendant plusieurs dizaines d'années, comme s'ils n'étaient pas arrivés avant l'*Immigration Act* de 1973 qui donna un droit de résidence permanente aux immigrants arrivés entre 1948 et 1973. Ils sont parfois refoulés aux frontières lors de leur retour vers le Royaume-Uni après un déplacement ou des vacances, parfois internés dans le camp de détention de *Yarl's Wood*, en préparation à leur expulsion. Droits à la retraite, allocations logement, assurances santé et autres indemnités sont supprimés du jour au lendemain. Plusieurs milliers de Britanniques qui pensaient

1 « "I can't Eat or Sleep" : The Woman Threatened with Deportation after 50 Years in the UK », *The Guardian*, 28 novembre 2017.

2 On pourra lire son histoire dans cette nécrologie : « Without Paulette Wilson, the Windrush Might Have Remained Hidden », *The Guardian*, 24 juillet 2020.

être citoyens et citoyennes se retrouvent simples sujets de la Couronne et victimes des décisions iniques de l'administration du Home Office. Avant d'être contrainte à démissionner de son poste à la tête du Home Office le 29 avril 2018, Amber Rudd s'applique à mettre en place ce que Theresa May appelait de ses vœux dès 2012 lorsqu'elle occupait le même poste et déclarait vouloir créer « *a hostile environnement* » pour les immigrants illégaux. Un rapport indépendant, « *Windrush Lessons Learned Review* », a été publié et rendu officiel en mars 2020, mettant l'accent sur les leçons à tirer du scandale du Windrush, mais de nombreuses situations n'ont toujours pas été résolues[3]. Ce qui est particulièrement choquant est non seulement la totale indifférence à la vie de personnes qui ont contribué à la reconstruction du Royaume-Uni après la guerre et y ont fondé des familles, mais surtout la méconnaissance délibérée de l'histoire coloniale britannique et des raisons historiques profondes qui avaient amené des milliers de Caribéens et autres colonisés à venir s'installer au Royaume-Uni en espérant une vie meilleure.

En 2020, un autre scandale de la migration s'est joué en Inde, elle aussi marquée par la colonisation britannique jusqu'à l'Indépendance de 1947. Dans le contexte de la pandémie du COVID-19, le gouvernement du Premier Ministre Narendra Modi décide un confinement strict de l'ensemble du pays à partir du 24 mars. Décrété sans concertation avec les différents états qui composent la fédération indienne et avec un simple préavis de quatre heures, le confinement laisse des millions de travailleurs journaliers désemparés, soudainement sans revenus. Appartenant souvent à l'économie informelle sur laquelle l'Inde repose pour 80 % de son activité, ces travailleurs migrants se déplacent d'un bout à l'autre du pays en fonction des opportunités de travail. Déjà discriminés et exploités en temps normal, ils sont les premières victimes des mesures de restriction mises en place pour limiter la propagation du virus avec, entre autres, l'arrêt des transports ferroviaires et routiers. Ayant le choix, tout relatif, entre risquer de contracter le virus ou mourir de faim puisqu'ils n'ont souvent pas accès aux aides mises en place par les gouvernements des états ou le gouvernement central, ils en sont réduits à faire la migration inverse, tentant de rentrer dans leurs villages, à pied. Congédiés du jour au lendemain par leurs employeurs, sans moyens de protection

---

3 Voir « *Windrush Lessons Learned Review* », rapport indépendant rédigé par Wendy Williams, à la demande de la « *House of Commons* » en mars 2020.

sanitaire et ostracisés par le reste de la population dans un pays dont le mode de fonctionnement religieux, social, politique et culturel s'appuie de toute façon sur des mesures de « distanciation sociale » des basses castes, leur total dénuement et la vulnérabilité extrême dans laquelle ils se retrouvent ont ému les opinions publiques et les media, en Inde et dans le monde entier.

Si le scandale de 2017-2018 a redonné une visibilité à la *Windrush Generation* et à ses contributions à l'économie, aux arts et à la culture britannique tout en faisant remonter à la surface les abjections des suites de la colonisation de la Caraïbe, la crise des migrants en Inde dans le sillage de la pandémie de 2020, puis de la deuxième vague au printemps 2021, a aussi ravivé les mémoires et déclenché des comparaisons avec les migrations antérieures, elles aussi constitutives de la nation indienne même si elles sont trop souvent ignorées par l'historiographie. Dans le contexte indien, les images des migrants jetés sur les routes appellent immanquablement celles de la Partition de 1947 et des réfugiés des nations séparées. Mais alors que les migrations de la Partition et les violences perpétrées entre Hindous et Musulmans d'alors peuvent être attribuées aux conséquences toxiques de la colonisation britannique, de l'exacerbation construite du communautarisme et des jeux pervers des politiques locales, la crise des migrants indiens dans le contexte de la pandémie de 2020 est la conséquence de la seule gouvernance indienne.

Il est une autre migration dont le souvenir est ravivé par les milliers de migrants cherchant refuge et subsistance. La plupart des migrants travaillant dans les états du Gujarat, du Maharashtra ou dans le territoire de Delhi, viennent des villages du Bihar ou de l'Uttar Pradesh, ces mêmes états qui avaient vu un afflux de candidats à l'émigration au XIXe siècle et au début du XXe siècle, lorsque les colons britanniques, français et hollandais cherchaient à remplacer les Africains émancipés après la fin de l'esclavage atlantique (1833 et 1848 pour les empires britannique et français). Leur histoire a été occultée pendant de longues générations, même, et surtout, en Inde. Poussés à la migration par la misère, l'oppression de caste, les dettes chroniques ou les discriminations de genre, souvent leurrés par les sergents recruteurs des instances coloniales, plus d'un million d'Indiens et d'Indiennes entre 1834 et 1917 se sont « engagés » pour aller travailler dans les plantations de sucre à la Caraïbe, à Fiji, à Maurice ou en Afrique du Sud. Dans les deux cas, qu'ils aient traversé les mers ou un sous-continent, ces hommes et ces femmes sont partis parce qu'ils ne pouvaient pas rester. Ils ont quitté leur village natal pour ne pas mourir de faim. Les migrants de 2020 sont aussi rentrés chez eux pour ne pas mourir de faim. Qu'ils aient été « pollués » par la traversée des mers et la perte de leur caste, ou « contaminés » par le virus, ceux qui sont rentrés ont souvent été confrontés au même ostracisme à leur retour. Si les migrants du XIXe siècle et ceux de 1947 ont pu construire une vie nouvelle dans leur terre d'accueil, l'état indien de 2020 a fabriqué ses propres réfugiés sur le sol indien, en transit entre un lieu qu'ils doivent quitter pour survivre et un lieu où ils ne peuvent rester de peur de mourir, illégitimes et précaires où qu'ils aillent[4].

La *Windrush Generation* n'a pas sombré dans le même oubli ni subi la même indifférence que les « engagés » indiens et leurs descendants, loin s'en faut. Mais dans les deux cas, les scandales récents liés à ces migrations intercontinentales ou nationales ne peuvent que faire revivre dans les esprits les mouvements de population plus anciens et leurs innombrables croisements. Une migration récente rappelle toujours celle qui l'a précédée, comme un souvenir écran qui masque celui qu'on veut oublier.

Depuis avant notre ère jusqu'à aujourd'hui, la Caraïbe est faite de migrations forcées, contraintes ou volontaires. Faite de traversées, elle nous tend un miroir et rappelle à chacun et chacune d'entre nous, de façon insistante, que nous le sommes aussi, d'une façon ou d'une autre, quel que soit notre lieu d'ancrage. Tout à la fois lieu de conflit et lieu de rencontre, ligne de faille et ligne de fuite entre les histoires, les cultures et les langues, la Caraïbe nous offre un horizon multiple, loin des oppositions binaires entre colonisateur et colonisé, maître et esclave, noir et blanc. Elle est un archipel formé d'éléments composites, assemblés au fil des conquêtes, des génocides et des massacres, des migrations contraintes ou volontaires vers la Caraïbe ou loin d'elle, des petites et grandes aliénations du quotidien, un archipel construit au fur et à mesure d'une « créolisation » des langues et des cultures grâce à laquelle chacun et chacune peut se réapproprier une histoire subie et la réinventer constamment pour former un objet nouveau. Née

---

4 Parmi les nombreuses comparaisons publiées dans la presse indienne en anglais, on peut citer l'article de Dilip M. Menon, « Not Just Indentured Labourers : Why India Needs to Revisit its Pre-1947 History of Migration », *Scroll.in*, 16 janvier 2018.

dans la violence de ce qu'Édouard Glissant appelle « le lieu clos » de la Plantation[5], formée d'éléments disparates, la Caraïbe est une construction en permanente évolution :

> [...] la mer Caraïbe est une mer qui diffracte et qui porte à l'émoi de la diversité. Non seulement est-ce une mer de transit et de passages, c'est aussi une mer de rencontres et d'implications. Ce qui se passe dans la Caraïbe pendant trois siècles, c'est littéralement ceci : une rencontre d'éléments culturels venus d'horizons absolument divers et qui réellement se créolisent, qui réellement s'imbriquent et se confondent l'un dans l'autre pour donner quelque chose d'absolument imprévisible, d'absolument nouveau et qui est la réalité créole[6].

Entre oppression de l'autre et recréation de soi, elle est plurielle, fluide et mobile. Là où va la diaspora caribéenne, va aussi cette diversité, changeant à son tour les populations auxquelles elle se mêle. Si la domination de la Caraïbe (anglophone, francophone, hispanophone ou néerlandophone) s'est faite par les armes, la destruction des peuples premiers amérindiens, la mise en esclavage des Africains transportés d'Afrique de l'Ouest puis le travail engagé des immigrants indiens et chinois, elle s'est aussi faite par l'imposition d'un cadre de pensée, la mise sous tutelle de la vie individuelle et collective, le contrôle des esprits autant que des corps, la reproduction forcée et l'imitation contrainte des canons littéraires et esthétiques.

La littérature caribéenne s'est fondée au cœur de ces tensions entre imitation mi-imposée, mi-consentie, domination rejetée et création renouvelée. Elle entretient un rapport complexe avec les textes qui ont longtemps constitué le régime principal des élèves de niveau primaire et secondaire, forcés de les ingurgiter, de les digérer et de les recracher. Elle est née des stratégies de contournement et d'opposition mises en place – réappropriation du canon littéraire européen, créolisation de la langue des métropoles, subversion et détournement du sens. Elle marque aussi et surtout l'émergence d'un objet unique et multiple tout à la fois, qui n'est pas seulement la somme des différents éléments agrégés les uns aux autres mais qui se laisse moduler par les influences héritées des autres cultures en provenance d'Afrique, d'Europe, d'Asie du Sud et du Sud-Est, et plus récemment du Moyen-Orient. Il devient impossible de

5 Édouard Glissant, *Poétique de la Relation*, Paris, Gallimard, 1990, p. 78.

6 Édouard Glissant, *Introduction à une Poétique du divers*, Paris, Gallimard, 1996, p. 14-15.

retrouver une origine unique pour chaque culture, sa racine unique, tant les influences se sont croisées et l'archipel a été traversé de multiples courants. C'est d'ailleurs ce que la Caraïbe démontre de façon magistrale et la raison pour laquelle nous avons besoin de la lire aujourd'hui de façon si urgente : si les chemins migratoires, contraints ou volontaires, l'emportent sur le point d'origine – la différence faite par Paul Gilroy entre « *routes* » et « *roots* » est maintenant bien connue[7] – est-il jamais possible d'identifier ce qui serait une racine unique ? Même si c'est sans doute la Caraïbe qui en fait la mise en œuvre la plus admirable, chacun et chacune d'entre nous peut être emporté dans ce « chaos », à des degrés divers, dans cette existence « archipélique », pour reprendre le terme d'Édouard Glissant, cette « pensée non systématique, intuitive, explorant l'imprévu de la totalité-monde. Une autre forme de pensée plus intuitive, plus fragile, menacée mais accordée au chaos du monde et à ses imprévus, ses développements [...][8] ».

De nombreux écrivains, penseurs et théoriciens ont travaillé à dissiper l'illusion selon laquelle la Caraïbe serait le seul produit de son histoire. Outre Glissant, Antonio Benitez-Rojo utilise dans cette perspective l'image sonore de la « polyrythmie » pour interpréter la Caraïbe sans la réduire à une opposition binaire entre colonisateur et colonisé, ni au simple résultat des confrontations et conflits de l'histoire[9]. La polyrythmie, combinaison simultanée de plusieurs rythmes dans une composition musicale, offre ainsi une approche non-réductrice de la Caraïbe qui fait valoir toute sa créativité.

La littérature caribéenne présente et exécute cette diversité des langues, des histoires et des cultures qui se croisent, qui changent en échangeant, cette créolisation plus « imprévisible » que le métissage[10]. Elle se saisit de ces contrastes et de ces conflits. Par l'utilisation dans les mêmes œuvres de genres multiples, de langues et de styles variés, d'espace-temps contrastés, elle met en jeu tensions et variations jusqu'à transformer la société et la culture d'où elle émerge. Elle incarne les multiples ajustements historiques, transferts linguistiques et autres traductions culturelles rendus nécessaires par les traumatismes, les arrachements et les relocalisations. Elle est un

7 Paul Gilroy, *The Black Atlantic : Modernity and Double Consciousness*, Cambridge, MA., Harvard University Press, 1993.

8 Édouard Glissant, *Introduction à une poétique du divers*, *op. cit.*, p. 43.

9 Antonio Benitez-Rojo, *The Repeating Island : The Caribbean and Post-modern Perspective*, Durham, Duke University Press, 1992.

10 Édouard Glissant, *Introduction à une poétique du divers*, *op. cit.*, p. 89.

prisme à travers lequel passé et présent se reflètent l'un l'autre. Se pourrait-il que nos migrations présentes éclairent notre passé ? Peut-on lire l'Europe ou l'Inde contemporaine à travers la Caraïbe et inversement ? Se pourrait-il que ce passé, plus ou moins familier et plus ou moins étrange, soit éclairé par ce présent souvent incompréhensible ? La littérature caribéenne peut-elle nous aider à négocier nos identités multiples dans un présent dont le sens parfois nous échappe ?

Entre Atlantique et océan Indien – les voix de la Caraïbe anglophone a pour buts principaux de faire découvrir la littérature anglophone de la Caraïbe à un public francophone et de contribuer à une lecture plus souple de cette littérature, certes modelée par le traumatisme de l'esclavage et par l'Atlantique noir, mais pénétrée de nombreuses autres influences. La dimension indienne de la Caraïbe n'est pas toujours mise en valeur autant qu'elle devrait l'être, si ce n'est par des spécialistes en études indianocéaniques. La traversée de l'Atlantique, comme celle du *Kala pani* (de l'Hindi, les « eaux noires ») de l'océan Indien par les Indiens ou les Chinois au XIXe siècle, habite le volume dans son ensemble.

L'ouvrage invite à lire la littérature caribéenne en empruntant des approches variées et des tempos différents – mises en contexte, rappels historiques ou contemporains mais aussi comparaisons et micro-lectures. Bien que l'ouvrage n'adopte pas une perspective historique à proprement parler, des contextualisations facilitent l'accès à cette littérature anglophone de l'archipel de la Caraïbe, faisant ainsi le lien entre la littérature née de l'esclavage et celle née du travail engagé. La relecture de l'histoire et des archives, leur constante réécriture par la fiction et la non-fiction donne l'un de ses fils rouges à l'ouvrage, avec ce questionnement au centre : quelles sont les sources de cette diversité, comment la littérature s'en est-elle emparée à travers la relecture et la réécriture des archives, comme à travers une utilisation souple des genres littéraires ? En quoi cette diversité nous est-elle absolument nécessaire dans l'époque qui est la nôtre ? Il s'agira aussi de comprendre comment le texte littéraire témoigne de l'indicible et ordonne la transmission d'une parole, envers et contre tout.

Les lectures croisées mettent en évidence les liens entre auteurs anglophones et auteurs francophones[11]. Il ne s'agit pas de faire des comparaisons

11 Jacques-Stephen Alexis, Nathacha Appanah, Marie-Célie Agnant, Patrick Chamoiseau, Maryse Condé, Raphaël Confiant, Joël des Rosiers, Édouard Glissant, René Philoctète, Gisèle Pineau, Khal Torabully, Evelyne Trouillot.

systématiques mais plutôt de créer des passages et de susciter simultanément plaisir de la reconnaissance et plaisir de la découverte. Les chapitres sont structurés de façon à permettre aux lecteurs de retrouver, sous un autre angle, certains des textes qu'ils viennent de découvrir. Là encore, rien de systématique. Certains auteurs anglophones ne sont évoqués que dans un seul chapitre[12], tandis que plusieurs autres reviennent d'un chapitre à l'autre[13]. Pour alléger la lecture, les citations des sources primaires sont traduites dans le corps du texte, tandis que le texte dans sa langue première est mis en note de bas de page, les citations des sources secondaires ne figurant que dans leur traduction en français[14].

Décliné en sept chapitres, l'ouvrage a été pensé comme un parcours entre les textes. Le premier chapitre rappelle les sources du récit d'esclave et le contexte anglophone dans lequel, contrairement au monde francophone, il s'est développé entre 1760 et 1865. Une comparaison est ensuite faite de façon à pouvoir comprendre les deux vagues de réécriture qui ont lieu aux États-Unis dans les années 1960 et à la Caraïbe et dans le reste du monde à la fin du XXe siècle et au début du XXIe siècle. La question qui émerge est celle de cette réécriture de textes qui avaient longtemps été considérés comme des textes premiers, des archives qui recelaient les voix « authentiques » des Africains asservis puis émancipés. En s'inspirant des récits d'esclaves originels et de leurs premières réécritures par des écrivains africains américains, plusieurs écrivains caribéens contemporains comme Fred D'Aguiar, David Dabydeen, Marlene Nourbese Philip ou Caryl Phillips éclairent de façon détournée cette littérature de l'esclavage sous le prisme de l'hybridité, de la polyphonie et des dimensions transnationales et transgénériques. Ils posent aussi la question de l'éthique de la réécriture et du rapport complexe entre histoire, mémoire, archive et fiction dans les textes littéraires. L'étymologie du mot archive (*arkheîon*, la résidence du magistrat) dans l'interprétation que Jacques Derrida propose du mot, tout à la fois « commencement » et « commandement[15] », ouvre des chemins qui seront explorés tout au long du volume.

12 Gaiutra Bahadur, James Berry, Myriam Chancy, Austin Clark, Michelle Cliff, Denise Harris, Linton Kwesi Johnson, Alicia Mc Kenzie, Peggy Mohan, VS Naipaul, Marlene Nourbese Philip, Caryl Phillips, Patricia Powell, Clem Seecharan, Ryhaan Shah, Jan Lowe Shinebourne.

13 Fred D'Aguiar, David Dabydeen, Edwidge Danticat, Ramabai Espinet, Jamaica Kincaid, Shani Mootoo, Olive Senior.

14 Toutes les traductions sont de mon fait, sauf mention contraire.

15 Jacques Derrida, *Mal d'archive*, Paris, Galilée, 1995, p. 11.

Des Africains emmenés en esclavage aux travailleurs engagés indiens et chinois, deux océans sont traversés dans le deuxième chapitre, qui retrace la traversée du *Kala pani* par les Indiens ou les Chinois ayant quitté l'Inde ou la Chine pour venir travailler à la Caraïbe, pensant trouver un eldorado. Ce chapitre retrace aussi l'émergence d'une littérature indo- et sino-caribéenne à partir des années 1950. Si la littérature de l'Atlantique noir a pu se fonder sur des témoignages de première main, très peu de sources primaires ont été laissées par les travailleurs engagés pendant les migrations des années 1834-1917. La question des archives et de leurs lacunes est donc posée à nouveau, ainsi que celle de leur réécriture, par des auteurs comme David Dabydeen ou Jan Lowe Shinebourne. Les écrivains du XXe siècle ont créé leur littérature à partir d'archives encore plus lacunaires que dans le cas de la traversée forcée de l'Atlantique. C'est la littérature de fiction qui fait redécouvrir ce qui a longtemps été appelé un « second esclavage », cette autre diaspora indienne de la Caraïbe pour laquelle l'Inde a peu à peu cessé d'être une référence et une mère Patrie.

Le troisième chapitre éclaire la façon dont les migrations d'Afrique, d'Asie et d'Europe vers la Caraïbe, et plus récemment les migrations de la Caraïbe vers l'Europe, les États-Unis ou le Canada, ont créé une dynamique unique, une *translation* dont il est difficile de trouver un équivalent ailleurs. Loin de considérer ces migrations comme une cause de mutilation et de perte, de nombreux auteurs et autrices caribéens y ont trouvé une source de vitalité, de créativité et de résilience, tant et si bien qu'ils ont contribué à faire évoluer le sens même du mot diaspora. N'est-ce pas un écrivain haïtien, Joël des Rosiers, qui est à l'origine du concept de « métaspora », ces espaces diasporiques auxquels s'accrochent « les contradictions liées à l'origine, au sexe et à la différence[16] » ? À travers la mise en écriture de ces espaces et de ces temporalités uniques, ce chapitre est une occasion de faire un bref état des lieux de l'évolution du terme et du concept de « diaspora » mais il est surtout une occasion de lire des auteurs comme Myriam Chancy, Ramabai Espinet ou Patricia Powell, qui font fi du « cauchemar binaire » et déconstruisent la binarité diasporique par la multiplicité fluide et multidirectionnelle du texte. Dans cette recomposition, la question n'est plus tant de savoir où

16 Joël Des Rosiers, *Théories Caraïbes – Poétique du déracinement*, Montréal, Triptyque, 1996, p. 162.

commence l'archive ni où elle finit mais plutôt de savoir comment elle est transcrite, interprétée, traduite, transmise, par qui, à qui et pour qui.

Le quatrième chapitre, à travers les lettres envoyées par-delà les océans Atlantique et Indien, dessine les identités reconfigurées entre Inde et Caraïbe – ces lettres qui ont été imaginées, interprétées, traduites, transcrites puis envoyées par des instances différentes. C'est à travers les correspondances officielles échangées entre Protecteurs des Émigrants en Inde et Protecteurs des Immigrants à la Caraïbe, puis archivées par les autorités coloniales, qu'il faut imaginer en filigrane la trame des vies individuelles, deviner des situations douloureuses ou inextricables, et imaginer les fils enchevêtrés des rêves collectifs. Ceux qui quittaient l'Inde avec des contrats de travailleurs engagés espéraient y revenir, enrichis, quelques années plus tard mais seule une minorité fit le voyage en sens inverse. Ce chapitre invite à s'interroger sur les enjeux de telles correspondances, rarement réciproques, souvent à sens unique ou interrompues. Il permet aussi de suivre Ramabai Espinet, Gaiutra Bahadur, Peggy Mohan et Clem Seecharan sur les traces de leur grand-mère et arrière-grand-mère, tous reconstruisant par une fiction qui se mêle à la non-fiction, et inversement, un parcours à l'origine de leur propre vie. L'expérimentation de la porosité des frontières entre les genres est une facette de ce désir de créer sans cesse des histoires qui permettent de se réinventer.

Physiquement séparées de leurs destinataires comme de leurs destinateurs, flottant dans un espace intermédiaire ou liminal, les lettres, ces petits objets de papier d'avant l'ère électronique, objets diasporiques par excellence, ramènent le passé à la surface du présent. Elles rendent le corps de leur auteur présent pour son destinataire au-delà de l'absence physique, complexifiant ainsi la chronologie temporelle et l'organisation spatiale, la transformant en un espace-temps autre, hybride et composite. C'est l'objet du cinquième chapitre. Les lettres envoyées d'un continent à l'autre mais qui restent sans réponse sont nombreuses. Leur absence marque, en creux, les archives, tout comme les textes de fiction qui nous intéressent ici. Elles alimentent l'imaginaire des écrivains par les zones d'ombre qu'elles contiennent. L'utilisation de l'objet épistolaire dans des textes qui ne sont pas des romans épistolaires à proprement parler permet de mettre en perspective les rapports complexes entre pays d'origine et pays d'accueil, entre attachement et désir de rupture, créant ainsi une poétique de l'écart, du décentrement et du décalage. James Berry, Jamaica Kincaid et Linton Kwesi Johnson rejoindront Fred D'Aguiar, David Dabydeen, Myriam Chancy, Ramabai Espinet, Caryl Phillips, Patricia Powell, Olive Senior et Edwidge Danticat, rencontrés précédemment.

La réinvention de soi à l'œuvre dans les migrations dont il a été question, forcées ou volontaires, ne peut être poursuivie que si les secrets et les silences accumulés au fil des générations peuvent être sondés. Même s'ils ne sont pas entièrement dissipés, leur traduction/*translation* en mots permet d'approcher une certaine résolution. Les romans abordés ou retrouvés dans le sixième chapitre sont tous des romans de la famille violentée par l'esclavage, la colonisation et la migration, et violentée à nouveau par les silences et les secrets enfouis de la plantation, comme si nous n'avions toujours pas quitté cette plantation. La mise en lumière du travail d'écriture de certains textes de Austin Clarke, Edwidge Danticat, Ramabai Espinet, Denise Harris, Jamaica Kincaid, Shani Mootoo, Patricia Powell ou Ryhaan Shah, vise à éclairer comment les textes utilisent le silence à la fois comme thème et comme rhétorique. La mise en écho et en écoute peut alors générer une mise en parole et faire résonner des voix jamais entendues auparavant. Une dialectique de l'oral et de l'écrit est mise en place dans l'écriture pour lutter de façon subversive contre la chape de silence qui a pesé sur des générations. L'utilisation faite dans les textes littéraires caribéens de la parole et du silence est alors non seulement la réponse à une évolution historique mais aussi une subversion de celle-ci. C'est au cœur de cette complexité que se forge la prise de conscience du trauma engendré par l'esclavage et la colonisation, ainsi que la résilience qui en émerge.

Comme le dernier chapitre s'efforce de le montrer, l'écriture de fiction tend à lever les entraves à la parole et à faire émerger l'histoire hors de ses silences. La reconstruction post-traumatique se fait non seulement par la création des personnages, des discours et des styles et l'élaboration de l'intrigue, mais aussi par l'utilisation de formes littéraires alternatives. Que ce soit par le jeu dialogique autour du monologue, du dialogue et de l'écriture polyphonique, ou par une certaine (ré-)organisation de l'espace et du temps narratifs, la souplesse des formes littéraires est à l'œuvre. Dans tous les romans ou nouvelles d'Austin Clarke, Edwidge Danticat, Denise Harris, Shani Mootoo ou Ryhaan Shah, considérés dans ce chapitre, l'expérimentation avec la malléabilité générique est l'un des aspects d'une exploration littéraire aux avant-postes de l'exploration sociale, historique et politique. Souplesse générique, relectures et traductions creusent les voies que les textes empruntent pour affiner notre compréhension du passé et du présent. Les jeux autour de certains genres littéraires comme la fiction policière sont l'une des voies adoptées. Les traductions sont aussi une façon de prolonger la vie d'un texte et de relancer une investigation que l'on aurait pu croire arrêtée. Ce dernier chapitre, dont l'un des mots-clés est la « Relation » en référence à Glissant, se concentre principalement sur les circulations qui permettent à un texte de se lier à d'autres textes et à leurs lecteurs et lectrices, apaisant ainsi, autant que possible, les impacts traumatiques.

Pour m'avoir offert leur hospitalité chaleureuse dans un lieu qui a facilité l'écriture, au plus près des colibris, je suis infiniment reconnaissante à Maggi Morehouse et David Weintraub. Pour leurs lectures du manuscrit à différentes étapes de son évolution, pour leurs suggestions et leur indéfectible amitié, tous mes remerciements vont à Sally Barbour, Vicki Briault-Manus et Gisèle Venet.

LES VOIX DE L'HISTOIRE (1)

Récits d'esclaves et néo-récits d'esclaves

CADRES ET DÉFINITIONS[1]

Lorsque l'on parle de récits d'esclaves, on pense tout d'abord aux premiers récits qui ont été écrits par des Africains réduits en esclavage ou affranchis, dont Henry Louis Gates Jr. a de façon pionnière établi le corpus. Un récit d'esclave est défini tout d'abord par la date de sa publication. Pour Henry Louis Gates Jr. les deux premiers récits d'esclaves sont le récit de Briton Hammon, *Narrative of the Uncommon Sufferings, and Surprizing (sic) Deliverance of Briton Hammon, a Negro Man…* en 1760 et celui de James Albert Ukawsaw Gronniosaw, *A Narrative of the Most Remarkable Particulars in the Life of James Albert Ukawsaw Gronniosaw, An African Prince, Written by Himself*, publié aux environs de 1770. Il n'y a plus *stricto sensu* de récits d'esclaves après l'abolition de l'esclavage aux États-Unis en 1865. Gates justifie la période entre 1760 et 1865 comme opératoire pour l'étude des récits d'esclaves :

> De façon quelque peu arbitraire nous avons défini comme 'récits d'esclave' les seuls récits publiés avant 1865, date après laquelle l'esclavage cesse de droit. […] Nous avons choisi cette date pour des raisons littéraires : la structure des récits et leurs stratégies narratives génériques ont été modifiées de façon dramatique une fois que le milieu dans lequel ils étaient écrits a lui aussi été modifié de façon dramatique. Après l'abolition de l'esclavage, la nécessité pour l'esclave de *s'écrire* dans la communauté humaine et sociale afin de pouvoir exister à travers l'utilisation de la première personne, a, elle aussi, cessé d'exister[2].

1 Le début de ce chapitre retravaille des analyses antérieures publiées en français et en anglais : « Postérités anglophones et francophones des récits d'esclaves : regards vers le XXe et XXIe siècle », *Littérature et esclavage*, Sarga Moussa, éd. Paris, Éditions Desjonquères, 2010, p. 385-396, ainsi que « Post-*Beloved* Writing : Review, Revitalize, Recalculate », *Black Studies Papers* 1.1, 2014, *Slavery Revisited*, p. 37-55.

2 Henry Louis Gates Jr., *The Slave's Narrative*, Oxford University Press, 1985, p. XII-XIII.

Même si 1760-1865 est effectivement la grande période du récit d'esclave en anglais, principalement dans l'aire nord-américaine, avec plus de six mille récits répertoriés à ce jour, il faut noter que des témoignages oraux et écrits d'anciens esclaves ont été enregistrés et rédigés jusqu'en 1940, principalement aux États-Unis. Un abondant corpus en anglais existe pendant la période considérée, alors qu'il n'y a aucun récit d'esclave en français pendant la même période. Roger Little suggère plusieurs éléments qui permettent de comprendre cette absence d'autant plus surprenante qu'elle est totale[3]. L'élément principal semble être le réseau important des abolitionnistes en Angleterre, qui a permis la création en 1787 de la Société pour l'abolition de la traite puis de la Société pour l'abolition de l'esclavage une fois que la traite eut été abolie dans l'Empire britannique en 1807, le mouvement se poursuivant jusqu'à l'abolition de l'esclavage en 1833. Ce sont ces abolitionnistes qui ont aidé les Africains en esclavage ou affranchis à écrire et à publier leurs récits afin de faire connaître la réalité de l'esclavage. Il n'y avait pas de tels réseaux en France à l'époque, donc aucune urgence à montrer les horreurs de l'esclavage ou à démontrer la nécessité de l'abolir.

D'autre part, le rapport entre le maître et l'esclave n'était sans doute pas le même et le rapport à la langue et à la religion non plus. Même si l'accès à l'écrit était dans les deux cas interdit, cet interdit était moins rigide du côté anglo-saxon, sans doute à cause de la présence des missionnaires qui tentaient d'éduquer et de convertir les esclaves, la religion protestante ayant toujours favorisé un accès plus direct à l'utilisation personnelle de la Bible et donc, l'accès à la lecture. Cet outil de conversion religieuse était aussi un outil éducatif et favorisait dans certains cas l'accès à l'écrit.

Outre la date de publication, l'autre élément essentiel dans la définition de ce qu'est un récit d'esclave est le genre auquel il appartient. Le caractère autobiographique du récit est essentiel, les événements doivent avoir été vécus par le narrateur qui les raconte, il doit y avoir identité entre auteur, narrateur et personnage. Bref, la prise de parole à la première personne est primordiale. C'est d'ailleurs par cet élément que Robert Stepto commence son étude du récit d'esclave :

---

3 Voir le chapitre de Roger Little dans *Littérature et esclavage*, « Pirouettes sur l'abîme : réflexions sur l'absence en français de récits autobiographiques d'esclaves noirs », p. 142-153.

> La voix morale, perçante, de l'ancien esclave qui raconte, expose, interpelle, apostrophe et par-dessus tout, se souvient des épreuves traversées en esclavage, est le trait le plus marquant d'un récit d'esclave. Cette voix impressionne par ce qu'elle relate mais plus encore parce que le fait qu'il possède cette voix est sans doute sa seule réussite permanente après qu'il se fut enfui et inscrit dans un paysage nouveau, plus vaste[4].

Les récits les plus connus sont ceux d'Olaudah Equiano, de Frederic Douglass, d'Harriet Jacobs ou de Mary Prince, tous publiés entre 1760 et 1865[5]. Si ce sont des récits à la première personne, il n'en demeure pas moins que ces textes, et les autres, sont entourés d'un paratexte important puisqu'il était fréquent que des documents contemporains à la narration soient ajoutés, offrant ainsi au lecteur une authentification du texte central. Le rapport entre le texte à la première personne et le paratexte qui l'entoure est ce qui fait question dans le genre du récit d'esclave.

Stepto introduit des catégories intéressantes, qui permettent d'aborder l'émergence de l'autobiographie dans la littérature africaine américaine. Pour lui, un premier état (« primal state or first phase ») est représenté par des récits qui reposent entièrement sur le paratexte. *Narrative of the Life and Adventures of Henry Bibb*, publié en 1849 en est un exemple, c'est ce que Stepto appelle un ensemble narratif éclectique (« *eclectic narrative form* »)[6], une sélection de textes divers. Lorsque ce paratexte – lettres, préfaces, garanties, articles de journaux, et tout autre document dont la fonction sera d'authentifier le récit lui-même – est complètement intégré dans le récit de l'esclave ou de l'ancien esclave, la forme textuelle est plus sophistiquée, un deuxième état qui intègre dans un texte unique sa propre authentification : c'est le texte intégré (« *integrated narrative* »). L'exemple que prend Stepto est *Twelve Years a Slave* de Solomon Northup, publié en 1854. Dans ce second état « le récit d'esclave est plus sophistiqué car la voix de l'esclave prend en charge bien davantage le récit de l'histoire[7] ». Un troisième état apparaît avec une plus grande sophistication du texte et deux possibilités se font jour : soit le récit de l'esclave domine l'appareil paratextuel dans

4 Robert Stepto, *From Behind the Veil : A Study of Afro-American Narrative*, 1979, Urbana and Chicago, University of Illinois Press, 1991, p. 3.
5 On peut se référer aux récits d'esclaves originels dans la bibliographie finale.
6 *From Behind the Veil*, *op. cit.*, p. 4.
7 *Ibid.*, p. 4.

une mesure telle que l'on peut le classer dans un genre reconnaissable tel que « histoire, fiction, essai ou autobiographie » et parler de narration générique (« *generic narrative* ») – c'est le cas de *Narrative of the Life of Frederick Douglass, an American Slave, Written by Himself* en 1845[8]. Soit c'est l'appareil paratextuel qui demeure le moteur essentiel et Stepto parle alors de stratégies d'authentification (« *authenticating strategies* ») – c'est le cas de *Narrative of the Life and Escape of William Wells Brown*, en 1852[9]. Il est passionnant d'essayer de démêler à quel moment un texte devient effectivement « générique » au sens où Stepto l'utilise, et cesse d'avoir besoin d'une authentification extérieure à lui-même. Il faut avoir connaissance des récits d'esclaves originels pour pouvoir comprendre et évaluer la naissance et la maturation de la littérature africaine américaine[10].

À partir de la fin du XIXe siècle, ces récits d'esclaves sont peu à peu tombés dans l'oubli, comme si l'acte de l'abolition avait aussi aboli la réalité de l'esclavage et ses conséquences à long terme, même si la traite s'est poursuivie de façon illégale. Ce n'est que pendant les années 1960, lorsque les États-Unis traversent la tourmente liée aux droits civiques, que des écrivains africains américains reprennent le moule du récit d'esclave et en font une nouvelle source d'inspiration.

Paradoxalement, c'est dans l'aire francophone que l'on trouve les pionniers de ce retour littéraire : quelques romans de l'esclavage revisité, et du marronnage, sont publiés dès la fin des années 1920. Marie-Christine Rochmann fait une distinction entre les romanciers uniquement attachés à peindre le passé, catégorie où elle place Drasta Houël, Sully Lara, César Pulvar, Léonard Sainville et Raphaël Tardon, et d'autre part René Clarac, Bertène Juminer et Edouard Glissant, intéressés par ce qu'elle appelle les « effets de miroir » entre passé et présent[11]. Ces romans furent suivis de celui de Simone et André Schwartz-Bart,

8 *Ibid.*, p. 5.

9 *Ibid.*, p. 4.

10 Pour une étude plus approfondie, on pourra se reporter au premier chapitre de *Behind the Veil : A Study of Afro-American Narrative*, « I Rose and Found my Voice : Narration, Authentication, and Authorial Control in Four Slave Narratives », p. 3-31. Le chapitre suivant « Lost in a Cause : Booker T. Washington's *Up from Slavery* », p. 32-51, s'efforce de démontrer que l'œuvre est un classique de la littérature africaine américaine précisément parce qu'il n'entre dans aucune des catégories préalablement définies.

11 Marie-Christine Rochmann, *L'esclave fugitif dans la littérature antillaise*, Paris, Karthala, 2000, p. 7-8. On pourra consulter le détail des titres dans la bibliographie finale.

Un Plat de porc aux bananes vertes en 1967. André Schwartz-Bart, né en France dans une famille polonaise exterminée à Auschwitz, publie *La Mulâtresse Solitude* en 1972. Ces romans peuvent être assimilés à ce que l'on peut appeler le roman des descendants.

Dans l'aire anglophone, c'est le roman de Margaret Walker en 1966, *Jubilee*, qui secoue les consciences et réveille les fantômes, créant un impact plus important que celui créé par les romans en français, sans doute parce que justement, il revisitait une tradition bien ancrée dans les repères littéraires anglophones, se réappropriant le genre du récit d'esclave. Un an après, William Styron publie *Confessions of Nat Turner.* Quatre ans plus tard, Ernest Gaines publie *The Autobiography of Miss Jane Pittman.* En 1975, c'est au tour de Gayl Jones de publier *Corregidora*, puis Ishmaël Reed *Flight to Canada* en 1976, la même année que *Roots* de Alex Haley. En vingt ans donc, quatre ou cinq des écrivains considérés comme importants parmi les écrivains africains américains, publient ces romans dans lesquels ils se tournent vers cette période que beaucoup pensaient pouvoir rayer d'un trait de plume. Loin de s'épuiser à la fin des années 1970, cette deuxième vague est devenue une tendance majeure du roman africain américain et a continué de se développer tout au long des années 1980 et 1990. On pense aussi à David Bradley, Barbara Chase-Riboud, Charles Johnson, Shirley Anne Williams, entraînant dans leur sillage poètes (Elizabeth Alexander, Clarence Major, Marilyn Nelson), dramaturges (Robbie McCauley, Susan Lori Parks, August Wilson) et plasticiens (Renée Green, David Hammons, Isaac Julien, Glenn Ligon, Kerry James Marshal, Adrian Piper, Lorna Simpson, Kara Walker), si on se limite aux États-Unis.

Il faut attendre une vingtaine d'années après la parution de *Jubilee* pour qu'une définition de ce nouveau genre soit formulée par la critique anglo-saxonne et que ces réécritures prennent véritablement leur place dans le canon de la littérature nord-américaine. C'est Bernard Bell qui, le premier, fonde le terme de « *neo-slave narrative* » dans un ouvrage général sur le roman africain américain. Ashraf H. Rushdy reprend le terme et approfondit l'étude de la dimension littéraire et politique[12]. Il explique fort bien comment on peut interpréter cette résurgence d'intérêt pour la période de l'esclavage en la resituant dans le contexte du mouvement

12 Bernard Bell, *The Afro-American Novel and its tradition*, Amherst, University of Massachusetts Press, 1987.

pour les droits civiques aux États-Unis pendant les années soixante et les transformations qui ont eu lieu dans le domaine politique, social et institutionnel. Les relectures dans lesquelles se sont engagés les écrivains d'une histoire jusque-là écrite selon une perspective unique ont permis une réinterprétation globale de la période de l'esclavage et surtout une mise en regard du passé et du présent. Il est intéressant de constater, là encore, l'absence de terme spécifique en français pour désigner ces romans et le genre-même auquel ils appartiennent, comme si, la catégorie n'existant pas, il serait plus facile de nier l'importance et la vitalité du genre, au cas où celui-ci dérangerait. Les termes de « néo-récits d'esclaves » ou « romans de l'esclavage » soulignent néanmoins la différence entre le récit originel et sa réécriture.

Les critiques semblent s'accorder sur la définition de ces néo-récits d'esclaves comme étant des « romans contemporains qui prennent la forme, adoptent les conventions, et empruntent la première personne des récits d'esclaves d'avant la guerre civile[13] ». Ce sont soit des romans historiques situés pendant l'esclavage, soit des pseudo-autobiographies ou des pseudo-récits, reprenant la première personne des récits originels mais dans une perspective fictionnelle. Pendant cette même période, ce sont des dizaines de romans de l'esclavage qui trouvent éditeur, jusque dans les années 1980 avec par exemple *Beloved*, de Toni Morrison en 1987, ou *Dessa Rose*, de Shirley Williams, la même année, ou encore *Kindred*, d'Octavia Butler en 1988.

On peut penser à première vue qu'il est aisé de distinguer entre les deux périodes, et d'établir des catégories étanches. D'un côté, les récits originels, publiés au XVIIIe et XIXe siècles, dont le personnage principal est le narrateur des événements traversés et l'auteur du livre publié. De l'autre, des romans nourris par une imagination qui s'appuie sur une certaine volonté de reconstitution afin de poursuivre l'œuvre de dénonciation d'un héritage encombrant qui s'invite un peu trop dans le présent. D'un côté, les faits, l'expérience vécue et le témoignage. De l'autre, la fiction. Et pourtant, les choses ne sont bien sûr pas si simples. On peut se demander si le récit d'esclave originel n'était pas déjà en lui-même un écrit plus hybride qu'il n'y paraît à première vue. Certes, l'auteur, le narrateur et le personnage semblent être la même

13 H. A. Rushdy, *Neo-Slave Narratives : Studies in the Social Logic of a Literary Form*, New York, Oxford University Press, 1999, p. 3.

personne, et le livre semble avoir été écrit de façon monologique –on entend une seule voix, celle de l'esclave qui a réussi soit à s'échapper soit à acheter sa liberté. Il faut pourtant prendre en compte que ces récits n'ont pu parvenir à publication que grâce à l'aide des abolitionnistes qui ont commencé à être actifs en Angleterre ou aux États-Unis dans les années 1780[14]. D'un côté de l'Atlantique comme de l'autre, les différentes sociétés pour l'abolition de la traite puis de l'esclavage s'appuyaient sur les témoignages des esclaves pour leurs campagnes de sensibilisation. Il fallait frapper les esprits par les récits des horreurs perpétrées sur les plantations au nom de l'Empire et du confort de ses habitants, sans trop choquer néanmoins pour ne pas détourner l'opinion publique de cette cause.

De plus, la voix du narrateur contenait aussi la voix de tous les Africains, affranchis ou non, qui n'avaient pu parler, écrire, publier, et dont il était le porte-parole. Pour reprendre la formulation de Stepto, « les récits d'esclaves sont emplis d'autres voix[15] ». Ainsi, même les premiers récits étaient déjà polyphoniques, ils bruissaient déjà des voix de tous les esclaves et de tous les abolitionnistes, rassemblés derrière la voix en apparence unique du narrateur-personnage du récit lui-même[16]. Comment être sûr qu'un récit d'esclave n'est qu'un récit et n'intègre aucun élément fictionnel ? Une narration, quelle qu'elle soit, ne fusionne-t-elle pas toujours, un peu plus ou un peu moins, réalité et fiction ? Les récits originels n'étaient-ils pas déjà hybrides, déjà impurs en quelque sorte, mêlant fait et imagination ? Un choix était déjà opéré parmi les éléments mis en avant dans le récit, certaines choses étaient dites, d'autres cachées ou voilées. La dualité était déjà là, politique et littéraire, rhétorique et métaphysique, individuelle et collective, faite d'imitation et d'originalité, se nourrissant du débat sur l'authenticité

14 La Société pour l'abolition de la traite (Society for the Abolition of the Slave Trade) est fondée en Angleterre en 1787 par Granville Sharp et Thomas Clarkson. Après l'abolition de la traite en 1807 dans l'Empire Britannique, une nouvelle société pour l'abolition de l'esclavage (Anti-Slavery Society) fut fondée en 1823, qui comptait parmi ses membres Thomas Clarkson et William Wilberforce. L'équivalent fut fondé en 1833 aux États-Unis, en Pennsylvanie (American Anti-Slavery Society) même si des pionniers avaient déjà fondé la Pennsylvania Abolition Society en 1775.

15 *From Behind the Veil*, *op. cit.*, p. 3.

16 Bénédicte Ledent parle de cet aspect dans « Slavery Revisited through Vocal Kaleidoscopes : Polyphony in Novels by Fred D'Aguiar and Caryl Phillips », dans Judith Misrahi-Barak, éd., *Revisiting Slave Narratives*, coll « Horizons anglophones », série *PoCoPages*, Montpellier, Presses universitaires de la Méditerranée, 2005, p. 281-293.

et l'appropriation. Un texte comme *Our Nig*, écrit par Harriet Wilson en 1859 sur le modèle du récit d'esclave, est considéré comme le premier roman écrit par une écrivaine africaine américaine. C'est peut-être même le premier exemple extrêmement précoce d'un néo-récit d'esclave, annonçant déjà Booker T. Washington et Richard Wright, ces pionniers de la littérature de l'esclavage et du roman des descendants. Lorsque Stepto parle de l'autobiographie de Booker T. Washington, *Up from Slavery* (1901) ou de *The Souls of Black Folk* de W.E.B Du Bois (1903), il suggère que les livres ont obtenu le statut de « classiques de la littérature africaine américaine » justement parce qu'ils bousculent les catégories génériques bien définies entre le récit d'esclave et l'autobiographie.

À la fin des années 1980 et début des années 1990, émerge ce que l'on pourrait appeler la troisième période de la littérature de l'esclavage. C'est celle qui va retenir l'attention dans les pages suivantes. Parmi les écrivains francophones, Maryse Condé publie *Moi, Tituba, sorcière noire de Salem* en 1986, Patrick Chamoiseau *L'esclave vieil homme et le molosse* en 1997 et Raphaël Confiant, en 2006, *Nègre Marron*. Parmi les écrivains anglophones, de la même façon que Margaret Walker avait inauguré une période où se tourner à nouveau vers l'esclavage était urgent, l'écrivain caribéen Caryl Phillips lance avec *Cambridge* (1991) une nouvelle phase, caribéenne cette fois. Pendant la dernière décennie du XXe siècle et la première du XXIe, il ne s'agit plus de quelques romans singuliers. De nombreux auteurs d'origine caribéenne vont eux aussi, une fois de plus mais selon un angle différent car ne se limitant plus seulement à l'aire nord-américaine, remettre l'esclavage et le roman de l'esclavage sur le métier. Viennent alors les romans de Beryl Gilroy, *Stedman and Joanna* (1991), de Barry Unsworth, *Sacred Hunger* (1992), de Caryl Phillips, *Cambridge* (1991) et *Crossing the River* (1993), de Michelle Cliff, *Free Enterprise* (1993), juste avant Fred D'Aguiar, *The Longest Memory* (1994) et *Feeding the Ghosts* (1997), ainsi que ceux de David Dabydeen, *The Harlot's Progress* (2000) et de Lawrence Hill, *The Book of Negroes* (2010), ou encore ceux de Dionne Brand, *At the Full and Change of the Moon* (1999) et d'Austin Clarke, *The Polished Hoe* (2003)[17]. Il pourrait sembler

17 On peut aussi mentionner ceux de Philippa Gregory, *A Respectable Trade* (1995) et de S. I. Martin, *Incomparable World* (1996), même s'ils ne seront pas étudiés ici faute de place. Il aurait pourtant été intéressant de comprendre pourquoi seul *A Respectable Trade*, roman populaire qui appartient au genre de la *romance*, a été adapté au cinéma. *Incomparable World* traite d'un aspect intéressant, peu étudié, les Africains en lutte contre leur statut

y avoir une prédominance d'ouvrages écrits par des auteurs caribéens ou de la diaspora caribéenne, mais des auteurs nord-américains, africains américains ou africains canadiens, continuent aussi de publier à la fin du XXe siècle de nombreux néo-récits d'esclaves (Barbara Chase-Riboud, California J. Cooper, Valérie Martin, Phyllis Perry, Shirley Williams, etc.). Cette production littéraire abondante ne se limite pas à la fiction, les écrivains mentionnés ici revisitent l'esclavage en faisant bouger les frontières entre les genres : le poète et Lauréat du Prix Nobel de littérature, Derek Walcott, écrit la pièce de théâtre *Dream on Monkey Mountain* (1972) ; le romancier et poète Fred D'Aguiar écrit un roman en vers, *Bloodlines* (2000). Le roman de Simone Schwartz-Bart *Un Plat de porc aux bananes vertes* (1967) mêle témoignage de la Shoah et roman de l'esclavage, rapprochant les deux plus grands génocides des temps modernes.

Outre des éléments de structure formelle, il semble que le point de convergence des romans anglophones et francophones de cette troisième période, plus caribéenne que les deux premières, se creuse autour de la problématique du *détour* (Glissant). Comme expliqué ci-dessus, le récit d'esclave est un genre quasiment inconnu à la Caraïbe. Aucun récit d'esclave en français dans la Caraïbe francophone. Presqu'aucun en anglais, à l'exception de celui de Mary Prince, *The History of Mary Prince, a West Indian Slave* (1831). Pourtant, les écrivains contemporains caribéens se lancent à partir des années 1990 dans des réécritures de ce genre jamais pratiqué en tant que récit à la première personne à la Caraïbe. Les indépendances et l'émergence des études postcoloniales ayant créé un contexte différent, ils renouvellent donc, selon leurs propres termes, un genre qui a été principalement exercé par leurs prédécesseurs africains et africains américains au XVIIIe et XIXe siècles, puis dans les années 1960 sous la forme des réécritures que l'on connaît. En procédant par emprunt, par *détour*, et de façon indirecte, transnationale, transgénérique et transtextuelle, ils parviennent à accéder à une mise en écriture jusqu'alors impossible et à pointer la nécessité, dans la deuxième moitié du XXe siècle et première décennie du XXIe siècle, de tourner à nouveau son regard vers la question de l'esclavage, de sa représentation, de son écriture et de sa réécriture.

---

d'esclaves en Amérique aux côtés des Britanniques au moment de la Révolution et qui se sont retrouvés à Londres dans les années 1780 au début du mouvement abolitionniste.

Ces fictions du XXe et XXIe siècles dirigent à nouveau notre regard vers les premiers récits d'esclaves et reposent la question de l'authenticité pour souligner qu'il n'y a pas, finalement, de texte premier qui serait « pur », « authentique ». Ces récits premiers étaient déjà un mélange hybride d'expérience vécue et d'expérience reconstruite à travers le langage et l'imaginaire. Les récits d'esclaves ont longtemps été considérés comme des archives et comme sources originelles qu'il fallait traiter comme telles. Ici, on doit se souvenir de l'étymologie du mot *archive* telle qu'elle est éclairée par Jacques Derrida :

> *Arkhé* [...] nomme le *commencement* et le *commandement*. Ce nom coordonne apparemment deux principes en un : le principe selon la nature ou l'histoire, *là où* les choses *commencent* – principe physique, historique ou ontologique –, mais aussi le principe selon la loi, *là où* des hommes et des dieux *commandent*, *là où* s'exerce l'autorité, l'ordre social, *en ce lieu* depuis lequel *l'ordre est donné – principe nomologique*[18].

Le sens du mot « archive » vient du grec *arkheîon*, défini par Derrida comme suit :

> [D]'abord une maison, un domicile, une adresse, la demeure des magistrats supérieurs, les *archontes*, ceux qui commandaient. Aux citoyens qui détenaient et signifiaient ainsi le pouvoir politique, on reconnaissait le droit de faire ou de représenter la loi. Compte tenu de leur autorité ainsi publiquement reconnue, c'est chez eux, dans ce *lieu* qu'est leur maison (maison privée, maison de famille ou maison de fonction), que l'on dépose alors les documents officiels. Les archontes en sont d'abord les gardiens. Ils n'assurent pas seulement la sécurité physique du dépôt et du support. On leur accorde aussi le droit et la compétence herméneutiques. Ils ont le pouvoir d'*interpréter* les archives[19].

La domiciliation de l'archive est donc ce qui la constitue. Le principe de l'archive est « un principe de consignation, c'est-à-dire de rassemblement[20]. » La question de ce que Derrida appelle une « politique de l'archive » est centrale : comment l'archive est-elle constituée ? qui la constitue ? qui l'interprète ? et éventuellement, qui l'oublie, ou la détruit ? Ces questions seront retrouvées tout au long des chapitres suivants. Pour l'instant, il semble que l'on peut dire que les réécritures

18 Jacques Derrida, *Mal d'archive*, Paris, Galilée, 1995, p. 11.
19 *Ibid.*, p. 12-13.
20 *Ibid.*, p. 14.

contemporaines des récits d'esclaves dérangent cette primauté – ce primat ? – de l'archive en ce qu'elles montrent que « l'authenticité » des textes premiers considérés comme archive n'était pas aussi « pure » que lecteurs, critiques et chercheurs avaient bien voulu croire. Dans ce cas précis, le « commencement » est bien difficile à situer. Même si le terme a évolué dans ses usages, l'analyse interprétative de Derrida ci-dessus souligne néanmoins le fait que celui qui détient les archives a le « pouvoir d[e les] *interpréter* ». L'archive semble bien être liée, de façon essentielle, à son interprétation. En somme, les récits d'esclaves originels, longtemps considérés comme des archives, étaient déjà une traduction. On peut d'ailleurs se demander si toute archive n'est pas déjà une traduction.

Si les écrivains africains américains des années 1960 répondaient en quelque sorte aux Africains réduits en esclavage ou affranchis des XVIIIe et XIXe siècles, les écrivains caribéens des années 1990 et 2000 répondent à une double tradition : celle des premiers récits des XVIIIe et XIXe siècles par lesquels leurs auteurs validaient leur existence par le passage à l'acte de l'écriture et celle de leurs descendants dans les années 1960 et 1970 qui ont besoin de cette référence afin d'éclairer un présent qui ressemble un peu trop au passé. Le présent ne peut-il donc être que l'enfant du passé ? Faut-il donc toujours et encore s'émanciper ? Quelles sont les nouvelles formes que cette émancipation peut prendre ? Le choix de la forme modifie-t-il la qualité de l'émancipation ? Continuer d'écrire sur l'esclavage, s'efforcer de prendre le point de vue des Africains asservis tout en sachant que c'est impossible, vouloir multiplier les voix et les perspectives, c'est bien souligner que l'histoire n'est pas encore toute dite, que le questionnement doit être poursuivi coûte que coûte et qu'il est encore et toujours nécessaire dans le monde qui est le nôtre aujourd'hui, où les frontières entre les cultures sont chaque jour un peu plus poreuses et complexes mais où racisme et xénophobie semblent ne trouver aucune borne. Comment les romans sur l'esclavage peuvent-ils contribuer à une relecture de l'histoire qui ne se réduirait pas à une série d'affrontements binaires et monologiques ? Ce questionnement est au cœur de l'écriture caribéenne, qu'elle soit anglophone ou francophone, ancrée dans la volonté de faire craquer les carcans formels et génériques. Ses modalités méritent qu'on s'y attache et, en particulier, l'appétit pour la multiplicité générique (l'alternance d'un genre à l'autre) voire la trans-généricité (le mélange de plusieurs genres dans la même œuvre), l'hybridité narrative et la polyphonie. Au cœur de cette littérature se trouve l'éthique de la réécriture et le rapport complexe entre histoire, mémoire, archive et fiction.

MULTI-GÉNÉRICITÉ ET TRANS-GÉNÉRICITÉ : D'UN GENRE À L'AUTRE

La question du genre littéraire a hanté écrivains, philosophes et lecteurs : est-ce un obstacle, est-ce un outil ? De quelle façon le genre interfère-t-il avec la lecture ? Donne-t-il un cadre à l'intérieur duquel une liberté peut être fondée ? Donne-t-il une norme qui n'est faite que pour être transgressée ? Est-ce qu'une œuvre littéraire ne doit pas renverser la norme générique qu'elle était précisément censée intégrer ? D'une attitude prescriptive et normative héritée de Platon et d'Aristote (art poétique et art dramatique), à une conception essentialiste développée au XVIIIe siècle et fondée sur une nature intrinsèque des genres, le lecteur et le critique du XXe et XXIe siècles bénéficient d'une définition beaucoup plus souple de ce qu'est un genre littéraire[21].

À l'intérieur des littératures postcoloniales, on peut se demander s'il y a une spécificité de la question générique. La relation est-elle la même entre un texte postcolonial et le cadre générique de référence qu'entre un texte non-postcolonial et le genre auquel il appartient ? La relation ne peut être la même, étant donné que l'héritage littéraire a été imposé selon la tradition coloniale du texte comme outil de colonisation. La Caraïbe ayant été soumise à des influences littéraires et esthétiques si multiples, il est compréhensible que le rapport aux genres institués et au canon littéraire soit extrêmement complexe. La réécriture se situe dans une problématique de la filiation et de l'affiliation, de l'acceptation ou du rejet de l'héritage. L'émancipation ultime du descendant de l'esclave ou de l'ancien esclave passe aussi par le choix, le rejet et la métamorphose, de la forme.

---

21 Voir Gérard Genette, et al. *Théorie des genres*, Paris, Seuil, 1986 ; ainsi que Jean-Marie Schaeffer, *Qu'est-ce qu'un genre littéraire ?* Paris, Seuil, 1989.

Yogita Goyal analyse magistralement les multiples sédimentations et « mutations » du genre, depuis le récit d'esclave jusqu'au néo-récit d'esclave et à ce qu'elle appelle « un nouveau genre littéraire mondial[22] » dont la forme continue de muter au début du XXIe siècle pour intégrer les récits de réfugiés et d'esclaves modernes, les textes écrits en prison ou en camp de rétention, ceux des enfants-soldats, ainsi que tous les récits des chercheurs de refuge ou d'asile. Le récit du voyage de la servitude à la liberté et des stratégies littéraires mises en œuvre pour émouvoir le public continuent de se réfracter devant nos yeux.

Lorsque les écrivains du XXe ou XXIe siècle écrivent des néo-récits d'esclaves, ils ne reprennent pas le genre originel dans sa structure passée qui de toute façon n'était pas fixée, mais écrivent de façon à relire et relier les textes entre eux, au présent. C'est la raison pour laquelle ils introduisent autant de fluctuations génériques autour de ces avatars : romans à la première ou troisième personne, pseudo-autobiographies, romans où voix narratives et points de vue sont multiples, il faut aussi signaler des écritures qui n'auraient jamais pu prendre place pendant les XVIIIe ou XIXe siècles. Le roman en vers de D'Aguiar par exemple, *Bloodlines*, mentionné plus haut, relate l'histoire d'amour improbable entre une esclave noire, Faith, et son violeur blanc, Christy, fils du propriétaire de la plantation où Faith travaille. Le lecteur se rend peu à peu compte que le narrateur qu'il entend est en fait le fils de Faith et Christy, et la question qu'il se pose, « quel est mon héritage ? » est la question que posent toutes les réécritures[23]. Comme dans *The Longest Memory*, les chapitres de *Bloodlines* portent le nom de personnages différents presque à chaque fois. Pourtant, le fait que le roman soit écrit en *ottava rima* pose la question de la vraisemblance historique – aucun ancien esclave, même aidé par les groupes d'abolitionnistes, n'a publié un roman en vers. L'illusion de la reconstitution voire de la reconstruction est donc délibérément mise à mal : le monde de la plantation n'est pas reconstruit et encore moins reproduit, il est mis à distance à travers ce que Fred D'Aguiar appelle « l'imagination intuitive », reprenant l'expression utilisée par Wilson Harris, et la création poétique de façon à pouvoir questionner le présent à travers le prisme du passé. C'est

22 Yogita Goyal. *Runaway Genres – The Global Afterlives of Slavery*, New York, New York University Press, 2019, p. 33 ; 5.

23 « [w]hat have I inherited ? », *Bloodlines*, 2000, Londres, Vintage, 2001, p. 150.

ce qui semble le plus important pour D'Aguiar : « Le récit d'esclave devient un prisme à travers lequel le présent peut être examiné[24]. » En se donnant une contrainte formelle forte (que ce soit l'*ottava rima* ou le genre même dans lequel s'inscrit le texte), l'écrivain souligne si besoin est que la visite renouvelée du monde de la plantation se fera dans la douleur. Il ne facilitera pas la lecture.

Dans un entretien donné à Kwame Dawes pour le recueil *Talk Yuh Talk*, D'Aguiar dit avoir toujours écrit à propos de l'esclavage, depuis le premier recueil de poèmes publié en 1985, *Mama Dot*, centré autour du personnage de sa grand-mère dont il retrace les origines jusqu'en Afrique de l'ouest. Il ne se laisse en aucun cas limiter par un genre, et peut tout à fait passer d'un genre à l'autre. Son premier roman, *The Longest Memory*, a tout d'abord été écrit sous forme de poème :

> *The Longest Memory* est en fait un débat entre deux types d'esclaves – l'un rebelle et l'autre conformiste – et explore la difficulté d'être père lorsqu'on est esclave. [...] Le roman fait bien entendre cette variété des discours d'un personnage. Des explications anéantiraient un poème immédiatement mais peuvent fonctionner en prose si elles sont exprimées par un personnage fort. [...] Il faut aussi comprendre que j'ai toujours écrit des poèmes narratifs, et *The Longest Memory* est la continuation de cette activité[25].

En règle générale et de façon paradoxale, les réécritures ne *réécrivent* pas mais plutôt *écrivent* ce qui n'avait pas pu être écrit, elles révisent, revisitent, rectifient. C'est sans doute la raison pour laquelle il y a autant de variations génériques dans ces avatars, comme s'il fallait trouver à l'intérieur du cadre général des avenues nouvelles. De nombreux auteurs s'essayent à la multi-généricité, pratiquant d'autres genres que simplement le récit qui serait revisité par le roman : poésie et théâtre sont aussi à l'honneur avec des poèmes d'Elizabeth Alexander, de Robert Hayden, de Clarence Major ou Dorothea Smartt, ou les pièces de théâtre de Robbie Mc Cauley

24 Fred D'Aguiar, « How Wilson Harris's Intuitive Approach to Writing Fiction Applies to Writing Novels about Slavery », *Revisiting Slave Narratives*, *op. cit.*, p. 21-35 ; 21.

25 « The Longest Memory *is really a debate between two types of slave – one rebellious, the other conformist – and an exploration of the difficulty of being a father when you are a slave.* [...] *The novel is good for this variety of extended talk by a character. Expository bits of writing would kill off a poem in no time but in prose it works if uttered by a strong voice.* [...]. *Understand, too, that I have always written narrative poems, so* The Longest Memory *is just an extension of that activity.* » Dawes, Kwame, éd. *Talk Yuh Talk : Interviews with Anglophone Caribbean Poets*, Charlottesville, University of Virginia, 2001, p. 226-235, 231.

ou Susan Lori Parks, des genres qui n'avaient donc jamais été utilisés par les générations précédentes. Les limites du genre romanesque sont aussi repoussées, mettant au premier plan ce qui n'aurait jamais pu être écrit dans les premiers récits – une scène de masturbation féminine dans *Moi, Tituba, sorcière noire de Salem*, une scène de viol dans le même roman ou de tentative de viol dans *Feeding the Ghosts*, ou encore le choix de Lawrence Hill de consacrer les premiers chapitres de *The Book of Negroes* (2007) à la période de l'enfance en Afrique, évoquée par la narratrice qui raconte sa propre histoire, puis à la longue marche que les Africains devaient faire pour rejoindre la côte après avoir été faits prisonniers. *The Polished Hoe*, roman d'Austin Clarke qui a obtenu le Giller Prize en 2003, fait aussi le choix de jeter la lumière sur des périodes moins connues, celle des années 1950, héritières de la plantation. C'est la structure temporelle du récit d'esclave qui est modifiée de telle sorte que le récit d'esclave n'est plus reconnaissable en tant que tel. Roman des descendants, la confession du personnage principal, Miss Mathilda, se condense en vingt-quatre heures de temps diégétique pour cinq cents pages de lecture. Roman confessionnel qui est aussi un roman à la frontière du juridique et du roman policier, *The Polished Hoe* brouille toutes les frontières génériques, les deux derniers chapitres y reviendront. Dans tous les cas il faut dire à voix haute ce qui a été inconsciemment ou délibérément censuré ou tu par les premiers récits d'esclaves.

Les récits d'esclaves originels avaient peut-être l'apparence de récits monologiques et factuels mais ils étaient tout de même, comme cela a été vu au début de ce chapitre, le résultat d'une collaboration collective et Evelyn O'Callaghan a raison d'insister sur la nature « essentiellement fictionnelle » des textes premiers[26]. Cependant, même s'ils sont sous-jacents dans les récits du XVIIIe ou XIXe, polyphonie et dialogisme se déploient tout de même plus amplement dans les néo-récits d'esclave contemporains – la mise en relation, ostentatoire dans sa multiplicité, est maximale, et devient véritable conscience dialogique. C'est une réécriture de l'histoire qui se constitue à travers une relecture, une histoire qui a trop longtemps été racontée d'un seul angle, d'une seule voix, d'un seul point de vue.

---

26 « Essentially 'fictional' nature of the [original] texts », O'Callaghan, « Historical Fiction and Fictional History : Caryl Phillips's *Cambridge* », *Journal of Commonwealth Literature* 28, 1993, cité par Elizabeth Kowaleski Wallace, *The British Slave Trade and Public Memory*, New York, Columbia University Press, 2006, p. 86.

Nombreux sont les écrivains qui ne se satisfont pas de passer d'un genre à l'autre au fil de leurs œuvres mais, de façon plus complexe, se libèrent totalement des contraintes de genre et des limites entre fiction et non-fiction. La façon dont Michelle Cliff et Caryl Phillips, entre autres, (re-)façonnent par l'écriture de fiction des personnages historiques est symptomatique de ce désir de tourner le dos à la séparation traditionnelle des genres dans la relecture et la réécriture de l'histoire, et d'adopter un angle nouveau, trans-générique, révélant, par un effet de mutation et de jeu de perspectives, des fragments d'histoire oubliée ou négligée. L'impossibilité de séparer fait et fiction, histoire et mémoire, donne naissance à un texte hybride à l'intérieur duquel l'imagination refaçonne le fait historique grâce à l'*imagination intuitive*. Dans *Free Enterprise*, par exemple, Cliff fait la lumière sur le personnage historique de Mary Ellen Pleasant (1814-1904), associé au personnage fictionnel de Annie Christmas, une Jamaïcaine en exil. Pleasant, femme entrepreneur, africaine américaine née libre à Philadelphie, selon ses dires, résidait en Californie. Elle a été impliquée dans la guerre de Sécession, dans la Ruée vers l'Or, a contribué financièrement et tactiquement au raid de l'arsenal à Harpers Ferry par John Brown en 1859, et a organisé la fuite de nombreux esclaves. Elle n'a cependant jamais obtenu le statut d'héroïne noire dans l'historiographie, même si elle est un personnage important dans la culture populaire, son histoire étant parfois obscure et trouée de toutes sortes de silences et de contradictions. Son autobiographie a été publiée, du moins en partie, en 1902[27]. Si Cliff redonne une voix au personnage historique oublié ou négligé de Pleasant dans *Free Entreprise*, elle le fait en brisant le carcan des genres :

> Je ne peux supporter l'idée du roman à un endroit, de l'histoire à un autre, de la biographie encore ailleurs. Je n'arrive pas à comprendre pourquoi ils ne peuvent pas être mêlés. Nous devons utiliser notre imagination pour lire notre histoire, car il y a tant de choses qui ont été perdues[28].

27 Mary Ellen Pleasant, « Memoirs and Autobiography », dans *The Pandex of the Press* I, January 1902, p. 1-6. On pourra se reporter à l'ouvrage de Lynn M. Hudson *The Making of Mammy Pleasant*, Urbana et Chicago, University of Illinois Press, 2003, particulièrement les pages qui incluent le roman de Cliff, p. 111-116.

28 « *I can't stand the idea of the novel here, the history there, the biography there. I can't see why these things can't be mixed up. We have to bring our imagination to our history, because so much has been lost* », Renee Hausmann Shea, « Interview : Michelle Cliff » *Belles Lettres* 9, Spring 1994, p. 32-33 ; 33.

Cliff se consacre dans ce roman à l'exhumation de ce personnage de femme noire abolitionniste. Il s'agit bien d'écrire une nouvelle version de l'histoire et non celle qui a été enfermée dans les bibliothèques et les écoles, ne crée plus aucun remous et ne peut plus être révisée. Le but est aussi d'offrir une autre version que celle offerte par certains romans comme celui d'Helen Holdredge, *Mammy Pleasant* (1953) qui n'ont donné qu'une vision partielle et partiale du personnage de Pleasant, une reine Voodoo inspirant la crainte. Cliff en donne une image beaucoup plus complexe, insistant sur le lien entre ses entreprises capitalistes et sa vision abolitionniste. Pleasant est associée au personnage d'Annie Christmas. Leur amitié fictionnelle naît de leur implication dans le mouvement contre l'esclavage, contre ce commerce auquel le titre du roman fait allusion.

Cette démarche éclaire la dynamique de nombreux néo-récits d'esclaves qui ont été évoqués ici. D'autres pages y reviendront plus loin mais le roman de Caryl Phillips, *Crossing the River*, est sans doute l'un de ceux qui bouscule le plus les genres littéraires, créant un objet inédit, un roman qui n'est pas un roman. Pour Phillips comme pour Cliff, il s'agit de créer un nouveau regard à travers la transformation générique du texte, le brouillage des frontières entre fiction et non-fiction, et le jeu des perspectives. Comme Cliff avec Pleasant, Phillips révise l'histoire de la frontière et de la ruée vers l'or à travers le prisme de l'esclavage et de l'émancipation. Il réinvente l'histoire de Clara Brown à travers celle de Martha Randolph, esclave émancipée après la guerre de Sécession[29]. Dans la deuxième section, « West », Randolph quitte la Virginie en direction de la Californie qu'elle n'atteindra jamais, ne revoyant qu'en rêve sa fille, Eliza Mae, dont elle a été séparée lors du marché aux esclaves[30]. Le lien entre la guerre de Sécession, la fin de l'esclavage et la ruée vers

29 Clara Brown (c. 1800-1885), née en esclavage, obtint sa liberté à 56 ans et quitta l'état de Virginie pour aller vers l'ouest. Elle s'installa au Colorado où elle fut tour à tour cuisinière, sage-femme et blanchisseuse, aidant les esclaves affranchis à s'installer. Elle retrouva sa fille Eliza Jane et la fille de celle-ci vers 1882, contrairement à sa version fictionnelle créée par Phillips.

30 Le nom d'Eliza Mae dans le roman de Phillips n'est donc vraiment pas choisi par hasard puisqu'Eliza Harris est l'une des protagonistes du roman de Harriet Beecher Stowe *Uncle Tom's Cabin* : de façon comparable à ce que fait Martha, Eliza fuit le Kentucky vers l'Ohio lors d'une scène d'anthologie où elle traverse la rivière Ohio gelée pour sauver son jeune fils avant qu'il ne soit vendu, arrivant jusqu'au Canada et retrouvant miraculeusement son mari. Stowe a utilisé le symbole d'amour maternel et familial pour faire avancer

l'or n'est que rarement établi tant cet épisode de la frontière est associé avec les pionniers blancs et non les Africains affranchis.

Parmi les néo-récits d'esclave qui mettent en relation des événements qui ne sont pas traditionnellement reliés, deux romans en français chamboulent aussi les horizons d'attente. *Moi, Tituba, sorcière noire de Salem* de Maryse Condé (1986), roman de l'esclavage en français parmi les plus frappants, travaille aussi contre la loi du genre en la transgressant afin d'adopter un angle nouveau. Condé force son lecteur à faire le grand écart entre la chasse aux sorcières à Salem dans le Massachusetts de 1692 et l'esclavage dans l'Atlantique noir. Tituba a bel et bien existé à Salem, mais elle n'était pas noire[31].

Rosalie l'infâme, premier roman de l'écrivaine haïtienne Evelyne Trouillot (2003), mérite d'être signalé car il se positionne aussi de façon décalée à plusieurs titres. Premier décalage : le roman reprend la narration à la première personne coutumière des récits d'esclaves. Cependant la narratrice est une créole de la première génération née en esclavage. Lisette n'a pas connu la cale et les barracons, et ne peut que l'imaginer par les récits des membres de sa famille qui ont vécu la Traversée du milieu, Grann Charlotte et Man Augustine principalement. Deuxième décalage : l'action se passe à Saint Domingue dans les années 1750, alors qu'une vague d'empoisonnements déclenche la terreur parmi les planteurs et prépare déjà la révolution qui se déclenchera au début des années 1790. La lumière se pose sur une période transitoire moins étudiée que celle de la Traversée du milieu. Troisième décalage : la narration est intimiste et plonge le lecteur dans les sentiments et les émotions de Lisette, esclave domestique. Les tortures imposées aux Africains sur la plantation ne sont ni tues, ni détournées mais sont au cœur du roman est Lisette, déchirée entre son désir de connaître le passé de ses ancêtres et son désir de retrouver Vincent, nègre marron. Trouillot explique dans la Postface ce qu'elle a voulu faire après être tombée sur un incident historique rapporté dans *La Révolution aux Caraïbes* au sujet d'une sage-femme *arada*, sans vouloir écrire un roman historique :

---

la cause des abolitionnistes. Le nom modifié en Eliza Mae, jeu de mots sur l'auxiliaire modal *may*, permet à Phillips d'introduire les notions de possibilité et d'espoir.

31 Elaine Breslaw explique dans *Tituba, Reluctant Witch of Salem : Devilish Indians and Puritan Fantasies* (1996) que Tituba était amérindienne. Vendue comme esclave à la Barbade, elle a transité ensuite vers Salem.

> [J]'écrivis une nouvelle, puis je les enfouis toutes deux au fond d'un tiroir et de ma mémoire.
>
> Par la suite, comme si elle n'avait fait que reculer pour mieux s'emparer de moi, cette sage-femme arada revint m'habiter avec une tranquille résolution. Je me suis alors plongée dans l'époque de la grande peur du poison à Saint-Domingue et toutes les dérives qu'elle a pu générer entre les êtres, en plus des tragédies et des horreurs, des atrocités et des indignités qui définissent l'esclavage. Je me suis efforcée autant que nécessaire de respecter le cadre historique. Mais l'essentiel, je l'avoue, a été pour moi d'imaginer et de créer des personnages d'hommes, de femmes et d'enfants vivant cette infamie dans toute la complexité de leurs émotions et de leurs passions[32].

Trouillot explique dans une note de bas de page que Descourtilz, auteur de *La Révolution aux Caraïbes* (1989), cite le cas d'une sage-femme arada qui portait un collier de corde où chacun des soixante-dix nœuds représentait un des soixante-dix bébés qu'elle avait supprimés et ainsi sauvés de l'esclavage. Lisette découvre l'histoire de sa grand-tante Brigitte, version fictionnelle de cette sage-femme dans *Rosalie l'infâme*, à travers les paroles de Man Augustine : « Brigitte expliqua comment elle avait tué soixante-dix enfants. À leur naissance, elle plongeait une épingle dans leur cerveau par la fontanelle. Ils mouraient du mal des mâchoires peu après. Personne ne soupçonna la sage-femme, toujours prête à rendre service à tous[33] ».

De façon à casser le moule du roman historique comme celui du récit d'esclave à la première personne, Trouillot privilégie la narration à la première personne de Lisette, à laquelle se mêlent les paroles rapportées entre guillemets, celles de Man Augustine comme ci-dessus, ou encore celles de Grann Charlotte :

> Toute cette histoire est comme une immense plaie. Certaines plaies saignent plus que les autres. Il y a des cicatrices plus récentes, moins mortelles. Il y a de vieilles blessures qui ont arrêté de saigner mais qui ont infiltré dans tout le corps une odeur de charogne. De temps en temps, cette puanteur remonte à la surface et elle recouvre d'un relent de cadavres pourris, toutes les tentatives de mensonges, tous les paniers percés de bonheur à crédit. Le temps des barracons, c'est la douleur à vif, dans les os, c'est la honte à pleine vue. Quand on a vécu cela, la déchéance peut à tout moment murmurer votre nom et vous faire trébucher sur votre mémoire. Ma Lisette, je sais que toi aussi, tu as tes plaies, je vois parfois le sang couler des chants que tu fredonnes[34].

---

32 Evelyne Trouillot, *Rosalie l'infâme*, Paris, Éditions Dapper, 2003, Postface.

33 Trouillot, *Rosalie l'infâme*, *ibid.*, p. 128.

34 Trouillot, *Rosalie l'infâme*, *ibid.*, p. 85.

De tels passages introduisent une dimension dialogique dynamique qui permet au lecteur d'avoir accès à des informations au sujet de la Traversée du milieu et des barracons en même temps que Lisette, « prisonnière d'un passé [qu'elle] n'a pas vécu[35] ». Les termes ou expressions choisis permettent d'évoquer l'horreur sans perdre de vue l'espoir : les plaies qui saignent, les vieilles blessures, l'odeur de charogne, les cadavres pourris, le sang qui coule, la douleur à ligoter, mais aussi les chants que Lisette fredonne et les ombres que l'on chevauche pour leur donner vie. La précision des mots comme infiltrer, trébucher ou extirper, relent ou déchéance, participe de la poésie de l'évocation au-delà de l'effroi, et du lien qui se crée entre Lisette et le lecteur. Le lecteur perçoit Lisette « [s]uspendue entre [s]on état actuel d'esclave domestique et celui de marron en devenir », au moment où elle prend sa décision de garder l'enfant de Vincent et de marronner, non sans avoir auparavant étranglé Clarisse qui, contre la promesse d'un affranchissement, avait donné les noms des esclaves rebelles.

La narration à la première personne, et donc la focalisation interne à travers Lisette, permet la formulation directe, parfois un peu précieuse dans son style, des émotions et des passions dans une mesure jamais trouvée dans les récits d'esclave et rarement dans les néo-récits d'esclaves. Les dialogues et paroles rapportées enrichissent la perspective de Lisette et du lecteur. *Rosalie l'infâme* est l'un de ces romans qui montrent à quel point, sans que jamais une voix omnisciente ou une focalisation externe ne bouscule la cohérence diégétique, multiplicité et polyphonie sont introduites dans un texte en apparence singulier et monophonique.

QUELLES VOIX POUR QUELS TEXTES ET POUR QUELS LECTEURS ?

Si les dimensions collectives de dualité et de multiplicité sont déjà sous-jacentes dans le récit d'esclave, elles sont bien davantage mises en évidence, amplifiées et conceptualisées par les auteurs contemporains des réécritures : le travail de la voix et des voix est sans doute l'un des aspects

35 Trouillot, *Rosalie l'infâme*, *ibid.*, p. 131.

principaux, travaillé beaucoup plus en profondeur par les écrivains des XXe ou XXIe siècles que par ceux des XVIIIe et XIXe siècles. La dimension dialogique et polyphonique y est revendiquée de façon consciente et délibérée au lieu d'être simplement sous-jacente. Dans *Cambridge* ou *Crossing the River* de Phillips, dans *The Longest Memory* ou *Feeding the Ghosts* de D'Aguiar, entre autres, le lecteur peut se rendre compte dès le début que la narration ne sera pas monologique mais bien plutôt polyphonique. À chaque chapitre ou section son personnage ou son narrateur : dans chacune des trois parties de *Cambridge*, de *Crossing the River* ou de *Feeding the Ghosts*, ou dans les onze chapitres de *The Longest Memory* répartis entre quelque huit personnages. De la même façon que dans le roman de Faulkner *As I Lay Dying*, la voix de chaque personnage se fait entendre dans une relation dialogique avec celle des autres personnages, jamais pour elle-même de façon isolée. La polyphonie est à la fois thème et structure, thème et outil rhétorique. À la multiplicité des voix narratives s'ajoute des focalisations différentes. Le lecteur entend les différentes voix que l'écrivain fait s'entrechoquer, qu'elles soient noires ou blanches, féminines ou masculines, celles du maître ou de l'esclave. Chaque personnage se fait aussi l'écho d'autres personnages – dans *Cambridge*, Emily répète les opinions de son père ou des employés de celui-ci sur la plantation sur laquelle elle doit se marier et s'établir ; dans *Crossing the River* outre les échos vers l'extérieur de la plantation, les voix se percutent entre chacune des sections ; le contremaître dans *The Longest Memory*, ou le maître, fait résonner les échos du débat autour de l'abolition de l'esclavage ; à travers Lord Chief Justice Mansfield dans *Feeding the Ghosts* on entend les débats autour de l'abolition et à travers Mintah les voix des Africains. La variété des perspectives renforce le jeu des polyphonies. La dimension chorique est fortement marquée dans ces romans comme dans beaucoup d'autres néo-récits d'esclaves – ce que Phillips appelle « *the multi-tongued chorus* » dans *Crossing the River*. L'écrivain-chef d'orchestre fait entendre le chœur comme les voix individuelles, et insiste autant sur la nécessité historique et éthique de cette polyphonie que sur son utilisation textuelle et rhétorique. Dans tous ces romans, la polyphonie est toujours orientée vers l'effet qu'ont ces voix sur le lecteur contemporain, sur le sens qu'elles peuvent prendre pour nous aujourd'hui.

La relation que les textes contemporains entretiennent avec l'histoire de l'esclavage n'est pas tant fondée sur la seule historiographie mais sur une relation construite avec les textes écrits précédemment, quels qu'ils soient – archives, lettres, journaux intimes, journaux de bord, œuvres d'art, etc. La narration de l'esclavage est avant tout une mise en relation[36]. Comme le dit Evelyn O'Callaghan à propos du roman de Phillips *Crossing the River*, « la lecture est profondément ancrée dans l'expérience, déconcertante, de l'écho[37] » et sur la façon dont le texte contemporain relie et relit « la *connexion* entre le texte historique et le texte de fiction[38]. » Par l'intermédiaire de *L'esclave vieil homme et le molosse* (1997) de Patrick Chamoiseau, Marie-Christine Rochmann fait aussi comprendre à quel point l'écriture et la réécriture de l'esclavage ne peuvent que se placer dans une problématique, et on pourrait dire une éthique, du rapport aux textes précédents. Dans cette œuvre de Chamoiseau, roman poétique et poème en prose qui défie les catégories et sollicite la mémoire textuelle de son lecteur tout en la mettant à rude épreuve, Rochmann analyse comment ce texte si menu se saisit à nouveau des écritures de l'esclavage. Tout en faisant particulièrement référence aux romans du marronnage des générations précédentes, épopées prolixes et le plus souvent réalistes, Chamoiseau condense et réduit, réécrit en supprimant (personnages, descriptions, contextes), comme s'il voulait parvenir à une forme matricielle du roman d'esclave, forcément autre. Rochmann interprète cette entreprise comme trouvant sa source dans « l'abstraction, la généralisation, le dépouillement circonstanciel le plus extrême[39] », une entreprise « d'élagage, de raclage, de condensation[40] », ou encore de « rature » :

> [...] un apologue sur la réécriture. Réécriture-gommage de ces textes prolixes, dépecés jusqu'à l'os, par l'ellipse et la condensation, réécriture-rature où la

36 Les références intertextuelles peuvent aussi être extérieures à celles de la littérature de l'esclavage. Le roman de D'Aguiar, *The Longest Memory*, pourrait presque être lu comme une réécriture de *Romeo et Juliette*, certaines allusions aux « star-crossed lovers » par exemple faisant explicitement référence à la pièce de Shakespeare. *Feeding the Ghosts* est en partie une réponse au poème de Derek Walcott, « The Sea is History ». John Donne, Charles Dickens et William Blake sont aussi présents, pour ne citer qu'eux.

37 Evelyn O'Callaghan, « Historical Fiction and Fictional History : Caryl Phillips's Cambridge », *Journal of Commonwealth Literature*, 1993, citée par Kowaleski, *The British Slave Trade*, *op. cit.*, p. 86.

38 *Ibid.*, p. 86.

39 Marie-Christine Rochmann, « *L'Esclave vieil homme et le molosse : roman de la réécriture* », *Revisiting Slave Narratives*, 2005, p. 457.

40 *Ibid.*, p. 460-461.

> trace de l'autre se trouve conservée, mais prise dans un mouvement de refus, réécriture comme addition et échange dans l'inscription d'un texte-source. Une entreprise dont, par l'inédit, il nous est montré que nul ne saurait vraiment posséder les clés [...][41].

Rochmann souligne à quel point « jamais texte sur le marronnage n'a été aussi ouvertement en lutte contre le déjà-dit, le déjà-écrit et en même temps autant à son écoute[42] ». La référence à un autre texte se fait aussi à travers ce que Chamoiseau appelle un *entre-dire*, ces citations tirées de l'œuvre de Glissant et mises en exergue au début de chaque chapitre, installant les deux textes dans une co-présence, cette même co-présence qui est installée avec les autres textes de l'esclavage. Qu'il dépouille ou augmente, procède par soustraction ou addition, désagrège ou agrège, le texte contemporain qui réécrit l'esclavage est toujours l'écho de voix multiples et diverses.

C'est ce qui est aussi en jeu dans *Nègre marron*, cet objet que Confiant appelle « récit ». La narration d'un *nègre marron* s'entrelace avec d'autres textes : extraits de documents historiques comme le Code noir (1685), le *Nouveau Voyage aux Isles Françoises de l'Amérique* du Père Labat (1722), le *Journal d'un colon à la Martinique* de Pierre Dessalles (1842-1847), les *Colonies étrangères et Haïti* de Victor Schœlcher (1843), mais aussi extraits du *Discours antillais* d'Edouard Glissant (1981), des *Damnés de la terre* de Frantz Fanon (1961), du *Cahier d'un retour au pays natal* d'Aimé Césaire (1939). Ces textes sont aussi entrecroisés de commentaires distanciés, en bas de page et en italiques, comme un sous-texte, ou un « entre-dire » : « Commentaire (intempestif) de l'Omniscient », « Commentaire (toujours ébahi) de l'Omniscient », « Commentaire (réparateur) de l'Auteur[43] ». Reste accrochée au cœur de l'écriture la conscience de l'impossibilité à dire l'expérience de l'esclavage et la résistance au désir parfois impérieux du lecteur de trouver un sens qui soit définitif.

Prenons un exemple dans l'écriture de Caryl Phillips. Celui-ci n'écrit pas sans référence constante aux récits d'esclaves originels. *Cambridge* revendique une intertextualité avec *The Interesting Narrative of the Life of Olaudah Equiano, or Gustavus Vassa, the African*, de Olaudah Equiano, ou *The History of Mary Prince, a West Indian Slave*. Mais les références

41 *Ibid.*, p. 470.
42 *Ibid.*, p. 455-470.
43 Raphaël Confiant, *Nègre marron*, Paris et Montréal, Écriture, 2006, p. 19, 29 et 114.

au *Journal of a West India Proprietor* de Matthew Lewis, ou au *Journal of her Residence in Jamaica (1801-1805)* de Lady Nugent sont tout aussi présentes. Le journal de voyage *Antigua and the Antiguans* écrit par Mrs Flanigan en 1844 a inspiré la première partie du recueil qui peut être lue comme le journal intime d'Emily lorsqu'elle arrive sur la plantation de son père, partie qui sera réfractée par celle constituée par le récit à la première personne de l'Africain Cambridge, puis celui qui revient au monde d'Emily à la fin du livre mais à la troisième personne. *Crossing the River* fait résonner d'autres échos encore, ceux du *Journal of a Slave Trader (1750-1754)* de John Newton, dûment cité par l'auteur. C'est ce que cette polyphonie suggère, sans aucun doute : on ne peut plus considérer qu'une seule voix doit être entendue, tous les acteurs ont eu leur rôle et il nous revient de les entendre tous. Une telle structure qui fait résonner les voix noires et blanches à l'intérieur du texte souligne aussi que l'esclavage était un système global à l'intérieur duquel les acteurs étaient nombreux et ne pouvaient pas toujours être réduits aux seuls rôles de victime et d'oppresseur. La volonté de déloger la binarité victime-bourreau, esclave-maître est affichée. Ces utilisations de textes d'archives, on va le voir, montrent aussi à quel point textes de fiction, récits de voyage et autres narrations ont servi de référent dans la constitution d'archives.

Il faut prendre conscience de ce que Marcus Wood appelle « la violente instabilité des archives de l'esclavage[44] » ou encore « la fluidité des limites du témoignage de l'esclavage[45] ». C'est bien sûr une excellente chose que les archives soient de plus en plus faciles à consulter et à utiliser tant par le public que par les universitaires ou les écrivains. Mais une telle facilité d'emploi et de circulation peut révéler, selon Wood, une consommation indiscriminée de l'archive, voire une incapacité à envisager l'impossibilité dans laquelle nous sommes d'en comprendre véritablement les tenants et les aboutissants et de la mettre en perspective :

> Nous nous nourrissons de ces mots, nous les ingérons, les digérons, les transformons, mais ce n'est pas forcément pour le meilleur. Plus la demande est forte pour un texte, plus la promiscuité de l'utilisation qui en est faite sur une longue période est grande. Plus un texte est disponible, plus les processus de

44 Marcus Wood, *Slavery, Empathy and Pornography*, Oxford, Oxford University Press, 2002, p. 4.

45 *Ibid.*, p. 8.

> réinvention, d'imprégnation imaginaire, de renaissance peuvent être violents, et ces processus peuvent échapper à tout contrôle[46].

Le fait que les archives de l'esclavage fassent l'objet de multiples lectures et relectures n'est en effet pas une garantie que ces archives ne soient pas déviées voire dénaturées. Les compilations, emprunts, pastiches, plagiats et autres réécritures peuvent être une source de corruption. Wood rappelle aussi que la plupart des archives de l'esclavage étaient forcément partiales puisqu'écrites de façon prédominante par les colons et les planteurs blancs :

> L'expérience des esclaves est, à proprement parler, diluée dans les ressources conventionnelles de la reconstruction historique. Les preuves, l'historiographie voire la mythologie de l'esclavage sont donc tout à fait partiales puisqu'elles viennent d'archives constituées par les blancs. Lorsque les auteurs noirs décident de reprendre l'histoire de l'esclavage, ils dépendent en premier lieu de sources blanches, de propagande blanche, d'articles de journaux blancs, de théorie blanche. C'est même le cas du premier récit d'esclave : *The Interesting Narrative* d'Equiano s'inspire fortement de la littérature américaine et européenne antérieure pour les descriptions de l'Afrique de son enfance[47].

La différence complexe entre le texte historique et le texte de fiction dont parlait O'Callaghan se fait donc jour à nouveau. Ce qui est souvent considéré comme un texte d'archive ou une source primaire était en fait déjà un texte partial, résultat de choix et de sélections, de fantasmes et de censures, voire un texte de fiction. C'est cette conscience des frontières floues entre les genres qui porte la narration des romans *Cambridge* et *Crossing the River*, écrits en réponse aux récits d'esclaves originels et aux journaux des propriétaires de plantations, multipliant les points de vue et les perspectives, utilisant les récits noirs comme les archives blanches. Le travail de Phillips, selon Wood, pose des questions essentielles sur l'utilisation qui peut être faite de ces textes produits par des blancs mais qui revendiquent une vérité sur l'expérience de l'esclavage, sur sa signification et sur la réponse à apporter[48]. Les interrogations autour de la définition complexe et mouvante des textes d'archive et de leur rapport avec les textes de fiction contemporains nous accompagneront tout au long de ces pages.

---

46 *Ibid.*, p. 4.
47 *Ibid.*, p. 10.
48 *Ibid.*

En ce qui concerne la poétique mnémonique que Phillips élabore à partir du palimpseste des récits d'esclaves originels, Lars Eckstein a analysé en détail la façon dont Phillips construit le rapport entre pastiche et montage :

> [...] le roman est composé de nombreux fragments de textes antérieurs, le plus souvent légèrement modifiés (montage) ; en même temps, ces fragments sont complétés et mis en relation par des passages qui se contentent d'imiter le style du matériau originel tout en étant formés par l'imagination de Phillips (pastiche)[49].

Eckstein identifie une vingtaine de sources différentes imbriquées dans le texte de *Cambridge*, devenues indissociables, créant une nouvelle perspective ainsi qu'un questionnement autour de la mémoire historique et du texte d'archive, qu'elle soit historique ou textuelle. Il s'agit aussi d'écrire ce qui n'a pas été écrit avant, de faire entendre ce qui n'a pas été entendu. Cette technique de l'alternance entre montage et pastiche est aussi au cœur de *Crossing the River*, particulièrement dans la section éponyme « Crossing the River » composée, comme *Cambridge*, de pastiche et de montage. Cette partie reprend le journal de bord publié sous le titre de *Journal of a Slave Trader (1750-1754)* par John Newton, personnage complexe et représentatif des contradictions de l'esclavage. Un certain désaccord règne pourtant parmi les critiques quant à l'analyse de cette écriture qui réécrit autant qu'elle écrit. Eckstein comme Kowaleski insistent sur la dimension créatrice d'une telle démarche, tandis que Wood accuse Phillips de trop s'appuyer sur les textes d'origine en en gommant les complexités, excisant ce qui semble par trop irréductible.

La quasi-totalité du premier chapitre de *Slavery, Empathy and Pornography* est consacré à ce personnage que Wood appelle « l'un des personnages les plus terrifiants de la seconde moitié du XVIIIe siècle[50] ». Pour Newton, né en 1725, une carrière semblait toute tracée par son origine familiale et les activités de son père dans la marine marchande. Mais posté à dix-huit ans sur un navire de guerre, il déserte, est rattrapé, fouetté en public puis dégradé de son statut d'aspirant. Il accepte finalement, en échange de sa

49 Lars Eckstein, *Re-Membering the Black Atlantic – On the Poetics and Politics of Literary Memory*, Cross-Cultures 84, Amsterdam et New York, Rodopi, 2006, p. 73.

50 *Slavery, Empathy and Pornography*, *op. cit.*, p. 23. Les quelques éléments biographiques de la vie de John Newton sont repris de ce chapitre, et particulièrement p. 28-33. Des comparaisons très précises entre le texte de Newton et les réécritures de Phillips nourrissent la critique de Wood, et particulièrement p. 53-64.

peine, d'être placé sur un négrier en 1745. Ayant atteint la côte du Sierra Leone, il est placé en tant que domestique chez un propriétaire d'esclaves. La concubine africaine de ce dernier transforme Newton en esclave et le persécute comme tel. Il travaille ensuite chez un autre propriétaire et est finalement sauvé par un ami de son père. Cette expérience « d'esclave blanc » le suivra toute sa vie, comme celle de capitaine de négrier. Sa première traversée aux commandes d'un négrier se fait sur le *Duke of Argyle* en 1750, non sans avoir traversé une crise religieuse deux ans auparavant alors qu'il a vingt-trois ans. Sa conversion religieuse ne l'empêche pourtant pas d'embrasser la carrière de négociant d'esclaves à un moment où l'esclavage est encore considéré comme essentiel à l'Empire britannique. En 1762, il publie *An Authentic Narrative of Some Remarkable and Interesting Particulars in the Life of ****, in Fourteen Letters*, plus de vingt ans avant que les débats en faveur de l'abolition ne fassent rage en Angleterre. Si dans le *Journal*, comme le souligne Wood, il tente de convaincre les propriétaires du *Duke of Argyle* qu'il n'a pas dilapidé leur argent, dans *An Authentic Narrative*, il tente de convaincre ses lecteurs de suivre la voie religieuse qu'il a adoptée et qui l'a mené dès 1764 à être diacre puis prêtre, et à obtenir le presbytère d'Olney. Ce n'est qu'en 1788, trente-cinq ans après son expérience sur les négriers, qu'il publie « Thoughts upon the African Slave Trade » et qu'il devient abolitionniste. Il meurt en 1807, l'année de l'abolition de la traite dans l'Empire britannique.

Tout au long de sa carrière religieuse et littéraire, entretenue par la publication de lettres, de pamphlets et autres essais, Newton a consolidé sa réputation de pécheur ayant fait acte de contrition pour atteindre la rédemption. Par-delà une renaissance qui n'existe qu'avec et par le péché, la première justifiant sans doute aux yeux de ses contemporains le second, il devint, selon les termes de Wood, « un homme chargé d'une mission, la célébration de son propre salut à travers la description de son propre péché[51] ». La formulation de Wood est sans ambiguïté : « plus grand est le péché, plus grande la rédemption[52] », appelant confessions et témoignages à s'offrir de façon compulsive, confirmant l'impression que l'esclavage est « un récit qui ne peut être mené à bien » mais dont l'abolition ne peut se passer[53].

51 *Ibid.*, p. 31.
52 *Ibid.*, p. 34.
53 *Ibid.*, p. 36.

Aucun de ces éléments à propos de la double carrière de Newton ne figure de façon claire dans la troisième section de *Crossing the River* mais les effets de miroir sont nombreux. Phillips reprend, remanie et refonde des extraits du journal de bord de Newton. La reprise des noms de l'équipage, les mentions météorologiques, certains des incidents survenus à bord etc. mettent en valeur le pastiche comme le montage. Phillips intégre aussi certaines des lettres écrites à sa femme, Mary Catlett. Pourtant, celles-ci n'ont pas été publiées en même temps que le *Journal* en 1754 mais seulement en 1793 sous le titre *Letters to a Wife Written during Three Voyages to Africa from 1750 to 1754*. Le fait de rapprocher dans un même texte ces deux genres, ces deux textes publiés à l'origine séparément, encourage le lecteur à ne plus penser Newton/Hamilton comme deux facettes antithétiques d'une personnalité schizophrénique. Le choix des mêmes mots (*business, intercourse*...) pour faire référence aux affaires de l'amour dans la partie épistolaire et aux affaires de l'esclavage dans la partie journal de bord, invite à établir encore et toujours de nouvelles connections, et à considérer le capitaine comme bel et bien la même personne. Par-delà les abysses entre traite négrière et discours amoureux, les deux types de transactions sont bel et bien effectuées par la même personne.

L'utilisation des textes de Newton que fait Phillips est considérée par Wood comme une stratégie « postcoloniale-postmoderne-diasporique-littéraire[54] », qui ne peut qu'affaiblir la force du texte de Newton dans toute sa réalité historique et son « épouvantable authenticité[55] ». Le texte de Phillips apparaît alors comme nettoyé de sa brutalité, de sa complexité et de son ambiguïté. Selon Wood, les changements introduits par Phillips dans les dates ou les numéros attribués aux Africains ne sont pas si menus qu'ils le semblent. En effet, un événement ou un personnage qui avait une existence historique réelle se trouve dépouillé de ce fragment d'existence, sans qu'aucune alternative ait été créée. La violence du personnage historique est obscurcie et réduite, ses contradictions érodées. Kowaleski a sans doute raison de souligner que la lecture de Wood ne tient pas compte du fait que « Crossing the River » est une des sections du livre et qu'à ce titre, elle entre en dialogue avec les autres sections[56]. La voix de Hamilton fait écho à celle d'Edward Williams, le

54 *Ibid.*, p. 53.
55 *Ibid.*, p. 64.
56 *The British Slave Trade*, *op. cit.*, p. 99.

propriétaire de la première section, où celle de Nash Williams annonce aussi celles des Africains sur le *Duke of Argyle*.

Il semble bien aussi qu'on ne peut oblitérer le fait que Phillips donne à son lecteur la responsabilité d'établir des liens, d'interpréter le texte au-delà de ce que celui-ci semble vouloir dire et de participer ainsi activement à la construction du texte et à la création d'une perspective nouvelle. La lecture implique une activité intense du lecteur à qui Phillips fait confiance pour comprendre que la réécriture donne à lire un texte nouveau au-delà des textes antérieurs qui ont été retravaillés et assemblés, juxtaposés et mêlés. Le texte délivre alors du non-encore lu par-delà le déjà lu. Ceci implique une lecture critique, celle de Wood incluse, qui renforce encore s'il était besoin l'impossibilité de produire ce que Elizabeth Kowaleski appelle « *recoverable text*[57] », c'est-à-dire un récit historique de l'esclavage qui soit monologique et définitif, qui peut être récupéré, voire recouvré. La multi-généricité mais aussi, comme on l'a vu, la trans-généricité et les polyphonies du néo-récit d'esclave sont des outils dans le travail sur l'histoire, l'héritage et la mémoire mais la dynamique se porte contre un « devoir de mémoire » qui ne serait *que* devoir de mémoire, contre une muséification du passé. Il ne s'agit pas d'un trauma direct mais bien de ce que Marianne Hirsch appelle « la réponse de la deuxième génération au trauma de la première[58] ». Bien que Hirsch adopte ce concept de « post-mémoire » pour les survivants de la Shoah, elle n'en restreint pas l'utilisation à la seule Shoah et le lecteur peut se sentir autorisé à l'emprunter pour d'autres traumas dont les conséquences restent visibles plusieurs générations plus tard, ou même audibles à travers le silence qui les enveloppe :

> [...] la post-mémoire caractérise l'expérience de ceux qui [...] ont grandi dans l'ombre des récits d'avant leur naissance, et dont les propres récits ont été déplacés par les récits prééminents de la génération précédente, dont les contours ont été formés par les événements traumatiques majeurs qui n'ont pu être ni compris ni intégrés. Le concept décrit aussi la relation de la deuxième génération aux expériences de la première – leur curiosité et leur désir, ainsi que leur ambivalence face à la connaissance de leurs parents[59].

57 *The British Slave Trade*, *Ibid.*, p. 71.

58 « Surviving Images : Holocaust Photographs and the Work of Postmemory », *Yale Journal of Criticism*, 14 : 1, 2001, p. 5-37, 12. On pourra aussi consulter avec profit « Past Lives : Postmemories in Exile », dans Susan Rubin Suleiman, *Exile and Creativity : Signposts, Travelers, Outsiders, Backward Glances*, Durham and Londres, Duke University Press, 1998, p. 418-446.

59 « Surviving Images », *op. cit.*, p. 12.

Les récits d'esclaves du XVIIIe et XIXe siècle étaient certainement une réponse immédiate à ce trauma de la déportation dans les plantations. Mais le fait que le moule du récit d'esclave ait été repris et travaillé à plusieurs reprises et à des périodes différentes est bien le signe que le trauma, reçu en héritage, est toujours vivace. Comment les deuxièmes, troisièmes et quatrièmes générations ont-elles pu surmonter ce trauma non vécu directement et longtemps occulté ? Le contrôle accru de la forme du texte organisé selon les modalités de la multiplicité, participe de ce travail « post-mémoriel » à l'œuvre dans l'écriture des néo-récits d'esclaves. Le choix de la souplesse et du polymorphisme de l'écriture à l'intérieur de contraintes formelles, le choix de l'ambiguïté aussi, tant dans les textes anglophones que francophones, libère l'écrivain et ses contemporains du moule de la tradition. Ce choix signale aussi la nécessité de réexaminer constamment le passé en déconstruisant les héritages binaires et en montrant comment le présent est constitué de toutes les voix, de toutes les perspectives et de toutes les hybridités passées. Le véritable objet de ces réécritures multi- et trans-génériques est de tenter d'approcher la fracture du trauma afin de pouvoir tenter de la réduire, au présent, tout en laissant entière la conscience que cette fracture ne peut être réduite. Notre présent dépend de cette tentative et de cette prise de conscience, simultanément.

ZONG : DE L'ARCHIVE À LA RÉÉCRITURE

La mobilité générique et trans-générique, la flexibilité de l'écriture, la multiplication des points de vue et la polyphonie narrative sont des éléments essentiels de l'émancipation de l'écriture. Si elle implique un travail sur le genre littéraire, la perspective et la voix, la reconfiguration de la littérature de l'esclavage implique aussi et peut-être avant tout un travail sur le rapport complexe entre histoire, mémoire, archive et texte de fiction. Ce n'est bien sûr pas le lieu ici de rapporter les innombrables travaux des historiens sur l'histoire de l'esclavage britannique ou mondial[60], mais plutôt d'interroger la façon dont certaines œuvres relient

60 On pourra se reporter aux travaux des historiens Robin Blackburn, Barbara Bush, Peter Fryer, Folarin Shyllon, Hugh Thomas, James Walvin, entre autres.

et relisent, réécrivent et régénèrent le rapport au fait historique et à l'archive, cherchant à refonder une cohérence historique, ou au contraire, à laisser béantes les lacunes d'une histoire fragmentaire, impossible à connaître en profondeur et à maîtriser totalement.

Prenons pour finir un épisode qui a marqué, pour des raisons différentes, l'histoire, l'art et la littérature, à l'époque de l'esclavage et à l'époque contemporaine. Entre 1781 et 1783, l'épisode du *Zong* offre un exemple bien particulier de l'inspiration que peintres et écrivains ont pu tirer des faits historiques, aussi dramatiques fussent-ils, du travail qui a été effectué à partir des archives historiques et des textes contemporains et du but recherché par les écrivains d'aujourd'hui. Après la saisie de trois bateaux hollandais par les Britanniques, le négrier *Zong* fut acheté par le Capitaine Richard Hanley en mars 1781, pour le compte du négociant d'esclaves de Liverpool William Gregson et ses associés, avec qui un partenariat lucratif fonctionnait depuis presque vingt ans[61]. Il fut décidé que Luke Collingwood, ayant participé à une dizaine de traversées sur des négriers assumerait, pour la première fois, les responsabilités de capitaine. Le *Zong* fut effectivement le premier négrier sous sa responsabilité. Un équipage de fortune fut constitué à la hâte. James Kelsall fut nommé contremaître. Robert Stubbs, ancien capitaine de négrier à la réputation sulfureuse, embarqua sur le bateau en tant que simple passager[62].

Le bateau quitta les côtes de Guinée le 18 août 1781 pour rejoindre la Jamaïque après une escale à São Tomé, déjà chargé de 244 Africains qui étaient sur le bateau lorsqu'il était encore propriété hollandaise et faisaient partie du lot, auxquels furent ajoutés 198 Africains supplémentaires, résultats du commerce fait par Collingwood sur les côtes africaines avant le départ[63]. Suite à l'incapacité de Collingwood, apparemment malade,

---

61 Pour les détails de l'histoire du *Zong*, outre les quelques pages que James Walvin lui consacre dans son ouvrage *Black Ivory – A History of British Slavery*, Londres, Fontana Press, 1993, p. 16-21, on pourra se reporter à l'ouvrage passionnant qu'il lui consacre, *Zong – A Massacre, the Law and the End of Slavery*, New Haven et Londres, Yale University Press, 2011. Le chapitre « The Making of the *Zong* » s'attache particulièrement à détailler les activités de marchands d'esclaves de William Gregson dès les années 1740, son rôle dans le développement de Liverpool en tant que port négrier, et son action déterminante lors du procès intenté aux assureurs pour la perte des Africains lors de la traversée. L'ouvrage est extrêmement éclairant sur les causes profondes qui ont fait du *Zong* le symbole qu'il est devenu par la suite.

62 Le chapitre « All at Sea » dans l'ouvrage de Walvin *Zong op. cit.*, donne les détails de la traversée.

63 Les chiffres varient selon les sources.

d'assumer sa responsabilité de capitaine et à la suspension de Kelsall en tant que contremaître, il semble que Stubbs ait pris des fonctions importantes lorsqu'il est devenu évident que le bateau s'était égaré et ne tenait pas les délais. Outre le contremaître, il serait, plus tard, au moment du procès, le seul témoin des événements du *Zong*. Les réserves d'eau et de nourriture vinrent à manquer cruellement. Cent trente-deux esclaves dits mourants ou malades furent jetés par-dessus bord par décision du capitaine du bateau. Pour les marchands d'esclaves en effet, il était souvent plus lucratif de réclamer l'argent de l'assurance que de vendre un esclave mal en point. La décision fut justifiée par le fait que le voyage avait été plus long que prévu et que l'eau venait à manquer. Comme le suggère Walvin, les responsabilités, cependant, semblent partagées et la situation confuse[64]. Difficile de connaître précisément la vérité du fait historique.

Au retour du *Zong*, les propriétaires du bateau, Gregson et ses associés, se tournent vers les assureurs afin d'être indemnisés pour la perte des esclaves puis, devant leur refus, leur intentent un procès en 1783. L'événement fit grand bruit. Les premiers récits d'esclaves avaient commencé d'être publiés depuis 1770, comme par exemple *A Narrative of the Most Remarkable Particulars in the Life of James Albert Ukawsaw Gronniosaw, An African Prince, Written by Himself. Thoughts and Sentiments on the Wicked Traffic of Slavery and Commerce of the Human Species, Humbly Submitted to the Inhabitants of Great Britain by Ottobah Cuguano, A Native of Africa* allait être publié en 1787. Juges et abolitionnistes réputés mirent aussi la controverse sur la place publique et tout le pays bruissait des débats autour de l'esclavage et de l'abolition. Olaudah Equiano, ancien esclave qui publierait six ans après le procès *The Interesting Narrative of the Life of Olaudah Equiano, or Gustavus Vassa, the African*, contribua à faire connaître l'affaire largement.

C'est justement par l'intermédiaire d'Equiano que Granville Sharp, défenseur des droits des Africains en Angleterre et déterminé à accélérer la fin de l'esclavage, prend connaissance de l'épisode du Zong. James Walvin amorce son ouvrage *Zong* sur cette rencontre entre Sharp et Equiano :

> Le 19 mars 1783, Granville Sharp, simple greffier au bureau de l'Intendance mais déjà connu auprès de la communauté noire d'Angleterre pour ses efforts infatigables en faveur de la communauté noire en Angleterre, note dans son

64 Voir *Zong*, *op. cit.*, p. 90-101.

> journal : 'Le nègre Gustavas Vasa m'a rapporté le fait selon lequel 130 nègres à bord d'un négrier flottant pavillon anglais ont été jetés vivants à la mer'. Grâce au rapport détaillé publié par un journal londonien, la nouvelle du massacre s'est rapidement propagée. [...]
>
> L'atrocité aurait pu passer quasiment inaperçue sans un fait extraordinaire : la corporation des marchands de Liverpool intenta un procès aux assureurs afin de se faire indemniser pour la perte des Africains morts[65].

En 1783, Granville Sharpe et son informateur Gustavus Vassa (Olaudah Equiano) font valoir que les propriétaires du *Zong* demandaient à se faire indemniser pour la perte de vies humaines. Plus encore que l'affaire elle-même, c'est la décision du jury qui choqua l'opinion publique, que les propriétaires du bateau puissent demander à être indemnisés pour la perte des esclaves alors que ceux-ci avaient été assassinés, et qu'ils obtiennent gain de cause. Comme l'analyse très finement Walvin, le procès expose non seulement les horreurs de la traite des Africains mais plus encore les contradictions du système :

> L'article de journal rapportant les faits allait avoir des conséquences profondes et inattendues. Tout d'abord, un massacre avait eu lieu sur un navire britannique. Ensuite, les hommes qui avaient perpétré le massacre et les propriétaires du bateau qui les employaient, avaient non seulement reçu l'impunité mais avaient aussi profité du massacre en se faisant indemniser par les assureurs. [...] Les preuves que des violences et des assassinats étaient perpétrés à bord des négriers sous pavillon britannique ne manquaient pas mais elles n'avaient encore jamais été exposées de façon si sensationnelle et choquante[66].

Les assureurs font appel de cette décision devant la Haute Cour de Justice de Grande Bretagne présidée par le plus haut magistrat du pays. Lord Chief Justice Mansfield était fervent défenseur des lois de protection maritime qu'il avait contribué à mettre en place et n'avait aucunement l'intention de mettre en danger la source de la richesse britannique. Pourtant, il était aussi l'auteur de la décision de 1772, suivant l'affaire de James Somerset menacé de rapatriement forcé vers la Jamaïque, selon laquelle un Africain en esclavage qui posait le pied en Angleterre ne pouvait être contraint à quitter son nouveau pays d'accueil et à retourner à son statut d'esclave[67]. Dans le duel qui opposa

65 *Zong*, *ibid.*, p. 1.
66 *Zong*, *ibid.*, p. 104 ; 107.
67 On pourra se reporter à l'ouvrage de Peter Fryer, *Staying Power : The History of Black People in Britain*, Londres, Pluto Press, 1984, p. 124-130.

alors les deux hommes de loi Granville Sharp et Lord Mansfield, et il y en avait eu de nombreux autres précédemment, le premier voulait obtenir du second qu'il reconnût, à la cour, que « l'esclavage était tout à la fois illégal *et* contraire à la justice naturelle [...] et que l'esclavage devait être condamné parce qu'inhumain *et* contraire à la loi anglaise[68] ».

Un détail troubla Lord Mansfield lorsque, vers la fin du procès, en mai, mention fut faite d'un jour de pluie[69]. Des Africains furent jetés par-dessus bord malgré le fait que la pluie avait dû reconstituer en partie les réserves d'eau et étancher la soif des Africains. Le massacre n'avait donc pas été perpétré par nécessité. Lord Mansfield souhaita surseoir à la décision du premier jury : un nouveau procès devait avoir lieu[70]. Même s'il n'est pas avéré que ce second procès a effectivement eu lieu, ni d'ailleurs que la compensation financière a finalement été payée, il est certain que le *Zong* avait déjà fait évoluer les mentalités, modifiant ainsi l'histoire de l'Angleterre et du monde.

Cet épisode du *Zong*, on le sait, est ce qui a inspiré le peintre J. M. W. Turner pour son tableau « *Slavers Throwing Overboard the Dead and Dying – Typhon Coming on* ». Le fait que ce tableau, souvent appelé simplement « *The Slave Ship* », a été exposé pour la première fois en 1840, en même temps qu'un congrès de la « *Anti-Slavery Society* » à Londres, trente-trois ans après l'abolition de la traite et sept ans après celle de l'esclavage dans l'Empire britannique, montre à quel point les débats autour de l'esclavage et de son abolition ont été brûlants de la fin du XVIIIe siècle jusqu'au milieu du XIXe siècle. De nombreux pays, à commencer par la France, ne l'avaient toujours pas aboli et les abolitions allaient s'égrener tout au long du siècle, le dernier pays du monde occidental à rendre l'esclavage illégal étant le Brésil en 1888. Juste après

68 *Zong, op. cit.*, p. 126. Le chapitre « *In the Eyes of the Law* » donne à comprendre les causes profondes de ce qui opposait Granville Sharpe et Lord Mansfield, bien avant l'épisode du *Zong*.

69 *Zong, ibid.*, p. 154.

70 « Cette affaire est tout à fait inhabituelle et mérite d'être reconsidérée. L'objection selon laquelle les preuves ne corroborent pas les déclarations faites au sujet des pertes subies à bord est tout à fait recevable. Aucune preuve ne confirme non plus que le bateau n'était pas en bon état et avait enduré des fuites d'eau. Ce n'était certainement pas la raison du retard subi. Il ne semble pas non plus qu'il y ait eu une véritable nécessité à jeter les nègres par-dessus bord après la pluie, si tant est que ce fait soit avéré. Il est donc nécessaire de procéder à une réévaluation de la demande d'indemnisation suite aux pertes encourues. » *Gregson vs. Gilbert*, cité in extenso par Marlene Nourbese Philip à la fin de *Zong !*, Middletown, CT, Wesleyan University Press, p. 210-211.

l'exposition, John Ruskin fut le premier propriétaire du tableau puis s'en sépara, le décalage entre le sublime de la marine et l'horreur du sujet étant certainement trop difficile à supporter. Sur fond de coucher de soleil et de couleurs intenses, on voit à peine, au premier plan, les quelques membres des Africains en train de se faire déchiqueter par les requins[71].

L'épisode du *Zong* et le tableau de J. M. W. Turner ont inspiré plusieurs écrivains et poètes contemporains, et on pense immédiatement au poème de David Dabydeen, « *Turner* ». L'Africain qu'on devine à peine dans le tableau devient la voix narrative principale, récupérée des abysses. Dans la Préface, Dabydeen explique comment il met en place la rédemption de cette voix, de cette tête : « la tête submergée de l'Africain au premier plan du tableau de Turner … noyé dans la mer de Turner (et celle d'autres artistes) pendant des siècles[72] ». Il donne le nom de Turner au capitaine du bateau, et l'enfant mort-né, alter ego du capitaine, sera aussi prénommé Turner :

> Ce que l'on pensait nourriture pour requins deviendra
> Ma fable. Je l'ai appelé Turner
> Comme j'ai donné de nouveaux noms aux oiseaux et aux poissons
> Et à l'humanité, toutes choses vivantes mais inconnues,
> Remémorées obscures ou mortes[73].

L'action du roman de Fred D'Aguiar *Feeding the Ghosts* se déroule dans trois lieux et temporalités distinctes : la première partie du roman se passe sur le *Zong* pendant la Traversée du milieu en 1781, la seconde entièrement dans le tribunal pendant le procès en 1783 et la troisième à Kingston en Jamaïque après l'abolition de l'esclavage dans l'Empire britannique en 1833. Voix narrative et focalisation diffèrent aussi selon les parties. Une narration omnisciente à la troisième personne est associée

---

71 On pourra lire avec profit l'article de Louise Yelin, « 'Our Broken Word' : Fred D'Aguiar, David Dabydeen and the Slave Ship *Zong* » qui se concentre sur le silence et l'invisibilité de ces Africains, réimaginés par D'Aguiar et Dabydeen, dans *Revisiting Slave Narratives*, 2005, p. 349-363.

72 « *submerged head of the African in the foreground of Turner's painting… drowned in Turner's (and other artists') seas for centuries* », *Turner : New and Selected Poems*, Londres, Cape Poetry, 1994, ix.

73 « *What was deemed food for sharks will become / My fable. I named it Turner / As I have given fresh names to birds and fish / And humankind, all things living but unknown, / Dimly recalled or dead* », *Turner, op. cit.*, p. 1.

dans la première partie à une focalisation tantôt externe tantôt interne de façon à ce que le lecteur puisse avoir une vue d'ensemble qui soit aussi multiple. Dans la deuxième partie, la narration omnisciente est associée cette fois à une focalisation interne qui permet tout à la fois d'avoir un accès privilégié *sur* Lord Mansfield ainsi qu'à ses pensées tout au long du procès intenté par les assureurs aux propriétaires du *Zong*. Il faut attendre la troisième partie pour qu'un accès à la voix et à la perspective de Mintah soit rendu possible par l'intermédiaire de la narration à la première personne après l'abolition de l'esclavage : « Je m'appelle Mintah. Du *Zong* où je me trouvais, ils m'ont jetée par-dessus bord pour aller nourrir les poissons[74]. »

Même si le roman trouve sa source dans les archives historiques, D'Aguiar mêle personnages historiques et personnages fictionnels, transformant les premiers pour fabriquer les seconds. De la même façon que Phillips rebaptise John Newton en James Hamilton dans *Crossing the River*, D'Aguiar remplace Captain Collingwood par Captain Cunningham dans *Feeding the Ghosts*, la dimension de ruse et de fourberie étant ajoutée pour le lecteur du XXe siècle à travers le mot *cunning*. Il garde le personnage de Kelsall en modifiant son orthographe. Il choisit de ne pas intégrer le personnage de Robert Stubbs mais crée celui du cuisinier simple d'esprit lui aussi maltraité par l'équipage, Simon, préférant de la sorte élargir le cercle des victimes malheureuses de l'esclavage plutôt que celui des bourreaux. De façon plus générale, D'Aguiar construit son roman autour d'un personnage qui n'existe pas dans les archives : Mintah, une Africaine qui remonte sur le bateau après avoir été jetée à la mer. Réinterprétant un élément des archives qui indique que l'un des Africains dans la cale du *Zong* parlait anglais, D'Aguiar déroule ce fil pour créer un lien entre Mintah et Kelsal : ils se sont déjà rencontrés dans une mission en Afrique, avant de se retrouver sur le navire négrier, l'un sur le pont et l'autre dans la cale. Mintah avait soigné Kelsal lorsque celui-ci avait été malade, apprenant quelques mots d'anglais.

Une fois que Mintah est remontée à bord, elle bénéficie de l'aide de Simon pour se cacher et se nourrir, et rédige un journal, inversion ironique des journaux de bords rédigés par les capitaines de négriers et qui devaient être remis aux propriétaires du bateau à l'arrivée. D'Aguiar

---

74 « *I am Mintah. They threw me off the Zong and into the sea. I should be food for fish now.* », *Feeding the Ghosts*, p. 4.

a donc remplacé les deux seuls témoignages effectivement présentés au procès, ceux de Robert Stubbs et de James Kelsall, par le journal fictionnel de l'Africaine jetée par-dessus bord. Pourtant, il choisit aussi de ne pas faire figurer ce journal dans le texte. Seule est mentionnée son existence en même temps que son absence et l'impossibilité de le présenter en tant que preuve au procès. Cette béance, révélée au grand jour par la fiction, signale la perte irrémédiable du récit historique et l'impossibilité d'une archive exhaustive qui soit écrite par les victimes de l'esclavage elles-mêmes et leurs héritiers. Il y aura toujours quelque chose d'irrécupérable, qui ne peut plus être donné à entendre, même par l'imagination.

Dans son analyse de la façon dont la littérature tente, ou non, de redonner une « cohérence narrative » à l'histoire perdue de l'esclavage, Kowaleski oppose les romans de Philippa Gregory *The Respectable Trade* ou de Barry Unsworth *Sacred Hunger* à ceux de Caryl Phillips *Crossing the River*, de Fred D'Aguiar *The Longest Memory* ou de David Dabydeen *The Harlot's Progress*. Les premiers, selon Kowaleski, conceptualisent l'histoire de l'esclavage comme pouvant être reconstruite à travers cette cohérence narrative linéaire tandis que les seconds, par l'intermédiaire d'une écriture postmoderne fragmentée, « résistent aux catégories de pensée binaire [...] et mettent en avant les fractures et les contradictions de la narration même de l'histoire[75] ». On peut être en désaccord avec Kowaleski lorsqu'elle met le roman de D'Aguiar *Feeding the Ghosts* dans la première catégorie. Certes, c'est peut-être une faiblesse du roman de conclure sur le retour de Mintah vers ses origines africaines premières – elle travaille le bois et devient, comme son père Fetu, artiste visionnaire – comme si le roman prônait la possibilité d'un retour et laissait de côté celle de l'hybridité. Kowaleski conclue à l'échec du roman qui ne « parvient pas à démontrer dans quelle mesure l'esclavage a contribué à la formation des identités noires et blanches[76]. » Il semble, cependant que Kowaleski ne prend pas assez en compte qu'il n'y a pas de retour vers l'Afrique mais une installation à la Jamaïque, lieu d'une créolisation à venir. De plus, l'absence du journal de Mintah, le mélange des voix et la multiplicité des perspectives montrent qu'il n'y a ni reconstitution ni unification possible de l'histoire de l'esclavage.

75 *The British Slave Trade*, *op. cit.*, p. 19.
76 *The British Slave Trade*, *ibid.*, p. 83.

Le plus important semble bien être la mise en écho de toutes les voix et la mise en jeu de toutes les perspectives qui peuvent être imaginées comme ayant constitué la période de l'esclavage. *Feeding the Ghosts* est particulièrement représentatif de l'utilisation textuelle et rhétorique de la voix, montrant bien à quel point le nœud de ces réécritures du récit d'esclave est la voix dans toutes ces acceptions, phénoménologique, mimétique, psychique et oratoire. Si l'on reprend les définitions de Stephen Ross, la voix phénoménologique est « explicitement mentionnée dans le discours diégétique comme son, action, geste, ou le pouvoir du discours indépendamment de son contenu sémantique[77] », alors que la voix mimétique est « représenté[e] […] dans la fiction de façon à donner l'illusion d'une personne qui parle[78] ». Un dialogue par exemple donnera l'illusion de la réalité. C'est à travers la voix comme phénomène (une voix que Ross appellerait « acousmatique » car on ne peut en situer l'origine) que Mintah se manifeste la première fois dans la diégèse de *Feeding the Ghosts* en faisant entendre sa présence au contremaître, Kelsal, image fictionnelle du James Kelsall historique mentionné plus haut.

> « Kelsal ! »
> Il écouta et tourna la tête lentement dans ce qu'il pensait être la direction de la voix, même si cela lui paraissait incroyable qu'elle pût venir des profondeurs de cette misérable caverne. Non, pensa-t-il, j'entends des voix[79].

La voix de Mintah résonne donc comme une voix individuelle mais aussi comme le chœur de tous les esclaves qui sont dans la cale, gémissants et mourants, masse indifférenciée : « des langues indéchiffrables. […] une mer d'yeux, une chair fondue en un seul corps de plaintes[80] ». La voix individuelle et la voix collective sont sans cesse projetées l'une contre l'autre.

Alors que la première partie du roman résonne de toutes les voix à bord du négrier – celles de la cale, celles du pont, celles des cabines –, la deuxième partie résonne des voix entendues ou étouffées à l'intérieur du tribunal où se déroule le procès. Symboliquement, il est important de se

77 Je reprends ici les catégories que Stephen Ross a créées dans son ouvrage sur Faulkner, *Fiction's Inexhaustible Voice – Speech and Writing in Faulkner*, Athènes et Londres, The University of Georgia Press, 1989, p. 19.

78 *Ibid.*, p. 67.

79 « *"Kelsal !" / He listened and turned his head slowly in the direction he believed the call came from even though it seemed incredible to him that its origin was deeper in this miserable cavern. No, he thought, I am hearing things.* », p. 21.

80 « *indecipherable tongues. […] a sea of eyes, flesh welded into one body of complaints.* », p. 19.

rappeler que l'acte de justice est une « audience », où il s'agit d'« entendre » les témoins et les accusés[81]. Un acte écrit ne suffit pas, il doit être corroboré par la parole. Le tribunal est le lieu de la voix par excellence, mais il résonne surtout de toutes les voix qui n'y ont pas été entendues, celle du journal de Mintah par exemple, mis de côté comme preuve non tangible et qui ne peut être retenue, et avec lequel Simon finit par disparaître, lui qui n'avait pas non plus été entendu au même titre que l'équipage. La voix de Mintah qui est donnée à entendre par l'intermédiaire de la narration à la première personne dans la dernière partie, autorise un accès partiel à la conscience du personnage. Cette voix « psychique » est cette « voix silencieuse que l'on n'entend que dans sa tête et qui ne peut être entendue qu'à travers l'omniscience de la fiction[82] ». Cette dernière partie est en effet une narration à la première personne associée à un point de vue interne, narration et perspective coïncidant enfin, posant peut-être la question de la possibilité d'un sujet qui parlerait en son nom propre.

On retrouve cette même approche, non-uniformisante et non-didactique, dans *The Harlot's Progress* de David Dabydeen où une présence fictionnelle centrale est donnée à un personnage qui n'avait aucune existence sociale véridique. Le titre vient de la série des six gravures de Hogarth au sujet de la vie de la prostituée Moll Hackabout. Le roman est centré autour d'un personnage tiré de la deuxième gravure, un petit garçon noir, serviteur-esclave de Moll. Sous l'angle de l'art revisité par la fiction, ce petit Africain, devenu adulte, est encouragé dans *The Harlot's Progress* par un certain Thomas Pringle à raconter son histoire, à la façon des abolitionnistes qui encourageaient les anciens esclaves à leur livrer leur récit. Les clins d'œil ici sont multiples puisque le véritable Thomas Pringle (1789-1834) était le secrétaire de la *English Anti-Slavery Society* et qu'il était aussi l'employeur de Mary Prince, l'encourageant à écrire son *History of Mary Prince, a West Indian Slave*. Dans la fiction de Dabydeen, il est difficile pour Pringle d'obtenir le résultat escompté. Le texte qui se donne à lire au lecteur, tantôt à la première personne tantôt à la troisième personne, est au contraire multiple, paradoxal et divers, il est plein de contradictions et de retournements. Le petit serviteur que l'on voit à peine dans le coin de la gravure de Hogarth produit, une fois transporté dans le roman, un récit élusif et fragmentaire, chaotique :

81 Le terme est encore plus parlant en anglais puisqu'on parle de « *hearing* ».
82 *Ibid.*, p. 132.

> L'histoire que Mungo entend dans sa tête, et qu'il partage avec le lecteur, défie la logique, la chronologie et l'entendement. Dans cette histoire, le passé et le présent, ce qui est ici et ce qui est là-bas, les vivants et les morts, la vérité et le mensonge, co-existent. Même le nom du protagoniste est sujet à caution – Mungo devient Noah, puis Perseus. Contrairement à Pringle, le lecteur est dans la confidence, il connaît le chaos qui règne dans la conscience de Mungo. Cependant, en tant que consommateur du texte, le lecteur reste partie prenante dans la commercialisation de l'histoire de Mungo[83].

Thomas Pringle, de son côté, ne parvient pas à reconstituer le récit original de Mungo, celui qui l'aurait aidé à galvaniser la cause de l'abolition. Et ce ne sont pas les pièces que Pringle peut promettre à Mungo pour son histoire qui vont lui garantir un texte définitif et ficelé à son goût. Dans la difficulté de dire l'indicible, ce qui est dit demeure, selon les mots de Kowaleski, une « catégorie provisoire[84] », notre désir de résolution constamment différé et devant faire face à une conception de l'histoire de l'esclavage non comme une histoire unique et linéaire mais plutôt comme « une série d'histoires chaotiques qui se chevauchent et dont les voix multiples entrent en concurrence[85] ».

Revenons une dernière fois au *Zong*. Après avoir découvert l'épisode historique à travers les quelques pages rédigées par James Walvin dans *Black Ivory*[86], le même tableau « The Slave Ship » a inspiré Marlene Nourbese Philip pour son poème *Zong* (2008). Le poème est encadré par la page de garde sur laquelle on peut lire en dessous du titre « Tel qu'il a été raconté à l'auteur par Setaey Adamu Boateng », une transmission directe des ancêtres en quelque sorte, et les deux pages à la fin du livre qui reproduisent les notes du procès Gregson vs. Gilbert à partir desquelles le poème a été entièrement écrit et imaginé. Le poème est constitué de plusieurs parties, chacune comportant les mots qui ont été, ou ont pu être, entendus à bord du *Zong*. Ces mots sont d'ailleurs repris dans un glossaire à la fin du livre, qui tente en apparence de refonder une cohérence à travers des catégories lexicales[87]. Pourtant, la fragmentation des mots sur la page reflète bien plus la fragmentation liée à l'arrachement de la

83 *The British Slave Trade*, *ibid.*, p. 108.
84 *Ibid.*
85 *The British Slave Trade*, *ibid.*, p. 104.
86 Marlene Nourbese Philip, *Zong !*, *op. cit.*, p. XI.
87 *Ibid.*, p. 183-186. Plusieurs langues sont listées, comme l'arabe, le néerlandais, le français, l'espagnol, le portugais et plusieurs langues africaines comme le twi, le shona, le yoruba.

traite et la multiplicité des langues parlées dans les cales des négriers, que la possibilité d'une refondation du sens. Le poème est cette histoire qui ne peut être dite et qui doit pourtant être dite :

> L'impossibilité de dire cette histoire particulière repose dans la fragmentation et la mutilation du texte, obligeant le regard à suivre une trace sur la page, s'efforçant de saisir un sens à partir de mots dans tous les sens. Je vacille entre accepter l'irrationalité de l'événement et l'impulsion primordiale qu'a l'être humain de trouver du sens aux phénomènes qui nous entourent. [...] La préoccupation pour la précision de la langue appartient tout à la fois à la loi et à la poésie, mais la première utilise la langue pour prescrire. En l'occurrence, je veux que la poésie déconstruise ce qui a été prescrit, crée désordre et chaos afin de libérer l'histoire impossible à raconter et qui, à travers l'impossibilité de raconter, se racontera[88].

Le texte est mutilé, torturé et meurtri, en écho des souffrances endurées. Dans l'avant-dernier chapitre, « Notanda », Philip décrit le processus du poème ainsi :

> J'assassine le texte, je le coupe littéralement en morceaux, je castre les verbes, j'étouffe les adjectifs, j'assassine les noms, je jette les articles, les prépositions et les conjonctions par-dessus bord, je largue les adverbes : je sépare le sujet du verbe, le verbe du complément – créant un chaos sémantique, jusqu'à ce que mes mains soient ensanglantées de tant de tuerie et de boucherie, je vais chercher comme un devin, dans les entrailles éviscérées puantes, *sangoma*[89] ou prophète qui, ayant sacrifié un animal pour y voir les signes et les augures d'une nouvelle vie, ou simplement de la vie, lit une histoire non encore racontée qui se raconte en ne se disant pas[90].

Les parties du corps, les animaux forment d'autres catégories, ainsi que les noms des membres de l'équipage.

88 « *The not-telling of this particular story is in the fragmentation and mutilation of the text, forcing the eye to track across the page in an attempt to wrest meaning from words gone astray. I teeter between accepting the irrationality of the event and the fundamental human impulse to make meaning from phenomena around us.* [...] *While a concern with precision and accuracy in language is common to both law and poetry, the law uses language as a tool for ordering; in the instant case, however, I want poetry to disassemble the ordered, to create disorder and mayhem so as to release the story that cannot be told, but which, through not-telling, will tell itself.* », *ibid.*, p. 198-199.

89 Note de bas de page incluse dans le texte : « *Sangoma* est un mot zoulou signifiant guérisseur de maux physiques et spirituels », *ibid.*, p. 208, nbp 13.

90 « *I murder the text, literally cut it into pieces, castrating verbs, suffocating adjectives, murdering nouns, throwing articles, prepositions, conjunctions overboard, jettisoning adverbs : I separate subject from verb, verb from object – create semantic mayhem, until my hands are bloodied, from so much killing and cutting, reach into the stinking, eviscerated innards, and like some seer,* sangoma, *or prophet who, having sacrificed an animal for signs and portents of a new life, or simply life, reads the untold story that tells itself by not telling.* », *ibid.*, p. 193-194.

Entre les mots jetés sur la page, les silences et les blancs transmettent le sens de l'œuvre autant que les mots eux-mêmes, bribes et fragments d'une entreprise pendant laquelle les noms des individus n'ont bien évidemment pas été conservés, jetés par-dessus bord comme les corps. Sens et cohérence sont absents de la page qui n'est que fracture et confusion, image exacte de ce qui est évoqué, image inverse des minutes du procès Gregson vs. Gilbert dont la langue juridique est en apparence si logique et signifiante. Aucun des deux textes finalement ne peut dire l'histoire de l'esclavage. Si les récits d'esclaves parlent pour témoigner, les néo-récits d'esclaves parlent pour dire l'indicible et ne pas le dire. *Zong !* est autant un poème à propos des ancêtres africains asservis et massacrés que le poème de sa propre fabrication à partir d'une lecture personnelle d'archives fragmentaires, partielles et partiales. L'histoire ne peut plus apparaître dicible et maîtrisable. Les archives ne peuvent être approchées que dans leur complexité multiple, leurs lacunes, leurs contradictions. Derrida nous rappelle la différence entre trace et archive, et le principe de la constitution de cette dernière :

> [I]l y a économie, sélection des traces, interprétation, remémoration, etc. Donc l'archive commence là où la trace s'organise, se sélectionne, ce qui suppose que la trace est toujours finie. [...] l'archivation est un travail fait pour organiser la survie relative, le plus longtemps possible, dans des conditions politiques ou juridiques données, de certaines traces choisies à dessein. Il y a toujours du dessein, il y a toujours de l'évaluation[91].

Zong ! nous a fait toucher du doigt cette problématique complexe du rapport entre la trace et l'archive, au cœur d'un processus de relecture et d'interprétation constante. Si ce premier chapitre centré sur l'Atlantique noir s'est intéressé aux approches du fait historique et aux réécritures fictionnelles plus qu'aux archives elles-mêmes, les chapitres suivants centrés sur l'océan Indien et la diaspora prolongeront l'interrogation du rapport complexe entre les différentes sources, entre les archives et le travail de perpétuelle réinterprétation et réinvention fictionnelle qui peut en émerger. Qu'il s'agisse de l'Atlantique noir ou de l'océan Indien, la question des archives, de leur existence ou de leur absence, de la politique de leur conservation ou de leur destruction est omniprésente et taraude le lecteur.

---

91 Jacques Derrida, *Trace et archive, image et art*, Paris, INA, 2014, p. 61.

LES VOIX DE L'HISTOIRE (2)

Les travailleurs engagés de la diaspora indo- et sino-caribéenne

DE L'ESCLAVAGE AU TRAVAIL ENGAGÉ

Entre 1838 et 1917, environ 700.000 Indiens sont arrivés à la Caraïbe sous domination britannique en remplacement des Africains émancipés en 1833. Une période d'apprentissage de cinq ans avait maintenu les anciens esclaves dans les champs de canne jusqu'en 1838, mais les propriétaires des plantations se retrouvèrent vite sans main d'œuvre étant donné le peu d'attractivité des salaires proposés aux anciens esclaves. De façon à continuer d'exploiter une main d'œuvre pas ou sous-payée, c'est vers l'Inde et la Chine que les colons britanniques se tournèrent, engageant des « *arkatis* », agents recruteurs chargés de faire miroiter le voyage vers ce qui était présenté comme un nouvel El Dorado.

Il est sans doute difficile aujourd'hui de prendre toute la mesure de ces migrations indiennes du XIXe siècle mais les archives de Port-d'Espagne et de Kolkata[1] laissent entrevoir ce qu'elles ont pu représenter. La visite des lieux où la sélection des candidats à l'émigration était mise en place et d'où ils embarquaient, même si une partie des bâtiments de l'époque ont été démolis dans les années 1980, contribue à dresser une image fascinante de ces premières migrations de masse, fournissant une quantité de détails sur la façon dont elles étaient organisées par l'Empire britannique. Arrivant par train de leurs villages lointains du Bihar, de l'Uttar Pradesh ou du Bengale principalement jusqu'à

1 La Compagnie des Indes anglaises qui développait ses activités de colonisation au Bengale commence la construction de la ville à la fin du XVIIe siècle. Calcutta sera la capitale de l'Inde sous l'Empire britannique de 1773 à 1911, lorsqu'il est décidé que ce serait Delhi qui deviendrait la nouvelle capitale. Calcutta devient Kolkata en 2001.

Calcutta, les candidats à l'émigration fuyaient famine et misère, les dettes léguées de génération en génération, les destructions de villages par des hordes de soldats, les violences domestiques et les contextes politiques survoltés. Un pic d'émigration indienne correspond à ce qu'il est convenu d'appeler en français la révolte des Cipayes en 1857-1858 mais qui est considéré en Inde comme la première révolution contre le pouvoir britannique. Ils fuyaient l'oppression intérieure (système des castes dans la religion hindoue) et l'oppression extérieure (colonisation britannique). La communication devait être relayée par des interprètes et autres traducteurs. Ils devaient se soumettre aux tests de sélection afin de vérifier s'ils étaient aptes aux travaux agricoles dans les plantations sucrières. Sur leur « *emigration pass* » étaient notées diverses mentions comme leur nom, leur âge approximatif, leur sexe, s'ils avaient des marques d'identification, s'ils voyageaient avec un membre de leur famille ou seuls, le nom de leur village et leur caste, ainsi que le nom du bateau sur lequel ils embarquaient et à quelle date. Qu'ils aient su de façon certaine s'ils étaient en partance pour l'île Maurice, les îles Fiji ou la Caraïbe, est sujet à caution. Contempler la rivière Hoogly et ce qui reste aujourd'hui des dépôts de Garden Reach où ces candidats à l'émigration passaient parfois plusieurs semaines, encourage à imaginer, autant que faire se peut, la réalité historique.

Ces travailleurs partaient avec un contrat de cinq ans, durée après laquelle ils pensaient pouvoir retourner dans leur pays d'origine, plus argentés. Jusqu'en 1897 le prix du billet de retour était inclus dans le contrat. Ensuite, sans doute parce que le but des planteurs était de stabiliser leur main d'œuvre sur place, le passage de retour est devenu payant, par le travailleur engagé lui-même, ou par sa famille en Inde. Mais les salaires permettaient difficilement un retour, une vie sur place s'était de toute façon déjà organisée au bout des cinq ans et, malgré des conditions extrêmement dures, une majorité d'Indiens restèrent à la Caraïbe : seule une minorité opta pour le rapatriement vers l'Inde.

Mais le coût du voyage de retour n'était pas la seule raison qui retint les Indiens à la Caraïbe : la caste qui figurait sur leur *emigration pass* et qui modelait toute leur existence in Inde, ne manquait pas d'être dissoute lors de la traversée du « *Kala pani* », « les eaux noires », en hindi, et cela dès qu'un pied était posé sur le bateau. Un Hindou ne pouvait conserver sa caste, quelle qu'elle soit, après une migration[2]. De plus, toutes les castes étaient en contact sur le bateau, mélangées, des Brahmanes aux Shudras et aux « Intouchables », formant ainsi la communauté bien spécifique des *Jahaji Bhai*, ou *Jahaji Bhahins*, ces « compagnons et compagnes de bateau » qui ne s'étaient pas forcément choisis les uns les autres. L'expression « *Brahmin by birth* » ou « *Brahmin by boat* », créée par Brinsley Samaroo, est encore utilisée à Trinidad aujourd'hui :

> Les hommes et les femmes des villages de l'Uttar Pradesh et du Bihar arrivaient dans les dépôts et, ne voyaient aucune connaissance pouvant témoigner de leurs origines, prenaient de nouveaux noms qui attestaient de leur désir de mobilité sociale. Ils devenaient *Singh* (lion), *Sher* (tigre), *Raj Kumari* (princesse), *Maha Raj* (grand roi) or *Maha Bir* (grand guerrier). Il y avait donc de nombreux Brahmanes de traversée et non plus de naissance[3].

Une fois qu'on s'était réinventé une identité loin des contraintes sociales et religieuses traditionnelles, il était presque impossible de se fondre dans le moule d'origine à nouveau. Ceux qui revenaient dans leurs familles et leurs villages étaient rejetés car « pollués » par leur expérience aux îles, par-delà le *Kala pani*. Certains, qui avaient fait le chemin de retour, n'attendaient parfois qu'une chose : repartir et reprendre leur statut « *tapuha* » plutôt que celui de « *Maha Bharat* », c'est-à-dire l'île contre la Mère Patrie[4].

Ces travailleurs engagés ajoutèrent ainsi peu à peu une autre composante à des colonies construites jusque-là sur la binarité des Africains en esclavage et des colons Européens étant donné que les

2 Dans le contexte indien, le *Kala pani* est le plus souvent associé à la prison que les Britanniques avaient établie sur les îles Andaman (« *Cellular Jail* ») afin d'y incarcérer les « *freedom fighters* ». La traversée vers l'île était présentée comme causant la perte de la caste et était donc synonyme d'exile, de souffrance et de péché. De manière générale, la traversée d'une mer ou d'un océan était maléfique pour les Hindous car elle éloignait des eaux sacrées du Ganges.

3 Brinsley Samaroo, « Chinese and Indian Coolie Voyages to the Caribbean », *Journal of Caribbean Studies*, vol. 14, 1 & 2, 2000, p. 3-24, p. 20.

4 Ceci explique que les programmes de rapatriement qui ont eu lieu jusqu'au milieu des années 1950 n'aient pas été de francs succès. Il faut aussi prendre en compte le fait que l'Inde avait déjà beaucoup de mal à prendre en charge les flux de migrants qui se croisaient suite à la Partition entre l'Inde et le Pakistan en 1947. L'Introduction à *The First Crossing, being the Diary of Theophilus Richmond, Ship's Surgeon aboard the Hesperus, 1837-8*, coordonné par David Dabydeen, Jonathan Morley, Brinsley Samaroo, Amar Wahab et Brigid Wells, consacre plusieurs pages bien documentées et très émouvantes à ces émigrants du retour (XLVII-LXI).

populations indigènes amérindiennes avaient déjà pour la plupart disparu[5]. La Guyane britannique est le pays où, dès 1838, les travailleurs indiens sous contrats arrivèrent en plus grand nombre. Trinidad et la Jamaïque prirent la suite à partir de 1845, puis suivirent la Grenade, Ste Lucie, St Kitts, St Vincent et le Surinam, jusqu'en 1873, mais pour de petits effectifs. On peut aussi mentionner la Martinique et la Guadeloupe, et hors Caraïbe, la Réunion et les îles Fiji (après 1861), et Natal en Afrique du Sud (entre 1866 et 1911) qui était aussi une colonie sucrière. L'île Maurice a été le premier pays sous domination britannique (après 1810) à faire venir des travailleurs engagés indiens : c'est l'expérience mauricienne qui va d'ailleurs servir de modèle aux colons installés à la Caraïbe[6]. Ces pays sont aujourd'hui les pays où la présence indienne a modifié le plus en profondeur démographie, société, langue et culture.

Il faut cependant attendre les années 1950 et 1960 pour que les premières études de cette diaspora indienne à la Caraïbe ou aux îles Fiji et Maurice soient publiées[7]. Ces études, très marginales à l'époque, s'intéressaient principalement aux éléments qui permettaient de

5 Les Hollandais s'étaient installés en 1616 et avaient colonisé les trois territoires de Essequibo (1616), Berbice (1627) et Demerara (1752). En 1815, ces trois colonies devinrent britanniques et prirent le nom de British Guiana en 1831. Le pays prendra le nom de Guyana lors de l'indépendance en 1966. Le chiffre donné pour le nombre d'Indiens qui ont quitté l'Inde pour la Caraïbe, les îles Fiji ou Maurice, entre 1834 et 1917, est environ de 1.250.000 (Seecharan, 1997, p. 2). Les chercheurs s'accordent généralement autour d'un peu moins de 240.000 Indiens pour la Guyane Britannique, environ 144.000 pour Trinidad, 36.000 pour la Jamaique, 67.000 pour la Martinique et la Guadeloupe, plus de 60.000 pour les îles Fiji, 26.000 pour la Réunion et 454.000 pour Maurice. Pour des analyses et des chiffres plus précis, on pourra consulter le premier chapitre de *Tiger in the Stars* de Seecharan (1997), *Girmitiyas* de Brij V. Lal (1983) ainsi qu'*Indo-Caribbean Indenture* de Lomarsh Roopnarine (2007).

6 La première partie de l'introduction à *The First Crossing, being the Diary of Theophilus Richmond, ship's surgeon aboard the Hesperus, 1837-1838* par David Dabydeen, Jonathan Morley, Brinsley Samaroo, Amar Wahab et Brigid Wells, éds. Coventry, The Derek Walcott Press, 2007, revient en détail sur la carrière de John Gladstone, père de William, futur Premier Ministre du Royaume (XI-XXVIII). Propriétaire de plantations sucrières à la Jamaïque et à la Guyane britannique qui avait fait son possible pour retarder le processus d'émancipation des Africains en esclavage, il a reproduit pour la Guyane britannique le système de travail engagé tel qu'il avait été mis en place pour Maurice dès 1834. Le départ du premier bateau, *The Hesperus*, qui devait partir de Liverpool, s'arrêter à Maurice et aller chercher des *coolies* à Calcutta pour les amener à la Guyane britannique, était en partie sa responsabilité.

7 On pourra se reporter aux études de Raymond T. Smith (1959), K. L. Gillion (1956 ; 1962) ou de Brij V. Lal (1983) qui étudient en détail l'origine, la composition et l'évolution des groupes migratoires en provenance d'Inde pendant la période du travail sous contrat.

déterminer la provenance des Indiens, leur appartenance à telle ou telle caste, leur attachement culturel et religieux à l'Inde, puis leur intégration progressive dans la société caribéenne. Cette deuxième traversée de l'Atlantique, ou traversée du *Kala pani*, a longtemps été passée sous silence ou minimisée. Certes, cette deuxième migration vers la Caraïbe n'avait pas été aussi violente que la première en provenance d'Afrique, elle a utilisé la tromperie plus que la force, les mensonges plus que la violence physique, elle ne s'est pas étendue sur quatre siècles mais sur quatre-vingts ans. Un chercheur comme Hugh Tinker, particulièrement, a clairement mis en évidence la continuité entre l'esclavage des Africains et le travail engagé des Indiens dans son ouvrage fondateur *A New System of Slavery* (1974) – arrachement de l'émigration, violence dans la façon dont les Indiens étaient traités une fois sur la plantation, passant d'une situation de pauvreté extrême et/ou d'ostracisme à une société d'exploitation socio-économique où leur existence était entièrement subordonnée à la production du sucre[8]. Il est intéressant de remarquer que les expressions le plus souvent employées sont, en anglais, « *bonded labour* », « *indentured servitude* » ou « *indentureship* », alors qu'en français on parle davantage de « travail sous contrat » ou « travail engagé », gommant ainsi la dimension esclavagiste et mettant en valeur le contrat. Par la suite, les travaux de Brij V. Lal sur les « *girmitiyas* » (« *girmit* », le contrat) ont ouvert de nouvelles perspectives et dissipé le mythe selon lequel seules les basses castes avaient fait la traversée. Basdeo Mangru, Brinsley Samaroo ou Clem Seecharan, ainsi que Crispin Bates et Marina Carter plus globalement, ont aussi publié des travaux importants qui ont permis aux contributions des diasporas indiennes d'être peu à peu reconnues, particulièrement dans les domaines économiques liés à l'agriculture, à l'exploitation forestière par exemple, mais aussi dans d'autres domaines comme le droit et la médecine, la religion ou le sport. Les arts et la littérature n'ont bénéficié de l'attention publique et internationale que plus récemment.

8 Une campagne en faveur de l'abolition du travail sous contrat a d'ailleurs eu lieu, comme pour l'abolition de l'esclavage. On pourra se reporter à l'ouvrage de Basdeo Mangru, *Indenture and Abolition – Sacrifice and Survival on the Guyanese Sugar Plantations* (Toronto, TSAR, 1993). Mangru revient en détail sur le processus qui, commencé en 1839 sous la houlette du secrétaire de « *Anti-Slavery Society* », John Scoble, a fait long feu et n'a pu aboutir qu'en 1917, après que les Indiens immigrés en Afrique du Sud dans la province du Natal eurent bénéficié de la visite de Gandhi à la fin des années 1890.

Dans le sillage des années 1980 et 1990, avec la redécouverte de la présence indo-caribéenne et la prise de conscience que l'indianité faisait partie intégrante de la créolisation caribéenne, l'année 2008 a donné un nouvel élan à cette redécouverte. Le 170e anniversaire de l'arrivée des Indiens à la Caraïbe a eu des répercussions importantes, encore amplifiées par le centenaire en 2017 de la fin du travail engagé. Signes de cette évolution, un certain nombre de sites ou de monuments ont été érigés à la mémoire des engagés. On pense notamment au « *Historical and Cultural Heritage of Aapravasi Ghat* » à Maurice, au « *Indian Arrival Monument* » sur la « *Plantation Highbury* » au Guyana, au « *Nelson Island Heritage Site* » à Trinidad, au « Lazaret » de la Grande Chaloupe à la Réunion, où les arrivants étaient mis en quarantaine, ou encore au monument commémoratif le long de la rivière Saramacca au Suriname.

En comparaison, de tels monuments sont extrêmement rares en Inde. On ne compte que le « *Maritime Archives and Heritage Centre* » créé en 2009 par le « *Kolkata Port Trust* ». Le Trust a aussi érigé le « *Memorial to the Indentured Labourers* » en 2011 et le « *Surinam Memorial* » en 2015. Les quelques festivals « *Pravasi* » célèbrent plutôt les nouvelles diasporas indiennes du XXe et XIXe siècles, celles qui, depuis trois décennies ont été courtisées par les politiques gouvernementales indiennes pour leur potentiel économique, politique et diplomatique. C'est surtout en Inde, finalement, que la méconnaissance des diasporas du XIXe siècle est la plus grande. Peu d'Indiens, même parmi les universitaires, savent que près d'un million de leurs compatriotes ont quitté « *Mother India* » au XIXe siècle pour d'autres contrées, et encore moins les conditions dans lesquelles ils sont partis. Cet épisode historique ne fait pas partie des programmes scolaires ou universitaires et la méconnaissance se poursuit et s'accentue avec le temps. On peut avancer plusieurs hypothèses pour expliquer une telle situation. On peut dire que la patrie a fait défaut à ses enfants : n'ayant pu les nourrir ni les traiter correctement, elle les a laissés partir. Lorsque certains sont revenus elle n'a pas su les accueillir. Dans ce cas, ne vaut-il pas mieux oublier de tels épisodes ? De plus, cette migration ne se faisait pas vers le monde développé : ces migrants ne partaient pas vers l'Amérique, ni vers l'Angleterre, ni vers les autres pays qui deviendraient après 1926 le British Commonwealth of Nations. Ils partaient vers d'autres colonies et seulement pour travailler dans les plantations pour un salaire de misère. Pourquoi, dans de telles conditions, leur faire honneur ? Le discours officiel a longtemps été un discours qui souligne que les émigrants étaient de basse caste, oubliant qu'il y avait aussi des hautes castes. Est-il si inacceptable pour les Hindous de reconnaître qu'un Brahmane pouvait préférer perdre sa caste que de rester dans sa mère patrie ? Il faut croire que oui. Enfin, le gouvernement de Jawaharlal Nehru après l'indépendance de 1947 avait d'autres soucis que de s'occuper des Indiens qui avaient quitté, voire fui, la mère patrie.

En contraste avec la seule victimisation, les processus de résilience mis en place par la diaspora indienne, ont été portés sur le devant de la scène pour comprendre comment les Indo-Caribéens avaient ajusté leur attachement symbiotique à une Inde de plus en plus fantasmée au fur et à mesure que la possibilité d'y revenir s'éloignait, comment ils avaient transformé leur relation à un environnement tout d'abord hostile mais qui a pu devenir l'objet d'une appropriation. Individuellement ou collectivement, améliorer des conditions de vie souvent difficilement supportables, élaborer des contre-systèmes de défiance et de résistance, réinventer les pratiques culturelles et religieuses dans un contexte adverse, tout cela fit partie des ajustements prioritaires de ces déplacés[9]. L'expression *Jahaji Bhai*, mentionnée plus haut et que Frank Birbalsingh utilise comme titre de son anthologie de littérature indo-caribéenne, ou simplement *Jahajin*, que Peggy Mohan utilise pour le titre de son roman, sont significatives à cet égard. L'expression indique ce compagnonnage mi-forcé mi-choisi de gens qui venaient de toutes sortes d'horizons en Inde :

> En partance pour un pays étranger, dans une traversée qui provoquerait la perte de la caste, qui romprait les liens au pays natal, à la langue maternelle, aux coutumes, à la famille, les migrants se retrouvaient dans des conditions différentes et instables qui menaçaient la survie de leur communauté. L'expression *Jahaji Bhai* est une réponse à cette menace. Elle naît d'un désir de préserver la communauté et peut être considérée comme une première étape dans le combat contre les effets destructeurs et déstructurant du travail engagé[10].

Les études de Stéphanos Stephanides, écrivain, poète et universitaire d'origine chypriote qui a passé plusieurs années au Guyana, ou celles

9 Voir entre autres Clem Seecharan (1993, 1996, 1999), Rita Christian (2007), Lomarsh Roopnarine (2007). Le second chapitre de *Tiger in the Stars* rappelle les différentes études déjà publiées.

10 Frank Birbalsingh, *Jahaji Bhai – an Anthology of Indo-Caribbean Literature*, Toronto, TSAR, 1988, p. 7-8.

de l'anthropologue trinidadien Kumar Mahabir, offrent un autre éclairage sur ces mêmes thèmes de la créolisation, du syncrétisme et de la résilience. Ils s'attachent tous deux à décrire la façon dont les rites religieux hindous ont été importés du sud de l'Inde (la région de Madras à l'époque) vers la Guyane britannique au XIXe siècle[11]. L'hommage à la déesse Kali à travers différentes prières (« *Kali Puja* » ou « *Big Puja* ») ou celui à la déesse Lakshmi pendant Divali lors de la nouvelle lune d'octobre ou de novembre, a permis à ces Indiens déplacés de résister au prosélytisme des missions chrétiennes et de maintenir leur cohésion culturelle et religieuse. Stephanides insiste toutefois sur l'adaptabilité du processus, rappelant qu'être Hindu est principalement fondé sur des pratiques sociales qui sont sans cesse renégociées dans des contextes sans cesse changeants. Cette hybridité est en quelque sorte fondée sur une association intime entre mémoire et oubli. Stephanides s'appuie sur le concept de « mémoire involontaire » forgé par Walter Benjamin, une mémoire non-consciente mais qui permet, grâce au rite, la persistance d'une mémoire culturelle sur la base d'une transposition culturelle et de l'intégration de formes nouvelles. Les structures florales, les sacrifices d'animaux, les chants, danses et récits, les rituels de guérison et de communication qui célèbrent la déesse Kali et dont l'aboutissement est la transe et l'extase finale, ont évolué au fil des ans selon les nécessités imposées par le nouveau contexte caribéen.

Ces ajustements que Samaroo appelle le « processus d'adaptation sélective[12] », ont fait l'objet de recherches d'anthropologues et d'ethnologues. La tendance dominante que l'on trouve exprimée sous la plume de chercheurs comme Steven Vertovec[13], est de considérer qu'il faut cesser de regarder vers l'Inde pour comprendre les diasporas indiennes de la fin du XXe et du début du XXIe siècles. Cette conception de la diaspora est elle aussi le résultat d'une évolution qu'il est intéressant de comprendre à partir de ce moment charnière où une communauté en exil devient une communauté diasporique, comme c'est le cas pour les Indo-Caribéens.

11 On pourra se reporter à Stephanos Stephanides et Karna Singh, *Translating Kali's Feast : the Goddess in Indo-Caribbean Ritual and Fiction*, Amsterdam, Rodopi, 2000, et particulièrement au second chapitre, « Madrasi Religion in Guyana », p. 11-22, ainsi qu'à la bibliographie très complète du même ouvrage.

12 Voir l'introduction à *The First Crossing, being the Diary of Theophilus Richmond, ship's surgeon aboard the Hesperus, 1837-8*, *op. cit.*

13 Steven Vertovec, *The Hindu Diaspora : Comparative Patterns*, Londres et New York, Routledge, 2000, p. 1-2.

C'est ce que Stephanides appelle « la redéfinition des frontières de soi sur une scène multiculturelle » et dont le résultat est une « renégociation constante du sens parmi des idiomes, des histoires et des territoires concurrents et en compétition[14] ». L'image de la traversée du *Kala pani* est certes un symbole de l'abîme qui sépare l'Inde de la Caraïbe mais elle est aussi synonyme de la création de formes culturelles nouvelles qui ne sont plus seulement la répétition des formes ancestrales. La poétique postcoloniale de la créolisation naît de cette association paradoxale entre formes anciennes et nouvelles, entre conservation, création et re-création, mémoire et oubli.

Plus globalement, l'écrivain-poète Khal Torabully a joué un rôle important dans la reconnaissance de l'héritage indocéanique, non seulement à Maurice et dans l'océan Indien mais aussi dans l'ensemble de cette aire complexe aussi indocéanique qu'atlantique. Le concept de « Coolitude » inventé par Torabully, en écho à celui de « Négritude[15] », s'appuie certes sur la mémoire douloureuse de l'engagisme et de la traversée du *Kala pani* mais tout autant sur les concepts et les pratiques d'un métissage qui a exorcisé l'exil, l'arrachement ainsi que, comme l'explique Véronique Bragard, tout risque d'essentialisation ou du maintien du lien avec une mère patrie idéalisée[16]. Le recueil poétique *Cale d'Étoiles-Coolitude* constitue le texte fondateur de la Coolitude. Torabully a aussi expliqué le concept de Coolitude dans des textes plus théoriques afin de faire comprendre l'interaction complexe entre un certain

14 Stephanides, *Translating Kali's Feast*, p. 29.

15 Le concept de « Négritude » apparaît pour la première fois dans le numéro 3 de la revue *L'Étudiant noir* (mai-juin 1935) sous la plume d'Aimé Césaire. Qu'elle soit considérée comme un concept, un mouvement, ou une génération, la Négritude a été un moment clé de l'anticolonialisme des années 1940 et 1950, particulièrement avec la création de la revue *Présence africaine* et l'action politique et littéraire des deux autres hommes de la Négritude, le Guyanais Léon-Gontran Damas et le Sénégalais Léopold Sédar Senghor. L'identité noire était revendiquée comme telle. Au contraire de la Négritude, la Coolitude tente de fluidifier les identités plutôt que de les essentialiser.

16 « Coolitude is not based on Coolie as such but relies on the nightmare transoceanic journey of Coolies, as both a historical migration and the metonymy of cultural encounters. The crossing of the Kala pani constitutes the first movement of a series of abusive and culturally stifling situations. By making the crossing central, Coolitude avoids any essentialism and connection with an idealized Mother Idea, which is clearly left behind. It discloses the Coolie's story which has been shipwrecked ('erased') in the ocean of a Western-made historical discourse as well as a world of publication and criticism. » Véronique Bragard, « Gendered Voyages into Coolitude : The Shaping of the Indo-Caribbean Woman's Literary Consciousness » *Kunapipi : Journal of Post-Colonial Writing* vol. 20-1, 1998, p. 99-111.

héritage indien, les exigences de la constitution d'une société nouvelle et les reconstructions linguistiques et culturelles[17]. Dans le concept de Coolitude la mémoire traumatisée devient fluide, dynamique et créatrice.

À la fin de la première décennie du XIXe siècle un écrivain d'origine indienne et de renommée internationale, une journaliste américaine d'origine indo-guyanaise et un universitaire indien semblent avoir changé la donne : entre 2008 et 2015 Amitav Ghosh publie la *Trilogie de l'Ibis* ; Gaiutra Bahadur publie *Coolie Woman : the Odyssey of Indenture* en 2013 (le chapitre 4 reviendra vers ce texte) ; et Ashutosh Kumar publie *Coolies of the Empire* en 2017. Par le biais du roman, du travail d'archives et de la non-fiction, ou de la recherche historique, il semble que la place attribuée aux travailleurs engagés soit en passe d'être réévaluée. Ces trois ouvrages sont parvenus à atteindre un lectorat important. Par leur approche holistique, considérant les migrations du XIXe bien avant le départ et bien après l'arrivée, ils ont réussi à passionner les lecteurs et lectrices de tous horizons. Le fait qu'ils aient été des succès critiques et de librairie non seulement dans les pays occidentaux mais aussi en Inde marque un changement notoire. Le moment de la réévaluation de ce moment historique est peut-être venu pour l'Inde aussi. Plusieurs articles dans les media indiens ont insisté sur l'urgence de revisiter ces migrations du XIXe et du début du XXe siècles dans le contexte d'une réévaluation de l'historiographie indienne et de la constitution de la nation indienne[18]. D'autres ont fait le lien entre les migrations historiques et celles liées à la pandémie du COVID-19 pendant le printemps et l'été 2020, en particulier à travers les *bidesia*, ces chansons qui chantent la peine de la séparation des migrations[19].

---

17 Voir entre autres, Khal Torabully, « Coolitude », Notre Librairie, CLEF, Paris, Octobre 1996, ainsi que *Coolitude : An Anthology of the Indian Labour Diaspora*, Khal Torabully et Marina Carter, eds., Londres, Anthem Press, 2002.

18 Voir Dilip Menon, « *Not just Indentured Labourers : Why India Needs to Revisit its pre-1947 History of Migration* », *Scroll.in*, 16 janvier 2018.

19 Voir Karthik Venkatesh, « *Migrants across Eras : Exodus Caused by Lockdown Mirrors Untold Suffering of Indentured Labourers from 19th Century* », *Firstpost.com*, 20 mai 2020.Voir Shivangi Pandey « *In Bihar, songs by Bhojpuri Women from Bahujan Communities Underline the Sociopolitical Cost of Migration* », *Firstpost.com*, 25 mai 2020. Voir aussi Anuradha Nagaraj, « *In Search of Bidesia : the Forgotten Songs of Indian Slaves* », *Madras Courier*, 31 juillet 2020.

DU TRAVAIL ENGAGÉ À LA DIASPORA INDO-CARIBÉENNE : LES PRÉCURSEURS

Comme cela a été vu dans le chapitre précédent, l'esclavage issu du commerce triangulaire entre l'Europe, l'Afrique et les Amériques, a fait l'objet de récits contemporains, permettant à l'opinion publique de l'époque de développer la prise de conscience qui a mené à l'abolition de la traite négrière en 1807 puis de l'esclavage en 1833 pour ce qui est de l'Empire britannique. La nécessité de revisiter sans cesse cet héritage et de remettre en perspective les filiations a ensuite été soulignée par l'émergence des néo-récits d'esclaves publiés dans les années 1960 par des écrivains noirs américains, puis par les écrivains caribéens anglophones et francophones dans la deuxième moitié du XXe siècle.

Rien de tel pour les Indo-Caribéens issus de l'émigration de la deuxième moitié du XIXe siècle. Quasiment pas, ou très peu, d'écrits contemporains, récits autobiographiques ou fictionnels. La raison en est sans doute que l'esclavage transatlantique ayant été aboli, l'urgence d'exposer les horreurs de l'esclavage avait disparu, et le travail engagé n'apparaissait pas comme un esclavage au début. Les travailleurs engagés n'ont pas non plus bénéficié de l'attention des missionnaires qui avaient permis une alphabétisation et une transition vers la lecture et l'écriture pour certains Africains en esclavage sur les plantations du Nouveau Monde. La culture orale s'est donc maintenue beaucoup plus longtemps pour les communautés indiennes à la Caraïbe, transmise en bhojpuri la plupart du temps[20]. Mahabir a rassemblé les récits oraux des derniers travailleurs engagés à Trinidad et de leurs descendants[21].

---

20 Le bhojpuri appartient au groupe des langues indo-européennes et est l'une des formes linguistiques de l'hindi parlées dans le nord de l'Inde. Langue officielle au Népal et à Fiji, elle est aussi reconnue à Trinidad et Tobago, au Suriname et au Guyana.

21 Kumar Mahabir, *The Still Cry. Personal Accounts of East Indians in Trinidad and Tobago during Indentureship 1845-1917*, Tacarigua, Trinidad et Ithaca, New York, Calaloux Publications, 1985. Selwyn R. Cudjoe, dans la Préface, souligne que Mahabir a retranscrit les récits sans les altérer et reproduit « les voix authentiques des premiers Indo-Caribéens en les laissant parler pour eux-mêmes pour la première fois. [...] Aujourd'hui, presque soixante-dix ans après l'arrivée des derniers Indiens à Trinidad, on discerne encore combien il

S'il n'y a quasiment pas de récits de première main parmi les travailleurs engagés, on peut néanmoins mentionner les écrits de Bechu, travailleur sous contrat dans les plantations de sucre de la Guyane britannique, qui aurait fait, en son nom propre et de façon critique, un compte rendu détaillé de la situation pour la *West India Royal Commission* de 1897[22]. Attardons-nous un instant sur ce personnage de Bechu, cette première figure critique du système du travail engagé à qui Vijay Mishra consacre quelques pages (2007) et Clem Seecharan un livre entier (1999)[23]. Bechu est arrivé à la Guyane britannique sur le *Sheila* en 1894 pour travailler sur l'une des plantations. Sa constitution chétive fait de lui un travailleur improbable mais le fait qu'il a appris l'anglais à la Mission écossaise presbytérienne de Calcutta où il a passé son enfance d'orphelin, le met bientôt dans une position inhabituelle pour un travailleur indien émigré, l'un des premiers passeurs culturels en quelque sorte. Il devient le premier Indo-Caribéen qui écrit à la presse. Dans les lettres qui sont publiées par le *Daily Chronicle* à partir de 1896, il parle de la situation des travailleurs sous contrat, de la nature de leur travail ainsi que de la valeur monétaire attaché à celui-ci. Il aura ainsi brisé le stéréotype de l'Indien illettré, devenant bientôt une figure de l'engagement politique indo-caribéen dont le but allait être de redonner au « *Coolie* » sa dignité et sa fierté – le premier porte-parole des Indiens à la Guyane britannique. On peut dire que les écrits de Bechu constituent le premier récit à la première personne, équivalent des récits d'esclaves des Africains transportés à la Caraïbe et dans le sud des États Unis. Il est le seul exemple de résistance au système colonial de la plantation dans les dernières années du XIXe siècle ; il est aussi le premier critique de l'économie liée au travail sous contrat issu des rangs de ceux qui étaient les premiers concernés mais n'avaient pas encore droit à la parole. Sa trace se perd en 1901 lorsqu'il quitte la Guyane britannique mais son influence demeure remarquable sur plusieurs générations.

Si on fait exception de Bechu, les premiers récits sont l'œuvre d'Européens (récits de voyage, comptes rendus de propriétaires, manuels

---

leur est difficile de mettre en mots une réalité qui leur est à la fois étrange et lointaine et qui doit néanmoins être saisie, contrôlée et expliquée. », p. 25.

22 Les éditeurs de *The Anthology of Indo-Guyanese Prose and Verse* (Joel Benjamin, Lakshmi Kallicharan, Ian McDonald et Lloyd Searwar) le mentionnent.

23 Clem Seecharan, *Bechu 'Bound Coolie Radical' in British Guiana 1894-1901*, Kingston, Jamaica, University of the West Indies Press, 1999. Les lettres envoyées par Bechu au *Daily Chronicle* ainsi que les réponses obtenues constituent la deuxième moitié du livre. Elles peuvent être consultées aux Archives nationales à Port-d'Espagne.

à l'intention des contremaîtres, etc.). Parmi les romans, l'un des premiers exemples serait *Lutchmee and Dilloo* d'Edward Jenkins (publié en 1877 et réédité en 2008), un Européen chargé par les sociétés pour l'abolition de l'esclavage (« *Anti-Slavery Society* » et « *Aborigines Protection Society* ») de faire une enquête sur le système de travail sous contrat et sur ses abus[24]. Dans la préface, Jenkins se plaint que les différentes Commissions d'enquête n'aient pas mené à la prise de conscience qu'il espérait quant à la situation des Coolies à la Guyane britannique et offre donc au public trois volumes d'une narration romanesque fondée sur ce qu'il présente comme étant la vie des Coolies sur les plantations. On peut aussi penser au roman de A. R. F. Webber, *Those That Be in Bondage : A Tale of Indian Indenture and Sunlit Western Waters* publié en 1917, date à laquelle le travail engagé a été interdit. S'ils sont toujours l'œuvre d'Européens et si caricatures et stéréotypes y sont légion, ces deux romans présentent tout de même l'intérêt d'être des textes précurseurs en ce qu'ils créent des personnages indiens dignes d'être des sujets de textes de fiction. Selwyn R. Cudjoe, dans l'introduction qu'il écrit pour la réédition du roman de Webber, souligne la transition qui y est effectuée et situe le livre au début de l'émergence de la conscience sociale et politique, une tradition qui sera poursuivie par des auteurs comme Ralph de Boissière, V. S. Naipaul ou Earl Lovelace[25].

Entre la fin du XIXe siècle et la première moitié du XXe siècle, peu de choses se modifient dans le regard porté sur les Indo-Caribéens – et pourtant, l'engagement de personnages publiques comme le journaliste Joseph Ruhomon ou son frère cadet l'historien Peter Ruhomon à la jonction des deux siècles, vont préparer le changement d'état d'esprit. Certes, d'obédience chrétienne, Joseph Ruhomon, né en 1873, pense favoriser la régénération de l'Inde, dégénérée par le système des castes. La diaspora n'est encore à ses yeux qu'une déperdition par rapport à une essence nationale. Néanmoins, à travers sa passion pour l'histoire et la culture indienne, il va être le premier à inculquer à ses compatriotes de la Guyane britannique la fierté de leurs origines. Seecharan dit de

24 J. E. Jenkins, *Lutchmee and Dilloo : A Study of West Indian Life*, 1877, Bibliobazaar, 2008.

25 Voir l'introduction de Selwyn R. Cudjoe à A. R. F. Webber, *Those that Be in Bondage – A Tale of Indian Indentures and Sunlit Western Waters*, 1917, Wellesley, MA, Calaloux Publications, 1988. On pourra aussi consulter S. R. Cudjoe, *Beyond Boundaries : The Intellectual Tradition in Trinidad and Tobago in the Nineteenth Century*, Wellesley, MA, Calaloux Publications, 2003.

lui : « La longue quête souvent triviale pour l'expression de soi, le désir d'abroger la triste image du *Coolie*, était l'obsession de Joseph Ruhomon, sans aucun doute le premier intellectuel à la Guyane britannique[26]. »

Ainsi, à la Guyane britannique, apparaît tout au long du début du XXe siècle une classe d'intellectuels d'origine indienne dont la passion pour le pays de leurs parents et grands-parents va donner naissance à la première conscience politique parmi la communauté indo-guyanaise. Pour la première fois peut-être on distingue une fierté d'appartenir, même de façon éloignée, à la grande nation indienne, celle qui vit Rabindranath Tagore obtenir le Prix Nobel en 1913, ou M. K. Gandhi, à partir de 1919, remettre en question la domination impériale britannique – l'existence de la communauté indo-guyanaise est encore liée à la mère-patrie, mais il est intéressant de constater que la fierté de cette communauté pour son histoire a pu s'opérer grâce à un détour par la nation indienne de ses origines[27].

Il faut ensuite attendre les années 1960 et 1970 pour voir naître une première génération d'écrivains issus de la diaspora indienne. Ces années correspondent aux indépendances des anciennes colonies de la Caraïbe, et les écrivains ont accompagné, voire anticipé, cette prise de conscience. C'est aussi depuis les années 1980 et 1990 que les études diasporiques se sont développées, rendues de plus en plus nécessaires par toutes les migrations forcées ou volontaires qui ont marqué le XXe siècle[28]. Il

26 Clem Seecharan, *India and the Shaping of the Indo-Guyanese Imagination 1890s-1920s*, Leeds, Peepal Tree Press, 1993, p. 18. Voir aussi *Tiger in the Stars, The Anatomy of Indian Achievement in British Guiana 1919-1929*, Londres, MacMillan Education Ltd., 1997, où il consacre un chapitre aux frères Ruhomon et à l'émergence d'une classe d'intellectuels guyanais d'origine indienne au début du XXe siècle.

27 La dialectique complexe des relations entre l'Inde des origines et la Guyane britannique au début du XXe siècle est étudiée en profondeur par Seecharan dans ses différents ouvrages. Il analyse de façon particulièrement intéressante la façon dont deux constructions imaginaires de l'Inde ont coexisté depuis les années 1890s – d'un côté, une construction fondée sur des images populaires, contes du *Ramayana* et autres mythes ; de l'autre, les notions bien réelles de la famille, du sens de la communauté, du sens de l'entreprise, elles aussi rattachées à la mère patrie. Ce que Seecharan appelle l'Inde de l'imagination a permis la construction d'une communauté diasporique, inspirée par l'Inde mais non limitée par elle. Voir Seecharan 1993, p. 60, ainsi que « India's Awakening and the Imagining of the 'East Indian Nation' in British Guiana », Judith Misrahi-Barak et Rita Christian, éds. *India and the Diasporic Imagination*. Série *PoCoPages*, Coll. « Horizons anglophones », Montpellier, Pulm, 2011, p. 33-52.

28 On pense bien sûr aux travaux de Edward Said, particulièrement *After the Last Sky : Palestinian Lives*, New York, Pantheon Books, 1986, ou *Reflections on Exile and Other Essays*,

semble que la littérature écrite par et sur la diaspora indienne participe fortement de ce mouvement de problématisation d'une écriture diasporique[29]. À l'intérieur de cette littérature de la diaspora, celle de la diaspora indienne à la Caraïbe est particulièrement importante même si elle a mis du temps à être reconnue – c'est seulement depuis les trois dernières décennies qu'elle a pris son essor littéraire et a par la même occasion été prise comme objet d'étude universitaire et critique.

L'ÉMERGENCE D'UNE LITTÉRATURE INDO-CARIBÉENNE

Si la prise de conscience se fait tout d'abord en des termes politiques à la Guyane Britannique, à Trinidad elle s'opère de façon un peu plus tardive à travers l'émergence littéraire des premiers écrivains indo-caribéens, le pionnier étant certainement Seepersad Naipaul, père de V. S. Naipaul, avec son recueil de nouvelles *Gurudeva and Other Indian Tales* (1943). V. S. Naipaul, dans la préface à l'édition de 1976 souligne à quel point la publication de ces nouvelles en 1943 était un premier accomplissement tout à fait rare et a été sans doute l'un des éléments à l'origine de son propre désir d'écrire. La communauté indienne de Trinidad ne s'était jamais tant trouvée sous les feux de la rampe, avec articles dans les journaux, lettres aux éditeurs, etc. Lorsque Henry Swanzy, qui produisait le programme *Caribbean Voices* de la BBC à l'époque, choisit plusieurs nouvelles de *Gurudeva*, ce fut presque une consécration, et la prise de conscience que Seepersad aurait pu être un écrivain. Son fils se souviendra toujours : « En juin 1953, quatre mois avant la mort de mon père, Henry Swanzy, sur la suggestion de mon

Harvard University Press, 2002 ; à ceux de Paul Gilroy, *The Black Atlantic : Modernity and Double Consciousness*, Cambridge, Harvard University Press, 1993 ; de Gabriel Sheffer, *Diaspora Politics : At Home Abroad*, Cambridge, Cambridge University Press, 2003 ; ou encore de Stuart Hall, « Cultural Identity and Diaspora », dans Jonathan Rutherford, *Identity, Community, Culture, Difference*, Londres, Lawrence and Wishart, 1990. On pense aussi à la revue *Diaspora : A Journal of Transnational Studies*, ou encore à la collection « Global Diasporas » où l'on trouve les travaux de Robin Cohen, Steven Vertovec ou Nicholas Van Hear, entre autres (Université d'Oxford) et publiée par Routledge.

29 On pourra se référer aux ouvrages cités dans la bibliographie finale.

père, me demanda de lire "Ramdas and the Cow" pour *Caribbean Voices*. La rémunération pour la lecture était de quatre guinées. Avec l'argent, j'achetai un stylo-plume Parker que j'ai toujours et avec lequel j'écris cette préface[30] ». V. S. Naipaul est convaincu qu'à partir de ce moment-là, les choses ont changé à Trinidad pour la communauté indienne et la représentation de cette communauté à ses propres yeux et aux yeux des autres. Les nouvelles de son père sont pour lui « un témoignage unique de la vie de la communauté indienne ou hindoue dans le Trinidad de la première moitié du siècle[31] ».

Nul doute que la filiation est évidente entre *Gurudeva and Other Stories* et le recueil de nouvelles *Miguel Street* qui sera le premier ouvrage publié par V. S. Naipaul. Curieusement, 1976 est aussi l'année où V. S. Naipaul publie *India : A Wounded Civilization*. Dans la préface, il reconnait une certaine ambivalence à l'égard de l'Inde – il ne peut considérer l'Inde comme son pays, mais il ne peut non plus l'ignorer : « En Inde je sais que je suis un étranger ; mais je comprends de mieux en mieux comment mes souvenirs indiens, mes souvenirs de l'Inde qui s'est prolongée dans mon enfance à Trinidad, ouvrent sur un passé sans fond[32]. »

Parmi les autres noms des écrivains d'origine indienne et de nationalité trinidadienne, entre les années 1950 et 1980, on peut mentionner Sam Selvon, émigré au Canada, créateur des personnages inoubliables de *Lonely Londoners* et de Tiger et Moses dans la série des *Moses* inaugurée par *A Brighter Sun*. Les personnages de ce dernier roman, Tiger et Urmilla par exemple, sont montrés comme étant encore totalement modelés par la culture de la plantation, même dans les rapports qu'ils entretiennent avec les membres de la communauté afro-caribéenne, Joe et Rita entre autres. Même des personnages secondaires comme Sookdeo sont partie prenante dans la structuration du roman autour d'un imaginaire lié au sucre et à la plantation. La nouvelle « Cane is Bitter » incluse dans le recueil *Ways of Sunlight* pousse le motif du sucre et de la plantation au cœur de l'écriture de Selvon. L'originalité de Selvon se trouve aussi dans la façon dont la dimension linguistique est élargie – il ne s'agit plus de

30 Seepersad Naipaul, *Gurudeva and Other Indian Tales*, 1943, Londres, André Deutsch, 1976, préface par V. S. Naipaul, p. 11.

31 *Ibid.* p. 19.

32 Cité par Victor Ramraj, « Trapdoors into a Bottomless Past – V. S. Naipaul's Ambivalent Vision of the Indian Experience », dans Bahadur Singh, *Indians in the Caribbean*, New Delhi, Sterling Publishers, 1987, p. 85-102 ; 85.

limiter le créole aux seuls dialogues pour accentuer le comique d'une situation ou d'un personnage. Le créole pénètre souvent la narration et la voix même du narrateur en est empreinte[33].

Trois romans sont particulièrement représentatifs de la période des années 1960-1970 : Ismith Khan, auteur de l'iconique *The Jumbie Bird*, V. S. Naipaul qui a longtemps volé la vedette aux autres écrivains indo-caribéens avec son roman *A House for Mr Biswas*, et Harold Sonny Ladoo, émigré comme Selvon au Canada mais auteur seulement de deux romans, *No Pain Like This Body* et *Yesterdays*, car mort prématurément à vingt-huit ans en 1973. Ces romans mettent en scène plusieurs générations d'émigrants indiens de Trinidad.

The Jumbie Bird est construit autour de la fière figure du grand-père Kale Khan, dessinée d'après le véritable et légendaire grand-père d'Ismith Khan[34]. Le nœud du roman est noué par les trois personnages masculins principaux : Kale Khan, abîmé dans le souvenir de son Hindoustan natal et fidèle au code de conduite et d'honneur des Pathans ; son fils Rahim, oscillant mollement entre le compromis et l'assimilation ; son petit-fils Jamimi, centre de conscience du roman et symbole d'un futur possible et d'une régénération de soi. L'obsession de Kale Khan de retourner en Inde et son amertume face à l'apathie de la communauté indienne qu'il essaye de mener à la révolte dominent le texte. En effet, les conditions faites aux Indo-Trinidadiens pendant les quelques décennies de pré-indépendance sont l'un des éléments sociologiques du roman – malgré son importance démographique, les droits civiques les plus élémentaires étaient souvent refusés à la communauté indo-trinidadienne : droit de vote limité ; mariages entre Musulmans et Hindous interdits jusqu'en 1946, etc. L'Inde est d'autant plus idéalisée que le sentiment

33 On peut signaler une allocution de Sam Selvon à l'un des colloques organisés par University of the West Indies, St Augustine, Trinidad (1975, 1979 et 1984) sur la diaspora indo-caribéenne, « Three into One Can't Go – East Indian, Trinidadian, West Indian », reproduite dans *Indians in the Caribbean*, p. 31-44. La vision d'ensemble donnée par Selvon et son regard plein de sagesse et de compassion en font l'une des allocutions mémorables. Une autre que l'on peut retenir dans le même ouvrage est celle de Ismith Khan, « Image and Self-Image in West Indian Writing », p. 45-62, principalement centrée sur l'image des Indiens à travers la Caraïbe.

34 Le grand-père de Khan a été tué par les Britanniques lors d'un festival Hosay qui avait tourné en manifestation musulmane en 1884. Pourtant, certains éléments montrent que le roman se déroule après 1901 et avant 1966 (l'hymne national est « God Save the King »). La datation imprécise renforce le message que les conséquences de l'engagisme sont encore très présentes dans la société contemporaine.

d'aliénation voire de persécution, est prégnant[35]. Le maintien des fêtes indiennes permet la cristallisation d'une mémoire figée dans le passé. Kale Khan est encore indien, alors que Jamimi est déjà caribéen[36]. Les personnages féminins sont assez effacés si ce n'est celui de Binti, épouse répudiée de Kale Khan. Elle est malgré tout un symbole de résilience dans le roman et offre une alternative : ni la fixation obsessionnelle sur un passé idéalisé, ni l'assimilation par défaut dans une société qui vous rejette, mais une adaptation créatrice face à des changements qui ne mènent pas forcément à l'annihilation de soi. La solitude, la mort, l'isolement de l'individu face à la communauté, trouvent leur expression métaphorique dans cet oiseau éponyme dont le cri fait fuir ceux qui l'entendent car dans le folklore guyanais, cet oiseau-fée est capable de prendre la forme de qui il veut. *The Jumbie Bird* est un roman de l'exil, entièrement tourné vers l'Inde.

La même année est publié *The House of Mr Biswas*. Dans la préface à l'édition de 1983, V. S. Naipaul affirme : « La culture orale hindoue-musulmane transplantée à Trinidad à l'intérieur de laquelle mon père était né au début du siècle, était encore intacte et proche de l'Inde[37] ». L'histoire est celle de Mohun Biswas qui aspire sans cesse au succès mais échoue le plus souvent, englué dans son incapacité à prendre des décisions, dans sa soumission au flux des événements. Il espère trouver une liberté et une stabilité dans la famille Tulsi où il prend épouse mais ne parvient pas à se soustraire à la domination du clan Tulsi malgré son désir d'établir son propre foyer et son autonomie : « un nomade sans aucun lieu qu'il pût appeler son foyer, sans famille sinon celle qu'il s'évertuerait à créer hors du monde envahissant des Tulsi[38] ». Hanuman House, dont la version réelle peut toujours être vue à Chaguanas (Lion house), est le paradigme de l'espace colonial, un espace que Mohun Biswas n'aura

35 « The Red House » dans le roman fait référence aux naissances inscrites en rouge sur le registre réservé aux naissances illégitimes. Tout droit de propriété ou d'héritage était bien sûr de même annulé. Brinsley Samaroo examine la façon dont la communauté indienne, courant le risque d'acculturation, se sent assiégée et se tourne vers l'Inde pour configurer ses stratégies de survie, « The Indian Connection : the Influence of Indian Thought and Ideas on East Indians in the Caribbean », dans *Indians in the Caribbean*, *op. cit.* p. 103-121.

36 La transition est plus facile à faire en anglais, Kale Kahn est en effet « Indian » alors que Jamimi est déjà « West Indian », même si pas encore « Caribbean ».

37 V. S. Naipaul, *A House for Mr Biswas*, 1961, Harmondsworth, Penguin, 1985, p. III-IV.

38 « *a wanderer with no place he could call his own, with no family except that which he was to attempt to create out of the engulfing world of the Tulsis* », *ibid.* p. 40.

de cesse de quitter afin de devenir son propre maître chez lui. C'est d'ailleurs sans doute l'expérience des baraquements, direct héritage de ceux offerts aux premiers travailleurs sous contrat, qui déclenchera chez Mohun Biswas le désir d'avoir sa propre maison, coûte que coûte. De multiples façons, la maison des Tulsi répète la lutte pour l'espace vital et reformule les espaces fondateurs des Indo-Caribéens, l'espace originel que l'émigrant emporte avec lui, celui du bateau et des baraquements, associant par là-même l'espace diasporique réel et l'espace imaginaire symbolisé par les objets transportés – les candidats au départ emportaient toutes sortes d'objets quotidiens et rituels en prévision de leur vie de l'autre côté de l'océan. Mishra formule les choses ainsi : « la distance géographique est gommée par la cartographie de l'esprit[39] ».

Situé en plein cœur de la communauté indienne de Trinidad, tantôt à Arwacas, tantôt à Port-d'Espagne, ce roman est le premier qui porte véritablement le flambeau de la communauté indo-caribéenne, même si son personnage principal est rongé par une estime de soi réduite au minimum, un sens aigu de la décomposition coloniale et un sentiment délétère de non-appartenance, que ce soit à l'Inde, à Trinidad ou à la Grande Bretagne. On peut dire avec Mishra que les œuvres de Naipaul sont des « allégories de l'écrivain diasporique et du colon[40] », montrant un personnage qui tente désespérément de se libérer du double joug de sa famille et de son histoire, des rituels reçus en héritage et des fragments de sa culture d'origine. C'est le seul des trois romans cités ici qui parviendra à obtenir rapidement un succès de librairie et un succès critique international. Roman postcolonial puisqu'il examine de quelle façon la colonisation a affecté la société indo-trinidadienne, *A House for Mr Biswas* est sans doute aussi le roman diasporique par excellence, posant une définition du sujet comme étant nécessairement multiple et séparé, fondé dans l'impermanence et le manque : « Malgré la solidité de leur installation, les Tulsi ne s'étaient jamais considérés installés à Arwacas ni même à Trinidad. Ce n'était qu'une étape dans le voyage qu'ils avaient commencé lorsque Pundit Tulsi avait quitté l'Inde[41] ». Et

39 Vijay Mishra, *The Literature of the Indian Diaspora – Theorizing the Diasporic Imaginary*, Londres, Routledge, 2007, p. 96.

40 *Ibid.* p. 73.

41 « *Despite the solidity of their establishment the Tulsis had never considered themselves settled in Arwacas or even Trinidad. It was no more than a stage in the journey that had begun when Pundit Tulsi had left India* », *ibid.* p. 352.

pourtant, malgré les dénigrements auxquels se livre Mohun Biswas, le lecteur a parfois l'impression de trouver dans le portrait des Tulsi toute l'ambivalence de Naipaul à l'égard de l'Inde, et que le clan Tulsi peut aussi offrir autre chose que l'oppression de l'individu : la solidité de la famille indienne, la sécurité de la communauté diasporique : « La maison Hanuman [...] possédait une vie, une force et quelque chose de rassurant qui était tout à fait différent des individus qui la composaient[42]. »

Dix ans plus tard, dans *No Pain Like This Body* (1972), Harold Sonny Ladoo est aussi l'un des premiers à s'intéresser de près à une communauté hindoue dans le village de Tola Trace sur l'île fictive de Carib Island qui ressemble fort à Trinidad. Le riz s'est ajouté à la canne, mais ces paysans sont toujours les descendants directs des travailleurs engagés et dans une situation de pauvreté extrême. La violence est intériorisée, la cruauté des personnages, et pas seulement celle des contremaîtres envers les travailleurs, semble naturelle. Carib Island est profondément ancrée dans le contexte historique, le district de Tola étant une représentation de tous les « *Bound Coolie Estates* ». L'idéalisation de l'Inde n'est pas aussi présente que dans le roman d'Ismith Khan et pourtant la vie communautaire est toujours rythmée par les célébrations hindoues. Le village et ses habitants semblent à la merci des éléments pendant la saison des pluies, abandonnés par les autres communautés de l'île : « La pluie battait la terre. Ma et Balraj regardaient les gouttes ; on aurait dit de gros vers blancs venus envahir la terre par en-haut. Dieu était en train d'attacher la terre et le ciel avec des gouttes de pluie. La totalité de Tola Trace était sombre et sinistre[43]. »

La particularité du roman est dans son style brut et dépouillé, reflet du dénuement total dans lequel se trouvent les villageois de Tola Trace. La maladie, l'alcoolisme du père et sa violence, la mort de l'un des enfants, sont les éléments autour desquels la narration s'organise. Les dialogues font entendre directement, de façon inhabituelle à l'époque où le livre fut écrit, les voix de ces villageois. Ce roman très noir ne propose aucune ouverture vers un au-delà de Tola Trace. Le passé est

42 « *Hanuman House* [...] *possessed a life, strength and power to comfort which was quite separate from the individuals who composed it* », *ibid.* p. 277-278.

43 « *Rain was pounding the earth. Ma and Balraj saw the drops ; they looked like fat white worms invading the earth from above. God was trying to tie the earth and the sky with the rain drops. The whole of Tola was dark and dismal* », Harold Sonny Ladoo, *No Pain Like This Body*, Londres, Heinemann Caribbean Writers Series, 1972, p. 27.

souffrance, le présent est trauma, l'espace est séparé, irrémédiablement. Même si des enfants sont parmi les personnages principaux, ils héritent de leurs parents leur statut de victimes et contrairement à de nombreux autres romans caribéens, aucune perspective positive ne leur est proposée par l'éducation. L'Hindouisme de la communauté, tout en donnant un sens de l'histoire et des traditions religieuses et culturelles, ne parvient pas à donner un sens à la vie des individus et ne fait qu'enfoncer les personnages dans un enfermement de plus en plus profond et désespéré. Mishra souligne : « [Il] n'y a aucun ordre éthique, aucun remords, aucune culpabilité, parce que, semble-t-il, il n'y a aucun ordre dans la vie de cette communauté indienne transplantée : les sources de leur fortitude (religion, solidarité sociale) ont disparu[44] ». Il y a plus de survie brute que de véritable résilience. L'Inde n'offre même pas la possibilité du rêve, tout ailleurs est hors d'atteinte. La filiation ne mène à aucune affiliation – aucun choix qui soutienne le seul héritage. Mais peut-être est-ce par là aussi que commence l'enracinement dans l'ici et maintenant diasporique. Le lecteur a malgré tout le sentiment que l'inscription dans un nouvel espace est encore impossible, ou du moins pas encore possible.

On peut sans doute dire que les trois romans évoqués ci-dessus, de Khan, Naipaul et Ladoo, trouvent leur structure et même leur raison d'être dans une approche de l'identité indo-caribéenne à travers le prisme du trauma, de la blessure originelle liée à la séparation et à l'exil. Pouvoir enfin se réapproprier une expérience historique traumatique, individuelle ou collective, qui a longtemps été niée et déniée, est l'étape première et nécessaire pour reconstruire un sujet morcelé. Reprendre possession de cette expérience que Cathy Caruth appelle « *unclaimed experience* » est l'entreprise des écrivains ici évoqués[45].

C'est seulement dans les années 1960 que s'opére une révolution dans les attitudes encore empreintes de haine de soi, grâce à l'action politique et à la réflexion de personnages publics comme Cheddi Jagan. Dans un écrit autobiographique, celui-ci revient sur ses ancêtres indiens et efface la honte qui avait pu être associée à une telle origine :

> Je connais peu de choses de mes ancêtres indiens. J'imagine qu'ils n'étaient guère différents des millions d'autres paysans dont le sort restait relativement

44 Mishra, *The Literature of the Indian Diaspora*, *op. cit.* p. 57.

45 Cathy Caruth, *Unclaimed Experience : Trauma, Narrative, and History*. Baltimore, John Hopkins University Press, 1996.

> le même que leur pays soit gouverné par un prince hindou, par un nawab moghol ou par les Britanniques. Je ne doute pas qu'ils aient été, comme tous les autres paysans, exploités par les *zamindars* (propriétaires terriens) et terrassés par la pauvreté. [...] il semblerait que j'aie été le seul rebelle dans mon arbre généalogique[46].

Jagan parle de la communauté indienne au Guyana, mais la conscience de ce sentiment de honte qui a dû être lavé est aussi présente chez des écrivains d'autres régions de la Caraïbe. Comme ce fut le cas pour les Africains Américains, il fallut du temps pour que cette honte de soi disparaisse. Et l'action d'écrivains et de poètes comme Rajkumari Singh qui ont revendiqué la fierté d'une Caraïbe d'origine indienne et ont préparé la naissance de ce que l'on appelle aujourd'hui la Coolitude, a été essentielle. Le texte de Rajkumari Singh intitulé « *I am a Coolie* » est l'une de ces étapes[47]. Singh rappelle l'origine du terme donnée par Peter Ruhomon en 1938 dans *A Centenary History of the East Indians in British Guiana 1838-1938* : « Le terme *Kuli*, communément écrit *coolie* ou *cooly*, est d'origine indienne et est utilisé dans les pays d'Orient pour désigner un manœuvre indien ou chinois, équivalent du porteur dans les colonies ou en Angleterre[48] ». Elle dénonce aussi la généralisation du terme qui en est venu à désigner « tous les Indiens, quels que soient leur rang, leur statut professionnel ou leur position sociale[49] ». Suit un vibrant appel à ranimer la fierté de l'héritage indien à la Caraïbe, qui se termine par : « Prononcez ce mot haut et fort ! Identifiez-vous avec ce mot ! Dites ce mot avec fierté au monde entier ! "JE SUIS UN COOLIE[50] !" ».

Du côté de la fiction, le roman de Peter Kempadoo, *Guyana Boy* (1960), demeure emblématique de cette période-là[51]. Fils de travailleurs du sucre dans les plantations de la Guyane Britannique, né en 1926,

---

46 Cheddi Jagan, *The West on Trial*, Londres, Michael Joseph, 1966, cité dans *An Anthology of Indo-Guyanese Prose and Verse*, p. 73.

47 « I am a Coolie », *Heritage* 2, A Messenger Group Publication, September 1973, cité dans *An Anthology of Indo-Guyanese Prose and Verse*, p. 85-87.

48 « *The term Kuli, commonly spelt coolie or cooly, is of Indian origin and is used in Eastern Countries as a designation for an Indian or Chinese hired labourer and is the equivalent to the use of the word porter or jobber in the Colony, or carrier in England.* » *ibid.* p. 85.

49 « *In the Colony the word had hitherto been accepted as a designation for all Indians, regardless of rank, professional status or social position.* » (*ibid.*).

50 « *Proclaim the word ! Identify with the word ! Proudly say to the world : 'I am a Coolie.'* » *ibid.* p. 87.

51 Peter Kempadoo, *Guyana Boy*, 1960, Leeds, Peepal Tree Press, 2008.

Kempadoo s'inspire de sa propre expérience et de celle de sa famille à une époque où peu de choses avaient changé depuis l'esclavage et le travail sous contrat. C'est une plantation sous influence indienne qui est décrite à travers les yeux de l'enfant-narrateur, la culture indienne étant particulièrement visible lors des célébrations collectives (rites funéraires par exemple, lorsque le *sâdhu* officie). Si les premiers romans caribéens des années 1960 et 70 sont souvent des romans d'enfance, on l'a vu dans le premier chapitre, celui-ci ne fait pas exception. La voix à la première personne et le point de vue interne à travers la sensibilité d'un enfant donne au roman la cohérence d'un centre de conscience unique et d'une perspective à la fois extérieure et intérieure. Le roman couvre une période de quelques années pour se conclure au moment où l'adolescent d'une quinzaine d'années quitte la plantation pour aller trouver un emploi de dessinateur au *Daily News* à Georgetown. Il serait intéressant de le rapprocher de *The Year in San Fernando* de Michael Anthony où la perspective est aussi modelée avec une très grande cohérence, celle de l'enfant qui grandit et intègre peu à peu les éléments qui vont constituer sa vie. La voix narrative de l'enfant ne s'établit jamais, ou extrêmement rarement, en contrepoint de celle d'un narrateur (ou d'une narratrice) devenu.e adulte, comme c'est le cas dans le roman de Merle Hodge, ce petit bijou qu'est *Crick Crack Monkey* (1970). Cela est visible dans la façon dont les descriptions sont orchestrées, utilisant des expressions que l'enfant aurait pu utiliser et retenant les explications qu'un narrateur adulte aurait pu avoir envie de donner. L'illusion est construite de façon à demeurer entière et un lecteur non initié n'est jamais perdu. Étant donné que la perspective du roman est entièrement restreinte à celle de l'enfant, cela explique sans doute pourquoi la narration tend à être plus descriptive qu'analytique et n'inclut pas de mise à distance, en tout cas pas de façon explicite. Il s'agit aussi d'un roman pionnier des années 1960, dont la fonction était d'ouvrir une voie et un champ de références.

Le détour étant parfois l'un des chemins les plus directs, le cas de deux écrivaines sans ascendance indienne revendiquée mais qui intègrent de façon intéressante l'élément indien dans certains de leurs textes, devrait être ici mentionné car il participe du mouvement de réaffirmation d'une certaine identité indo-caribéenne dans les années 1970 et 1980 : celui de la jamaïcaine Olive Senior et celui de la trinidadienne Merle Hodge. Dans *Crick Crack Monkey*, ce sont toutes les dislocations de la période coloniale qui sont exposées par le regard d'une enfant qui a cinq ans au début du roman et atteint l'adolescence à la fin du livre. Dans le monde rural où Tee passe les premières années de son enfance après la mort de sa mère et le départ de son père en Angleterre, élevée par sa tante maternelle Tantie, la proximité des voisins d'origine indienne ou chinoise ne semble poser aucun problème, et Tee grandit aux côtés des familles Ramlaal et Ling. Au moment où il est question que Tee aille dans une meilleure école de façon à tenter sa chance pour obtenir une bourse d'études en Angleterre, la cassure entre les deux mondes se matérialise lorsque Aunt Beatrice, tante paternelle, vient prendre la petite fille pour l'élever selon les normes coloniales de la bourgeoisie anglicisée. Elle lui enseignera surtout la honte du contexte dans lequel elle a été élevée, le dégoût pour les *Coolies*, les *Chinamen* et tout ce qui peut être considéré comme « *niggery* », un dégoût mis en perspective par le regard et la voix de la narratrice devenue adulte. Si Tee résiste au début, elle intègre rapidement cette haine de soi, l'apogée étant marquée par la visite de Tantie, apportant avec elle le souvenir de ce qui a été soigneusement refoulé :

> Le pire moment fut lorsqu'ils sortirent plusieurs sacs en papier graisseux où l'on devinait les *polorie*, *anchar*, *roti* donnés par la femme du voisin Ramlaal, ainsi que les *accra*, les *zaboca* et les beignets de Tantie, avec quelques autres aliments dont j'avais presque oublié l'existence[52].

Un sacré changement par rapport à la « *Worcester sauce* » ou « *French dressing* » auxquelles Aunt Beatrice a voulu l'habituer.

Dans la nouvelle « The Arrival of the Snake-Woman » d'Olive Senior dans le recueil du même titre (1989), c'est la voix de Ish, enfant puis père de famille contemplant son passé, qui structure le texte. Miss Coolie, la femme-serpent de la nouvelle, fait partie de ces Indiens qui ont continué d'émigrer vers la Caraïbe même après la fin des contrats de travail, soit pour échapper aux conditions qui étaient les leurs en Inde soit pour rejoindre de la famille, ou fonder une famille. Miss Coolie arrive seule et s'intègre peu à peu au village isolé qui sert de cadre à l'histoire, dans les régions montagneuses de la Jamaïque[53]. Objet de

52 « *The worst moment of all was when they drew forth a series of greasy paper bags, announcing that they contained polorie, anchar, roti from Neighb' Ramlaal-Wife, and accra and fry-bake and zaboca from Tantie, with a few other things I had almost forgotten existed.* », p. 106.

53 Un certain nombre d'études anthropologiques ont été faites sur le ratio entre les hommes et les femmes qui faisaient la traversée. Clem Seecharan revient sur ces études en détail dans

fascination, de fantasmes, de peur et de désir mêlés, la femme-serpent est d'abord l'objet de tous les sarcasmes et de toutes les caricatures des autres villageois, sur fond des anciennes querelles historiques et rivalités entre Indiens et Africains. Mais une complicité s'établit entre Ish et Miss Coolie et à travers leur histoire, Senior offre au lecteur un panorama complet d'un village jamaïcain avant l'indépendance, avec ses différentes influences religieuses, ses différentes composantes sociales et ethniques, ses différents dialectes et niveaux de langue. Senior offre aussi un magnifique portrait du personnage d'une exilée, d'une paria, qui devient l'un des piliers du village, exemple de réussite économique et sociale pour tous :

> Quant à Miss Coolie, je m'interrogerai toujours. Elle est un aussi grand mystère que lorsqu'elle est arrivée comme notre femme-serpent, elle a si peu révélé d'elle-même. A-t-elle trouvé le bonheur ici au cœur d'une petite île si loin de chez elle ? Accepte-t-elle sans regrets la nouvelle vie qu'elle s'est bâtie depuis qu'elle a accepté, pour des raisons connues d'elle seule, l'offre de SonSon de l'amener ici, par-delà les montagnes ? Je ne peux en être certain, car il y a les saris, le *bindi* rouge, les noms indiens. Et parfois, lorsque je la regarde dans les yeux, j'y vois encore le Gange[54].

Tiger in the Stars, certaines mettant l'accent sur la victimisation de ces femmes trompées et abusées par les agents recruteurs alors que d'autres mettent en valeur la volonté de ces femmes d'échapper à des situations souvent peu enviables. Le fait qu'une proportion élevée de ces femmes, environ un tiers, faisaient seules le voyage tendrait à renforcer ce deuxième élément. Ainsi par exemple, Rhoda Reddock affirme que : « Les Indiennes qui venaient à la Caraïbe, loin d'être dociles, dépendantes et soumises, étaient en fait des femmes qui, à cause des circonstances sociales et économiques, avaient dû devenir indépendantes et prendre en charge leur propre vie. C'est bien ce à quoi elles étaient prêtes pour leur nouvelle vie aussi. », « Indian Women and Indentureship in Trinidad and Tobago : Freedom Denied », *Caribbean Quarterly*, Vol. 32, N° 3-4 (1986), cité par Seecharan 1997, p. 30. C'est aussi ce que démontre Rita Christian dans un article qui s'appuie davantage sur les occurrences littéraires : « 'They Came in Ships…' Indo-Caribbean Women and their Construction of Safe Spaces in the Caribbean », dans Michèle Lurdos et Judith Misrahi-Barak, éds. *Transports in the British Empire and Commonwealth*, série *PoCoPages*, coll. « Horizons anglophones », Montpellier, Pulm, 2007, p. 157-183. Ce fait sert aussi de point de départ au roman de Patricia Powell *The Pagoda* qui sera évoqué dans un autre chapitre.

54 « *Miss Coolie now. I will always wonder about her. For I find her still as great a mystery as when she came as our snake-woman, so little of herself has she revealed. Has she found happiness here in the heartland of a small island so far from home ? Does she accept without regret the new life she has built since she decided for reasons known only to herself to accept SonSon's offer to bring her over the mountains ? I can never be sure, for there is the evidence of the saris, the red dot, the Indian names. And sometimes, when I look into her eyes, I can still see the Ganges* », Olive Senior, « The Arrival of the Snake-Woman », *The Arrival of the Snake-Woman and Other Stories*, Harlow, Longman Caribbean, 1989, p. 45.

Miss Coolie est aussi le reflet des interrogations de Ish, l'origine du désir ambivalent d'émancipation de celui-ci, l'illustration non seulement de la complexité diasporique mais aussi de la sensibilité à cette complexité :

> Parfois, je doute encore de moi, de qui je suis, de l'endroit où je suis chez moi, encore à mi-chemin de l'ancien monde où mon ombilic est enterré, et le nouveau, incapable de me débarrasser des vieilles restrictions, des attaches sentimentales liées à mon éducation, ne me sentant pas aussi à l'aise que Miss Coolie pour prendre possession de l'inflexible présent. Voilà pourquoi je me mets parfois à écrire au sujet des temps anciens, pour que mes enfants puissent discerner d'où ils viennent, s'ils ont un jour besoin d'indicateurs[55].

Dans aucun des deux textes il n'y a de revendication ouvertement affirmée d'une identité indo-caribéenne, mais les deux textes, dans leur façon de mêler l'élément afro-caribéen et indo-caribéen, fonctionnent comme des textes de transition, des marqueurs qui signalent une époque nouvelle.

C'est ensuite seulement vers la fin des années 1980 que la fiction indo-caribéenne parvient à dépasser l'époque des pionniers et à développer véritablement une littérature qui se revendique comme indo-caribéenne et surtout qui ne se situe plus dans son rapport à l'Inde uniquement mais plutôt dans une relation diasporique, plus ancrée dans la Caraïbe. Pour que cette prise de conscience même tardive puisse avoir lieu, il a fallu, comme dans le cas de la littérature noire américaine, un retour vers les origines de la communauté indienne à la Caraïbe. La plantation a été néanmoins peu à peu conçue comme la matrice de l'écriture indo-caribéenne : la littérature plus récente, le plus souvent guyanaise, s'est attelée à la tâche, réussissant à intégrer la plantation dans le paysage littéraire de la fiction indo-caribéenne.

Et pourtant, cela ne veut pas dire que la blessure ne soit plus là. La dualité indo-caribéenne fonde la représentation de la plantation telle qu'on la trouve dans trois autres romans, celui de Jan Shinebourne, *The Last English Plantation* (1988), celui de Arnold Itwaru, *Shanti* (1988) et celui de David Dabydeen, *The Counting House* (1996). *The Last English*

55 « *And sometimes I am still unsure of my own self, of who I am, of where I belong, still feeling halfway between the old world where my navel-string is buried, and the new, unable to shake off the old strictures, the sentimental attachments of my earlier upbringing, not feeling, like Miss Coolie, at ease enough to shift fully into the relentless present. And this is why I sometimes sit and write down the things that happened in the old days, so that my children will be able to see clearly where we are coming from, should they ever need signposts.* » *Ibid.*, p. 44.

Plantation prend Rose Hall Estate, la dernière plantation anglaise de la Guyane britannique des années 1950, comme modèle de départ alors que *The Counting House*, traduit par Ananda Devi par *Terres maudites* (2000), s'inspire de la Plantation Albion dans les années 1850, une plantation qui était la plus importante de la colonie et a fait partie du patrimoine familial de William Gladstone. Les deux personnages principaux, Rohini et Vidia, partent pour la Guyane Britannique en 1857, au moment de la révolte des Cipayes. Le roman de Dabydeen s'intéresse donc aux origines du travail engagé, celui de Shinebourne à la fin de la période coloniale, tous deux mettent en scène la plantation comme matrice de cette diaspora, de même que le roman de Itwaru, lui aussi situé sur une plantation de la Guyane britannique.

La perspective de June, une jeune adolescente en conflit avec sa mère Lucille à propos de l'éducation qu'elle doit recevoir à la Guyane britannique des années 1950, structure le roman de Shinebourne. En effet, June doit aller au lycée à New Amsterdam (qui deviendra Georgetown lors de l'indépendance en 1966). Elle devra ainsi s'adapter à un contexte radicalement différent, dans lequel elle découvrira les tensions raciales entre les communautés afro-guyanaise et indo-guyanaise. C'est d'ailleurs un aspect qui est évoqué au titre d'un souvenir au début du roman et qui ne sera développé que plus tard, lorsque ces tensions dans les années 1950 et 1960 sont mises au premier plan du roman et que les troupes britanniques viennent mater les révoltes syndicales sur les dernières plantations coloniales. On perçoit aussi le contexte politique qui mènera à la création du *People's Progressive Party* par Forbes Burnham et Cheddi Jagan en 1950, puis à la scission en 1955 qui conduira à la création en 1958 du *People's National Congress* sous la houlette de Burnham. On assistera alors à une véritable politique de discrimination ethnique contre la population d'origine indienne et en faveur de la population d'origine africaine, encouragée par le gouvernement, jusqu'aux massacres de 1964 (villages de Wismar et Christianburg)[56].

56 Forbes Burnham est resté au pouvoir de 1964 à sa mort en 1985, tout d'abord en tant que Premier Ministre puis en tant que Président pendant les cinq dernières années. Tous les affrontements et tensions entre les communautés afro-guyanaise et indo-guyanaise se sont cristallisés pendant cette période. En 1950 il avait créé le *People's Progressive Party* avec l'Indo-Guyanais Cheddi Jagan, mais Burnham créa son propre parti en 1958, le *People's National Congress*. A la suite d'élections truquées en 1964 il accéda au pouvoir et mit en place une politique qui favorisait les Afro-Guyanais et discriminait les Indo-Guyanais.

Devant la discrimination qui règne aussi dans le microcosme de l'école, June refusera de retourner à l'école et sera en butte à la colère de Lucille qui veut que sa fille échappe au monde de la plantation :

> Tu veux être une *coolie* ? Soit, je m'en fiche ! Les femmes *coolies* portent tous les fardeaux que les hommes ne portent pas, les malades, les vieux, les enfants, les morts à enterrer, et qu'est-ce qu'elles reçoivent pour cela ? Rien que des coups ! Et les femmes battent leurs filles, pire que leurs hommes ne les battent ! Je ne te bats pas ! Et qu'est-ce que je reçois pour cela ? Rien que de l'ingratitude ! Tu n'es qu'une ingrate ! Tu vas chez les Dharamdai, tu parles hindi, tu apprends les mantras, tu fais les pujas, tu ramasses la bouse de vache avec les mains, les enfants ont des poux dans les cheveux et on leur met de l'huile de coco en plus ! Tu ne vas pas aller loin comme ça ! Ce sont les Antilles ! Pas l'Inde, ni l'Afrique, ni la Chine, les Antilles ! Nous sommes Britanniques[57] !

C'est seulement en grandissant que June sera capable de reprendre l'héritage qui lui a été transmis, indienne par sa mère, chinoise par son père, indo-guyanaise par migration puis par choix individuel et collectif.

David Dabydeen prend les origines de l'histoire de cette migration comme objet dans plusieurs de ses ouvrages, essais critiques, poèmes ou romans. Né au Guyana et arrivé en Angleterre en 1969 pour faire ses études à Cambridge, il est à la fois critique, universitaire, poète et romancier. Les multiples facettes de l'opus qu'il a créé se reflètent l'une l'autre, chaque texte étant un palimpseste, véritable paradigme de la complexité de l'identité caribéenne et du combat contre l'homogénéisation du sujet colonial[58]. Selon ses propres mots lors de l'entretien qu'il a donné à Kwame Dawes, son approche de l'esclavage est double :

Les violences ont culminé dans les massacres d'Indo-Guyanais, de nombreuses scènes de tueries et de viols collectifs se tenant dans les villages de Wismar et Christianburg entre le 24 et le 26 mai 1964.

57 « *You want to be a coolie woman ? Well, be a coolie woman ! I don't care ! Coolie women have to carry all the burdens for the men, the burden of the sick, the old, the children, burying the Dead, and get no thanks for it, only licks ! and the women beat their daughters and treat them worse than the men treat them ! I don't beat you ! And what do I get for it ? Ingratitude ! Ingrate ! Yes, you go to Dhamramdai's house. You talk Hindi, learn mantras, do puja, pick up cow dung with your hands, bring up children with lice in their hair and feed the lice with coconut oil ! You see if it will get you anywhere in this country ! This is the West Indies, not India, not Africa, not China, the West Indies ! We are British !* », Jan Shinebourne, *The Last English Plantation*, Leeds, Peepal Tree Press, 1988, p. 128.

58 Pour un recueil d'articles sur l'œuvre de Dabydeen, on pourra consulter Kevin Grant, *The Art of David Dabydeen*, Leeds, Peepal Tree Press, 1997 ; ainsi que Macedo, Lynn, and Kampta Karran, eds. *No Land No Mother*, Leeds, Peepal Tree Press, 2007. Les deux

> J'ai fait la rencontre du passé de l'esclavage de deux façons. D'une part, simplement en grandissant dans un environnement de plantation où, même s'ils ne coupent plus la canne, les Afro-Guyanais sont toujours là, enterrés dans les champs de canne, et il y a les fantômes et les jumbies noirs. C'est là parce que c'est l'expérience de la génération des parents. D'autre part, j'ai aussi étudié. Mon travail universitaire a porté sur le XVIIIe siècle, qui était la période de l'esclavage pour les Africains[59].

Slave Song explore le passé africain, alors que *Coolie Odyssey* explore la présence indienne à la Caraïbe et particulièrement à la Guyane Britannique. Comme le dit Kwame Dawes, le poème « Turner », déjà évoqué dans le premier chapitre, semble proposer une fusion des deux, mêlant les deux héritages. C'est surtout un exemple de la liberté d'écriture qui peut être celle des écrivains caribéens, de leur résilience, et Dabydeen la décrit très justement en soulignant combien la nébulosité de l'histoire permet cette ouverture et cette créativité :

> [si] votre histoire est nébuleuse et insaisissable, cela veut dire que vous avez aussi une formidable capacité de forger un nouveau type de liberté [...], vous pouvez rêver, imaginer, inventer. La nébulosité du contexte donne une sorte de liberté épistémologique, existentielle. Pour moi, c'est ce que la créolisation devrait être, cette conscience que nous sommes libres non parce que les Britanniques ont voulu nous rendre libres, mais parce que nous le sommes devenus, nous nous sommes libérés d'un certain nombre de traditions, de connaissances etc., et tout en portant la tristesse de les avoir perdues, nous sommes toujours sur le seuil de l'originalité[60].

The Counting House se concentre sur le moment du départ et de l'arrivée, de façon à comprendre ce qui a poussé ces migrants hors d'Inde, ce qui les a attirés vers la Caraïbe et les a fait rester, ainsi que les phénomènes d'adaptation et de résistance. Le texte est bien plus abrasif que le roman de Shinebourne, dans la violence qui est décrite, dans la façon dont cette

---

recueils se complètent et rassemblent les articles les plus importants sur l'œuvre de Dabydeen.

59 Kwame Dawes, *Talk Yuh Talk : Interviews with Anglophone Caribbean Poets*, *op. cit.*, p. 196-214.

60 Au cours de l'entretien avec Dawes, Dabydeen insiste sur le fait qu'il n'a pas eu conscience de ce qu'il faisait au moment où il écrivait le poème. Selon Dabydeen lui-même, son désir reposait sur deux axes : « l'un était d'effacer toute possibilité de reconnaître un paysage particulier, que ce soit l'Inde ou l'Afrique, tandis que l'autre était de suggérer la possibilité de recréer un paysage en le renommant, ce qui va à l'encontre de l'entreprise coloniale », Kwame Dawes, *Talk Yuh Talk : Interviews with Anglophone Caribbean Poets*, *ibid.*, p. 202.

violence est décrite, sans compromis et dans une langue brutale. Le personnage de Kampta qui, dans le passage suivant, a l'intention de tuer Gladstone, le propriétaire de la plantation, est significatif à cet égard :

> La brousse l'enveloppait. Les moustiques le piquaient de partout, même à l'intérieur des oreilles et des narines, et son quart de rhum était presque épuisé. Un doute l'envahit. Gladstone méritait-il vraiment de mourir ? Il n'avait pas demandé à naître blanc, pas plus que Kampta n'avait demandé à naître simple Coolie. Il n'était qu'un jeune orphelin lorsqu'on l'avait amené ici d'Angleterre [...]. Il fallait tout gérer parfaitement, l'usine exigeait des cannes, la canne exigeait la machette, la machette exigeait une main noire. Nègres, Coolies, cannes, bagasse, barges, mulets, mélasse, sucre, rhum, bateaux, barils, argent – l'homme blanc était responsable de tout cela, jour et nuit, devrait tout contrôler jusqu'à ce qu'il tombe de fatigue ou sous une lame ingrate plantée dans son cou[61].

Les trois parties qui constituent le roman – Rohini, Kampta, Miriam – offrent chacune la perspective des personnages éponymes, à travers une focalisation interne unifiée par une narration à la troisième personne. Dabydeen cherche à réparer l'oubli et le silence dans lequel les Indo-caribéens ont longtemps été enfermés comme l'atteste l'un des exergues du prologue : « Aucun récit de l'expérience des *Coolies* ne peut être complet car ils sont les rebuts de l'histoire. (Gladstone) ». Pourtant, *The Counting House* n'offre aucune rédemption dans la reconstitution du passé, qui ne peut de toute façon pas être recomposé. Aucune catharsis n'est offerte. De la même façon que Mungo dans *A Harlot's Progress* s'était soustrait au désir de l'abolitioniste Thomas Pringle d'obtenir le récit de sa vie d'esclave, ou que le journal de Mintah ne peut être qu'évoqué dans *Feeding the Ghosts*, *The Counting House* entremêle contradictions et négations, frustrant le désir du lecteur de parvenir enfin à une narration ultime de ce qui pourrait être reconstitué de l'esclavage. Dans ces trois textes, on peut souligner que la question posée est toujours celle

61 « [...] *enveloped by bush, mosquitoes biting everywhere, inside his ears, inside his nostrils, and his quarter of rum nearly drained, Kampta doubted his mission. What Gladstone do to him to deserve death ? He didn't ask to be born no whiteman, just as Kampta didn't ask to born a base coolie. He was only orphan boy when they remove him from England* [...]. *The place got to run perfect, the factory machine demand cane, the cane demand cutlass, the cutlass demand black hand. Nigger, coolie, cane, bagasse, punt, mule, molasses, sugar, rum, ship, barrel, money – all this complication whiteman in control of, day and night, till he drop with fatigue or from some ungrateful blade at this neck.* », Dabydeen 2005, p. 122-123 ; traduction A. Devi, 2000, p. 202.

du présent et de notre appétit de créer des histoires par l'intermédiaire d'une imagination qui procède par intuition, espérant ainsi clore quelque chose du passé.

L'intérêt renouvelé pour cette histoire indo-caribéenne est souligné dans la fiction francophone par la parution presque simultanée de deux romans qui mettent les travailleurs engagés au premier plan, *Les Rochers de Poudre d'Or* de Nathacha Appanah (2003) et *La Panse du chacal* de Raphaël Confiant (2004), comme si l'un de ces parcours devait nécessairement appeler l'évocation de l'autre parcours, à l'encontre des habitudes des lecteurs, des critiques et des universitaires qui ont eu souvent tendance à les traiter séparément, selon leurs habitudes ou leurs spécialités. Comme *The Jumbie Bird*, *La Panse du chacal* retrace l'histoire de trois générations de la famille Dorassamy : Ambu Dorassamy, contraint de fermer sa manufacture à Madurai sous la pression économique des colons britanniques et réduit à la misère malgré son appartenance à la caste des *Vaishya* ; Adhiyamân, qui s'embarquera de Madras pour la Martinique après que ses parents eurent été dévorés par des chacals ; Vinesh, adopté par Adhiyamân et Devi mais à qui ses parents diront qu'il est né pendant la traversée du *Kala pani*[62]. Comme Kale Khan dans le roman de Ismith Khan, Adhiyamân ne rêve que du rapatriement vers l'Inde. Par contre, *La Panse du chacal* fait osciller la narration entre l'Inde et la Martinique, usant non seulement d'analepses pour réintégrer le temps passé mais encore d'extraits de chansons, de textes sacrés hindous, de rêves et de cauchemars. Des passages entre crochets renforcent encore le sentiment que passé et présent sont la même étoffe, impossible à déchirer. Si la perspective est en général celle de Vinesh, la narration omnisciente à la troisième personne permet au lecteur d'avoir une vue d'ensemble.

Dans *Les Rochers de Poudre d'Or* où le parcours de ces travailleurs engagés est retracé au long de cette même traversée du *Kala pani*, cette fois en direction de Maurice, catharsis et résilience sont possibles à travers la multiplication des perspectives et des voix narratives, comme dans les romans mentionnés au premier chapitre et dans *The Counting House.* Chaque personnage y a sa place et s'insère dans la trame collective, un peu à la façon dont chaque individu s'insère sur le bateau parmi les *Jahaji Bhai.* Deux parties sont constitutives du roman d'Appanah et reflètent l'expérience du

62 Raphaël Confiant, *La Panse du chacal*, Paris, Mercure de France, 2004, p. 270.

Kala pani : les six chapitres de la traversée sur « L'Atlas » parti de Calcutta en avril 1892, puis les huit chapitres de l'arrivée au dépôt en juin 1892 et du travail de la canne à sucre sur la plantation. Un avant et un après. Badri, le joueur de cartes invétéré, qui rêve de trouver l'El Dorado de l'autre côté du *Kala pani*, quitte son Uttar Pradesh natal pour Agra puis Calcutta afin de s'engager pour Maurice. Chotty Lall, l'esclave du propriétaire terrien sans scrupules, qui se laisse tenter par le voyage à Maurice même si cela veut dire qu'il abandonne sa femme Reshmee à l'incertitude des envois d'argent par la poste et aux ordres du *zamindar* cruel. Vithee, qui lit avidement les lettres de son frère qui l'enjoignent de le rejoindre sur la même plantation que lui à Maurice. Roopaye, ancienne lessiveuse chez les Radcliffe devenue la seule femme *maistry* acceptée parmi les recruteurs et qui peut donc, à ce titre, organiser les départs pour Maurice au dépôt de Madras[63]. Ganga, la jeune veuve Brahmane de Bangalore dont le nom est celui du fleuve sacré et qui préfère les eaux noires de l'océan au feu du bûcher de son mari sur lequel elle aurait dû brûler – ce chapitre est aussi celui où certains personnages commencent à se croiser, Roopaye mettant par exemple Ganga sous la protection de Vithee. Enfin, le médecin de *L'Atlas* qui écrit son journal de bord et déteste les Indiens dont il a la charge. Ce dernier chapitre est le seul qui soit rédigé à la première personne, journal de bord oblige, faisant ainsi coïncider focalisation interne et narration à la première personne, contrairement aux chapitres précédents où focalisation interne était combinée avec narration à la troisième personne, préservant ainsi une perspective *sur* le personnage et *du* personnage lui-même. Ce dernier chapitre entièrement constitué par le journal de bord du Dr Grant, fait aussi se croiser les perspectives sur les personnages préalablement rencontrés : Rehsmee est l'une des femmes dont le médecin se souvient, agrippée à la jambe de son mari et refusant de le laisser partir ; Vithee et Ganga sont l'un des couples formés par les circonstances et que le médecin voit arriver sur le bateau ; Chotty Lall meurt de diarrhée ; Badri est invité à une partie de cartes avec les officiers puis accepte d'être payé par le médecin pour lui amener Ganga dans sa cabine.

Le besoin de recruter des femmes parmi les émigrants pour essayer de rééquilibrer le ratio entre les sexes, les lettres échangées par l'intermédiaire des Protecteurs des émigrants (entre les émigrants et leur famille chez Appanah, ou adressées à la Reine Victoria par Adhiyamân chez Confiant),

63 On trouve ce même terme dans le roman de Confiant, orthographié « mestri ».

les viols et autres abus sexuels dont les femmes étaient victimes sur les bateaux ou sur les plantations, la présence des interprètes et des médecins à bord, les suicides et les meurtres, la cale, les corps malades jetés par-dessus bord même s'ils ne sont pas encore tout à fait morts, tout cela fait partie des détails historiques qu'Appanah et Confiant ont recherché et intégré dans leur texte. Les tensions entre Français et Anglais sont un autre thème commun aux deux romans, Appanah se concentrant davantage sur Maurice alors que Confiant utilise ces tensions pour donner une profondeur historique à son roman et l'ancrer dans le contexte international de l'époque (références à l'Empire britannique en Inde, aux famines, à la guerre de 1914-1918 par exemple). Les références à l'omniprésence initiale de la caste et aux ajustements ultérieurs sont davantage développées dans *La Panse du chacal*, particulièrement à travers le personnage de l'Ancêtre qui s'efforce de transmettre l'histoire des dieux et des déesses de la mythologie indienne, et d'inculquer les préceptes des Lois de Manu aux habitants de l'Habitation de Courbaril[64].

La traversée du *Kala pani* s'est parfois arrêtée à Maurice, elle s'est parfois prolongée jusqu'à la Caraïbe. Tous les bateaux passaient le Cap de Bonne Espérance, les deux traversées étaient fort similaires même si de longueurs très différentes. Les échos de la traversée du milieu et de l'esclavage atlantique se font entendre dans le *Kala pani* :

> Il voulait mourir. Se pendre, se jeter dans le puits, s'enfoncer un mouchoir dans la gorge et se laisser étouffer, se couper une veine avec l'une de ces serpes tranchantes, mettre le feu à sa cabane de paille… Badri voulait en finir. Une semaine déjà depuis leur arrivée ici, à Poudre d'Or, et les claquements du fouet sur son dos n'avaient pas cessé. Il avait le dos en compote et même Ganga avait eu pitié de lui l'autre soir. Sur ses plaies à vif, elle avait appliqué un cataplasme de feuilles écrasées trouvées en bordure de la maison du maître[65].

C'est d'ailleurs sur le contact entre les travailleurs engagés et des Africains anciens esclaves que le roman se termine : ces Africains sont ceux qui ramènent Badri, l'engagé fugitif, à la plantation et à celui qu'on appelle toujours le maître – un élément pour comprendre les tensions et les

64 Le *Manusmriti*, ou Lois de Manu, est un ensemble de textes sacrés de la religion hindoue qui prescrivent les lois, préceptes et devoirs qui règlementent la vie des membres de chaque caste, les Brahmanes, les Kshatriya, les Vaishya et les Shudra. Les « Intouchables », aujourd'hui appelés « Scheduled Castes » ou « Dalit » sont considérés comme hors castes et affectés à des métiers jugés impurs.

65 Nathacha Appanah, *Les Rochers de Poudre d'Or*, Paris, Gallimard, 2003, p. 140.

haines entre Africains récemment libérés et Indiens nouvellement engagés, lorsque les anciens marrons traquent les nouveaux marrons. C'est aussi l'un des fils directeurs de *La Panse du chacal* mais si tensions et mépris mutuel sont palpables tout au long du roman, et structurent les rapports sociaux, Confiant choisit de clore son roman sur l'union entre Athénor et Devi, regardant ainsi vers un horizon plus métissé.

Les personnages de la première partie des *Rochers de Poudre d'or* se croisent à nouveau dans la seconde, une fois arrivés au dépôt de Port-Louis, accueillis par le Protecteur des Immigrants et répartis sur les différentes plantations. Badri, Ganga et Vithee vont ensemble à Poudre d'Or, une autre plantation que celle où Vithee avait espéré aller pour rejoindre son frère. Et c'est ensuite le travail harassant de la canne, bien différent des promesses des recruteurs. La variété des différentes combinaisons possibles entre voix narratives à la première ou à la troisième personne et perspectives internes ou externes met en scène. Si la trame temporelle est chronologique, les croisements entre les personnages perturbent cette linéarité et imbriquent leurs vies les unes dans les autres d'une façon qui reproduit le moment historique, la polyphonie narrative souligne l'impossibilité d'une narration monologique et stable, d'une réalité transparente, cohérente et aisément déchiffrable.

La même polyphonie préside à l'organisation narrative de *La Migration des cœurs*. Cette relecture-réécriture des *Hauts de Hurlevent* par Maryse Condé au travers des personnages de Cathy et Razyé, intègre au détour d'un chapitre une voix de la diaspora indienne, celle de Sanjita, la gardienne : « Le 21 décembre 1867, l'*Allahabad* quitta le port de Calcutta à destination de la Guadeloupe avec Shashi, mon père, à son bord. Mon père était le fils d'une poissonnière séduite par un brahmane, qui cachait sa haute naissance sous des haillons de voyageur[66]. » Sous le mythe familial de la séduction et de la « visitation » raconté aux enfants se cache le viol de Sanjita. Sa fille, Etiennise, subira presque la même agression que sa mère, seule la mort subite de Justin-Marie la sauvant du viol. Que le contexte soit francophone ou anglophone, celui de la Caraïbe ou de Maurice, le viol est l'un des éléments omniprésents.

Dans *Shanti*, l'écrivain canadien d'origine guyanaise, Arnold Itwaru, fait le choix du lien entre la plantation historique et la plantation dont la société d'aujourd'hui a hérité, presque de façon intermédiaire entre

66 *La Migration des cœurs*, Paris, Éditions Robert Laffont, 1995, p. 157.

les romans évoqués précédemment. Le lecteur peine à faire la différence entre les travailleurs sous contrat du XIXe siècle et leurs descendants, la confusion étant toute délibérée, de façon quelque peu similaire à ce qui se passe dans le roman d'Austin Clarke, *The Polished Hoe.* Des références rapides à Cheddi Jagan permettent néanmoins de situer le roman dans les années 1950, parmi les descendants des travailleurs sous contrat. Le regard se porte sur la jeune fille éponyme, dont le nom porteur de paix est proportionnellement inverse au malheur qui s'attache à ses pas. La misère de ses parents, exclus de la plantation où ils travaillaient, mène au viol de Shanti par le contremaître. Le contexte historique est à peine évoqué, bien moins en tout cas que dans *The Counting House.* La violence n'est pourtant pas étouffée, elle est là, aussi crue que possible :

> Il suivit la jeune fille dans le champ de canne lorsqu'elle alla uriner à l'abri des regards. Il se jeta sur elle, sa force la dominant presqu'immédiatement, l'immobilisant sous son corps, étouffant sa surprise, sa colère, ses sanglots, son humiliation lorsqu'il la viola avec une urgence toute coloniale[67].

Pourtant, la spécificité de ce roman par rapport aux autres est sans doute une poésie teintée de lyrisme comme pour laver les affronts et les meurtrissures faites aux Indo-Caribéens. Mieux vaut tous les personnages de la nuit des contes guyanais. Mieux vaut rencontrer Ole-Higue au détour d'un chemin, toute vampire qu'elle soit, que le contremaître. La beauté de la nature guyanaise apaise les blessures même si elle n'est jamais très loin d'être oppressante. C'est cette luxuriance de la nature qui fait de *Shanti* un roman aux antipodes de *No Pain Like this Body* où la nature n'offrait aucune compensation ni réconfort, bien au contraire. Après le meurtre du contremaître, Shanti va pouvoir espérer sortir de la plantation et c'est l'instituteur qui lui offrira d'autres opportunités, celles-là mêmes qui étaient impossibles à envisager dans le roman de Ladoo – par l'éducation tout d'abord, par la sexualité ensuite, par la révolte enfin. Elle espérera trouver « l'attraction puissante du possible, de la transformation, pour devenir autre et meilleure que ce qu'elle était[68] ». Même si la fin est

---

67 « *He followed the young woman into the canes when she went to urinate unseen by the others. He pounced, his superior strength quickly overpowering her, pinning her under, smothering her shock, her rage, her sobs, her humiliation as he raped her in his empire urgency* » Arnold Itwaru, *Shanti*, Leeds, Peepal Tree Press, 1989, p. 20.

68 « *the forceful lure of possibility, of transformation, of becoming something other and better than she was* », *ibid.*, p. 35.

quelque peu ambivalente, elle trouvera malgré tout un chemin loin de la victimisation du viol et du dénigrement d'elle-même. Elle trouvera surtout une façon de s'extirper de ce qu'elle appelle « cet arc du viol, cette malédiction qui suppure au cœur-même de son être[69] ». Le viol originel trouve en effet toutes sortes de façon de se rappeler à elle et de la hanter malgré elle. L'omniprésence des rêves et des visions dans *Shanti* est bien le signe de ce trauma qui passe sans passer et dont les manifestations ne peuvent être contrôlées.

Le détour par l'histoire permet à la littérature indo-caribéenne de dépasser le silence dans lequel la communauté indo-caribéenne a longtemps été engluée, ne parvenant pas à amener son histoire au grand jour. Paradoxalement, cette même dimension du silence, du secret, du tabou et du non-dit est souvent le domaine de prédilection des auteurs indo-caribéens contemporains. Trois romans écrits par des écrivaines indo-caribéennes, sont représentatifs de cette étape supplémentaire, mêlant le trauma historique, collectif et culturel au trauma individuel et psychique. *Cereus Blooms at Night* (1996) de l'écrivaine indo-trinidadienne Shani Mootoo aborde le tabou de l'inceste. *A Silent Life*, de l'écrivaine indo-guyanaise Ryhan Shaah, roman qui a remporté le Guyana Prize en 2007, aborde le thème de l'héritage, de la filiation et de l'affiliation. Ces deux romans feront l'objet d'un chapitre ultérieur consacré à l'écriture du secret et du témoignage. Quant à *The Swinging Bridge* (2003) de l'écrivaine indo-trinidadienne Ramabai Espinet, installée au Canada et qui aborde le thème de la violence domestique, de l'arrachement diasporique, nous le retrouverons plus en détail dans les deux chapitres suivants. Dans la diaspora forcée qui est à l'origine de la Caraïbe telle que nous la connaissons aujourd'hui, il est intéressant de voir qu'une diaspora mi-choisie mi-contrainte telle que la diaspora indienne à la Caraïbe souligne des aspects qui définissent l'ensemble de la Caraïbe et que ce sont ses écrivains qui sont le mieux à même d'exprimer cette résilience. L'expérience diasporique a aussi été mi-choisie mi-contrainte pour la communauté sino-caribéenne, de façon similaire et différente tout à la fois.

---

69 « *this arc of violation, this curse festering in the heart of her being* », *ibid.*, p. 66.

LA CHINE À LA CARAÏBE

Si le champ des études indo-caribéennes s'est développé depuis une trentaine d'années, celui des études sino-caribéennes en est encore à ses débuts. Quelques chercheurs comme Walton Look-Lai, Trevor Millett et Andrew Wilson sont parmi les pionniers[70]. Les écrivains qui se revendiquent comme sino-caribéens sont fort rares et peu d'espace et de visibilité sont réservés à cette petite minorité. L'arrivée des immigrants chinois à la Caraïbe a tout à la fois précédé et suivi celle des Indiens au XIXe siècle. Le premier bateau, affrété par la Compagnie des Indes anglaises, *The Fortitude*, était chargé de 192 Chinois lorsqu'il a débarqué à Trinidad le 12 octobre 1806. À un moment où le mouvement abolitionniste prenait de l'ampleur, et où Haïti était déjà une république noire depuis 1804, les instances coloniales britanniques nourrissaient l'espoir de trouver un substitut à l'esclavage transatlantique africain sur cette île prise aux Espagnols depuis 1797. Elles espéraient faire venir dans les plantations une main d'œuvre docile, mais l'entreprise de 1806 fut avortée : quelques années plus tard, seuls 20 à 30 Chinois étaient encore sur place, les autres s'en étaient retournés ou étaient morts. Aucune femme ne figurait parmi les 192 immigrants qui ne semblaient d'ailleurs pas avoir été particulièrement sélectionnés de façon à pouvoir s'adapter aux travaux agricoles de la colonie, deux raisons qui sont souvent données comme causes de l'échec[71].

Après une deuxième tentative infructueuse de recruter de la main d'œuvre chinoise pour la Jamaïque, la Guyane Britannique et Trinidad en 1843, la véritable installation d'une communauté chinoise à la Caraïbe a lieu de façon plus active à partir des années 1850 et jusqu'en 1884, avec un pic entre 1853 et 1866 qui coïncidait avec une intensification de l'émigration chinoise suite aux crises intérieures et aux deux guerres

---

70 On pourra se reporter aux ouvrages suivants : Walton Look-Lai, *Indentured Labour, Caribbean Sugar : Chinese and Indian Migrants to the British West Indies, 1838-1918*, Baltimore, John Hopkins University Press, 1993 ; *The Chinese in the West Indies, 1806-1995 : A Documentary History*, Kingston, Jamaica, University Press of the West Indies, 1998 ; Walton Look-Lai, éd. *Essays on the Chinese Diaspora in the Caribbean*, St Augustine, Trinidad et Tobago, University of the West Indies, 2006 ; Trevor M. Millett, *The Chinese in Trinidad*, Port of Spain, 1993.

71 Look-Lai, 1998, *op. cit.*, p. 22-23.

de l'opium (1839-1842 et 1856-1860)[72]. Sur les sept millions et demi de Chinois qui ont émigré de Chine au XIXe siècle, environ vingt mille sont allés à la Caraïbe, contre 700.000 Indiens entre 1838 et 1917, tous attirés par la possibilité d'une vie meilleure certes mais essayant surtout de fuir une situation économique et sociale difficile voire désastreuse. Plusieurs possibilités s'offraient aux Chinois qui choisissaient l'émigration : venir individuellement, se faire sponsoriser et rembourser le coût de son voyage plus tard, ou venir sur un contrat de travailleur engagé, comme les Indiens, ce qui fut le cas pour la majorité des Chinois qui vinrent à la Caraïbe.

Même si les périodes d'émigration sont les mêmes, les modalités ont été différentes pour les deux communautés. Contrairement aux Indiens, les Chinois ne restèrent pas longtemps sur les plantations car les premiers y étaient déjà bien installés. Dès les années 1890, les Chinois avaient quitté l'agriculture et préféré le petit commerce de proximité[73]. L'intégration sociale ne se fit pas de la même façon : l'émigration familiale chinoise ne s'étant véritablement développée qu'après 1870, les intermariages étaient plus fréquents que dans la communauté indienne ; les réseaux formés par les clubs et les associations étaient aussi plus actifs, et il semble qu'il y ait eu moins de frictions d'ordre ethnique entre les nouveaux immigrants Chinois et le reste de la population qu'entre les Indiens et les Afro-Caribéens. L'assimilation des Chinois dans la société caribéenne se fit prioritairement par le succès économique mais ne manqua pas de générer un sentiment antichinois[74].

72 Environ 3000 Chinois immigrèrent à Trinidad entre 1853 et 1866 ; 13.000 vers la Guyane britannique entre 1853 et 1879 ; environ 2.500 vers le Suriname entre 1853 et 1873 ; et environ 1.000 vers la Jamaïque entre 1854 et 1884. Voir Look-Lai, 2006, *op. cit.*, p. 9.

73 Look-Lai, 1998, *op. cit.*, p. 210.

74 Look-Lai, 1993, *op. cit.*, p. 204. On peut néanmoins noter des émeutes raciales contre les Chinois, à la Jamaïque en 1918 et 1938 par exemple, ou plus tard en 1965. Voir Look-Lai 1998, *op. cit.*, p. 263-276.

L'ÉMERGENCE D'UNE LITTÉRATURE SINO-CARIBÉENNE

De même que pour les Indiens, il n'y a pas de récits contemporains, et les écrivains caribéens d'origine chinoise, sans doute parce qu'ils sont si peu nombreux et viennent d'une si petite minorité, ne se sont jamais véritablement positionnés comme écrivains sino-caribéens. Il est donc intéressant d'essayer de comprendre comment la conscience d'une identité sino-caribéenne se fait jour par l'intermédiaire des quelques écrivains caribéens qui intègrent l'élément chinois dans leurs écrits de fiction, qu'ils soient d'origine chinoise ou non d'ailleurs. En effet, un écrivain comme Raphaël Confiant dont nous avons vu qu'il avait mis en avant les travailleurs engagés en provenance de l'Inde et leurs descendants, publie un autre roman trois ans plus tard : *Case à Chine* (2007) jette un peu plus de lumière sur les engagés arrivés de Chine au XIXe siècle et sur leurs descendants. Tant dans son contenu que dans sa structure, le roman fait écho à *La Panse du chacal*. Sans que les termes de récit ou de roman figurent sur la couverture, la page de garde rend un hommage personnel : « À ma grand-mère Jenny Yang-Ting partie sur le sentier du Mâhâyânâ et de l'Éveil en la centième année de son âge. » La dimension épique est exprimée à travers le parcours de trois familles :

> De Chen-Sang, parti de Canton, naîtra Chen-Li lequel enfantera Fang-Li, dit Hector ; de Meï-Wang, dont les parents avaient embarqué à Shanghai, une laideronne et une Poupée-Porcelaine (ô miracle !) et du docteur Yung-Ming une prolifique descendance métissée[75].

Les membres de ces trois lignées se mêlent les uns aux autres à la Martinique, croisant sur leur chemin médecins de bord, interprètes, quartiers-maîtres, nègres marrons et engagés indiens. Les chapitres se déroulent à l'intérieur de cinq « cercles », entrelaçant les époques du XIXe siècle jusqu'au milieu du XXe siècle, et faisant fi de la chronologie. Le livre n'a de cesse de faire mentir la première phrase : « Ils ne nous supportent qu'invisibles[76]. »

75 Raphaël Confiant, *Case à Chine*, Paris, Mercure de France, 2007, p. 109.
76 *Ibid.*, p. 13.

L'évolution de l'écriture de Jan Shinebourne, ainsi que celle des stratégies de commercialisation de ses livres, peut aider à comprendre comment l'intérêt des écrivains, des éditeurs et du public pour les Chinois de la Caraïbe a évolué entre la fin du XXe siècle et le début du XXIe. À la fin des années 1980, c'est-à-dire au moment où commence l'émergence d'une littérature indo-caribéenne, Shinebourne publie son premier roman *Time-Piece*[77], dont le contexte est la Guyane Britannique des années 1960, juste avant l'accession à l'indépendance du Guyana en 1966. Le personnage principal est Sandra Yansen, une journaliste qui quitte son village Pheasant pour aller exercer son métier et gagner sa vie à Georgetown. Sur fond des conflits ethniques entre Indo-Guyanais et Afro-Guyanais, attisés par le gouvernement de Forbes Burnham, l'attention se porte sur la quête d'indépendance du personnage. Aucune mention n'est faite d'une possible ascendance chinoise, à part peut-être les échos de son nom de famille. Aucune mention non plus de la communauté chinoise du pays et de la situation sociale et politique dans laquelle elle se trouve à ce moment-là.

Dans son second roman, *The Last English Plantation*[78] situé au cœur des troubles politiques de la Guyane Britannique des années 1950, certaines références chinoises, absentes du premier roman, y sont davantage visibles. Sur la couverture, l'élément pictural stylisé peut faire penser à un idéogramme, alors que celui sur la couverture de *Time-Piece*, une lampe, pouvait évoquer l'Inde. Le père de June Lehall, l'enfant qui est le centre de conscience du roman, est d'ascendance indienne et chinoise, alors que la mère de June est indienne. Les turbulences sociales et politiques du pays entrent en écho avec les crises que traversent l'adolescente à qui sa mère Lucille souhaite donner une éducation britannique mais sans lui expliquer la complexité de ses origines multi-ethniques. Alors qu'elle se rebelle contre la volonté de sa mère, ses origines métissées lui sont enfin révélées par sa grand-mère paternelle et June apprend que son nom, Lehall, vient de Li-Hau, déformé par l'officier de l'immigration. Nani, qui parle toujours hindi et se conforme toujours aux rituels hindous, l'aide à comprendre pourquoi ses origines ont pu être passées sous silence.

Une décennie s'est écoulée entre la publication des deux romans de Shinebourne et celle des nouvelles de Meiling Jin, *Song of the Boatwoman*

77 Jan Lowe Shinebourne, *Time-Piece*, Leeds, Peepal Tree Press, 1986.

78 Jan Lowe Shinebourne, *The Last English Plantation*, Leeds, Peepal Tree Press, 1988.

et du roman de Patricia Powell, *The Pagoda*[79]. Si plusieurs nouvelles du recueil de Jin se tournent vers la Guyane Britannique du XIXe siècle, il n'en demeure pas moins que l'orientation principale est le Guyana contemporain, afin de comprendre ce qu'il est advenu des descendants des premiers immigrants Chinois, ou la diaspora guyanaise du Royaume Uni de l'après-guerre[80]. Certaines autres nouvelles, comme « Song of the Boatwoman », explorent des légendes chinoises ancestrales, comme s'il fallait parvenir à déterminer s'il existe ou non une origine voire une essence de l'identité chinoise, même fantasmée, qui perdurerait au-delà des frontières et au-delà des siècles.

Alors que les deux premiers romans de Shinebourne et le recueil de Jin sont restés relativement confidentiels même s'ils ont eu un succès critique, le roman de Powell est celui qui a véritablement éclairé la communauté chinoise à la Caraïbe et son histoire. Il peut sembler paradoxal que ce soit par l'écrivaine qui n'a justement pas d'ascendance chinoise que la lumière soit le plus fortement projetée sur cette minorité, atteignant ainsi un public élargi. Écrivaine d'origine jamaïcaine résidant aux États Unis, Powell interroge ainsi le statut de la minorité, si petite soit-elle, et le regard posé sur cette minorité : c'est aussi une façon d'exhorter ses lecteurs à considérer la complexité des origines des peuples de la Caraïbe, ainsi que celles des minorités afro-caribéennes résidant aux États-Unis, et à comparer les histoires sans établir de hiérarchies entre elles. En revisitant l'arrivée des Chinois à la Caraïbe, cela permet aussi un autre regard sur l'arrivée des Indiens, mais aussi sur les descendants des Africains réduits en esclavage à la Caraïbe et aux États Unis.

Les tribulations des émigrants chinois dessinent la toile de fond de *The Pagoda* ; s'y ajoute l'expérience de la trahison et du racisme dont ils furent victimes :

> Les plus anciens parmi les immigrants ne parlaient jamais des conditions qui leur avaient été faites ici, sur l'île [...]. Ils ne parlaient jamais des Chinois sur les plantations qui, d'épuisement, tombaient des falaises, ou se pendaient avec leurs nattes enroulées autour des branches, ou s'attachaient des pierres

79 Meiling Jin, *The Song of the Boat Woman*, 1996, Leeds, Peepal Tree Press, 2007. Patricia Powell, *The Pagoda*, 1998, New York, Harcourt Brace, 1999.

80 On pourra lire la nouvelle « Victoria » par exemple, située au XIXe siècle, ou « Short Fuse », où il est encore fait référence à la Guyane britannique comme *home*, alors que la violence ethnique s'y déchaine et que la discrimination contre les immigrants est de mise à Londres aussi.

> aux pieds et sautaient dans les rivières, ou attendaient sur la rive que l'eau vienne les prendre. Ils ne parlaient jamais de ceux qui s'étaient échappés des plantations et, rattrapés, étaient attachés à un chevron et laissés là, pour être mangés par les oiseaux. Ils ne parlaient jamais des Noirs et des Blancs qui pillaient et brûlaient leurs échoppes, déversant leur haine sur eux[81].

Mais ces tribulations et ces souffrances forment davantage que la toile de fond de *The Pagoda* et Powell utilise des faits historiques pour nouer le nœud central du roman, le point de départ de l'histoire étant ce qui a caractérisé la première émigration chinoise à la Caraïbe : les hommes venaient seuls, sans leurs femmes. Le sexe du protagoniste principal, Lowe, est peu à peu révélé dans les premiers chapitres : de façon à pouvoir embarquer sur un bateau vers la Caraïbe et échapper à un mariage arrangé pour payer une dette, Lowe se déguise en homme et devient passager clandestin, jusqu'à ce qu'il soit découvert par Cecil qui tourne la situation à son avantage :

> L'homme alluma une allumette. La flamme vacilla, laissant une volute de fumée blanche. L'homme en alluma une autre, puis une autre, et encore une autre. Finalement, une flamme bleue brûla. Lowe essaya de ne pas hurler tandis que les doigts boudinés se promenaient sur les contours sanguinolents de son visage et que le boum-boum du sang martelait l'intérieur de sa tête en affluant vers ses tempes.
>
> Puis les doigts maladroits s'affairèrent sur la gorge humide, déchirant la veste matelassée, cherchant le cœur qui battait, explorant les pulsations ralenties au niveau de la cage thoracique et des côtes, trouvant enfin une poitrine bandée, une poitrine bandée et en-dessous, un jabot de peau d'agneau et les monticules denses et compacts d'une chair de femme. D'une chair de femme[82] !

81 « *The older immigrants never talked about the condition of the lives they lived there on the Island* [...]. *They never talked about Chinese on plantations who walked off cliffs from overwork, who hung themselves with pigtails looped round tree limbs, who tied stones to their feet and jumped in rivers or sat on banks waiting for the water to take them, how those that escaped the plantations were hunted down and strapped to rafters and left there swinging, for birds to pluck. They never talked about how the* Negro *and white people looted and burned down their shops, heaped hostilities on them.* », *The Pagoda*, 1998, New York, Harcourt Brace, 1999, p. 44-45.

82 « *The man lit a match. The light wavered. Leaving a white curl of smoke. The man lit another and another and another. Finally a blue flame, burning. Lowe tried not to bawl out, as the pads of fingers traveled the puffy contours of his bloody face, as the insides of his head drummed with the boom-boom of blood. Then the clumsy fingers were busy at the humid throat, ripping open the padded jacket, groping for a thumping heart, searching for a slow-moving pulse along the hardened chest plate, the mass of ribs, only to wade into a banded chest and beneath that a ruffle of smooth lambskin and the dense weighty mounds of woman's flesh. Woman's flesh !* » *ibid.*, p. 49.

The Pagoda est une histoire de travestissement et de secrets refoulés, révélés et pas tout à fait révélés. Après le viol sur le bateau, Lowe donne naissance à une petite fille mais continue à vivre sous les vêtements d'un homme, en apparence marié à une Miss Sylvie. Le pronom personnel masculin utilisé tout du long du roman correspond à la face qui est montrée à la communauté jamaïcaine dans laquelle Lowe essaye de faire sa place. Une relation homosexuelle se développe entre Lowe et Miss Sylvie, mais se travestir permet à Lowe de faire en apparence une croix sur son passé. Pourtant, le lien au passé et au pays d'origine est tout à la fois maintenu et détruit : d'une part, la fille de Lowe croit toujours que Lowe est son père ; la lettre que Lowe essaye de façon répétée d'écrire à sa fille constitue l'un des axes du roman, lettre perpétuellement recommencée, jamais écrite, jamais envoyée, jamais lue, comme nous le verrons plus en détail au chapitre suivant. D'autre part, Lowe entretient le désir de construire une pagode, tout à la fois monument à son souvenir et à son oubli, rassemblant l'histoire individuelle et l'histoire collective, rapprochant la Chine et la Caraïbe, formant une histoire commune de cette séparation.

C'est peut-être justement parce qu'elle est extérieure à la diaspora chinoise à la Caraïbe que Powell peut faire le détour et permet de concentrer une plus grande attention sur cette communauté, si petite au début et considérée comme étant si bien intégrée qu'elle n'a jamais été considérée comme une diaspora. On pourrait presque dire que jusqu'à ce que Powell braque le projecteur de la fiction sur cette petite communauté, la diaspora sino-caribéenne n'existait pas. Il est de plus significatif que Shinebourne ait repris son nom d'origine chinoise, Jan Lowe Shinebourne, pour la publication de son troisième livre, un recueil de nouvelles publiées en 2004 sous le titre de *The God-Mother and Other Stories*, seize et dix-huit ans après la publication de ses deux premiers romans[83]. Comme s'il avait fallu une voix et un regard extérieurs, ceux de Powell, pour qu'une certaine prise de conscience ait lieu. Un roman récent de Shinebourne, publié en 2010, s'intitule même *Chinese Women*[84].

83 *The Godmother and Other Stories*, Leeds, Peepal Tree Press, 2004. Cette problématique avait été abordée une première fois dans « Looking in, Looking out : the Chinese-Caribbean Diaspora through Literature – Meiling Jin, Patricia Powell, Jan Lowe Shinebourne ». *Journal of Transnational American Studies – Special Focus on Asian American Studies*, June 2012.

84 *Chinese Women*, Leeds, Peepal Tree Press, 2010.

Le centre de conscience de ce court roman, Albert Aziz, est un Musulman indo-guyanais qui a grandi sur une plantation du Guyana puis a émigré au Canada et recherche les raisons pour lesquelles il est presque devenu un Islamiste fondamentaliste. Un traumatisme en recouvre un autre, et chacun se découvre l'un après l'autre au fil des pages. *Chinese Women* n'est pas un roman à propos d'un Islamiste fondamentaliste après le 11 septembre, ce n'est pas non plus un roman sur les femmes chinoises qui fascinent Aziz. C'est un roman sur les complexités des processus historiques qui ont maintenu les communautés indo-caribéenne et sino-caribéenne dans le silence et le déni de soi.

Le roman le plus récent de Jan Lowe Shinebourne, *The Last Ship* (2015), renforce l'idée exprimée plus haut selon laquelle la prise en compte de l'histoire de l'émigration chinoise au Guyana britannique puis au Royaume-Uni occupe de plus en plus de place dans l'œuvre de Shinebourne[85]. À travers la saga familiale des Chung et des Leo, Shinebourne embrasse plus d'un siècle d'histoire, depuis le moment où Clarice Chung arrive à la Guyane britannique en 1879 sur *L'Amiral*, dernier bateau à y avoir amené des émigrants chinois, jusqu'à l'année 2000, lorsque Joan, l'une de ses petites-filles, va en Chine pour la première fois. L'histoire de Clarice commence sur la plantation Soesdyke et se poursuit à Canefield, dans la région de Berbice, lorsqu'elle s'y installe en 1923 pour tenir une petite épicerie, jusqu'à sa mort en 1946 :

> Pendant vingt-trois ans elle est restée assise à la même place dans son épicerie à Canefield, derrière le comptoir, à surveiller le tiroir-caisse. Ses seuls gestes étaient d'ouvrir et de fermer ce tiroir. Elle parlait rarement aux clients, seulement à ses trois enfants, Norma, Frederick et Harold, qui travaillaient à l'épicerie et à la boulangerie tous les jours, obéissant à ses ordres et au service des clients[86].

Les vignettes, tantôt courtes, tantôt longues, qui composent le livre retracent les différents épisodes de la vie de Clarice et la constitution de

85 Pour une étude narratologique plus approfondie de ce roman on pourra se reporter à Judith Misrahi-Barak, « Narrative Strategies and the Deconstruction of Lies : Jan's Journey on board *The Last Ship* ». *Caribbean quarterly*, vol. 67, n° 1-2, mars-juin 2021, p. 18-36.

86 « *For twenty-three years, she sat in her shop in Canefield in the same spot, behind the counter, where she guarded the money drawer. She hardly moved except to open and close the drawer. She rarely spoke to customers, only to her three children, Norma, Frederick and Harold, who worked in the shop and bakery daily, obeying her commands and serving the customers.* » *The Last Ship*, Leeds, Peepal Tree Press, 2015, édition numérique, empl. 55/1923.

son empire familial à travers les mariages qu'elle arrange pour ses enfants et ceux des autres. La perspective qui domine dans la première moitié est celle de Clarice, de la douleur qu'elle ressent dans l'émigration et de son sentiment de déclassement. La réinvention perpétuelle de soi et la résilience dans les ajustements au nouveau lieu ne parviennent pas à modifier les regards pleins de haine. La narration à la troisième personne garantit malgré tout une distance, voire une ironie, qui donne à ces chroniques un ton aigre-doux et c'est la grande réussite de la narration :

> Ne pas être compris est ce qui est le plus douloureux dans le fait de venir à la Guyane britannique. Elle était venue avec son père et ses quatre frères. Le frère aîné s'appelait Cheung Chang Bo, il a ensuite changé son nom en Arnold Chung ; sa femme, Jun, a changé son nom en Margaret Chung. Ils sont venus avec leurs deux fils, Ming (qui est ensuite devenu Joseph Chung) et Ling (qui est ensuite devenu Jacob Chung). Son père était le second des quatre frères. Son nom était Cheung Mu Bo mais il l'a changé en George Chung. Le nom de sa mère était She, mais elle l'a changé en Sheila. Le troisième frère s'appelait Cheung Sam Bak ; il est devenu Peter Chung et a épousé une Chinoise Hakka, Gloria Lee[87].

Après la mort de Clarice, c'est l'autre branche de la famille qui prend la lumière, celle-là même qui était méprisée par Clarice car n'étant pas de *vrais* Chinois. Non seulement Susan Leo était née à la Guyane britannique et non en Chine, mais encore elle avait donné un père d'origine indienne, James Abdul, à ses quatre filles et avait adopté les us et coutumes des Indo-Guyanais. Une véritable trahison aux yeux de Clarice. Les deux grands-mères de *The Last Ship* entrent bien sûr en résonnance avec celles de June dans *The Last English Plantation* évoqué plus haut, soulignant la dimension autobiographique de l'écriture de Shinebourne. C'est ensuite au tour de la belle-fille de Clarice, Mary, et de ses deux filles, Joan et Lorna, de capter l'intérêt du lecteur. Le flux maintenant s'inverse : il ne s'agit plus de se diriger vers la colonie britannique afin d'échapper à la faim, il s'agit maintenant de quitter le Guyana pour

87 « *The most painful thing about coming to British Guiana was never to be understood. She had come with her father and his four brothers. The eldest brother was Cheung Chang Bo, who later changed his name to Arnold Chung ; his wife, Jun, changed her name to Margaret Chung. They came with their two sons, Ming (who became Joseph Chung) and Ling (who became Jacob Chung). Her father was the second of the brothers. His name was Cheung Mu Bo but he changed it to George Chung. Her mother's name was She, but she changed it to Sheila. The third brother was Cheung Sam Bak ; he became Peter Chung and married a Hakka woman, Gloria Lee.* » *ibid.*, empl. 257/1923.

survivre aux persécutions organisées par le *People's National Congress* de Forbes Burnham contre les communautés indo-guyanaises et sino-guyanaises. Lorna la mieux-aimée va-t-elle revenir après ses études dans son pays d'origine, devenu maintenant le Guyana ? Joan la moins-aimée va-t-elle continuer à s'occuper de l'épicerie de Canefield après la mort de sa mère ? Joan ira en Chine sur l'injonction d'une cousine germaine afin de retrouver les descendants de la famille Chung qui se disait de lignée impériale et avait emporté avec elle les parchemins impériaux :

> Elle était venue à Hong Kong pour retrouver la liste des passagers de *L'Amiral* parce que celle-ci avait disparu des archives au Guyana. Annie Chung était persuadée que la liste avait été délibérément détruite par le gouvernement de Burnham dans leur tentative d'effacer les Chinois de la mémoire nationale. Ils avaient commencé par les faire fuir en augmentant leurs impôts et maintenant ils effaçaient leur histoire[88].

Lors de sa rencontre avec un historien, Joan comprend enfin l'histoire de sa famille : « Ce n'était qu'un mensonge. Les Chung n'étaient pas venus du nord de la Chine ; ils n'appartenaient pas à l'aristocratie chinoise ; les artefacts qu'ils avaient emportés avec eux n'étaient que des copies[89]. » Le mensonge n'est pas toujours le seul fait des colonisateurs. Ces objets transportés jusqu'à la Guyane britannique montrent surtout le désir des Chung de se réinventer au-delà des océans.

Les livres évoqués plus haut sont tous des romans sur les détours dont les diasporas indiennes et chinoises à la Caraïbe ont eu besoin pour acquérir conscience de soi et fierté, quitte à dévoiler que les histoires transmises de génération en génération pouvaient aussi être des constructions. Shinebourne mêle l'histoire de l'immigration chinoise au travail engagé indien à la Caraïbe, Jin fusionne le passé et le présent, la Chine ancestrale et la diaspora chinoise moderne, et Powell, sans avoir d'ascendants chinois, est parvenue à rendre le regard sur l'histoire de la communauté chinoise à la Caraïbe aussi nécessaire que

88 « *She had come to Hong Kong to find the passenger list of* The Admiral *because it had gone missing from the archives in Guyana. Annie Chung was convinced that the list had been deliberately destroyed by the Burnham government because they were trying to ease the Chinese from Guyana's memory. First they had driven them away by overtaxing them, then they erased their history.* » *ibid.*, empl. 1810/1923.

89 « *It had all been a lie. The Chungs had not come from northern China ; they were not descended from Chinese aristocrats ; the artefacts they took to British Guiana were fakes.* » *ibid.*, empl. 1833/1923.

celui sur la communauté indo-caribéenne. Les migrations d'Afrique, d'Asie et d'Europe vers la Caraïbe, et plus récemment les migrations de la Caraïbe vers l'Europe, les États-Unis ou le Canada, ont créé une dynamique unique, une *translation* dont il est difficile de trouver un équivalent ailleurs. Loin de considérer ces migrations comme une cause de mutilation et de perte, les écrivains caribéens y ont trouvé pour la plupart une source de créativité[90]. Ils ont aussi contribué à faire évoluer le concept même de diaspora depuis une trentaine d'années. Percevoir les complexités de l'histoire de ces diasporas et des récits qu'elles produisent est une étape vitale de la compréhension de notre présent. À travers la mise en écriture de ces espaces et de ces temporalités uniques, les textes de fiction y contribuent de façon primordiale.

90 Salman Rushdie parle de cette *translation* comme d'un transport (« borne across ») mais ce que l'on entend c'est la naissance ou la renaissance (born across) : « [H]aving been borne across the world, we are translated men », *Imaginary Homelands*, Londres, Granta Books, 1992, p. 17.

MULTIVERS ET *MÉTASPORA*

Traverses diasporiques et transnationales

DIASPORA : UN CONCEPT EN ÉVOLUTION

Lorsque Khachig Tölölyan fonde en 1991 la revue *Diaspora : A Journal of Transnational Studies*, qui allait devenir le fer de lance des études diasporiques, ce terme était principalement synonyme des diasporas historiques, juive, arménienne et grecque. Tölölyan souligne la nécessité de prendre en compte les multiples façons dont la réalité a évolué. La définition de William Safran servant toujours de cadre de référence, il est toujours utile d'en garder en mémoire les éléments constitutifs : une diaspora se forme lorsqu'il y a dispersion loin du pays d'origine, le plus souvent dans des conditions traumatiques, qu'il y a formation d'une mémoire collective commune rattachée au pays d'origine, qu'il y a idéalisation de ce même pays d'origine, que l'espoir d'un retour est maintenu vivant, que le lien au pays d'accueil est compliqué par le lien au pays d'origine, qu'il y a un fort sens de solidarité transnationale avec la communauté de même origine, et enfin qu'il existe la perspective d'un apport original au pays d'accueil[1]. Robin Cohen a affiné les contours de cette définition et établi la typologie suivante : on peut distinguer les diasporas formées à la suite de traumatismes pendant lesquels un groupe devient victime (Africains, Arméniens, Juifs), celles formées pendant les empires (Empire britannique principalement), sur la base de contrats de travail (Indiens), ou du commerce (Chinois, Libanais), ou encore les diasporas culturelles (Caribéens, plus récemment)[2]. La définition de ce qu'est une diaspora a eu tendance à évoluer

1 William Safran, « Diasporas in Modern Societies : Myths of Homeland and Return », *Diasporas* 1-1,1991, p. 83-99.

2 Robin Cohen, *Global Diasporas : An Introduction*, Seattle, University of Washington Press, 1997.

et s'est considérablement assouplie pour ne plus faire référence à la seule dispersion originelle et fondatrice. D'autres termes, réalités et concepts s'y sont associés : populations déplacées, flux de migrants et autres travailleurs transnationaux temporaires et permanents, exilés économiques, réfugiés politiques, communautés ethniques, ainsi que cosmopolitisme, interculturalité, multiculturalisme, sont autant de termes, avec ceux de « rhizome » (Deleuze et Guattari 1980, repris par Glissant en opposition avec celui de « racine unique ») ou de « branchements » (Amselle 2001) qui ont compliqué et enrichi la façon dont les diasporas et leurs territoires réels et imaginaires pouvaient être pensés et représentés. Joël Des Rosiers crée le concept de « métaspora » dès son ouvrage *Théories Caraïbes* (1996), précisément pour dépasser le conflit entre réel et imaginaire :

> Chaque écrivain, aux prises avec sa propre mythologie, œuvre pour forger des espaces postnationaux au sein du mouvement général des peuples. Espaces que j'appellerais métasporiques ; méta-sporiques au lieu de dia-sporiques : à partir des contradictions liées à l'origine, au sexe et à la différence[3].

Des Rosiers s'appuie sur une définition de « diaspora » qui avait déjà été bousculée dans sa binarité et sa recherche de l'origine perdue. Il n'en demeure pas moins que le concept de « métaspora » fait avancer la réflexion, la métaspora procédant d'une « logique de recréation, placée sous le signe du devenir[4] ». L'individu se constitue à partir de toutes les itinérances qui l'ont impliqué dans son intimité, de tous les espaces qu'il a pu traverser, de tous ces lieux marqués par la « pleine conscience de l'indécidabilité du lieu[5] » et qui sont devenus des « patries intimes », une expression empruntée à Jorge Luis Borges[6]. Le « déracinement » n'est plus uniquement un arrachement, il est une projection vers l'avenir, il peut devenir euphorique[7] et se transformer en « valeur de la modernité[8] ». Il produit cet entrelacs de relations qui n'ont plus besoin de l'ancien centre

3 Joël Des Rosiers, *Théories Caraïbes – Poétique du déracinement*, Montréal, Triptyque, 1996, p. 162.

4 « Si le concept de diaspora, idéaliste et romantique, s'étaye d'un retour des souvenirs, réels ou fantasmatiques, du fait de se ressouvenir d'une origine perdue, celui de métaspora cherche à rendre le devenir présent. Il s'agit d'un ensemble d'actes rendant lisibles et actuels les événements à venir. » Joël des Rosiers, *Métaspora – Essai sur les patries intimes*, Montréal, Éditions Triptyque, 2013, édition numérique, empl. 470/6614.

5 *Ibid.*

6 *Ibid.*, empl. 456/6614.

7 Des Rosiers parle de « l'euphorie du déracinement », *Théories* caraïbes, *op. cit.*, xiii.

8 *Ibid.*, p. 165.

colonial pour exister et qui fructifient pour former ce que Shu-mei Shih et Françoise Lionnet appellent l'espace « transcolonial », c'est-à-dire « un espace d'échanges et d'interactions dans lequel se forgent des processsus d'hybridation où les cultures peuvent encore être produites et mises en action sans la médiation du centre[9] ». Ces « réseaux mineur-mineur [...] court-circuitent complètement le majeur[10] ». L'horizontalité des relations diasporiques ou « métasporiques » bouscule la verticalité des relations coloniales. Nous le verrons aussi dans les chapitres suivants, la domination de l'archive telle qu'elle a été organisée par le pouvoir colonial central fait partie des éléments qui sont remis en question par l'émergence des relations transcoloniales ou « métasporiques ».

La formation des diasporas doit être conjuguée au présent, amplifiée et bousculée par les multiples phénomènes de migrations liés aux guerres et aux phénomènes économiques ou climatiques. De la diaspora africaine à la diaspora haïtienne, chinoise, caribéenne, kurde, palestinienne, indienne... les exemples sont innombrables et se multiplient chaque jour en ce début du vingt-et-unième siècle. Les études diasporiques ont peu à peu évolué de façon à intégrer la multiplicité des trajectoires collectives et individuelles, les phénomènes de mondialisation, de créolisation, d'hybridité et de métissage, ou encore les phénomènes de réseaux et les diverses façons dont chaque communauté et chaque individu a mis en place ses propres stratégies de résilience et d'adaptation à un contexte nouveau parfois hostile, non familier dans le meilleur des cas. Les études sur la diaspora doivent maintenant intégrer les études sur les réfugiés et les migrants encore davantage que par le passé, même si ces phénomènes ne sont en rien nouveau. Il est devenu impossible de considérer les mouvements diasporiques de façon linéaire et binaire – un groupe quittant son pays d'origine vers un pays d'accueil, impliquant une simple polarisation entre le lieu de départ et le lieu d'arrivée. Pluralités, décalages, différences, discontinuités et autres fractures, ainsi que fonctionnements imaginaires liés aux dislocations et reterritorialisations multiples, font maintenant partie intégrante de notre conception des diasporas, des migrations et de l'étude de leurs pratiques. Les mots de Des Rosiers éclairent parfaitement la conception qui se donne à lire au fil de ce volume : « l'imaginaire de la migration peut nous offrir une intelligence du monde. Il peut surtout nous permettre la traversée

9 Shuh-mei Shih et Françoise Lionnet, eds. *Minor Transnationalism*, Durham et Londres, Duke University Press, 2005, p. 5.

10 *Minor Transnationalism*, *op. cit.*, p. 8.

des enracinements sans nullement y adhérer[11] ». Une distance est créée, un détachement, peut-être même un oubli – de cet oubli qui émancipe et régénère. C'est la fragilité complexe de cette non-adhérence que les écrivains « métasporiques » explorent, rejetant « la volonté de faire de tout lieu natal le lieu de l'origine absolue[12] » et optant pour une perspective où le véritable lieu de naissance est « celui où l'on a porté, pour la première fois, un regard d'étranger sur soi-même [et où ses] premières patries ont été des terres étrangères[13] ».

C'est peut-être ce que la « métaspora » ajoute à la diaspora : si, malgré toutes les évolutions du concept vers des définitions plus fluides, la diaspora est encore attachée au souvenir du lieu et du temps passés, et à sa préservation, la « métaspora » autorise un abandon et une réinvention. En somme, elle croise l'un des fils d'Ariane que nous suivons dans ce volume : ce paradoxe selon lequel l'archive est tout autant constituée par la préservation et la conservation que par l'abandon et l'oubli. Comme le dit très bien François Soulages dans son Avant-Propos à *Trace et archive, image et art* :

> Archiver, c'est autant abandonner que conserver – on ne peut tout conserver ; archiver, c'est choisir d'une part ce que plus tard les autres auront comme archives, d'autre part les modalités d'archivage dont les autres hériteront ; les modalités de l'archive sont au moins aussi importantes que ses objets. Archiver, c'est dialoguer avec le futur[14].

Ce futur conjugué au passé et au présent, ce dialogue avec l'autre qui ne me ressemble pas mais sans qui je ne suis rien ni personne, est déployé dans les recherches les plus récentes de Robin Cohen et d'Olivia Sheringham. Cohen, en spécialiste des diasporas et autres créolisations, ne pouvait s'en tenir à une approche qui n'intégrerait pas une évolution constante, un examen approfondi des multiples façons dont les contacts, collisions et autres conflits entre les cultures ont fait émerger des relations nouvelles. *À la Rencontre de la différence* est cette plongée dans ces espaces de transformation et de création, dans les plis et les replis d'interactions culturelles qui ne sont jamais réifiées ni prédéterminées[15].

---

11 *Théories* caraïbes, *op. cit.*, XIII.

12 *Ibid.*, XV.

13 *Ibid.*, p. 75.

14 *Trace et archive, image et art*, Paris, INA, 2014, p. 6.

15 *A la Rencontre de la différence* (Série *PoCoPages*, Montpellier, Pulm, 2020) a tout d'abord été publié en anglais *Encountering difference* (Cambridge, Polity Press, 2016).

L'ESPACE-TEMPS « MÉTASPORIQUE » : TEXTE COMPLEXE CONTRE « CAUCHEMAR BINAIRE »

Comme on a pu le voir au chapitre précédent pour les éléments plus historiques, les migrations à grande échelle qui eurent lieu au dix-neuvième siècle lorsque les colons cherchèrent à remplacer les Africains libérés en 1833 dans l'Empire britannique et en 1848 dans l'Empire français, furent à l'origine de la constitution de la première diaspora indienne – travail dans les plantations de sucre à la Caraïbe, Fiji, Maurice ou Natal, ainsi que construction des chemins de fer en Afrique du Sud. La perception que ces Indiens ayant quitté leur pays d'origine avaient d'eux-mêmes était certainement fort différente de celle que leurs descendants peuvent avoir aujourd'hui. Mais la question qui peut apparaître comme commune à ces générations différentes est celle de la construction imaginaire de l'individu et du groupe auquel il ou elle appartient. L'arrachement, la perte, le deuil impossible ont fondé l'expérience diasporique, instaurant une séparation au-delà de laquelle il a semblé, pendant longtemps, impossible d'aller.

Dans un contexte où les flux migratoires entre les pays et au-delà des océans dessinent de nouveaux contours géographiques et paysages mentaux, on peut néanmoins se demander si les choix littéraires et narratologiques mis en place par les écrivains n'ouvrent pas la voie à une pluralité plus complexe. Même si la structure diasporique peut apparaître duelle et séparée (deux espaces, deux temporalités, deux sociétés, deux dispositions mentales et culturelles, etc.), les écrivains caribéens montrent bien la complexité de ce que l'on pourrait aussi appeler, en parallèle de la « métaspora », la *multiversité* de notre monde contemporain[16], traversé de trajectoires, d'itinérances et de déracinements, de fragments, de liens et de connections, tout autant que de disjonctions.

La dislocation entre les deux pays est représentée dans le texte littéraire par une structure apparemment binaire pour ce qui est de l'organisation

16 J'emprunte le mot à l'exposition « Multiversités créatives » sur la création artistique contemporaine qui a eu lieu au Centre Pompidou (3 mai-6 août 2012). L'exposition avait pour but de « rendre compte d'univers créatifs multiples et en transformation ». Le multivers désigne aussi l'ensemble des univers possibles dans les sciences physiques ou cosmologie. L'idée de la possibilité d'univers multiple se trouve dès le XVIe siècle.

du temps et de l'espace. Narrateurs et protagonistes devant négocier avec plus ou moins de réticence la distance spatiale, temporelle et mentale qui les sépare de leur vie d'avant, les retours narratifs accompagnent et modèlent ces retours physiques et psychologiques. Dans de nombreux romans, un traumatisme est souvent à l'origine du premier départ, un autre traumatisme est aussi à l'origine du retour. Dans les deux cas, le départ a été nécessaire et mène, paradoxalement, à revisiter ce que Vévé Clark appelle le « cauchemar binaire[17] » et à reconstruire un nouvel espace pour la définition duquel Clark propose le paradigme du « *Marasa* », un concept mythologique fondé sur le signe voudou haïtien qui représente la gémellité mais permet de penser la multiplicité. Ceci peut sembler paradoxal mais dans la démonstration de Clark, une telle binarité n'est que de surface et doit plutôt être lue comme cyclique et multiple, « la tension entre les oppositions [menant] vers un autre type de créativité [...], un autre domaine du discours. » La dualité n'est alors qu'une porte d'entrée vers le multiple[18].

De nombreux textes reflètent et donnent forme à une telle séparation en apparence binaire, semblant la renforcer dans leur structure même. Les quelques romans suivants nous aideront à approcher les complexités de ce qui peut apparaître dans un premier temps comme une séparation binaire et indépassable. Josèphe dans *The Scorpion's Claw* de Myriam Chancy, a été envoyée au Canada à l'adolescence pour être éloignée d'Haïti, un traumatisme en cachant un autre ; *L'Exil selon Julia* de Gisèle Pineau, croise à travers le genre de l'autofiction et le genre épistolaire deux histoires de migration de la Guadeloupe vers la France métropolitaine, celle de la grand-mère et celle de la petite-fille ; Lowe dans *The Pagoda* de Patricia Powell a pu quitter la Chine et embarquer sur un bateau en partance vers la Jamaïque en se faisant passer pour un homme ; enfin, c'est avec Mona dans *The Swinging Bridge* de Ramabai Espinet que nous passerons le plus de temps, elle, dont les ancêtres indiens sont arrivés à Trinidad en tant que travailleurs sous contrat au XIXe siècle, et qui vit à Montréal. Elle revient à Trinidad à la demande de son frère mourant

17 Vèvè Clark, « Developing Diaspora Literacy and Marasa Consciousness », *Comparative American Identities : Race. Sex, and Nationality in the Modern Text*, Hortense Spillers, éd., New York, Routledge, 1991, p. 40-61 ; p. 45.

18 Clark définit le *Marasa* comme « *a mythical theory of textual relationships based on the Haitian Vodoun sign for the Divine Twins* », qui permet de « imagine beyond the binary », *ibid.*, p. 43.

afin de racheter la propriété familiale. Les itinéraires triangulaires et multiples dans lesquels elle est engagée la situent dans une dimension véritablement « métasporique ».

The Scorpion's Claw n'alterne pas les chapitres, Haïti et le Canada ne sont pas juxtaposés. Le retour en Haïti ne se matérialise pour Josèphe que dans les dernières pages, même s'il a été préparé en amont. La géométrie à l'œuvre afin de représenter la complexité diasporique est celle du puzzle plutôt que des lignes parallèles. Certains événements de la vie de Josèphe vont créer un choc tel qu'elle va être forcée de se replonger dans ses souvenirs d'enfance et d'adolescence – voir à la télévision le visage de l'homme qui l'a violée, apprendre la mort de sa grand-mère. Le corps de Josèphe se met de la partie, le passé l'inonde comme une fièvre et rendent poreuses les frontières de son corps, comme si sa peau même établissait un lien et non plus une séparation : « [t]ous mes souvenirs inondèrent mon corps comme une fièvre[19] ». Sa vie présente devient perméable à sa vie passée et doit être reconfigurée pour redevenir possible.

Le puzzle de la mémoire de Josèphe se met alors en place grâce à une structure fragmentaire. Un chapitre introductif présente l'histoire de la grand-mère de Josèphe, née en 1917 et décédée en 1991. La première partie, intitulée « My story » et que le lecteur comprend comme étant celle de Josèphe, née en 1970, est racontée à travers une voix narrative à la première personne. À l'intérieur de cette première partie, le lecteur découvre aussi l'histoire de Delphi, né en 1956 et tué en 1979 par les *tontons macoutes*, elle aussi racontée par lui-même. La seconde partie est l'histoire d'Alphonse, le cousin de Josèphe et le demi-frère de Delphi, une seconde partie dans laquelle se trouve aussi l'histoire de Mami Céleste, la mère de Delphi, dont les vies multiples traversent métaphoriquement toute l'histoire d'Haïti. Enfin, vient l'histoire de Désirée, l'amie d'enfance de Josèphe, entrée en résistance contre le régime Duvalier. L'histoire de Désirée est racontée à travers une multiplicité de voix : la voix de Désirée elle-même s'adressant à Josèphe par l'intermédiaire des lettres qu'elle lui écrit, une voix à la deuxième personne et un narrateur omniscient à la troisième personne. Le lecteur ne peut que recomposer les fragments afin de pouvoir comprendre les différents rôles que jouent les différents personnages les uns par rapport aux autres et l'impact qu'ils ont eu sur le développement de Josèphe.

19 « *[a]ll the memories began to flood my body like a fever* », Myriam Chancy, *The Scorpion's Claw*, Leeds, Peepal Tree Press, 2005, p. 25.

L'Exil selon Julia de Gisèle Pineau[20] est un autre exemple d'un texte qui illustre les complexités de l'exil tout en créant par sa forme même un espace qui dépasse la binarité mortifère des vies disloquées, écartelées en un avant et un après de la migration. Après que son père a rejoint la dissidence antillaise pendant la deuxième guerre mondiale, les parents de Gisèle rêvent de quitter leur île natale. Daisy et Maréchal quittent donc la Guadeloupe avec leurs cinq enfants pour s'installer en métropole. Ils y restent de 1961 à 1969, emmenant avec eux la mère de Maréchal (Julia, dénommée Man Ya dans le récit), la soustrayant ainsi à la violence conjugale de son mari. Même si Julia est soulagée de ne plus être la victime d'Astrubal, elle ne s'habitue jamais à son nouvel environnement et dépérit jusqu'elle ce qu'elle décide de rentrer à la Guadeloupe en 1967, deux ans avant le reste de la famille, laissant sa petite-fille préférée, Gisèle, se souvenir d'elle. Gisèle, narratrice à la première personne, fait le récit de sa propre expérience de la dislocation migratoire, par procuration, à travers Julia : son enfance est modulée par les difficultés que rencontrent ses parents dans leur expérience de l'assimilation à la française, par les résistances de sa grand-mère, le racisme dont ils sont victimes, l'incompréhension et les décalages. La focalisation est rarement opérée *à travers* Julia, mais la focalisation *sur* Julia *à travers* Gisèle fonctionne sur plusieurs niveaux et donne autant à comprendre de Julia que de Gisèle. Dans cette autofiction, on peut effectivement parler avec Kathleen Gyssels d'une « zone grise entre roman et autobiographie » où il s'agit de « sonder la condition féminine de l'intérieur pour rendre la parole à la femme de couleur[21] ». Gisèle retrace sa propre histoire à travers celle de la migration de ses parents et l'exil de sa grand-mère en mêlant différentes voix et différents discours (monologue intérieur, discours direct, discours direct libre, discours indirect ou discours indirect libre) sans que le texte puisse entrer dans la catégorie de l'autobiographie :

20 Gisèle Pineau, *L'Exil selon Julia*, 1996, Paris, Éditions Stock, 2006.

21 « L'Exil selon Pineau : récit de vie et autobiographie », *Récits de vie de l'Afrique et des Antilles ; enracinement, errance, exil*, Suzanne Crosta, éd., Sainte-Foy, GRELCA, 1998, p. 169-213, article cité par Sally Barbour lors d'une communication intitulée « Reading Gisèle Pineau's *L'Exil selon Julia* as Performance of Re-relocation », colloque ACWWS, Paramaribo, mai 2012. Barbour a aussi fait référence à l'article de Lucía Suárez, « Gisèle Pineau : Writing the Dimensions of Migration », *World Literature Today* 75, 3-4, p. 9-21, où l'expression de « scripted storytelling » est utilisée.

> À la différence de l'autobiographie, l'autofiction (féminine) ne livrera pas un portrait complet de l'auteure ; elle ne livre point un récit rigoureusement chronologique, fidèle à la réalité. Quoiqu'enrichie par le tableau d'enfance qu'elle nous fournit, Pineau ne se met pas vraiment en scène : la retransposition de son enfance mi-parisienne, mi-antillaise est filtrée par le regard, guidée par la main de quelqu'un d'autre, la grand-mère[22].

Gisèle est tout à la fois le personnage de sa propre histoire, la narratrice de son autofiction et l'écrivaine qui organise le texte de l'extérieur. Le texte qui s'écrit est aussi celui de l'espace que Gisèle parvient à créer pour elle-même.

C'est aussi une structure en fragments qui commande l'organisation du roman de Patricia Powell. Les disjonctions de la vie de Lowe dans *The Pagoda* apparaissent clairement au travers des disjonctions entre passé et présent, entre le temps de l'*histoire* (l'axe chronologique que les événements auraient suivi s'ils avaient pris place dans la vie réelle) et le temps du *texte* (l'axe des événements tel qu'ils sont réorganisés dans le texte par l'auteur). Au fil des pages, le texte pénètre l'histoire et la manipule. Ce montage est visible jusque dans la mise en page. Les moments du passé que Lowe se remémore sont en retrait, la syntaxe et la ponctuation sont différentes du texte principal :

> Une fille à l'imagination bridée, une fille aux rêves brisés, la tête pleine d'expéditions en mer, une fille à l'esprit vagabond, une fille échangée à un vieil homme contre une dette, une fille devenue épouse en une nuit ; une épouse sous le poids des traditions, une épouse triste et maussade, une épouse dotée d'une insatiable soif de voyages, une épouse fugitive, tête rasée et natte dans le dos, une épouse fugitive prenant les longues enjambées de son père, une épouse qui rôde sur les quais de Canton[23]...

Différentes versions de la même histoire ponctuent le texte, repassant plusieurs fois par le même cauchemar et l'ancrant chaque fois un peu plus profondément dans la conscience de Lowe et l'imagination du lecteur, en creux de la vie de Lowe telle qu'elle se déroule à la Jamaïque.

---

22 *Ibid.*, p. 171.

23 « *A girl with bottled-up fantasies, a girl with broken-down dreams, a girl with a head full of expeditions by sea, a girl with a wandering eye, a girl given over to an old man so as to repay a debt, a girl turned into a wife overnight ; a wife weighted down by tradition, a brooding sullen wife, a restless wife with wanderlust, a runaway wife with a shaved head and a queue, a runaway wife with the long easy strides of a father, a wife lurking on the piers of Canton...* », Patricia Powell, *The Pagoda*, Orlando, FL, Harcourt Brace & Co, 1998, p. 125.

Le roman de Ramabai Espinet *The Swinging Bridge*[24] prend aussi sa source dans la binarité apparente de la séparation diasporique et la construction d'une résilience créative. Née de la diaspora indienne à Trinidad, Espinet appartient maintenant à la diaspora indienne au Canada. L'image de cette diaspora à double entrée offre un cadre propice à l'exploration de ces « contradictions productives[25] » à l'œuvre dans le texte, ces contradictions que Des Rosiers aurait sans doute appelées « métasporiques ». La dualité qui peut pointer à la surface du roman d'Espinet est plutôt une porte d'entrée vers une énergie plus multiple, puisée dans les perceptions visuelles et mentales du personnage principal, et soutenue par une fondation mémorielle qui pénètre le présent, lui donnant forme et sens. Dans le roman, la perception et la conception du temps sont rendues possibles par la construction d'un certain espace narratif. L'interconnexion de cet espace et de ce temps constitue un *lieu* diasporique tout à fait particulier, à l'intérieur duquel l'individu peut se réinventer.

Dans *The Swinging Bridge*, Mona est ramenée presque de force vers son Trinidad natal par son frère Kello malade du SIDA à Toronto qui lui demande d'agir en son nom pour racheter la propriété familiale vendue par le père des années auparavant. La première partie du roman intitulée « Borrowed Time » se déroule au Canada tout en alternant les souvenirs d'enfance de Mona. La deuxième partie intitulée « Manahambre Road » emmène Mona à Trinidad tout en maintenant l'alternance entre différentes temporalités, avec ses arrêts sur image (pauses), ses accélérations temporelles (ellipses), ses retours en arrière (analepses) ou ses projections vers le futur (prolepses). La troisième partie intitulée « Caroni Dub » se déroule entièrement à Trinidad lorsque Mona y retourne, avant de revenir à Montréal. Si Mona accepte d'agir en qualité de mandataire pour son frère c'est parce qu'elle n'a toujours pas réglé ses comptes avec

24 Ramabai Espinet, *The Swinging Bridge*, Toronto, HarperCollins, 2003. Les pages suivantes sur le roman d'Espinet retravaillent des analyses amorcées dans deux études précédentes. Voir Judith Misrahi-Barak, « Ruptures and Junctures : Reinventing and Repossessing the Diasporic Self in Ramabai Espinet's *The Swinging Bridge* », *Repenser la diversité : le sujet diasporique*, Corinne Duboin, éd., St Denis de la Réunion, Océans Éditions, 2013, p. 127-139, ainsi que « Rifts and Riffs, Roots and Routes in Ramabai Espinet's *The Swinging Bridge* », *Tracing the New Indian Diaspora*, Om Dwivedi, éd., Amsterdam, Rodopi, Cross Cultures, 2014, p. 235-251.

25 « Productive contradictions » est le titre du premier chapitre de *Searching for Safe Spaces : Afro-Caribbean Women Writers in Exile*, Philadelphia, Temple University Press, 1997.

son père. Celui-ci a néanmoins desserré son emprise et, si l'on file la métaphore de la propriété, Mona peut désormais reprendre possession de l'histoire familiale. C'est cette réappropriation qui est au centre du roman et qui va mettre un terme à une vie dont la division binaire entre passé et présent, entre ici et là-bas, était plus subie que choisie. La mort annoncée du frère apporte dans son sillage la nécessité, puis le désir, de réexaminer le passé. Le retour temporaire à Trinidad ouvre un nouvel espace de reconnexion et de reconstruction : à travers l'hommage rendu aux femmes de sa famille qui ont migré de l'Inde vers la Caraïbe, et la révélation au grand jour des archives familiales – lettres, récits, journaux intimes, carnets de chansons – Mona peut reprendre possession du présent. Gainder, la figure ancestrale de l'arrière-grand-mère, sera une médiatrice essentielle, symbole de la femme indienne libre, malgré l'oppression dont elle a été victime.

Le roman ne pouvait pas ne pas être un roman à la première personne construit à partir de la perspective de Mona (focalisation interne), tant il est centré sur l'évolution du personnage principal. Cinéaste, Mona se demande qui elle est et si elle a réussi à faire quelque chose de sa vie. Elle est « en suspens », dans un état d'« incertitude[26] », elle n'est pas enracinée comme sa cousine Bess qui n'a jamais quitté Trinidad. C'est l'intrusion d'un élément perturbateur dans sa vie en apparence bien ordonnée qui va introduire questionnement et désir de faire apparaître des vérités trop longtemps cachées. Peu à peu, Mona va se débarrasser des peaux mortes de ses souvenirs enfouis – « sloughing off [...] memories[27] ». Un espace-temps diasporique ou plutôt « métasporique », qui va permettre à Mona d'accommoder cette mue et de se reconstituer, est mis en place dans la structure même de l'écriture.

26 Ramabai Espinet, *The Swinging Bridge*, *op. cit.*, p. 27, 28.
27 *Ibid.*, p. 121.

L'ESPACE-TEMPS « MÉTASPORIQUE » DE *THE SWINGING BRIDGE*

Le traitement du temps narratif dans sa relation à l'espace est sans doute l'un des éléments les plus originaux du roman. Si l'espace extérieur est extensible – le sous-continent indien s'est prolongé jusqu'à la Caraïbe qui s'est ouverte à son tour vers le Canada –, le temps semble se rétrécir et s'accélérer – Kello mourant, « il restait si peu de temps[28] ». Pourtant, le temps aussi devient un matériau extensible dont les contours s'étirent pour intégrer le passé proche et le passé lointain, le passé de l'enfance et celui des ancêtres. Une souplesse nouvelle enveloppe temps et espace, confirmée par la façon dont le tempo ralentit ou accélère selon les besoins de la narration. En effet, le lecteur suit les développements de l'histoire ancrée dans un certain espace-temps, ou diégèse, à travers l'alternance, et les décalages, du *temps de l'histoire* et du *temps du texte*. Le temps de l'histoire suit un axe chronologique qui correspond au déroulement des événements tels que ceux-ci se seraient passés si l'histoire avait eu lieu dans la vie réelle (Mona impliquée dans son projet de film à Toronto, par exemple, ses allées et venues entre Montréal et Toronto, ou entre le Canada et Trinidad). Le temps du texte correspond à l'ordre des événements tels qu'ils sont réorganisés dans le texte par l'auteur (les passages en italiques au début de chacune des trois parties par exemple, racontant la traversée du *Kala pani* au XIXe siècle, les souvenirs d'enfance de Mona, toutes les pauses ou les ellipses du texte, les analepses et les prolepses).

Le roman est en effet construit sur une temporalité particulière, faite d'allers-retours entre passé et présent et d'une conscience temporelle fluide. Le premier chapitre commence avec une entrée de journal intime :

> 15 janvier, 1995.
>
> Dernièrement, certains mots m'assaillent. [...] Des mots de la vie de tous les jours, d'ailleurs et d'il y a longtemps. D'autres mots passent à côté de moi comme des spectres, ils veulent quelque chose. [...] Des mots en patois et en Hindi.
>
> Les mots sont des fantômes, les ancêtres d'ici. Ce ne sont pas des symboles. Ils sont vivants et sensuels – faits de chair, de pierre, ils ont des bords coupants. Des mots *jumbie*.

---

28 *Ibid.*, p. 199.

> Mona Singh, c'est moi. Je vis au centre d'une tempête. Toute ma vie se cambre en arrière et en avant selon la vitesse du vent autour de moi. Au centre, dans l'œil du cyclone, là où je vis, tout est tranquille. Une petite bénédiction[29].

Le temps présent est utilisé de façon plurielle dans le roman et à des occasions diverses, pour le journal intime de Mona comme pour les quelques pages en italiques qui ouvrent chacune des trois parties, donnant le contexte tant historique que personnel sur la traversée du *Kala pani*, ces « eaux noires » que les Indiens ont affrontées pour rejoindre Fiji, Maurice ou la Caraïbe et dont il a été question au chapitre précédent :

> *C'est une histoire qui n'a pas encore été racontée. [...] Nous sommes en 1879, et les femmes ont été amenées en train de Bénarès jusqu'au port de Calcutta. Des petites chaloupes les accompagnent jusqu'à un bateau, « L'Artiste », ancré au milieu du fleuve Hooghly. La passerelle craque et se balance dangereusement tandis que les femmes grimpent sur le pont. Une fois à bord, les femmes seules gardent la tête baissée pendant qu'on vérifie leurs noms. Les femmes mariées – certaines viennent de changer de statut au centre d'immigration afin de se mettre sous protection masculine – restent un pas derrière leur mari. Certaines sont audacieuses et fières, le regard fougueux, mais la plupart sont craintives et apeurées*[30].

Le roman va donc attirer l'attention sur la figure de l'arrière-grand-mère, Gainder, à bord de *L'Artiste* en 1879, « en route vers l'inconnu en traversant le *Kala* pani, ces eaux noires entre l'Inde et la Caraïbe[31] ». Le temps présent est souvent le temps qui ramène le passé à la surface : il est aussi utilisé plus loin dans le roman lorsque Mona découvre une partie des archives familiales et reconstitue un possible du passé :

---

29 « *January 15, 1995. Lately, words have been assailing me.* [...] *Everyday domestic words from long ago, a far-off time and place. Other words fly past me like spectres and they want something* [...] *Patois words and Hindi words. Words are ghosts, ancestors on this side. They are not symbols. They are alive and sensate – full of flesh and stone and jagged edges. Word jumbies. / Mona Singh. That's me. I live in the eye of a storm. My whole life arches backwards and forwards according to the speed of the gust around me. In the centre, near the eye, in the place where I live, it is still. A small mercy.* » *Ibid.*, p. 5.

30 « *It is an untold story.* [...] *The year is 1879, and the women have been brought by train from Benares to the port city of Calcutta. Small boats ferry them to a ship, the Artist, anchored in the mighty Hooghly River. The gangplank cracks and swings precariously as the women scramble up onto the deck. Once aboard, those who are unattached keep their heads cast down as their names are checked. Those who are married, some of them quickly in the immigration depot as a means of finding male protection, stay one step behind their husbands. There are bold ones among them, proud women with fierce eyes, but many are insecure and frightened.* » *Ibid.*, p. 3.

31 « *crossing the unknown of the* Kala pani, *the black waters that lie between India and the Caribbean.* » *Ibid.*, p. 4.

> *Le matin, Grandma Lil lève ses jupes avec précaution alors qu'elle passe par la porte de derrière sur la pointe des pieds pour aller rejoindre [Devindra] au fond de la forêt de teck. Ils s'allongent sur les sacs de jute qu'il apporte bien serrés dans son baluchon. Il les ouvre et les étend sur l'herbe, elle s'y allonge et ouvre les bras, les jambes, se cambre à la rencontre du ciel avec lui, l'horizon derrière eux battant la mesure de la lumière du soleil par-dessus les champs de canne en contrebas. [...]*
>
> *Lily, ma grand-mère Lil, et son désir de dépasser les toits et les cuisines et les éviers pleins de vaisselle sale, en rébellion contre le mariage qu'ils arrangeaient pour elle, contre Alice, Myrtle, Sweetie, contre tous les enfants à venir*[32].

Ce dernier passage est de toute évidence une recréation par Mona de ce qu'a pu être la vie de sa grand-mère Lil, aux prises avec sa famille. Elle pense et retranscrit cette expérience au présent, s'extrayant des méandres de l'*histoire* pour entrer dans le *texte*. Ce faisant, et en hommage à ces femmes qui l'ont précédée, elle réintroduit de la liberté dans une vie qui en a manqué. Ces passages au présent inscrivent l'histoire collective dans l'histoire individuelle de Mona, rapprochant l'une de l'autre. Ils ouvrent aussi une temporalité plus complexe, qui repose sur plusieurs strates de conscience et de réalité, comme si le présent dupliquait le passé et l'amenait à un autre niveau.

Les rêves et cauchemars qui figurent dans le texte participent des fluctuations d'une conscience temporelle fluide, la narration oscillant entre les temps du présent et du passé, créant parfois une certaine ambiguïté entre les différentes strates temporelles. Dans la deuxième partie, alors qu'elle est à Trinidad chez sa cousine Bess, Mona rêve de l'ancienne maison familiale. Le rêve est rapporté à l'imparfait et au passé simple : « Tout d'abord tout était comme dans mon souvenir. [La maison] était entourée de deux ou trois petites collines. [...] Kello m'attendait en haut des marches et me salua aimablement[33]. » Puis la narration du rêve est interrompue. Mona entend des voix, une discussion animée dans la chambre d'à côté, des cris :

32 « *Mornings find Grandma Lil lifting her skirts carefully as she tiptoes through the back door to meet [Devindra] in the farthest corner of the teak forest. They lie on burlap bags that he brings tied into a tight bundle. He unties and spreads them on the grass, where she lies and stretches her arms, her legs, arching up to meet the sky in him, the horizon at their back measuring the slow beat of sunlight rising over the cane fields below.* [...] / *Lily, my Grandma Lil, yearning to rise over rooftops and kitchens and dirty washtubs, rising in rebellion against the marriage they would make for her, against Aunt Alice, Myrtle, Sweetie, and all the other children to come.* » *Ibid.*, p. 261.

33 « *At first it was exactly as I remembered it. It stood with two or three unevenly spaced hillocks surrounding it* [...]. *Kello was waiting at the top of the stairs and greeted me kindly.* » *Ibid.*, p. 126-127.

> Je me réveillai en sursaut. C'était le milieu de la nuit et tout était sombre. [...] J'entendis alors un bruit, un bruit terrible. Quelqu'un criait, produisant des sons gutturaux comme du fond d'un puits. Les cris ricochaient d'un mur à l'autre de la petite maison en bois, tournant entre la porte d'entrée et le châtaigner. Je fus attirée au bord du puits, regardant vers le fond. Puis tout redevint calme jusqu'à ce qu'un autre son douloureux déchirât l'air, un cri perçant cette fois. Exactement comme lorsque mon cochon noir avait eu la gorge tranchée juste avant Noël[34].

Le lecteur peut croire être sorti de l'analepse, du rêve, et être revenu au temps de l'histoire. Mais voilà que : « J'entendis une voix. Ce n'était pas possible, je devais rêver. Mais non, je ne dormais pas. Quelque chose m'avait bien réveillée. La voix, assourdie et voilée, était celle de Da-Da[35]. » Et le lecteur se met à douter : de quelle période le texte parle-t-il ? De quel passé ? Les différentes strates de temps se mêlent les unes aux autres, et Mona se souvient alors de la tentative de viol de sa mère par son oncle :

> Le lendemain, la lumière du matin inonda la chambre, chassant tous les échos des bruits étranges que j'avais entendus pendant la nuit. [...]
>
> Me réorienter me prit plusieurs minutes. Tout était si proche, si vivace – les décennies entre alors et maintenant s'étaient effacées au milieu de la nuit. C'était le matin, et la journée promettait d'être belle, mais j'étais dans la maison de ma cousine Bess. Et tout à coup, je me rendis compte que c'était dans cette même maison que j'avais entendu ces bruits nocturnes la première fois, au moment où nous étions par monts et par vaux, quand Muddie et Oncle Baddall avaient eu leur bagarre dans la cuisine et que j'avais commencé à détester l'Oncle Baddall[36].

34 « *I woke up suddenly. It was the middle of the night and pitch black.* [...] *It was then that I became aware of a terrible, terrible sound. Someone was crying, making gurgling noises that came from the bottom of a well. The cries ricocheted throughout the small board house, circling between the front door and the overhanging chataigne tree. They drew me to the edge of the well, left me staring down into the depths of well water, then all was quiet until another more anguished sound rent the night air, this time a high squeal. Exactly like the time when my black pig had had her throat cut just before Christmas.* » *Ibid.* p. 128.

35 « *A voice broke through. It was not possible and I had to be dreaming, but somehow I was awake. Something had woken me up. The voice, thick and muffled, was Da-Da's voice.* » *Ibid.* p. 128.

36 « *In the morning I woke up with the brightness of daylight flooding the room, banishing all reverberations of those strange sounds I had heard in the night.* [...] / *It took me several minutes to reorient myself. Everything was so near, so vivid – the decades between then and now had fallen away in the middle of the night. It was morning, promising a day of brilliant sunshine, but I was in my cousin Bess's house. And suddenly I knew that it was in this house that I had first heard those night sounds. I heard them when we were pitching about from pillar to post, when Muddie and Uncle Baddall had the fight in the kitchen, when I really began to hate Uncle Baddall.* » *Ibid.*, p. 130-131.

Un autre exemple de ce type d'espace-temps fluide émergeant à travers les rêves, intervient dans la troisième partie. Le récit du rêve fait alterner différents temps du présent (pour le passé remémoré) et du passé (pour le présent contemporain de Mona) :

> Je dormis profondément, comme je n'avais pas dormi depuis des semaines. Mes rêves étaient esquissés comme à la lumière d'un projecteur éclairant le passé [...].
>
> Je suis en voiture sur la nouvelle route qui rejoint les deux villes de ma vie, Port-d'Espagne et San Fernando.
>
> Il y a une chienne qui court le long de la route. C'est un dimanche après-midi où il fait chaud, une chaleur sèche, et elle semble paniquée. [...] Elle n'appartient à personne ; elle ne va nulle part. [...] Je lis la panique dans ses yeux.
>
> Plus tard, je rentre alors que le soir se couche dans les champs de canne. [...] Il y a un chien couché sur le bas-côté, je ne sais pas si c'est la même chienne que j'ai vue plus tôt. C'est peut-être elle, je ne sais pas[37].

Les rêves s'encastrent les uns dans les autres, multipliant les strates temporelles :

> Les rêves que j'avais eus me parlaient de la vie qui se défait, de l'indifférence. [...] Chaque être vivant devait avoir un code interne qui détermine le moment où la quantité de stress devient insupportable et où la mort est la seule issue.
>
> Puis je me souvins d'un autre rêve que j'avais eu cette nuit-là à propos d'un homme du village de Iere[38].

Le second rêve semble inséré dans le premier et donne, lui aussi, une solution au casse-tête dans lequel Mona est plongée :

> Ce corps autrefois sinueux s'était peut-être allongé sur un autre corps. Autrefois une femme avait peut-être caressé ses cheveux raides et décolorés et taquiné le muscle au coin de sa bouche. Ces cheveux, maintenant longs et négligés, tombent de chaque côté de son visage, cachant ses yeux de félins et son nez de faucon.

---

37 « *I slept with a soundness that I had not known for weeks. My dreams were mapped by a spotlight moving backwards rapidly* [...]. / *I am driving on the well-cut new highway that joins the two cities of my life, Port-of-Spain and San Fernando.* [...] / *And along the highway a dog is running at the side. The day is hot, a hot dry Sunday afternoon, and she is in panic.* [...] *She belongs to no one ; she is going nowhere.* [...] *I read the panic in the dog's eyes. / Later I return as evening is shifting through the canes.* [...] *There is a small dog in a heap at the side of the road. It might be her. I don't know.* » *Ibid.*, p. 264.

38 « *The dreams I had were of life breaking apart, of not caring anymore.* [...] *Every living thing had to have an internal code for determining the exact moment when stress became insupportable and death the only release. / Then I recalled another dream that I had that night about a man from Iere Village.* » *Ibid.*, p. 265.

> Soudain je me redressai dans mon lit. Les yeux de félin, le nez de faucon – ce n'est pas moi qui avais utilisé ces mots. C'était Muddie qui les avaient utilisés pour raconter l'histoire du premier amour de Grand-mère Lil, Devindra, ce garçon que tout le monde connaissait sous le nom de Davy[39].

C'est lorsque Mona parle à Bess le lendemain matin que le secret de famille émerge : l'amour interdit de Grand-mère Lil, ce Devindra, était le grand-père de Bess :

> Je fixai un regard vide sur Bess, essayant de comprendre ce qu'elle disait. Muddie m'avait parlé du bébé mort-né qui était le fils de Davy. Je savais que Bess était l'enfant illégitime de Sweetiboy, mais je ne savais pas que Davy était aussi le grand-père de Bess. Est-ce que Muddie savait ? Tant de secrets dans un endroit si petit[40]…

C'est donc à travers la narration de ses rêves que Mona se reconnecte avec une autre narration qui n'a pu se faire plus tôt, créant ainsi une temporalité fluide, multidirectionnelle. Ce traitement particulier du temps narratif peut être éclairé en le comparant à ce que Deleuze appelle un « cristal de temps[41] », lorsque le présent devient conscient de sa propre dualité, conscient du passé qu'il a été tout en continuant d'être le présent. Mona, en tant que protagoniste, se regarde de l'intérieur et de l'extérieur, comme si elle regardait à travers une boule de cristal. Le présent effleure le passé qu'il était et se démultiplie. L'extrait du journal intime de Mona donné au début du roman trouve ses échos à travers les fragments du journal intime de Grand-mère Lil, dans lequel Mona entend aussi, littéralement puisqu'il s'agit de chansons et de poèmes, la voix de son arrière-grand-mère Gainder. Mona tente de recomposer l'histoire de la migration de Gainder et à travers elle, la sienne.

---

39 « *That body, once sinuous, had perhaps lain fully up, another body. Once perhaps, a woman might have spent time touching his lank discoloured hair, teasing the nervous muscle at the side of his mouth. That hair, now long and unkempt, falls down the side of his face, masking his beautiful cat's eyes, his hawk's nose. / And suddenly I sat up in bed. The cat's eyes, the hawk's nose – those were not my words. They were words from Muddie's story of Grandma Lil's first love, the boy Devindra, whom everyone knew as Davy.* » *Ibid.*, p. 266.

40 « *I stared at Bess blankly, trying to follow her words. I knew from Muddie that the still born baby was Davy's child. I knew that Bess was Sweetieboy's outside child, but I had never heard that Davy was also Bess's grandfather. Did Muddie know ? So many secrets in such a tiny place.* » *Ibid.*, p. 267.

41 Voir *Cinéma 2 – L'Image-Temps*, Paris, Minuit, 1985. Voir aussi le cours n° 44 de Gilles Deleuze à l'Université Paris 8, le 7 juin 1983.

IMAGE FILMIQUE ET IMAGE MUSICALE DANS *THE SWINGING BRIDGE* : LA RECOMPOSITION « MÉTASPORIQUE »

C'est ici qu'il peut être utile de comprendre la façon dont l'image filmique et l'image musicale sont insérées dans le texte romanesque pour lui donner toute sa portée. Ce que Deleuze appelle « l'image-temps » ne peut être perçue que par « l'image-mouvement ». Le temps est perçu par la composition de l'espace et du mouvement, ou encore ce que Deleuze appelle « ciné-chronie », l'image du temps telle qu'elle est extraite des images-mouvements.

Dans *The Swinging Bridge*, le mode visuel et l'image cinématographique sont souvent présents thématiquement : ce n'est certainement pas par hasard si la profession de Mona est d'être réalisatrice, organisant les idées et les images dans un certain cadre et prenant une certaine perspective sur le monde. Cela justifie les références fréquentes au domaine du cinéma et l'utilisation de termes tels que le montage, les plans, rembobiner, etc. Il est aussi intéressant que Mona soit impliquée dans un film documentaire réalisé par l'une de ses amies sur les femmes haïtiennes à Montréal. Son désir était d'inclure Cécile Fatiman, la seule femme engagée dans la Révolution haïtienne mais son amie prend finalement la décision de ne pas l'inclure, ce qui est interprété par Mona comme une deuxième exclusion hors de l'histoire[42]. La figure tutélaire que Mona utilisera finalement comme détour vers sa propre histoire sera son arrière-grand-mère Gainder, fondatrice de l'histoire de la migration familiale.

C'est pourtant sur les plans narratologique et rhétorique que l'utilisation de l'image filmique est la plus intéressante puisqu'elle donne sa forme à l'écriture. Les analepses qui ramènent Mona vers tous les traumatismes de son enfance et de sa jeunesse (la rupture entre son père et son frère, la tentative de viol dont sa mère, et elle-même, sont victimes par exemple) ponctuent le texte et le structurent à la façon de « *flashbacks* » au cinéma, emmenant le lecteur du présent vers le passé, en fondus enchaînés. Le temps de l'histoire cède le pas au temps du

42 L'expression qui est utilisée est « editing her out of history », *The Swinging Bridge*, *op. cit.*, p. 11.

texte. On trouve la première analepse à la fin du premier chapitre, une fois que la nouvelle de la mort à venir de Kello a atteint Mona, sans qu'elle en connaisse encore la raison. Ses pensées autour de Kello et de son statut au sein de la famille l'amène à se remémorer la querelle à propos de la vente de la propriété familiale de Princes Street à Port-of-Spain (« *the big row* ») qui a conduit à une rupture radicale. Toute la fin du premier chapitre est composée de cette analepse qui débute par « [La] grande querelle s'est passée à Noël. C'était en 1958[43] » et qui se termine par « Je savais que plus rien ne serait pareil. Mes yeux étaient secs et je fixai l'obscurité sans qu'aucune silhouette d'aucun objet n'apparaisse. Je m'enfonçai finalement dans le sommeil[44]. » Le second chapitre à la page suivante s'ouvre de nouveau avec le temps de l'histoire : « Le train entra en Ontario et le paysage changea. C'était maintenant des arbres dénudés au milieu de plaques de neige irrégulières[45]. » À peine une page plus loin, la lecture rebascule vers le temps du texte, dans une autre analepse qui fait néanmoins la jonction avec le temps de l'histoire : « Da-Da devait quitter Trinidad, je le voyais bien maintenant[46]. » Le voyage en train permet aux images de flotter en fondus enchaînés. Les mouvements de Mona dans l'espace produisent des images mentales qui sont indissociables de la perception d'elle-même dans le temps. L'image-temps ne peut être formée qu'à travers l'image-mouvement. En fin de compte, c'est toujours l'espace et le temps du texte qui prévalent sur l'espace et le temps de l'histoire.

La temporalité multidirectionnelle n'est pas seulement formée grâce à l'image filmique dans *The Swinging Bridge*, elle l'est aussi grâce à l'utilisation de la musique et de l'image auditive. La première référence musicale s'insère très tôt dans le roman, lorsque Mona mentionne, en parallèle du projet sur les femmes haïtiennes à Montréal, un autre projet qu'elle rêve d'accomplir :

> J'avais en tête une œuvre expérimentale, à partir du poème de T. S. Eliot « Rhapsody on a Windy Night », qui serait filmée dans les rues de Montréal sur

43 « *[t]he big row happened around Christmas. The year was 1958.* » *Ibid.*, p. 17.

44 « *I knew that nothing would be the same again. My eyes remained dry, and I stared and stared through the darkness, but no outlines of any objects appeared and at last the pillow-trees claimed me.* » *Ibid.*, p. 25.

45 « *The train entered in Ontario and the landscape changed to bare trees standing in uneven patches of snow.* » *Ibid.*, p. 26.

46 « *Da-Da had to leave Trinidad. I could see that now.* » *Ibid.*, p. 27.

> une bande-son jazz. [...] Cela pourrait être un film ou un essai photographique, mais je n'avais jamais pu obtenir le financement suffisant pour ce projet[47].

Une rhapsodie est définie dans le Larousse comme « une pièce instrumentale de caractère libre, proche de l'improvisation, utilisant des thèmes ou des effets folkloriques », ou encore comme « un poème ou une partie de poème contenant un épisode épique, spécialement emprunté aux poèmes homériques ». On peut noter néanmoins une légère variation de sens pour le terme en anglais qui nous oriente davantage vers la dimension émotionnelle et exubérante de ce genre musical[48]. Si on ne peut certainement pas dire que *The Swinging Bridge* manque de structure, de connections ou de sens logique, il est intéressant que ce soit ce terme-là précisément qui soit utilisé par Espinet puisque le terme a des connotations multiples. Les rhapsodies musicales sont typiquement associées à des compositeurs européens tels que Liszt, Lalo, Dvorak, Brahms, Bartok mais aussi américains tels que Gershwin. Sont donc ainsi associées une musique plutôt européenne où le folklore a une influence certaine et, de façon plus large et indirecte, le jazz où l'improvisation est au cœur de la pratique musicale. Le poème de T. S. Eliot reflète le chaos de la vie moderne, l'atomisation de l'individu et un sens aigu de l'aliénation et du déracinement. Cette rhapsodie est construite selon un tempo binaire : lors d'une promenade nocturne, le rythme de la marche et des pensées intérieures du poète contraste avec le temps des horloges et du monde extérieur. Cette temporalité duelle est aussi celle qui donne sa forme au roman de Espinet et le poème peut apparaître comme une sorte de *mise en abyme* du roman.

La référence au jazz associée à celle de la rhapsodie nous aide à comprendre le rôle que joue la musique dans le roman : c'est ce qui permet aux différents courants de se mêler les uns aux autres et autorise

---

47 « *I had in mind an experimental piece,* Rhapsody on a Windy Night, *using the T.S. Eliot poem in combination with live jazz, shot in the Streets of Montreal.* [...] *I imagined a film or a photographic essay, but was never able to secure the means for devoting myself to my own project.* » *Ibid.*, p. 7.

48 L'*Oxford English Dictionary* en ligne définit la « rhapsody » comme « a free musical composition, usually emotional or exuberant in character and in one extended movement ». Le sens peut aussi être le suivant : « *exaggeratedly enthusiastic or ecstatic expression of feeling ; an effusive utterance or piece of writing, often disconnected or lacking in logical argument* ». Le dernier sens, maintenant rare : « *a miscellany or medley* ». Et enfin un sens archaïque : « *a literary work consisting of miscellaneous or disconnected pieces ; a written composition having no fixed form or plan.* »

la fluidité et la liberté grandissante du texte. À la connexion européenne et africaine américaine s'ajoute la connexion à la Caraïbe (*calypso* et *dub*) et à l'Asie (musique classique indienne et chansons populaires). Pendant l'enfance et l'adolescence de Mona à Trinidad, le calypso est l'un des liens qui unissent Mona à son père Da-Da, malgré le mépris montré par le reste de la famille pour ce genre musical hybride et populaire. Le calypso, musique de carnaval faite des influences mêlées entre rythmes africains (*kaiso* d'Afrique de l'Ouest) et musiques européennes (par l'intermédiaire des colons français et espagnols), émerge en tant que tel à Trinidad dans la première moitié du vingtième siècle, même si son origine se confond avec les débuts de l'esclavage à la Caraïbe. Le calypso, avec ses paroles comme moyen d'expression populaire et de critique politique, est indissociable de la scène culturelle de Trinidad et fait partie du contexte dans lequel Mona a grandi :

> Je partageais avec Da-Da une passion pour J'Ouvert et pour le calypso. Nous nous réveillions aux aurores, comme des conspirateurs, à murmurer et à marcher sur la pointe des pieds pour ne pas réveiller Muddie. On faisait du café très fort que l'on sucrait avec du lait condensé et qu'on buvait rapidement avant de partir. [...] L'odeur de ces matins-là ne me quittera jamais.
>
> Ces matins de J'Ouvert avec Da-Da pendant toutes ces années se fondent dans mon esprit en une longue procession d'événements : la musique des steelband, les bruits de ferraille, les pieds sur le goudron, San Fernando s'exhibant sans aucune honte, [...] les femmes se mettant avec les femmes, d'énormes culottes de femmes sur le derrière des hommes, un vieux soutien-gorge à l'envers sur le torse d'un homme ventripotent [...][49].

Ce genre musical correspond tout à fait à l'idée que se fait Da-Da de sa vision égalitaire de la société et du mélange ethnique et social des différents groupes à Trinidad, même si, comme Mona en fera la cruelle expérience au moment de ses premières amours avec un Afro-Trinidadien, cette vision ne s'étend pas jusqu'à sa propre famille. En dépit des dissensions familiales, le retour de Mona à Trinidad est facilité par ses

49 « *Da-Da and I shared a passion for J'Ouvert, like our passion of calypso. We would wake up in the dark, Da-Da conspiratorial, whispering and tiptoeing around so as not to disturb Muddie, making strong coffee sweetened with condensed milk for us to drink quickly before we left.* [...] *The smell of those mornings will never leave me.* [...] / *Those years with Da-Da on J'Ouvert morning blur in my mind into a single procession of events : steelband and old iron and feet chipping on the dark pitch road, San Fernando showing its motion without shame,* [...] *woman jumping up with woman, big big panty covering broad male backside, old bra upside down on big-belly man chest* [...] » Espinet, *The Swinging Bridge*, *op. cit.*, p. 99-100.

souvenirs de partage musical et culturel avec son père. Ce retour n'est pourtant qu'une première étape vers un retour à une époque antérieure et qu'elle n'a pas connue directement, la période d'avant la migration de ses ancêtres indiens. Dans la première partie du roman, Mona se souvient de Baboonie, une mendiante qui venait à la maison de ses parents demander du travail et à propos de laquelle on ne peut que penser que son nom lui a été attribué pour la rabaisser au niveau d'un babouin. Mona entendait les sons qui venaient de la cabane de Baboonie :

> Alors que j'écoutais, je réalisais que le son était une voix qui chantait avec la pluie et pourtant plus haut que la pluie et que la rivière, les notes discordantes mais claires, battant un rythme que je reconnaissais. C'était le rythme ascendant et descendant des femmes chantant le Ramayana. Les paroles étaient en Hindi et je connaissais seulement quelques mots – *dhuniya, popo, beti, Kala pani.* Et il y en avait d'autres que j'entendais nuit après nuit et dont je n'oublierai jamais l'âpreté qui lacérait la terre et l'eau et déchirait l'air autour de moi tant et si bien que même la respiration devenait craintive – *kangaal, parishan, triskaar, thokna, parishan, parishan, parishan... pani, pani.* La voix montait et descendait harmonieusement au rythme de la pluie et de la rivière et de l'humidité, *pani, pani, pani...* le monde entier souffrait à l'unison, laissant couler dans la rivière des larmes qui passaient à quelques centimètres de moi et menaçaient de m'emporter dans les eaux furieuses qui bondissaient vers la mer, ce ventre sur la carte de Trinidad, juste à côté de l'endroit où s'ouvre la gueule du Serpent, de m'avaler dans cette pluie de tout ce sur quoi la mâchoire de la nuit s'était ouverte et avait révélé pendant que Baboonie essayait de repousser les assaillants qui venaient prendre possession de son corps, de les repousser avec des malédictions et des menaces et des paroles des livres sacrés, alors que des baluchons de haillons marchaient de bon matin, à la suite des hommes forts du village fièrement armés de coutelas, chargés de tissus par leurs femmes et leurs filles, marchant pour aller travailler, pour aller gagner les quelques dollars qui feraient vivre leurs maisonnées et leurs familles, qui les feraient vivre. Rêves de voix douces et haut-perchées, qui chantaient dans les hautes herbes et les champs au milieu des papillons, à propos de jeux et de rires et de danses dans la forêt, plus libres que l'eau progressant vers la mer, qui chantaient l'humidité et délogeaient les pierres dans la dureté des cœurs et les muscles des hommes forts, qui chantaient[50]...

50 « *As I listened, I realized that the sound was a voice, singing with the rain yet high above rain and river at the same time, the notes discordant but clear, beating out a rhythm that I recognized. It was the rise and fall of women singing Ramayana at kathas. The words were in Hindi and I knew only a few of them – dhuniya, popo, beti, Kala pani. And there were others that I heard night after night and will never forget, their harshness ripping through earth and water and tearing up the air around me so that even breathing became fearful – kangaal, parishan, triskaar, thokna, parishan, parishan, parishan... pani, pani. The voice rose and fell in harmony with rain*

Si la traversée du *Kala pani* impliquait une séparation radicale et intense, ce passage montre une direction toute autre, reconstituant un flot ininterrompu de mots et d'images. Le texte tisse et retisse, par la mémoire et de façon indirecte, la toile de la vie indienne en un temps de souffrance. À partir de « Et il y en avait d'autres que j'entendais », la phrase unique qui se déroule sur plusieurs lignes, impossible à couper, met bien en valeur cette continuité de l'avant et de l'après-migration, telle qu'elle est fantasmée par Mona. Elle souligne l'arrière-plan de cette terrible histoire migratoire. Mais par la construction syntaxique de cette phrase interminable, par l'introduction des mots hindis, par le rythme chaloupé des segments de phrase, l'association musicale des sons, c'est avant tout l'énergie qui sous-tend cette histoire collective et individuelle qui est mise en avant. L'expression des sentiments et des émotions ne transforme-t-elle pas le paragraphe cité ci-dessus en une véritable rhapsodie, au sens propre du terme ? Une rhapsodie qui est offerte en hommage à Baboonie, dans l'ombre de la flamboyante Gainder ? Baboonie et Gainder sont ces deux facettes de la traversée du *Kala pani*, toutes les deux Coolies, coupeuses de canne et chantant des chansons du Ramayana, la première aussi misérable à Trinidad qu'en Inde, la seconde ayant réussi son ascension sociale mais à quel prix… En effet, chanter en public n'était pas considéré comme convenable lorsqu'on était une jeune femme d'origine indienne et qui plus est une Brahmane. Gainder dut donc abandonner toute pratique musicale lorsqu'elle a épousé Joshua, l'arrière-grand-père de Mona, et un couvercle fut soigneusement posé sur ses velléités artistiques. À travers ses souvenirs de Baboonie, Mona recrée une histoire qui lui permettra d'avoir accès à celle de Gainder et à la sienne propre :

---

and river and wetness, pani, pani, pani… the whole world grieving in unison, crying tears into the river that flowed inches from my head, threatening to carry me in its rushing waters down to the sea, the sea near the belly of the map of Trinidad, just near the part where the mouth of the Serpent opens, swallowing me into the rain of everything the jaw of night had opened up and revealed while Baboonie fought off intruders upon her body with curses and threats and words sung from the holy books, while bundles and bundles of rags walked upright in the early morning, following the strong men of the village as they walked with proud brushing cutlasses, lashed with cloth by wives and daughters, walking to work, walking to do task work, to earn the dollars that made homes and families and life. Dreaming of voices, high and sweet, singing in the rain of grass and fields and butterflies, of playing and laughing and dancing in the forest, freer than the water making its wayward journey to the sea, singing the wetness and dislodging stones from the hard hearts, the hard sinews of strong men, singing… » *Ibid.*, p. 112-113. Permission de l'auteur.

> La musique et l'histoire que j'écoutais m'étaient inconnues jusqu'alors. Elles m'arrivaient à travers les cris d'une vieille mendiante qui hurlait sous la pluie, insérant sa propre histoire d'exil et de bannissement dans les textes du Ramayana, accords brisés et riffs inattendus racontant l'histoire d'un peuple, celle de la douleur d'une tribu et d'une race, d'un bannissement, du test de pureté[51].

Ces « riffs » sont un motif de plus dans la composition musicale du roman, faisant le lien entre la musique traditionnelle indienne et le jazz mentionné plus tôt. Le Petit Robert définit un « riff » comme étant « une courte phrase musicale, d'un dessin mélodique et rythmique simple et marqué, répétée par l'orchestre dans l'exécution d'une pièce de jazz[52] ». Le lien entre l'improvisation en solo et l'orchestre est important pour ce qui est du roman puisque c'est le type de construction identitaire dans laquelle Mona est impliquée. Il n'y a pas de morceau en solo sans accompagnement collectif.

À la fin du roman, Mona découvre les chansons de Gainder. Grâce à Bess qui lui présente une « rand » (mot hindi qui désigne tout à la fois une veuve et une prostituée, comme si l'ombre de Baboonie planait toujours au-dessus de Gainder), ces chansons sont retranscrites. Des trois premières strophes, voici la première :

> Libre comme le chant de l'oiseau
> Libre comme le vent dans le ciel
> Libre comme le monde où je me sens chez moi
> Libre d'aller où je veux
> Libre quand je ris, libre quand je chante
> Libre de faire ce que je veux
> Plus libre que le vent, les étoiles et la pluie
> Libre dans ce pays et sans tache
> Libre comme un enfant
> Libre comme un enfant
> Libre, à nouveau libre[53].

---

51 « *I listened to music and a story, till then unknown to me, coming through the wailing voice of an old beggar woman, crying through the rain, breaking up the classical words of the Ramayana with her own tale of exile and banishment, and in broken chords and unexpected riffs telling the story of a race. Of racial and tribal grief, of banishment, of the test of purity.* » *Ibid.*, p. 113.

52 L'Oxford English Dictionary nous donne aussi un élément supplémentaire en précisant : « *a short repeated musical phrase, often with a strong or syncopated rhythm, played over changing chords or harmonies or used as a background to a solo improvisation.* »

53 « *Free as the birds up singing high / Free as the wind up in the sky / Free as the world that is my home / Free anywhere that I might roam / Free when I laugh and when I sing / Free in my way with everything / Freer than wind and stars and rain / Free in this land, free from stain /*

Cette liberté que chante Gainder sera transmise en héritage à son arrière-petite-fille Mona, ou plutôt, Mona est enfin capable de reconquérir cet héritage. Ces chansons, conclusion du roman, sont un véritable hommage à cette arrière-grand-mère fondatrice et à ses *Jahaji Bhai*, compagnons et compagnes de bateau. Dans le dernier chapitre, c'est le rythme de Mona qui donne le tempo : « Je fais partie de cette ville dans laquelle je vis et je ne veux pour le moment vivre dans aucun autre lieu. Comme n'importe quel migrant qui se fraye un chemin dans un nouveau territoire, j'apporte mon propre rythme au pays qui est le mien[54]. » Elle a assimilé le calypso qu'elle partageait avec son père, elle a intégré les chansons du Ramayana de son arrière-grand-mère, réunissant les deux parties de sa famille d'avant et d'après la traversée du *Kala pani*. Mais surtout, elle a écrit son propre texte sur son propre tempo. C'est en dépassant la stratégie binaire puis ternaire qu'elle est parvenue à une telle synthèse, et c'est encore par un motif musical : le roman utilise en fait la stratégie du contrepoint, ce langage musical horizontal qui permet de superposer deux ou plusieurs lignes musicales simultanées et indépendantes tout à la fois. Les trois lignes de force qui structurent la vie de Mona – l'Inde, la Caraïbe, le Canada – peuvent être perçues comme trois lignes qui opèrent indépendamment l'une de l'autre mais qui, lorsque prises ensemble, autorisent une harmonie. Ce dialogue entre plusieurs voix qui coexistent sans se gêner et s'enrichissent mutuellement est un paradigme de l'existence diasporique qui noue plusieurs fils les uns aux autres. Aucune de ces lignes musicales ne prend le dessus mais chacune renforce l'autre.

Les romans et autres textes mentionnés dans les pages précédentes dessinent une carte de la Caraïbe plurielle, « métasporique », telle qu'elle a été formée au cours des générations passées. La Caraïbe semble exister à travers le monde autant par sa diaspora qu'en tant qu'entité propre. Si les métaphores filmiques et musicales dans le roman d'Espinet mettent en valeur la reconstruction diasporique qui se joue dans le texte, l'inclusion du genre épistolaire dans le texte de fiction (*The Swinging Bridge*, *L'Exil selon Julia* et *The Scorpion's Claw*) participe aussi de cette même dimension. La fascination pour les lettres écrites ou pas, envoyées ou pas, lues

---

Free as a little child / Free as a little child / Free, free again. », Espinet, *The Swinging Bridge*, *op. cit.*, p. 295.

54 « *I am part of this city I live in, and right now I want no other place. Like any other migrant navigating new terrain, I bring my own beat to the land around me.* » *Ibid.*, p. 305.

ou pas, conservées ou pas, n'a d'égal que la fascination pour toutes ces traces laissées par un passé évanescent et en perpétuel itinérance, et plus généralement, pour les archives, ou l'impossibilité d'archives. La question n'est plus tant de savoir où commence l'archive ni où elle finit. Elle est plutôt de savoir comment elle est transcrite, interprétée, traduite, transmise, par qui, à qui et pour qui.

La fascination pour ces secrets et cette complexité se donne à lire dans la fiction écrite par les auteurs indo-caribéens au fil du XXe et du XXIe siècles. Mais cette fiction a été nourrie par les échanges tant réels qu'imaginaires, entre les émigrants et les familles qu'ils avaient quittées. Les migrations de masse du XIXe siècle ont séparé des millions de personnes alors qu'à la même époque les moyens de communication se développaient de façon considérable. Si les services postaux avaient longtemps été réservés à certaines catégories de la population et pour certains usages bien précis au XVIIe et XVIIIe siècles[55], une certaine démocratisation de ces services a ensuite permis à ces millions de familles séparées, ou en tout cas à certaines d'entre elles, de ne pas rompre tout contact. Il ne s'agissait plus seulement des correspondances échangées dans les milieux politiques, philosophiques, artistiques et mondains de l'Europe éclairée – échanges qui allaient aussi soutenir le développement du genre épistolaire tel que nous le connaissons –, il s'agissait aussi, dans le contexte de ces migrations transnationales et intercontinentales, de parvenir à préserver un lien, réel ou imaginaire. Ou au contraire, à confirmer la rupture.

---

55 En France, c'est Louis XI qui créa la Poste d'État en 1477 avec les Relais de Poste, voulant ainsi renforcer la cohésion de son Royaume. Les services postaux britanniques ont été créés par Charles Ier en 1635 et les services de « Royal Mail » ont été essentiels dans l'entreprise coloniale qui allait bientôt devenir la priorité de l'Angleterre. Il est tout aussi significatif que les services postaux en Amérique du nord aient été créés en 1775, juste avant la guerre d'indépendance, à un moment où il était crucial de pouvoir communiquer sans passer par les Britanniques – Benjamin Franklin a d'ailleurs été le premier « *Postmaster General* » jusqu'en 1776. On pourra consulter les sites du Musée de la Poste, du « *Postal Heritage* » et de « *United States Postal Service* ». Dans ces trois exemples, la poste renforce la cohésion d'un pays et devient primordiale dans la mise en place d'une organisation politique, voire d'une domination coloniale. Utilisée de concert avec les moyens de transport tels que le chemin de fer en plein essor au XIXe siècle, puis l'aviation, les services postaux ont contribué à la fondation des nations et à l'assise des états. Elle a bien évidemment aussi contribué au lien familial et social entre individus à l'intérieur d'une même communauté et d'une communauté à l'autre.

LETTRES ET ARCHIVES (1)

D'un océan l'autre

DE LA « RÉPUBLIQUE DES LETTRES » À LA CALE DES BATEAUX

L'objet de ce chapitre est de dessiner le contexte dans lequel des lettres réelles ont été échangées dans le cadre d'une migration historique bien particulière, entre océan Indien et océan Atlantique, plutôt que de retracer en détail le développement du genre épistolaire dans la littérature mondiale ou même européenne. Il s'agit néanmoins d'être en situation de pouvoir ensuite comprendre les spécificités littéraires et politiques de l'utilisation des lettres dans la fiction caribéenne et indo-caribéenne du XXe et XXIe siècles, d'autant plus que le genre épistolaire y est pratiqué d'une façon qui est souvent considérée comme indirecte et marginale. Rien de comparable, en effet, avec la littérature européenne dans laquelle la pratique du genre épistolaire peut être considérée comme centrale et fondatrice même si celui-ci est souvent regardé comme un genre mineur. Après Ovide, Pétrarque et Sénèque, sans oublier Héloïse et Abélard, les débuts épistolaires du XVIe siècle espagnol et italien[1] mènent aux développements du genre aux XVIIe et XVIIIe siècles avec Montesquieu, Madame de la Fayette, la Marquise de Sévigné, parmi tant d'autres. Le genre devient un outil de la sociabilité mondaine et de la communication intellectuelle, rendant possible un discours imprégné de la complexité des relations intimes et sociales, se jouant de la frontière entre le réel, le fictif et le vraisemblable, entre des lettres véritablement échangées et des lettres fictives. On pense bien sûr à

1 On peut citer *Processos de cartas de amores que entre dos amantes pasaron* (Suite de lettres d'amour entre deux amoureux, 1548, puis 1563) de Juan de Segura en Espagne, considéré comme l'un des premiers romans épistolaires.

Rousseau, Richardson ou Goethe, ainsi qu'aux grandes correspondances entre philosophes ou hommes politiques, Voltaire, Diderot ou Thomas Jefferson pour ne citer qu'eux. Choderlos de Laclos, Poe et Balzac mais aussi Virginia Woolf ou Jane Austen permettent une continuation du genre au XIXe siècle. La pratique épistolaire peut être envisagée au fil des siècles comme l'élaboration d'une pensée de soi et de la société, du rapport à l'autre, de la recherche d'une certaine vérité sous des angles multiples. Elle est aussi un laboratoire qui permet une genèse du Je et de l'écriture, une genèse du Je *par* l'écriture à l'autre, dans un contexte social et politique spécifique[2].

Toutes les questions liées au contexte, à la relation interpersonnelle, à la dynamique polyphonique (mais parfois monologique) de l'écriture épistolaire ainsi qu'à la lisière entre fiction et non-fiction sont au cœur d'un genre qui a nourri notre imaginaire depuis plusieurs siècles et a fait l'objet de nombreux ouvrages critiques et de lectures diverses. Quel que soit le contexte, l'échange épistolaire tend à obéir aux mêmes principes fondateurs : la lettre est toujours « une présence dans l'absence », comme le dit Bernard Bray, et fonctionne dans un rapport d'asynchronie, auteur et destinataire ne partageant ni le même temps ni le même espace, mais voulant abolir la distance dans l'espace, la séparation dans le temps et la souffrance de l'absence[3].

Les études critiques et théoriques du genre épistolaire sont légion pour ce qui est de l'Europe du XVIIe au XIXe siècle. Elles mettent le plus souvent l'accent sur les correspondances entre les lettrés, les érudits et les puissants à travers l'Europe et le monde. C'est une « République des Lettres » qui émerge[4]. Or, la construction des nations européennes et

2 C'est la thèse que défend Brigitte Diaz dans *L'Épistolaire ou la pensée nomade*, Paris, Puf, 2002. Elle envisage le genre épistolaire comme un laboratoire qui permet le déploiement d'une « pensée nomade », fluide, instable, non fixée par un genre particulier et ses diktats, le creuset d'une pensée vivante et libre qui permet une « capture de soi ».

3 Bernard Bray distingue les « espaces réels » (graphiques liés à la « matérialité de l'écriture épistolaire » ou géographiques liés aux « voyages de la lettre ») des « espaces textualisés » par la description, la mémorisation ou l'imagination, ou encore des « espaces virtuels » qui appartiennent à la dynamique de l'échange épistolaire.

4 Voir Hans Bots et Françoise Waquet, *La République des Lettres*, Paris, Belin, 1997, idée reprise par Bernard Bray dans « Espaces épistolaires », *Études Littéraires*, Vol. 34, N° 1-2, hiver 2002, p. 133-151. L'idée d'un « cosmopolitisme littéraire » qui se met en place au XVIIIe et XIXe siècles grâce aux échanges épistolaires est aussi développée par Marie-Claire Hoock-Demarle dans *L'Europe des lettres : réseaux épistolaires et construction de l'espace européen*, Paris, André Michel, 2008.

du Nouveau Monde à l'époque des empires coloniaux s'est aussi faite à travers les lettres échangées entre les émigrants et leurs familles, les oubliés de ces nouvelles nations, ceux qui étaient poussés à partir suite aux famines, aux guerres et aux révolutions, aux violences domestiques, attirés par de meilleures conditions de vie, de meilleurs salaires, ou tout simplement le besoin de survivre. En quoi les lettres échangées dans un contexte de migration transnationale diffèrent de celles échangées dans un autre contexte ? Il s'agit ici de s'interroger sur la spécificité de ces correspondances, que la migration soit liée à un départ choisi ou imposé, qu'elle soit temporaire ou permanente. Destinataires et destinateurs peuvent ne pas avoir la certitude qu'ils se reverront un jour (ce qui est en soi très différent du contexte européen mentionné plus haut), la lettre alors peut être la seule interaction encore possible. Le paradigme de l'échange épistolaire permet de saisir d'un peu plus près la complexité des mouvements migratoires et leur impact sur les imaginaires individuels et collectifs.

Depuis une trentaine d'années, les échanges épistolaires personnels entre les émigrants et leurs familles ont intéressé de plus en plus de chercheurs et d'universitaires. Une majorité d'entre eux s'en sont souciés d'un point de vue historique et sociologique voire statistique et économique : toutes sortes d'éléments peuvent en effet y être trouvés, donnant des informations précieuses quoiqu'indirectes sur les conditions de la migration, sur l'intégration, ou non, des émigrants dans le pays d'accueil, sur les conditions de travail et de rémunération, sur l'engagement politique, ou le désengagement, sur la formation d'une communauté, sur les liens préservés avec le pays d'origine, etc. Mais ces lettres personnelles sont aussi passionnantes à lire et à étudier pour la description du quotidien, les aspirations et les émotions des destinateurs, sous un angle qui leur est propre, toujours le résultat d'un contexte singulier. Les émotions intimes et autres synergies personnelles et interpersonnelles ne peuvent manquer de colorer la dynamique socio-politique à l'œuvre dans ces lettres. Cette approche a été favorisée par un certain nombre d'historiens dans l'étude de collections épistolaires privées qui ont été archivées et rendues publiques. Certaines initiatives ont rendu possible la digitalisation de collections privées : on pense au « *Digitizing Immigrant Letters Project* » sous l'impulsion de Sonia Cancian et Donna R. Gabaccia en 2009 et sous l'égide du « *Immigration History Research Center* » de l'Université du Minnesota, projet collaboratif en vue de la digitalisation de lettres d'émigrants italiens vers les États-Unis. L'approche adoptée par Cancian et Gabaccia fait écho à celle des historiens qui traitent ces documents comme *textes* plutôt que comme *archives*, y cherchant non seulement l'histoire personnelle des destinateurs et le contexte dans lequel ceux-ci se mouvaient, mais aussi les ambiguïtés, les questions et les silences qui affleurent, afin de « sonder l'état d'esprit et le cœur de ces émigrants et de ceux qui leur étaient chers de l'autre côté de ces espaces diasporiques[5] ».

S'il semble que les lettres des émigrants européens vers le Nouveau Monde aux XIXe et XXe siècles aient été conservées, parfois archivées et rendues publiques, il n'en est pas du tout de même des échanges épistolaires qui ont eu lieu dans le cadre des colonies où le contexte est radicalement différent. Pour ce qui est de la traversée du *Kala pani* dont il a été question au second chapitre et que nous retrouvons ici, c'est une tout autre géographie qui se dessine que celle de la République des Lettres évoquée plus haut. Une géographie ébauchée par des émigrants le plus souvent illettrés et qui rompaient les amarres en ayant parfois le désir de rester en contact avec leurs familles et terre d'origine, mais pas toujours, comme nous le verrons.

À chaque bout de la traversée du *Kala pani*, à Kolkata ou à Port-d'Espagne, les archives renferment autant de trésors que de lacunes, et les recherches y soulèvent tantôt l'enthousiasme, tantôt la frustration. Les lettres qui ont pu être écrites et envoyées directement par les émigrants eux-mêmes n'ont pas été conservées par les familles, ni archivées, comme cela a pu être le cas pour les émigrants européens vers l'Amérique du Nord. Seulement dans des cas exceptionnels certaines

---

5 *Migrant Letters Enter the Digital Age : The Digitizing Immigrant Letters Project at the IHRC*, 2018. Dans la présentation de leur projet, Cancian et Gabaccia se réfèrent entre autres à David Fitzpatrick, *Oceans of Consolation : Personal Accounts of Irish Migration to Australia*, Ithaca, Cornell University Press, 1994 ; Kerby A. Miller, *Emigrants and Exiles : Ireland and the Irish Exodus to North America*, New York et Oxford, Oxford University Press, 1985 ; Dirk Hoerder, *Creating Societies : Immigrant Lives in Canada*, Montreal-Kingston, McGill-Queen's University Press, 1999 ; Samuel Baily et Franco Ramella, *One Family, Two Worlds : An Italian Family's Correspondence across the Atlantic, 1901-1922*, New Brunswick, NJ, Rutgers University Press, 1988 ; Charlotte Erickson, *Invisible Immigrants : The Adaptation of English and Scottish Immigrants in 19th Century America*, Coral Gables, FL, Miami University Press, 1972 ; Walter Kamphoefner, Wolfgang Helbich, et Ulrich Sommer, *News from the Land of Freedom : German Immigrants Write Home*, Ithaca, Cornell University Press, 1991.

collections personnelles ou familiales ont pu être constituées, comme par exemple celle dont font état Laxmi et Ajai Mansingh dans le livre dont ils sont les auteurs[6]. Étant donné le manque d'éducation de la plupart de ces émigrants, ou tout simplement le fait qu'ils ne parlaient pas anglais, c'était le plus souvent un scribe, interprète ou traducteur qui interprétait, puis le « Protecteur des émigrants » qui transcrivait ce qui était dit par les émigrants à un bout de la chaine, et envoyaient les lettres à son homologue à l'autre bout. À travers ces correspondances officielles que l'on ne peut donc lire qu'en traduction, pour la plus grande insatisfaction des historiens, on peut percevoir en filigrane la trame des vies individuelles, deviner des situations douloureuses ou inextricables, et imaginer les fils enchevêtrés des rêves collectifs.

Le statut des interprètes, scribes et autres traducteurs, absolument crucial tout au long de l'Empire britannique même si sous-évalué jusqu'ici dans la recherche universitaire, sont demeurés quelque peu flous même si des efforts ont été faits pour formaliser leurs droits, leurs devoirs et leurs rémunérations. Dans les lettres d'engagement qui en faisaient une liste détaillée, il est amusant de remarquer que les responsabilités sont exactement les mêmes pour les interprètes que pour les aides ou les apothicaires, les termes de « *Interpreter* », « *Topaze* » et « *Compounder* » étant respectivement utilisés dans les textes d'archives :

> Le matin de l'embarquement des émigrants, vous prendrez votre service auprès du médecin-chef à bord du bateau *Canning* et aiderez celui-ci à accueillir et installer les émigrants dans la cale. Vous êtes sous les ordres directs du médecin-chef et suivrez toute instruction qu'il serait à même de vous donner pendant la traversée. En votre qualité d'interprète / d'aide / d'apothicaire, vous vous rendrez utile à bord auprès du capitaine et de ses officiers, et vous efforcerez de faire respecter la propreté, la discipline et la bonne humeur parmi les émigrants[7].

6 Laxmi et Ajai Mansingh, *Home Away from Home – 150 Years of Indian Presence in Jamaica 1845-1995*, Kingston, Jamaica, Ian Randle Publishers, 1999. L'impulsion qui a donné naissance à ce livre est de toute évidence d'ordre personnel, ce qui explique la reproduction au chapitre 3 de correspondances échangées entre l'Inde et la Jamaïque, appartenant à la collection Mansingh. Le travail sur les archives qui fait l'objet d'une partie de ce chapitre a été présenté dans une version préliminaire, mais sous l'angle de la caste, dans « Indentureship, Caste and the Crossing of the Kala pani », Numéro spécial de *Journal of the Inter-University Centre for Humanities and Social Sciences*, Indian Institute of Advanced Study à Shimla (Inde), coordonné par Sumanyu Satpathi, Vol. XXIV (2), hiver 2017, p. 18-36.

7 « *You will, on the morning of embarkation of the Emigrants, go on board the Ship* Canning *and report yourself to the Surgeon Superintendent, and assist him in receiving and arranging the Emigrants below. You are specially under the orders of the Surgeon Superintendent, and will*

Il s'agit toujours de seconder le médecin de bord et de veiller à l'hygiène, au bien-être mental des émigrants et bien sûr, au respect de la discipline. La tâche des interprètes dans les dépôts ou à bord était donc prioritairement de faire en sorte que les émigrants comprennent ce qui leur était demandé, ou intimé.

Les agents d'émigration ne savaient pas non plus toujours ce qui relevait de leurs compétences et si le retour de ces interprètes vers leur pays d'origine leur incombait ou non. Dans un courrier conservé aux *State Archives of Bengal*, rédigé à l'intention de Hunt Marriott, Esq., agent d'émigration pour la Guyane britannique, S. Walcott, Esq., membre du *Government Emigration Board*, Park Street, à Londres, se plaint du fait que de nombreux soucis sont liés aux responsabilités contractuelles des interprètes, aides et apothicaires placés sous les ordres du médecin de bord, surtout lorsqu'il s'agit de les rapatrier aux frais de la colonie. En effet, il arrivait parfois que les interprètes soient abandonnés, ne sachant plus vers qui se tourner pour leur voyage de retour et, pour peu qu'ils aient été victimes d'un accident ou d'un vol, ils se retrouvaient dans un état d'indigence qui ne faisait guère briller l'image de l'Empire. On trouve même le détail de la mésaventure de deux interprètes natifs de Calcutta, Shaik Noor Mahomed et Francis Cretelle, échoués à Londres une fois leurs services rendus, apparemment dépouillés de leurs biens et de leurs contrats, et ne sachant comment rentrer dans leur Bengale natal.

> Je vous prie de bien vouloir trouver ci-joint copie de la lettre reçue du Lieutenant-Colonel Hughes, Secrétaire Honoraire du Foyer d'accueil des Asiatiques, en ce qui concerne le cas de deux autochtones natifs de Calcutta, portant les noms de Shaik Noor Mahomed et de Francis Cretelle, qui disent avoir été engagés pour accompagner des émigrants vers le Démerara à bord du bateau *Atlanta* en janvier. Tandis qu'ils résidaient sur place, leurs contrats furent volés et ils se retrouvèrent démunis. Ils firent la traversée jusqu'à l'Angleterre sur l'*Atlanta* et sont logés au Foyer d'accueil des Asiatiques[8].

---

attend to such instructions as you may receive from him during the voyage. You will also, in your capacity as [Interpreter/Topaz/Compounder], make yourself useful to the Captain and Officers of the Ship, and exert yourself in promoting cleanliness, discipline, and cheerfulness amongst the Emigrants. » *State Archives of Bengal, General Emigration, Proceedings* N° 56, lettre datée du 10 novembre 1862.

8 « *I forward herewith a copy of the letter from Lieutenant-Colonel Hughes, Honorary Secretary to the Strangers' Home for Asiatics, regarding the case of two natives of Calcutta, by name Shaik Noor Mahomed and Francis Cretelle, who state that they were engaged to accompany Emigrants to Demerara in the Coolie Ship* Atlanta *in Jannary* [*sic*] *last ; and whilst residing in that place*

L'affaire est suffisamment prise au sérieux pour que des courriers soient échangés entre hauts responsables, Sir Charles Wood, Secrétaire d'état de sa Majesté et le Gouverneur Général en Inde. La décision fut donc prise de donner la responsabilité du retour de ces autochtones engagés au service de Sa Majesté à l'armateur qui les avaient recrutés au départ[9]. La migration indo-caribéenne n'aurait pu s'organiser sans la foule de métiers, petits, moyens et grands, qui permettaient à l'Empire britannique de superviser absolument toute la gamme des activités de la vie socio-économique, personnelle et professionnelle, nécessaires à un contrôle minutieux des opérations.

LA POLITIQUE DES POSTES : ÉCRIRE, RÉPONDRE ?

Si l'on se souvient que plus de 700.000 Indiens se sont établis à la Caraïbe entre 1838 et 1917 comme cela a été rappelé au deuxième chapitre, il est surprenant de ne pas trouver dans les archives plus d'échanges épistolaires étant donné qu'il s'agissait du seul moyen de communication à l'époque. Cet état de fait avait bel et bien été noté, et déploré, à l'époque, par les responsables de l'émigration coloniale, même si les avis divergeaient quant aux procédés pour y remédier. On trouve par exemple des échanges de lettres entre le Protecteur des émigrants à Calcutta et son homologue le Protecteur des immigrants à la Jamaïque ou à Trinidad où le sujet central est le besoin de correspondances. Il est en effet question de mettre en place des mesures qui « favoriseraient des échanges épistolaires plus soutenus entre les émigrants coolies des colonies et leurs familles restées en Inde[10] ». Un échange en particulier, entre juillet et novembre 1884, s'appuie

their Agreements were stolen and were left destitute. They came to England in the Atlanta, *and are now maintained in the Strangers' Home for Asiatics.* » *State Archives of Bengal, General Emigration, Proceedings* N° 3, lettre datée du 7 août 1862.

9 *State Archives of Bengal, General Emigration, Proceedings* N° 56, lettre datée du 4 septembre 1862.

10 « *with a view of [having] greater interchange of letters between coolie emigrants in the Colonies and their relatives in India.* » General Department, Emigration Branch, B Department, Proceedings for November 1884, File n° 39, Serial n° 3/4, West Bengal State Archives, Kolkata.

sur le rapport rédigé par le Major D. G. Pitcher, chargé en 1882 par l'administration coloniale de rédiger un rapport sur les conditions d'émigration des travailleurs engagés[11], et sur celui rédigé par Sir George A. Grierson en 1883 sur l'émigration coloniale : « Je suis d'avis que les travailleurs engagés et leurs familles et amis doivent pouvoir échanger des lettres et de l'argent[12]. »

Selon cette lettre envoyée de la Jamaïque par le *Protecteur des immigrants*, les envois sont rendus difficiles par un défaut d'éducation des destinataires et destinateurs, et le manque de fiabilité du système postal, les deux étant liés. En effet, la façon approximative dont les noms et les adresses étaient écrits, et la transcription le plus souvent phonétique de l'anglais, rendaient la tâche des services postaux pour le moins ardue :

> [L]es immigrants donnent une adresse incorrecte et leurs proches en Inde envoient leurs réponses de façon encore plus incorrecte. Ainsi, les lettres parviennent rarement à leur destination dans les colonies. La construction de la langue hindie est en grande partie responsable de la confusion des adresses puisque tous les mots anglais doivent être écrits phonétiquement. Les coolies prononcent et écrivent les noms de lieux en Jamaïque, les noms des bateaux et des administrateurs des plantations de façon fantaisiste. Par exemple, *pashuha* pour Fort Stewart, *natabe* pour Annollo Bay, *jukegail* pour Duke of Argyll, *lall lambar* pour Loch Lomond, *ulbari* pour Lincelles. Parfois la mauvaise écriture ajoutée à une orthographe erronée rend l'adresse impossible à déchiffrer[13].

11 Dans son article « Kanpur to Kolkata », Basdeo Mangru offre une vue synthétique du rapport du Major Pitcher, « *Report on System of Recruiting Labourers for the Colonies* » d'ailleurs accompagné d'un journal de bord dont Mangru souligne l'intérêt (*Guyana Journal* sur « The Diasporic Indian 172 Years After », mai 2010). Le rapport de Sir George A. Grierson, « *Report on Colonial Emigration* » peut aussi être consulté à la British Library, St Pancras, India Office Records.

12 « *I fully endorse [the] opinion that facilities should be afforded to the immigrants for transmitting letters and money.* » *General Department, Emigration Branch, B Department, Proceedings for November 1884, File* n° 39, *Serial* n° 3/4, 7 juillet 1884, *West Bengal State Archives*, Kolkata.

13 « *[t]he immigrants when writing give their address imperfectly, and their friends in India direct the replies with even greater imperfection ; hence the letters send through the post seldom reach their destination in the colonies. The construction of the Hindustani language is in great measure answerable for the confursion in the addresses, all English words having to be spelt phonetically. The coolies pronounce and spell the names of places in Jamaica, of the ships, and of the Managers of Estates in an extraordinary manner ; for example,* pashuha *for Fort Stewart,* natabe *for Annollo Bay,* jukegail *for Duke of Argyll,* lall lambar *for Loch Lomond,* ulbari *for Lincelles. Sometimes the combination of bad writing and bad spelling makes it impossible to decipher the addresses.* » (*Ibid.*)

Il fut suggéré que des inspecteurs se chargent de collecter les lettres directement sur les plantations, ainsi que des enveloppes sur lesquelles aurait été inscrite l'adresse de retour. Cette méthode aurait aussi facilité l'envoi d'argent aux familles :

> Ma suggestion est que les contremaîtres des plantations soient chargés de remettre aux Inspecteurs des immigrants les lettres à destination de l'Inde lors des visites de ces derniers. Chaque lettre contiendra une enveloppe sur laquelle aura été inscrit le nom de l'immigrant, le nom du bateau et son numéro. [...] Je suis persuadé que les familles des émigrants partis pour les colonies ne seront plus dans l'ignorance de ce qui leur est arrivé. Les versements faits par les émigrants à leurs proches en Inde seraient plus fréquents et je suis convaincu que cela encouragerait fortement l'émigration[14].

Malgré certains efforts accomplis, il n'en demeure pas moins que des milliers de lettres ont donc dû être envoyées et jamais reçues. Et en 1908, de Calcutta, presque vingt-cinq ans plus tard, le Protecteur des immigrants se plaint toujours auprès de son homologue de Trinidad d'un manque de correspondances entre les émigrants et leurs familles indiennes : apprenant qu'il doit notifier le décès d'un proche à sa famille, il fait remarquer que la tâche serait plus aisée et le choc de telles annonces moins grand si une correspondance régulière était entretenue : « [D]e telles annonces ne peuvent que créer un trouble profond si la famille n'a jamais entretenu de correspondance avec l'émigrant, et peuvent avoir un effet dissuasif pour l'émigration[15]. » Les flux migratoires seraient aussi plus faciles à maintenir et à développer, dit-il, si de tels contacts existaient.

Et bien sûr, si quelques mots pouvaient être insérés afin de vanter l'expérience migratoire et la vie dans les plantations sucrières, ce serait encore mieux : « Des rapports favorables en provenance des émigrants eux-mêmes seraient d'un grand secours pour les recruteurs pendant

14 « *I would suggest* [...] *that notice be given by the Inspectors of Immigrants, through the headman on the estate, that on a stated day when they shall visit the estates they will take the letters for transmission to India. In each letter they should enclose an envelope on which the name of the immigrant, the name of the ship that has arrived, and the ship's number should be written.* [...] *I am persuaded that we should soon hear no more of the relations of those who have sailed for the colonies being kept in ignorance of what has happened to them ; remittances would probably be more frequently made by those in the colonies to their friends in India, and I have no doubt that it would have a powerful stimulus to emigration.* » (*Ibid.*)

15 « *[S]uch notification may come as a shock to the relatives if the deceased has never corresponded with his home since embarkation and may have a deterrent effect on emigration generally.* » *National Archives of Trinidad and Tobago*, N° 521/497, 13 juin 1908.

les années où la main d'œuvre se fait rare et où il est connu que les émigrants ne gardent que peu le contact avec leurs proches en Inde[16]. »

La plupart des lettres qui étaient échangées par l'intermédiaire des Protecteurs des émigrants étaient envoyées par les familles restées en Inde. Et la plupart s'émeuvent elles aussi, à titre personnel cette fois, du manque de lettres échangées. Les destinateurs regrettent souvent, par l'intermédiaire des Protecteurs des immigrants, de ne pas recevoir de nouvelles, et implorent des réponses, parfois des années durant. Cela peut être de simples demandes, telles celles d'une mère à son fils mais le plus souvent d'un père ou d'un oncle à son fils ou à son neveu. Il faut imaginer plusieurs interprètes à l'œuvre : un interprète de la langue locale utilisée par l'émigrant vers l'anglais parlé par le Protecteur des immigrants, peut-être même en passant par une deuxième langue locale plus commune. Quelle était la formulation première de cette mère à son fils ? Aurait-elle retrouvé ses sentiments dans les mots choisis par les interprètes : « J'ai l'honneur de vous demander de bien vouloir faire en sorte d'obtenir de Bechoo, émigrant de sexe masculin, n° 146 sur le *Ganges*, une lettre rédigée de sa main, et de me la faire suivre car elle est très impatiente de la recevoir[17] » ? Quels étaient les mots originels de ce père qui demande à savoir si son fils est encore vivant, s'il peut avoir son adresse et recevoir de ses nouvelles ? Là encore, aura-t-il reconnu ses mots dans ceux de la lettre en anglais :

> J'ai l'honneur de m'enquérir si Nar Singh, fils de Ramdutt, de la caste Thukur, émigrant n° 114 embarqué sur le Ganges en 1917, est encore vivant, et si tel est le cas, qu'il soit invité à écrire à sa famille qui est très inquiète à son sujet. Je vous serais bien obligé de me fournir l'adresse de Nar Singh à cet effet[18].

---

16 « *Favourable reports of the colonies reaching India from the Emigrants themselves would very largely help our recruiters upcountry in those years of plenty when labour for abroad is difficult to obtain ; and the Colonial Emigrant is notoriously out of touch with his people at home in India.* » (*Ibid.*)

17 « *I have the honour to request that you will kindly endeavour to obtain from Bechoo, Male, N° 146, "Ganges", 1915, and forward it to me, a letter in his own handwriting to his mother, who is most anxious to receive it.* » *National Archives of Trinidad and Tobago*, N° 593/1917, 20 mars 1917.

18 « *I have the honour to enquire whether the emigrant Nar Singh, M. Father's name Ramdutt, caste Thakur, N° 114 "Ganges", 1907, is still alive and if so, that he might be requested to write to his relatives who are anxious concerning him. I shall be obliged if you will kindly furnish me with Nar Singh's address for communication to his people.* » *National Archives of Trinidad and Tobago*, N° 90/1916, 24 juin 1916.

Sans doute ni cette mère ni ce père n'auraient reconnu leurs sentiments dans les formulations des *Protecteurs*, une fois formatées par les interprètes officiels.

Ces lettres que l'on peut consulter aux « *National Archives of Trinidad and Tobago* » ou aux « *State Archives of Bengal* » peuvent avoir des objets différents même s'il s'agit toujours de recréer un lien : réclamer des nouvelles en général, susciter la remémoration voire la nostalgie ou un sentiment de culpabilité, essayer de renouer une relation distendue par la séparation dans l'espace et le temps, préparer le retour, si possible, quitte à demander à ce qu'une photographie de l'émigrant soit prise et envoyée à sa famille pour que celle-ci soit certaine de pouvoir le reconnaître : « Veuillez demander à Ramadhin de se faire photographier afin que sa famille puisse le reconnaître à sa descente de bateau lors de son retour en Inde. Vous pourrez la remettre à notre Agent à Calcutta qui pourra lui-même la remettre au Maharaja de Rewa[19]. »

Il peut aussi s'agir de cas plus particuliers. Parfois, en effet, on peut lire au-delà du langage officiel le désir des familles et le non-désir des émigrants. Dans un échange entre les dépôts de Garden Reach et ceux de Port-of-Spain à la toute fin de la période du travail engagé, le Protecteur des immigrants de Calcutta se fait le messager de Tasaduq Husain à la recherche de son fils Ashaq Husain :

> J'ai l'honneur de vous demander de bien vouloir me fournir l'adresse d'un certain Ashaq Husain, émigrant n° 342 embarqué sur l'*Indus* en décembre 1911. Son père, Tasaduq Husain, dit n'avoir reçu que deux lettres de lui depuis son départ et aucune nouvelle depuis deux ans malgré les lettres dûment enregistrées qu'il lui a envoyées[20].

La réponse de Trinidad arrive trois mois plus tard : « J'ai l'honneur d'accuser réception de votre lettre n° 149/22 en date du 21 février 1918. Je vous informe en retour qu'Ashaq Husain, émigrant n° 342/139829

19 « *Please ask Ramadhin to have himself photographed so as to be recognized by his acquaintances in India and to hand you the photograph for transmission to the Maharaja of Rewa through our Agent at Calcutta.* » *National Archives of Trinidad and Tobago*, N° 6027/1916, 1150/1916, 21 décembre 1916.

20 « *I have the honour to request that you will furnish me with the present address of one Ashaq Husain who emigrated to the Colony as N° 342, "Indus", in December 1911. His father, Tasaduq Husain, says he has received only two letters from him since he left India, and that he has had no news at all for the last two years although he has sent several registered letters to his son.* » *National Archives of Trinidad and Tobago*, N° 149/22 ; 268/1918, 21 février 1918.

est passé hier et a écrit une lettre pour son père que vous trouverez ci-jointe. Il se porte bien et semble en pleine santé[21]. » Ashaq mentionne dans cette lettre différents éléments :

> Mon cher père, je veux vous informer que j'ai reçu en tout 5 lettres de vous et vous ai écrit deux fois. Je travaille maintenant sur la plantation [Picton] en tant qu'engagé, où je suis payé entre 12/ et 20/ par quinzaine. J'aimerais retourner en Inde mais ne peux pas payer la traversée – on m'a volé les £12 que j'avais économisées. J'ai épousé il y a environ 18 mois une jeune femme (musulmane) mais malheureusement nous nous sommes séparés. Je n'ai rien de plus à dire – je vous prie de transmettre mes *salaams* à ma mère, mes frères, ma sœur et tous mes amis. Votre fils dévoué[22].

En quelques lignes brèves et, rappelons-le, retranscrites par le Protecteur des immigrants, le fils donne les informations dont son père a besoin à propos de sa santé et de son indépendance financière (il travaille), de la constitution, ou non, d'une famille (il s'est marié mais n'a pas d'enfants car il s'est séparé), du fait qu'il continue à respecter sa religion (il a épousé une Musulmane et envoie ses *salaams*), de son désir de rentrer en Inde (primordial pour la famille) mais aussi, même si elle n'est pas formulée directement, de sa demande d'une aide financière pour payer son passage de retour.

Il n'est pas si fréquent de trouver dans les archives un échange de correspondance complet semblable à celui qui concerne Ashaq. Il est parfois impossible d'en savoir davantage sur l'absence de réponse d'un fils à son père ou à son oncle : les lettres ne sont-elles jamais parvenues à Trinidad, les réponses ne sont-elles jamais parvenues en Inde, n'a-t-il plus voulu répondre après une certaine période, l'émigrant a-t-il même décidé de rompre complètement les amarres familiales en même temps que celles du bateau qui l'a emporté de l'autre côté de l'océan, est-ce

21 « *I have the honour to acknowledge the receipt of your letter N° 149/22, dated 21st February 1918, and to inform you in reply, that Ashaq Husain, Male, Immigrant No 342/139829* [...] *was at this office yesterday and he has written the attached letter to his father. He is apparently enjoying health and looks well.* » (*Ibid.*) N° 134, 28 mai 1918.

22 « *My dear father, this is to inform you that I have received 5 letters in all from you and wrote to you twice. I am working now on the above estate as a field labourer earning from 12/- to 20/- a fortnight. I am anxious to return to India, I have no means to pay for my passage – I was robbed of £12 which I had saved. About 18 months ago I got married to a young woman (Musulman) but unfortunately we have separated. I have nothing more to say – Please give my salaams to my mother, brothers, sister and all friends. I remain your affectionate son...* » (*Ibid.*) 27 mai 1918.

seulement lorsqu'il n'a pu constituer une famille qu'il s'est tourné vers sa famille de naissance, pour demander un soutien ? Tout est sujet à conjectures mais le fait est que les agents d'émigration recevaient parfois des instructions très fermes afin que les recherches soient menées et aboutissent, voire que des nouvelles soient effectivement envoyées. Il s'agissait en effet de maintenir l'émigration et de ne pas tarir les flux.

Dans d'autres cas, les demandes des familles pouvaient aussi être directement intéressées et tout à fait concrètes : si l'émigrant était décédé par exemple, comment sa famille pouvait-elle hériter des biens qu'il avait laissés, ou tout simplement les récupérer s'il n'était plus en état de profiter de toute sa santé physique ou mentale ? On peut sourire d'une situation dans laquelle le Protecteur des immigrants de Calcutta demande à son homologue de Trinidad de vérifier si un certain Ashraf, fils de Lal Mohamed, est devenu « fou » et si sa famille peut récupérer ses biens :

> J'ai l'honneur de vous demander de bien vouloir procéder aux investigations nécessaires afin de déterminer si Ashraf, fils de Lal Mohamed, du village de Damri, Thana Pachperwa dans le district de Gonda, Inde, qui a émigré à Trinidad et est entré au service du Sheikh Miah Dymally, marchant à Cedros, Trinidad, ne serait pas devenu fou, et si tel est le cas, s'il a laissé des biens qui pourraient être remis à sa famille[23].

Détresse véritable par amour paternel ou simple cupidité familiale, là encore, nous n'en saurons rien. Les héritages sont sans doute le domaine dans lequel les échanges sont les plus variés, pouvant aller d'une simple demande de vérification de l'existence de biens après un décès (ou un meurtre) à une demande concernant le renvoi d'un objet aussi précis qu'un anneau d'or ou un repose cure-dents[24], ou encore à une correspondance détaillée de façon à faire valoir le point de vue de tel héritier contre tel autre pour récupérer les biens, quitte à expliquer en détail les raisons pour lesquelles il y a contradiction entre les réclamations des différents membres de la famille :

---

23 « *I have the honour to request that you will be so good as to cause enquiries to be made as to whether Ashraf, son of Lal Mohamed, of village Damri, Thana Pachperwa, District Gonda, India, who emigrated to Trinidad and entered into the service of Sheikh Miah Dymally, merchant, Cedros, in Trinidad, has become mad, and if so whether he left any property to be handed over to his relatives.* » *National Archives of Trinidad and Tobago*, N° 446/435, 12 mars 1912.

24 « The family ask that Budhan Singh's gold ring and tooth pin plate be sent to them. » *National Archives of Trinidad and Tobago*, N° 204A/1917, 2 juin 1917.

> Suite à votre lettre n° 581 daté du 24 de ce mois, je vous supplie de bien vouloir me faire connaître si la propriété de mon défunt frère Herakh Singh, située à Trinidad, a été vendue. Un mandat postal de Rs. 120/ a été reçu il y a près de deux semaines mais mon plus jeune frère Sahadeo Narain Singh a l'intention de garder la totalité de la somme pour lui sans me faire part de la moitié qui me revient. Le mandat a donc été renvoyé et j'espère que la somme pourra être divisée en deux parts égales par vos soins et faire l'objet d'un autre mandat postal, ce pour quoi je prierai pour votre longue vie et votre prospérité[25].

Il revenait aux autorités de vérifier les versions des uns et des autres, surtout lorsqu'il s'agissait de demandes de rapatriement après un accident, aux frais de la colonie. Le père de Khoda Baksh, par exemple, demande à ce qu'il soit rapatrié car il ne peut plus travailler après un accident dans lequel l'une de ses mains a été sectionnée. Après enquête, la réponse du Protecteur des immigrants ne se fait pas attendre :

> Je me suis rendu à Brechin Castle et confirme que, non seulement j'ai trouvé Khoda Baksh en pleine possession de ses deux mains mais encore en pleine santé. Khoda Baksh admet avoir menti pour pouvoir retourner en Inde alors qu'il n'avait pas les moyens de payer sa traversée. Il ne pensait pas qu'il y aurait de vérification[26].

Plus étonnantes encore sont les lettres qui font référence aux changements d'identité et laissent imaginer toutes les petites histoires derrière la grande histoire de la migration : arrivés à destination, les émigrants indiens prenaient en effet souvent une nouvelle identité non seulement pour marquer le fait qu'ils n'appartenaient plus à leur caste mais aussi peut-être pour tromper les radars familiaux. Sinon, comment comprendre ces lettres officielles dans lesquelles un émigrant de retour en Inde confirme

---

25 « *In reference to your N° 581 dated 24th ultimo, I beg to state that you will be good enough to let me know whether the piece of land of my late brother Herakh Singh, situated at Trinidad, has been sold or not : a money order for Rs. 120/- was received nearly a fortnight ago but my youngest brother Sahadeo Narain Singh intended to take the full amount of the order and not to give my half share, hence, the amount has been returned and hope you will kindly separate the amount from your office and to issue the same by means of money order under the following care for which I shall ever pray to God for your long life and prosperity.* » *National Archives of Trinidad and Tobago*, N° 133, 15 mars 1910.

26 « *I visited Brechin Castle and found, that the indentured immigrant Khoda Baksh is not only in full enjoyment of both his hands but is also in the best of health. Khoda Baksh admits, that he gave a false story ; because he wished to go back to India and did not think that enquiries would be made before the necessary permission would be granted.* » *National Archives of Trinidad and Tobago*, N° 589/156, 1179/1916, 18 juin 1917.

avoir vu tel travailleur engagé sur telle plantation, contrairement aux rumeurs de sa disparition ?

> Suite à votre lettre n° 450A/1914 daté du 9 juin dernier, j'ai l'honneur de vous apprendre que Bansi Dhar est aussi connu sous le nom de Lala et qu'un certain Bhagat Kumar, qui est rentré de la colonie en février dernier, affirme l'avoir vu travailler à l'endroit mentionné dans ma lettre n° 1141/129 du 23 mars dernier. Je vous serais fort obligé de faire procéder à de nouvelles investigations au sujet de Bansi Dhar et de m'informer du résultat[27].

Bansi Dhar alias Lala ne voulait-il plus être retrouvé par sa famille, désirait-il commencer une nouvelle vie, libéré de son nom et de sa caste ? Là aussi, il est difficile de ne pas spéculer.

Dans certains cas et pour des raisons diverses, le départ s'est fait sans le consentement de la famille : mariage refusé par la future épouse, violences domestiques, dettes chroniques, enlèvement, brouille familiale qui a mené à une décision prise hâtivement puis regrettée mais trop tard, etc. La situation était souvent compliquée par les changements de noms opérés de façon à, justement, échapper à l'emprise familiale. Dans ces cas-là, les relations familiales deviennent floues. Ce père, par exemple, qui dit être sûr que Bishun Dayal est son fils mineur qui s'est embarqué en donnant un faux nom de façon à détourner les recherches éventuelles :

> Je me permets de suggérer qu'un certain Bishun Dayal qui se présente comme le fils de Wazir Mahto du village Tilaiya, Thana Silau, dans le district de Patna, enregistré à Patna le 3 janvier 1912, a embarqué pour Trinidad sous le n° 116 à bord du *Chenao* le 27 janvier 1912. Je suis sûr qu'il s'agit de mon fils et qu'il s'est présenté comme le fils de Wazir Mahto afin d'échapper aux investigations et aux recherches. C'est un mineur de 15 ans dont je suis le tuteur et j'ai le droit de le reprendre sous ma responsabilité étant donné qu'il m'a été enlevé sans ma permission et sans que je sois averti. Je supplie votre Honneur de bien vouloir faire en sorte qu'il me soit rendu dès que possible et de me dire quel sera le montant des frais occasionnés[28].

---

27 « *With reference to the correspondence resting with your letter N° 450A/1914 of the 9th June last, I have the honour to say that Bansi Dhar is also known as Lala and that one Bhagat Kumar, who returned from the Colony in February last, asserts that he saw him working at the place mentioned in my letter N° 1141/129 of the 23rd March last. I shall be obliged if you kindly cause fresh enquiries to be made for Bansi Dhar and inform me of the result.* » *National Archives of Trinidad and Tobago*, N° 2966/359 – 1491/1914, 23 août 1914.

28 « *I beg to submit that one Bishun Dayal, alleged to be the son of Wazir Mahto of village Tilaiya, Thana Silau, District Patna, who had been registered at Patna on the 3rd January, 1912, embarked for Trinidad as N° 116 in the S.S. "Chenao" on the 27th January, 1912. I am sure that he is my*

Ce père veut faire valoir son droit de récupérer son fils, serait-ce contre le gré de ce dernier. Il est possible que son fils ait été enlevé contre son gré mais en ce cas, aurait-il donné un faux nom ? On ne peut jamais véritablement être sûr que le désir de contact et de retrouvailles ne soit pas à nouveau un désir de contrôle.

Toute une famille voire une communauté pouvait se sentir trahie par le départ non concerté de l'un de ses membres. Mais les causes d'un tel départ peuvent faire l'objet de multiples conjectures. Si l'on prend le cas de Sivalingam, âgé de 25 ans au moment de son inscription au dépôt de Madras et de son départ, le chef de son village, Jaganadhapuram, écrit dans l'espoir de favoriser son renvoi en Inde :

> Pendant la seconde semaine de décembre, l'un de mes *Ryots* du nom de Sivalingam (âgé de 25 ans et de belle apparance) accompagné de Parasuraman et Perumalu, ont quitté le village sans en notifier leurs propres familles. [...] J'ai envoyé l'un de mes hommes à la recherche des trois jeunes hommes [...]. Malheureusement mes efforts ont été vains. Le 19 de ce mois, j'apprends que le jeune homme est à votre dépôt et j'y ai diligenté mon homme [...]. J'ai eu le plaisir d'apprendre par son intermédiaire que vous aviez été particulièrement aimable envers Sivalingam [...]. J'ai un grand attachement pour lui car je l'ai élevé depuis son enfance. Je vous serais éternellement reconnaissant de bien vouloir me fournir les informations sollicitées[29].

Au fil de la demande, les enjeux deviennent plus clairs, et ils sont nombreux, tant sur le plan personnel et familial que sur le plan collectif et financier. En quittant le village Sivalingam a privé sa famille d'un soutien et son employeur de main d'œuvre. Le statut du chef du village, appuyé

son, and that he gave out the name of Wazir Mahto as his father, simply to evade enquiry and detection. He is a minor of about 15 years of age, and I am his lawful guardian and entitled to get him back into my custody as he was taken away without my permission and knowledge. I therefore pray that your Honour may be pleased to take the necessary steps to bring him back as soon as possible and to send me the estimate of costs for the above purpose at your earliest convenience. » *National Archives of Trinidad and Tobago*, N° 649/637, 20 mai 1912.

29 « *In the second week of December last one of my Ryots – named Sivalingam (aged about 25 years and of fine personal appearance) with two others named Parasuraman & Perumalu – left the village without intimating even to his own people.* [...] *I sent one of my men in search of him and the other two boys* [...]. *Unfortunately my attempts failed. On the 19th instant I learnt that the boy is in your Depot and sent my man there.* [...] *I was glad to learn from my man that on enquiries made by him he learnt that you had been exceptionally kind to the boy (Sivalingam).* [...] *I am greatly interested in the boy Sivalingam and reared him up from his infancy as my child. If you will kindly furnish me with the information I have desired I shall be grateful to you life long.* » *National Archives of Trinidad and Tobago*, N° 1183/1916, 29 février 1916.

par des hommes de main, fait aussi transparaître une structure féodale. V. Nanain Rao saisit l'occasion pour demander si d'autres jeunes gens de son village ou des locuteurs de plusieurs langues locales pourraient bénéficier de cette même opportunité :

> Plusieurs autres jeunes hommes du village ont le désir de suivre le même chemin que Sivalingam et je vous serais obligé de me dire le montant du salaire mensuel minimum qu'ils sont susceptibles d'obtenir et le coût de la vie là-bas [...]. Je vous serais reconnaissant de me dire s'il y a des perspectives d'emploi à Trinidad pour des hommes instruits qui parlent 3 ou 4 langues et pour quel salaire[30].

Peut-être pensait-il aussi à lui-même mais en complément de ce qui a été dit au début de ce chapitre à propos des scribes, interprètes et traducteurs, il est toujours intéressant de constater la forte demande pour ces responsabilités-là.

Enfin, les familles pouvaient vouloir que le membre de leur famille qui avait émigré soit rapatrié, sans que ce soit du tout dans l'intention de la personne concernée. Ils pouvaient même avoir payé le billet de retour et s'étonner de ne pas voir revenir leur fils, leur neveu ou leur petit-fils – les filles ne faisaient en général pas l'objet d'autant de recherches assidues, les familles étant sans doute contentes de ne pas avoir à payer de dot... Au fil des lettres classées dans les « *National Archives of Trinidad and Tobago* », on trouve des dizaines de lettres où les destinateurs s'affligent de ce que les bateaux de retour des colonies ne leur aient pas ramené l'être qu'ils attendent depuis des années et qui était sans doute censé assurer leur subsistance une fois de retour. La déception résonne en creux dans la formalité des phrases officielles : « Suite à la lettre n° 2069/171 en date du 10 août 1916, j'ai l'honneur de m'enquérir des raisons pour lesquelles l'immigrant Bechu n° 146, embarqué sur le *Ganges* en 1915, n'a pas fait la traversée de retour et n'est pas arrivé le 16 de ce mois[31]. »

30 « *Several more young men from this village desire to go to the place where Sivalingam went and I shall be obliged if you will let me know the minimum monthly wages they can get, and the cost of living there* [...]. *Will you also let me know if there are any prospects for educated men who know 3 or 4 languages to talk in Trinidad, etc. places, and if so what they may earn.* » (*Ibid.*)

31 « *With reference to this Agency's letter N° 2069/171 of the 10th August, 1916, I have the honour to enquire why the immigrant Bechu, No 146, "Ganges", 1915, did not embark for Calcutta in the return ship "Ganges" which arrived here on the 16th instant.* » *National Archives of Trinidad and Tobago*, N° 2069/171, 462/1917, 23 février 1917.

Il est souvent possible de lire entre les lignes et d'interpréter le choix des termes utilisés pour deviner telle ou telle situation. Lorsque la famille n'en est pas à sa première demande d'information, qu'il est impossible de retrouver la trace de la personne recherchée, que l'intéressé s'est sans doute « échappé » de la plantation et n'est jamais monté sur le bateau de retour qu'il était censé prendre, on peut comprendre que le rapatriement n'est pas une priorité, voire que tout sera fait pour l'éviter :

> Suite à la lettre n° 1215.1572 en date du 9 septembre 1909 ainsi qu'à la correspondance concernant le rapatriement de Pruth Ramasara alias Ram Singh, j'ai l'honneur de m'enquérir de la possibilité de rerouver sa trace. Ses frères ont reformulé une demande et ont déposé Rs 400/. Il semblerait qu'il se soit enfui de la Plantation du Petit Morne le 11 septembre 1908. La somme déposée pour son rapatriement équivaut à £26.13.4 pour un coût réel de £25.17.6 ½. La différence pourrait être utilisée pour publier des annonces ou offrir une récompense à qui le retrouvera[32]. »

De tels cas expliquent la multitude de lettres officielles où les Protecteurs des immigrants ne peuvent que demander des informations ou constater les faits, même s'ils essayaient parfois de lancer des recherches contre rémunération. Certains échanges entre Trinidad et Calcutta afin de collecter l'information nécessaire au sujet du rapatriement de tel ou tel engagé peuvent se prolonger sur plusieurs années, sans que, parfois, la confirmation du départ ne soit jamais donnée[33].

L'exaspération peut, elle aussi, se faire sentir, parfois, jusqu'à demander que l'émigrant soit enfermé pendant les deux jours précédant le voyage de retour pour l'empêcher de s'échapper ! C'est en effet ce que la mère de Gopalakrishnan alias Gopal Kisten, au cours d'une correspondance de vingt-trois lettres entre le 28 août 1922 et le 5 mars 1925, demande aux autorités de faire, tant son fils semble récalcitrant à rentrer en

---

32 « *In reference to my letter N° 1215.1572 of 9th September, 1909, and previous correspondence regarding the repatriation of Pruth Ramasara alias Ram Singh, I have the honour to enquire whether there is any likelihood of his whereabouts being traced as his bothers who have deposited Rs : 400/- are again enquiring about him. It appears that he absconded from the "Petit Morne" Estate on the 11th September, 1908. The sum deposited for his repatriation equals £26.13.4 and the cost equals £25.17.6 ½. It is worthwhile spending the difference in advertising or offering the same as a reward for a knowledge of his whereabouts.* » *National Archives of Trinidad and Tobago*, N° 375/413, 26 juillet 1910.

33 On peut se reporter à la correspondance au sujet du rapatriement de Sardar Ali, débutée le 8 mai 1920 et achevée le 14 juin 1927 (*National Archives of Trinidad and Tobago*). Son arrivée à Trinidad sur l'« Indus » est datée au 12 septembre 1912.

Inde. Après avoir expliqué le calvaire qu'a été sa vie loin de son fils et comment elle a dû dépenser l'argent de la traversée de retour qui lui avait été remboursée étant donné que son fils n'avait pas embarqué mais qu'elle avait été malade, Narayaniamma formule la demande suivante au Protecteur des immigrants : « En conclusion, comme vous êtes la seule personne susceptible de venir en aide aux pauvres, j'en appelle à la clémence de votre Honneur et lui demande de bien vouloir l'enfermer 2 jours avant le départ du bateau pour Madras. Nous obtiendrons ainsi réparation pour ces 15 années de souffrance[34]. » Il semble qu'il ait embarqué pour Trinidad en 1911 sans l'accord de sa famille. Sa mère essaya sans relâche de le faire revenir mais entre le changement de nom, l'absence de réponses et le fait de ne jamais se présenter pour le voyage de retour, on comprend bien là encore que l'émigration fut une fuite, une recherche délibérée d'une autre vie, loin du village natal, et que le retour en arrière était impossible.

Il y a des cas plus dramatiques comme celui d'Harphul Brahman pour qui son oncle avait payé les cent roupies nécessaires à son billet de retour mais dont il apprend que les jambes auraient été sectionnées par un train et qui n'a plus donné de nouvelles :

> Je me permets d'attirer votre attention sur le fait que mon neveu Harphul Brahman, fils de Jawahra Brahman et résident du village Santaur Tehsil Dadri dans l'état de Jhind, a émigré vers Trinidad en 1899 ou 1900 pendant la famine. Il m'a prié de lui procurer Rs 100/ pour son voyage de retour en Inde, ce que j'ai fait par mandat postal n° 84 daté du 23 mars 1909, à l'adresse notée dans la marge. Jusqu'à aujourd'hui il n'est pas rentré. Je viens d'apprendre que ses jambes auraient été sectionnées par un train mais qu'il serait encore vivant [...]. Je vous serais fort obligé de bien vouloir faire procéder à des investigations et de faire en sorte que l'argent remis à Seth Kunjbahari Lall soit recouvré[35].

34 « *In conclusion, on hearing that you are the only Gentleman to help the poors I appeal to your honour's clemancy, similarly, if your honour also, arrange to lock him up 2 days before the Steamer is to leave and return him to Madras and redress us from our misires suffering for a long time in 15 years.* » *National Archives of Trinidad and Tobago*, N° 244/1926, 25 février 1926.

35 « *I beg you to bring to your kind notice that my nephew Harphul Brahman son of Jawahra Brahman a resident of village Santaur Tehsil Dadri Jhind state emigrated from India to Trinidad in 1899 or in 1900 during the Famine. He requested me to remit him Rs : 100/- for his return to India. I remitted him Rs : 100/- by money order N° 84 dated 23.3.1909 accordingly to his address noted on the margins. So he did not come home up to time now I have heard that his legs have been cut off by rail and he is alive still* [...]. *I therefore beg to request that you will kindly inquire in the matter and arrange to recover the money deposited by him to Seth Kunjbahari Lall and let*

Là encore, Harphul Brahman a-t-il inventé une histoire comme Khoda Baksh pour pouvoir disparaître, ou est-ce la vérité ? Difficile de le savoir. Tout aussi dramatique et plus fréquent qu'on ne pourrait le croire, les cas de suicide lors du voyage de retour. Rampher, engagé à 37 ans pour Trinidad en 1914, n'est jamais revenu à Calcutta. Pourtant, il a bien embarqué pour le voyage de retour pendant l'été 1927 sur le S. S. Sutlej. Une lettre du médecin de bord Frank Mahabir décrit sa fragilité physique et mentale puis décrit les événements qui eurent lieu le 28 août :

> Le 28 août, [Rampher] fut autorisé à s'asseoir sur le pont devant l'infirmerie, il semblait de bonne humeur et content que l'arrivée à Calcutta se fasse avec de l'avance [...]. Après quoi, l'infirmier passa une demi-heure à nettoyer divers ustensiles dans la section des femmes et Sirdar Shibashait fit des allées et venues entre les ponts. À son retour vers la section des hommes, Veerappah rapporta au Sirdar Puran n° 580 qu'il ne trouvait plus Rampher. Après que cinq sirdars eurent en vain organisé une recherche, la nouvelle fut transmise aux apothicaires à l'aube. Une fouille de la totalité du bateau fut alors menée avec les mêmes résultats [...]. La conclusion fut tirée que Rampher avait sauté par-dessus bord[36].

Si l'on repense à toutes les difficultés qui étaient liées au retour en Inde, évoquées au chapitre précédent, on peut en effet comprendre que le suicide ait parfois été considéré comme la seule alternative.

Ainsi, tout ce qui peut apparaître comme essentiel dans l'étude des échanges épistolaires de la « République des lettres » occidentale entre le XVIIe et le XIXe siècle, se trouve modifié en profondeur, déplacé. Dans ce que Bernard Bray appelle « les espaces graphiques liés à la matérialité de l'écriture épistolaire[37] », la matérialité de la lettre ne peut bien évidemment être de même nature puisque la plupart des lettres n'ont pas été écrites par les destinateurs eux-mêmes mais à leur place et en leur

---

me know the result early : for this favour I shall be much obliged to you. » *National Archives of Trinidad and Tobago*, N° 1494/1827, 24 décembre 1909.

36 « *On the 28th August he was permitted to sit on the main deck outside the Hospital Cabin and appeared bright and cheerful at the prospect of arriving at Calcutta at an early date. [...] After this, the Hospital Attendant was engaged cleaning utensils in the female ward for about half an hour and Sirdar Shibashai went between-decks. Veerappah the Hospital Attendant, on his return to the Male ward did not find Rampher so he reported the matter to the Chief Sirdar Puran No 580. After five sirdars had made an unsuccessful search for the missing man among the other emigrants, the compounders were informed of it just before daybreak. A general search of the ship was then made with the same result.* [...] *the conclusion drawn was that Rampher had jumped overboard.* » *National Archives of Trinidad and Tobago*, N° 72, 29 août 1927.

37 *Op. cit.*

nom. Ce ne sont pas les lettres elles-mêmes, physiques, qui ont voyagé mais une (re-)transcription de ces lettres, la différence est notoire, et si la lettre demeure « une présence dans l'absence » selon les termes de Bray, on pourrait presque renverser l'équation en disant qu'elle est aussi « une absence dans la présence », la lettre signalant, dans ce contexte migratoire particulier, dans sa matérialité justement, qu'elle a le plus souvent été écrite par un *autre*. De plus, s'il est légitime que le destinateur ait du mal à trouver les mots pour raconter les événements qui l'ont affecté ou pour refléter ses sentiments, la complexité est bien plus grande lorsque ces événements ou ces sentiments doivent tout d'abord être traduits dans une autre langue puis fixés sur le papier pour être transcrits officiellement.

A priori, une lettre qui a été réellement écrite à l'intention d'un membre de la famille, ou d'un proche, n'a pas vocation à être traduite par une personne (interprète), transcrite par une autre (Protecteur des immigrants), archivée par une troisième (services coloniaux) et lue par une quatrième (lecteur contemporain). La chaîne de communication est donc tout simplement radicalement différente. L'interaction traditionnelle d'une correspondance se produit entre deux personnes. Dans le type de correspondance qui nous occupe ici, entre l'Inde et la Caraïbe pendant les migrations liées au travail engagé, l'interaction entre les deux personnes impliquées est là encore altérée en profondeur : même si en général l'interaction entre destinataire et destinateur est de toute façon limitée dans les échanges épistolaires étant donné qu'il ne peut y avoir d'intervention directe de l'autre partie pendant l'écriture ni pendant la lecture, l'interaction est encore plus réduite lorsque les lettres sont envoyées mais n'arrivent pas, qu'elles arrivent à leur destinataire mais ne trouvent pas de réponse. Si beaucoup d'échanges dans le contexte migratoire historique sont à sens unique, le discours peut ainsi sembler se construire de façon monologique – ce qu'Isabelle Tremblay appelle « la construction d'un discours fantôme » dans son étude du roman épistolaire monophonique[38]. On écrit malgré l'absence de réponse, malgré le fantôme qui a disparu de l'autre côté des mers – mais sans doute pourrait-on dire aussi *contre* l'absence de réponse et *pour* le fantôme de l'autre côté des mers. En réalité, il s'agit malgré tout d'un discours polyphonique puisque résultat de plusieurs intervenants (interprètes, traducteurs, transcripteurs,

38 Isabelle Tremblay, « Le roman épistolaire monophonique ou la construction d'un discours fantôme », *Fabula-LhT*, nº 13, « La bibliothèque des textes fantômes », novembre 2014.

etc.). L'interaction entre les différentes instances est en déséquilibre, elle est décentrée. L'implicite et l'absence l'emportent sur l'explicite et la présence. Les suppositions et les conjectures, les hypothèses et les attentes non-satisfaites l'emportent sur les formulations directes. Réduit à une présence en creux qui prend à peine forme ou rarement, le destinataire de ces lettres est une présence espérée mais non confirmée, fantomatique.

Dans une situation de migration telle qu'elle a pu s'opérer entre l'Inde et la Caraïbe, la géographie des échanges est, elle aussi, profondément altérée par rapport à ce qu'elle a pu être dans l'Europe de la « République des Lettres ». La « scénographie » de ces échanges épistolaires, leur « stratégie » et leur « interaction », selon les termes utilisés respectivement par Dominique Maingueneau, Ruth Amossi et Caroline Kerbrat-Orecchioni, sont donc radicalement altérées et bousculées, tout autant que leur matérialité[39]. C'est aussi la perception de ce qui aurait pu être considéré comme « l'authenticité », ou le manque « d'authenticité », de ces lettres qui est troublée. Comme nous l'avions vu pour les récits d'esclaves dont « l'authenticité » avait longtemps été mise en avant puis avait été bouleversée par les néo-récits d'esclaves, c'est le processus multiple de production et de transmission de ces lettres qui est fascinant. Le texte qui apparaît comme étant premier n'est jamais un moment fondateur, il n'y a plus de texte fondateur qui serait unique et aurait une primauté absolue sur les autres textes. Comme pour les récits d'esclaves, l'archive, toujours « incomplète[40] », ne peut plus être que l'une des étapes dans la (re-)construction d'une multiplicité de moments fondateurs.

Si la couronne britannique était véritablement au centre des échanges, dans tous les sens du terme, pendant la période coloniale, une nouvelle géographie s'est mise en place pour les descendants de ces travailleurs engagés, « transcoloniale » cette fois, parvenant quelques générations plus tard à court-circuiter l'ancien centre colonial et à établir des relations horizontales plus que verticales, « métasporiques » ou « rhizomatiques » pour reprendre le terme de « rhizome » forgé par Deleuze et Guattari, puis repris par Edouard Glissant en opposition avec celui de racine unique et dont il a aussi été question au chapitre précédent. Ce que Shu-mei

39 Voir les articles de D. Maingueneau, « Scénographie épistolaire et débat public », de C. Kerbrat-Orecchioni « L'interaction épistolaire » et de R. Amossi « La lettre d'amour, du réel au fictionnel », *La Lettre entre réel et fiction*, sous la direction de Jürgen Siess, Paris, SEDES, 1998.

40 *Mal d'archives*, *op. cit.*, p. 83.

Shih et Françoise Lionnet appellent des « réseaux mineur-mineur » est aussi l'héritage de ces relations rhizomatiques. Pour Shih et Lionnet, il s'agit de cultures qui peuvent être « produites et pratiquées sans la médiation du centre[41] ». Les relations entre Inde et Caraïbe sont l'un des meilleurs exemples de cet entrelacs relationnel dans lequel le pouvoir central s'efface peu à peu au fur et à mesure de la décolonisation au profit d'autres relations entre anciennes colonies. C'est la complexité de ces relations qui se fait jour dans l'intérêt pour les lettres et les archives.

Les présentations ne sont plus à faire avec l'écrivaine indo-trinidadienne installée au Canada, Ramabai Espinet – son roman *The Swinging Bridge* a été évoqué au chapitre précédent. Mais il semble maintenant nécessaire de mettre en relation *The Swinging Bridge* avec le texte écrit par la journaliste indo-guyanaise installée aux États-Unis, Gaiutra Bahadur, *Coolie Woman : The Odyssey of Indenture*[42]. Toutes deux nous offrent précisément une vision transnationale et transcoloniale de cette nouvelle géographie, l'une à travers l'angle de la fiction et l'autre à travers la non-fiction. Toutes deux se sont plongées dans les archives, toutes deux ont eu à négocier un patrimoine familial et/ou collectif. Toutes deux amènent à l'avant-scène la figure de leur arrière-grand-mère, permettant un accès détourné à leur propre histoire individuelle, ancrée dans l'histoire familiale et/ou collective. La lecture de l'histoire ne peut qu'être enrichie par un rapprochement des perspectives fictionnelles et non-fictionnelles. Dans cette même perspective le roman de Peggy Mohan, *Jahajin*, et les mémoires de Clem Seecharan, *Finding Myself*, seront aussi évoqués car eux aussi se jouent de la frontière entre fiction et non-fiction. Eux aussi jettent la lumière sur leurs arrière-grands-mères, embarquées pour l'autre côté du *Kala pani*.

41 « minor-to-minor networks », Shu-mei Shih et Françoise Lionnet, eds. *Minor Transnationalism*, Durham et Londres, Duke University Press, 2005.

42 Gaiutra Bahadur, *Coolie Woman – The Odyssey of Indenture*, Londres, Hurst and Company, 2013. Sous l'angle de la fiction et de la non-fiction, une première approche de la figure de l'arrière-grand-mère a été faite dans « Ramabai and Gainder, Gaiutra and Sujaria are Turning Tides : Great-grandmothers' and Great-granddaughters' Odysseys and Narratives of the *Kala Pani* ». *Turning Tides : Caribbean Intersections in the Americas and Beyond*, Heather Cateau et Milla Cozart Riggio, éds., Kingston, Jamaica : Ian Randle Publishers, 2019, p. 73-87.

LES ARRIÈRE-GRANDS-MÈRES ENTRENT EN SCÈNE

Si Espinet conserve des éléments autobiographiques tout en donnant un tour fictionnel à son histoire – Mona n'est pas Ramabai –, l'approche de Bahadur est solidement ancrée dans une lecture des archives mais la source est tout autant personnelle que collective. Née au Guyana de parents descendants des travailleurs engagés, Bahadur quitte le Guyana juste avant ses sept ans, pour s'installer aux États-Unis avec ses parents. Elle retourne au Guyana pour la première fois seize ans après, en 1997. C'est plus de cinq ans plus tard qu'elle va en Inde pour la première fois, en 2003. Devenue journaliste, elle opère des allers-retours entre le Guyana, les États-Unis et l'état du Bihar en Inde afin de retracer les pérégrinations de son arrière-grand-mère. Comme pour Espinet et son arrière-grand-mère Gainder, Bahadur suit l'odyssée de Sujaria. Toutes deux avec des méthodes différentes sont fascinées par ce qui a pu être archivé ou pas, ce qui a pu être transmis ou pas, ce qui a dû être reconstruit par l'« imagination historique » et ce à quoi elles peuvent accéder en tant que femmes du XXIe siècle.

Dans *The Swinging Bridge* la rupture est nette entre le niveau fictionnel et les références plus historiques du roman données en italiques avant chacune des trois parties. Un extrait de la première de ces parties a été cité au chapitre précédent. Voici deux extraits supplémentaires pour les autres passages en italiques qui précèdent la deuxième partie :

> Napoléon est mort [à Ste Hélène], ce promontoire rocheux face à l'océan Atlantique, face à cette côte d'où des millions d'Africains furent emmenés vers l'ouest pour travailler sur les plantations de sucre et de coton et engraisser les planteurs d'Europe. Ce mariage forcé de l'Afrique et de l'Europe eut lieu sur le sol caribéen, créant ainsi des plantes et des animaux hybrides d'une incroyable beauté [...] La défaite de l'armée napoléonienne en 1803, guidée par son beau-frère le Général Jacques Leclerc à Saint Domingue, la Perle des Antilles, avait déclenché les événements qui firent que les bateaux chargés de ces engagés en provenance du sous-continent indien, malmenés par la traversée des mers–une fille de treize ans portant le nom de Gainder parmi eux–vinrent à quai à Ste Hélène [...][43]

43 « *Napoleon died here, on a rocky promontory facing the Atlantic Ocean, facing the coastline from which millions of Africans were driven westward to provide labour for the sugar and cotton*

Napoléon est mentionné dans le même paragraphe que Gainder, en même temps que les migrations des engagés et que la traversée de l'arrière-grand-mère. Gainder est placée au sein de cette nouvelle communauté en formation, celle des *jahaji bhai* et *jahaji bahin*, ces compagnons et compagnes de fortune et d'infortune sur le bateau qui les emmène loin de leur patrie.

Si les méthodes de Bahadur et d'Espinet sont différentes, il s'agit toujours de prendre la perspective des femmes qui ont émigré au XIXe siècle. Émigrer, pour Bahadur – et cela serait sans doute aussi vrai pour Espinet – est comparable à l'expérience de la boîte du magicien :

> J'avais presque sept ans, assez grande pour garder des souvenirs du Guyana mais pas assez pour ne pas avoir le sentiment d'être coupée en deux par le départ. Émigrer, c'était comme d'être dans la boîte du magicien. La scie, le corps coupé en deux, magie que tout cela. Ensuite, l'harmonie des membres serait réparée, un corps intact pourrait reprendre sa place dans l'assistance. Mais à mon âge, impressionable et sans beaucoup de connaissances comme je l'étais, je ne le savais pas. Tout ce que je savais c'est que tout semblait se déchirer en deux[44].

À la fin du premier chapitre cependant, la métaphore de la boîte du magicien est reprise afin de soumettre l'hypothèse qui soutient l'ensemble du livre : est-il possible d'avoir été tout à la fois sciée en deux et libérée ? Est-il possible que l'expérience de cette libération ait été la même dans le cas de son arrière-grand-mère un siècle plus tôt, que cet arrachement ait aussi été une libération[45] ?

Jeter un coup d'œil aux notes à la fin des chapitres suffit à convaincre le lecteur que le moteur principal de *Coolie Woman* est la recherche dans les archives. Le travail qui a mené à l'achèvement du livre est tout à fait

plantations that fattened the purses of Europe. That forced marriage of Africa with Europe occurred on Caribbean soil, creating Creole plant and animal hybrids of astonishing beauty [...]. *The defeat of Napoleon's army in 1803 under his brother-in-law, General Jacques Leclerc, in San Domingue, the Pearl of the Antilles, had set in motion the chain of events that brought this shipload of seasick travellers from the Indian subcontinent–a girl of thirteen named Gainder among them–to dock at St Helena* [...] », *Ibid.*, p. 117.

44 « *I was almost seven, old enough to have memories of Guyana and young enough to be severed in two by the act of leaving it. Emigrating was like stepping into a magician's box. The sawing in half was just a trick. In time, limbs and coherence would be restored, and a whole, intact self be sent back into the audience. But at my age, uninformed and impressionable, I didn't know that. All I knew was that everything seemed to split apart.* » *Ibid.*, p. 4.

45 *Ibid.*, p. 15.

considérable et très souvent loué dans les recensions publiées sur *Coolie Woman*. La recherche de Bahadur l'a menée aux « *India Office Records* » de la « British Library » à Londres, aux « *National Archives of the UK* » à Kew, aux « *Oral and Pictorial Records* » de la bibliothèque « Alma Jordan » de l'Université des West Indies sur le campus de St Augustine, à la « *New York Public Library* », au « *Rajkumari Singh Center* » à New York, et bien sûr au « *Public Record Office* » à Georgetown au Guyana. On pourrait donc croire que la quête de Bahadur est entièrement dominée par la recherche en archives et qu'elle est uniquement motivée par le désir de trouver autant d'informations que possible en multipliant les sources historiques afin de décrypter et de comprendre le passé de ses ancêtres. Elle l'est et elle ne l'est pas. Certaines phrases-clés permettent de comprendre la dynamique particulière de son récit :

> J'essayais d'imaginer une réalité alternative dans laquelle je n'aurais pas émigré, où la maison de Cumberland était toujours debout et où je serais devenue une femme Guyanaise, tout simplement, sans autre nationalité qui y soit rattachée par un tiret. À travers ce miroir, qui serais-je ? Qui aurais-je pu devenir et où serait ma place dans une société qui n'offrait à certaines de ses femmes, encore aujourd'hui, que démembrement et incomplétude ? Il fallait que j'accepte le fait que je ne pouvais reprendre le passé. Ces femmes, elles, avaient eu un destin fort différent et bien pire : elles n'avaient pu échapper à l'histoire[46].

Plus que le résultat de ses recherches, c'est la recherche elle-même qui fascine Bahadur et ce qu'elle appelle de la « spéculation » et son intérêt pour les « lacunes » et « ce que les archives ne disent pas[47] ». La recherche n'avance que soutenue par le désir et l'imagination, même s'il y a toujours cette petite pointe de doute et de culpabilité : « Est-ce mal de spéculer ainsi[48] ? » C'est en fait cette spéculation qui donne toute son énergie à l'ouvrage et qui ne peut que nous rappeler le « mal d'archive » dont parle Jacques Derrida :

46 « *I tried to imagine the alternate reality in which I had never migrated, and the Cumberland house still stood, and I grew into a Guyanese woman, pure and simple, no hyphens. Through that lookingglass, who would I be ? Who might I have become, and where would I fit, in a society that offered not wholeness but dismemberment–still–for some women ? I merely had to come to terms with the fact that I couldn't reclaim the past. But these women had met an opposite and far worse fate : they had failed to escape history.* » *Ibid.*, p. 194.

47 « An ongoing exercise in speculation » *Ibid.*, p. 173 ; « a speculation into the gaps [...] and what the records do not say » *Ibid.*, p. 150.

48 « Is it wrong of me to speculate like this ? » *Ibid.*, p. 66.

> [Ê]tre *en mal d'archive* peut signifier autre chose que souffrir d'un mal, d'un trouble ou de ce que le nom « mal » pourrait nommer. C'est brûler d'une passion. C'est n'avoir de cesse, interminablement, de chercher l'archive là où elle se dérobe. C'est courir après elle là où, même s'il y en a trop, quelque chose en elle s'anarchive. C'est se porter vers elle d'un désir compulsif, répétitif et nostalgique, un désir irrépressible de retour à l'origine, un mal du pays, une nostalgie du retour au lieu le plus archaïque du commencement absolu[49].

La quête de Bahadur montre cette « pulsion irrésistible pour interpréter les traces, pour leur donner du sens et pour préférer telle trace à telle autre[50]. » On se souviendra du « dialogue avec le futur » dont parlait Soulages, de cette quête autant tournée vers le futur que vers le passé[51]. La quête de Bahadur nous rappelle aussi celle de Jan Shinebourne dans *The Last Ship*, roman évoqué dans le second chapitre. Joan Wong, la petite-fille de Clarice Chung, était, elle aussi retournée au Guyana et en Chine afin de retrouver quelques traces de son histoire[52].

Au cours de la lecture de ce dialogue que Bahadur mène avec le lecteur, celui-ci se rend vite compte qu'il serait impossible de séparer l'exploration personnelle de l'investigation historique, l'odyssée familiale remontée à rebours (États-Unis, Guyana, Inde) de la recherche dans les archives. Dès que l'on pense être en train de s'informer au sujet de l'histoire collective des travailleurs engagés, on trouve au détour d'une phrase une mention toute personnelle de Sujaria, cette arrière-grand-mère admirée dont Gaiutra a suivi les pas et tenté de reconstituer l'histoire pendant des années, l'œil fixé aussi sur sa propre trajectoire passée, présente et future. Voici un exemple, il pourrait y en avoir des dizaines d'autres car c'est la façon dont l'écriture de Bahadur se déploie :

> Pendant les années les plus catastrophiques du commerce des *coolies*, entre 1854 et 1864, le taux de mortalité sur les bateaux faisant route vers le Guiana était de 8.54 %, équivalent à ce qu'il était sur les bateaux négriers pendant les dernières décennies du XVIIIe siècle. Mais au moment où mon

49 *Mal d'archives*, Paris, Galilée, 1995, p. 142.
50 *Trace et archive*, *op. cit.*, p. 62.
51 *Ibid.*, p. 6. Citation complète donnée dans le chapitre 3.
52 Il est à noter que Gaiutra Bahadur, Jan Shinebourne et Clem Seecharan, tous trois évoqués ici, ont grandi sur la même plantation, Rose Hall Estate, ainsi que l'écrivain Arnold Itwaru, installé au Canada.

> arrière-grand-mère s'est embarquée, le taux de mortalité était tombé entre 1 % et 2 % sur la plupart des bateaux de *Coolies*[53].

La question qui est au centre de l'exploration de Bahadur est de considérer si l'hypothèse qu'elle émet à la fin du premier chapitre est valide : au-delà du déchirement, l'émigration hors du Guyana a-t-elle au bout du compte été une libération, et en a-t-il été de même pour Sujaria lorsqu'elle a embarqué sur *The Clive* en 1903 et pour toutes les autres femmes qui ont embarqué sur ces bateaux entre 1845 et 1917 ? Les questions qu'elle pose au sujet de Sujaria sont celles qui peuvent être posées pour toutes les autres femmes : qui étaient-elles ? Comment savoir si elles étaient veuves mises au ban de la société, épouses en fuite, courtisanes, prostituées, paysannes en quête d'une meilleure vie, victimes d'enlèvement… ? Bahadur se demande si le travail engagé fournissait une libération à ces femmes ou était une autre forme d'esclavage : « Ces deux possibilités s'excluaient-elles mutuellement ou pouvaient-elles toutes deux être vraies[54] ? ». Où donc se trouve la vérité ?

On peut se demander effectivement quelles réponses peut donner la recherche dans les archives et quelle perspective peut être la nôtre aujourd'hui étant donné qu'il y a plus de lacunes dans les archives que de réponses, que tout a été filtré par les traductions, les correspondances officielles et le choix qui a été fait, comme pour toute archive, de conserver ou de ne pas conserver :

> Les archives comportent des lacunes. Manquent, à quelques exceptions près, les voix des femmes elles-mêmes. Aucun journal intime, aucune lettre. La majorité ne savait pas lire, en anglais ou dans une autre langue indienne. Elles ne racontaient pas leurs propres histoires, ou bien indirectement, à travers le prisme parfois biaisé des représentants du gouvernement ou des tribunaux qui parfois notaient leurs témoignages. Le silence relatif de ces femmes dans toute l'histoire reflète leur manque de pouvoir. Mais ce silence pouvait-il aussi refléter une stratégie selon laquelle les femmes auraient des secrets à garder ? […] ? Mon arrière-grand-mère aurait-elle pu ne pas vouloir que sa descendance sache pourquoi et comment elle était partie[55] ?

---

53 « *During the most catastrophic years of the coolie trade, between 1854 and 1864, the death rate on ships to Guiana was 8.54 percent, equal to that on slave ships in the final decades of the 18th century. But* by the time my great-grandmother sailed, *the mortality rate on most indenture ships had fallen to between 1 and 2 percent.* » *Coolie Woman*, *op. cit.*, p. 62.

54 « *Were these two possibilities mutually exclusive, or could both things be true ?* » *Ibid.*, p. 39.

55 « *The archives leave gaps. Missing, with few exceptions, are the voices of the women themselves. They did not leave any diaries or letters. The vast majority wasn't literate, in English or in any other Indian language. They did not tell their own stories, except indirectly, through the often-biased*

Nous ne saurons jamais si Sujaria a délibérément voulu échapper aux questions sur son passé.

Cette approche non-traditionnelle dicte à l'auteur une certaine organisation et structure pour son ouvrage. Plusieurs éléments formels doivent être soulignés. Outre l'association intime entre le personnel et le collectif, le second élément que l'on doit mettre en valeur est la rhétorique utilisée dans l'ensemble de l'ouvrage : le trope auquel Bahadur a le plus fréquemment recours est le *quaesitio*, cette série de questions rhétoriques qui n'attend pas de réponse particulière. Certains paragraphes listent une dizaine voire une quinzaine de questions sans aucune autre interruption, des dizaines d'exemples pourraient être pris :

> Comment puis-je situer mon arrière-grand-mère dans cette odyssée ? Si je dessinais une ligne imaginaire reliant les différents moments sur ces bateaux les uns aux autres, les différentes images de femmes les unes aux autres, un peu comme une constellation, se pourrait-il que je courusse le risque de faire émerger une fausse image si je ne connectais pas les bons moments entre eux ? Comment savoir ce qui est correct ? La constellation [de Sujaria] émettra-t-elle une lumière[56] ?

Et plus tard, à propos de la naissance de son grand-père à bord : « Comment se fait-il que mon grand-père, lui aussi prématuré, échappât à cet oubli ? Un bon tiers des nourrissons nés à bord de ces bateaux mouraient avant l'arrivée. Qu'est-ce qui l'a sauvé ? Et s'il n'avait pas survécu[57] ? ».

Le troisième élément qui semble devoir être souligné c'est la façon dont l'histoire est réécrite et fictionnalisée : Bahadur réimagine, reconstruit et parfois réécrit les éléments historiques, leur donnant une forme nouvelle, plus fictionnelle, plus proche des doutes qu'elle peut avoir ou des approximations qu'elle doit éventuellement accepter. De façon toute transgénérique, elle associe fiction et non-fiction, renforçant ainsi le pouvoir de l'imagination et du texte dans la recherche historique.

---

prism of government investigators and court officials who occasionally took their testimonies. The relative silence of coolie women in the total sum of history reflects their lack of power. But could it also reflect a strategy by women who had secrets to keep ? [...] *Is it possible that my great-grandmother would not want me to know why and how she left ?* » *Ibid.*, p. 32.

56 « *How do I even begin to situate my great-grandmother in this odyssey ? If I draw an imaginary line from moment to moment on the ships, from glimpse to glimpse of women aboard, will her shape emerge, constellation-like ? Could the wrong shape emerge, if I connect the wrong moments to each other ? How do I know which are right ? Will her constellation give off light ?* » *Ibid.*, p. 63.

57 « *How was it that my grandfather, also premature, escaped this oblivion ? Fully a third of the infants born on his ship died before it docked. What saved him ? And what if he hadn't survived ?* » *Ibid.*, p. 64.

Selon cette dynamique et dans un ouvrage dont la teneur peut sembler prioritairement historique et factuelle, Bahadur s'appuie sur des tropes littéraires afin d'affiner son discours et son approche. Son utilisation des verbes modaux est significative, celle du fréquentatif *would* par exemple, qui serait traduit par un imparfait en français :

> La nuit juste avant que *The Main* arrivât à quai à Georgetown, Crompton [le second lieutenant] descendait dans la cale du bateau. À la lueur des lanternes, disposées là précisément pour empêcher ce genre de faute, le *sirdar* de garde le voyait en train de reluquer le quartier des femmes. Crompton en cherchait une, en vain[58].

Parfois, c'est le présent qui remplit la même fonction de fictionnalisation : « J'imagine les soirées à la Plantation Enmore : le parfum enivrant, un peu visqueux, de la canne à sucre brûlée transperce l'air. Les champs de canne ont été mis à feu et la cendre des feuilles grillées se dépose partout[59]. » Et parfois c'est une adresse directe au lecteur qui doit capturer l'imagination : « Et Maharani, la très jeune veuve qui s'était enfuie après avoir renversé du lait, et qui semblait si ravie d'être seule, vous en souvient-il ? Lorsqu'elles arrivaient à la plantation, les femmes qui n'étaient pas mariées étaient associées à un homme – mais pas Maharani. Elle a réussi à résister presque jusqu'à la fin de son contrat[60]. »

Bahadur continue l'histoire de Maharani, la reconstruisant avec ses propres mots, et elle ajoute simplement une note en fin d'ouvrage :

> L'histoire est reconstruite à partir des entretiens menés par Patricia Mohammed, « Maharani and her daughter Mahadaye Ramsewak », 1990, enregistrement 33, OP62, Oral and Pictorial Records Programme, Alma Jordan Library, UWI, St Augustine, Trinidad, ainsi que « Maharani », entretien mené par Noor Kumar Mahabir, *The Still Cry*, Trinidad : Calaloux Publications, 1988, p. 79-88. (nbdp n° 47, p. 227)[61]

58 « *The night before* The Main *pulled into Georgetown, Crompton [the second mate] would descend into the hold of the ship. In the twilight of the lanterns, meant to expose exactly this kind of trespass, the* sirdhar *on watch would see him browsing the women's section. Crompton would search, without success, for someone.* » *Ibid.*, p. 54.

59 « *I imagine evening on Plantation Enmore : the drunken, sticky scent of scorched cane spikes the air. The fields have been set on fire, and ash from the singed leaves settles on everything.* » *Ibid.*, p. 105.

60 « *Remember Maharani, the child widow who ran away after spilling milk, the woman who sounded so thrilled to be alone ? When she arrived at her plantation, every unattached woman went off with a man–but not Maharani. She managed to resist until her indenture was almost over.* » *Ibid.*, p. 85.

61 « *This story is reconstructed from : 'Maharani and her daughter Mahadaye Ramsewak, interviews by Patricia Mohammed', 1990, tape 33, OP62, Oral and Pictorial Records Programme,*

À partir de correspondances officielles, de pétitions, ou de retranscriptions d'auditions, Bahadur redessine les contours de ces vies oubliées, parallèles à celle de Sujaria, de la même façon qu'Espinet voyait la communauté des femmes engagées sur contrat à travers Gainder. Si Espinet a choisi de concentrer des centaines de vies en une seule, celle de Gainder, érigée en icône de la migration indo-caribéenne au féminin, tout au long de *Coolie Woman* Bahadur redonne une identité à toutes ces femmes, elle leur redonne une existence en même temps qu'un nom : Baby, Eliza Jones, Kishuny, Maharani, Laungee, et toutes les autres. Elle choisit la multiplicité des vies égrenées au fil des archives, alliée à la singularité de la vie de Sujaria. Que ce soit sur les bateaux ou sur les plantations, c'est toute la vie de ces femmes qui est examinée dans l'ouvrage, de leur départ vers une nouvelle vie à leurs espoirs ou leurs désillusions, à leurs rêves de retour ou à l'oubli radical et délibéré de leur terre natale, en passant par leur vie sexuelle et amoureuse, à l'intérieur du mariage ou hors mariage, comme un autre asservissement ou une autre libération.

Enfin, ce que Bahadur dit lors de sa visite dans sa famille en Inde est probablement ce qui donne à Espinet le moteur de sa narration aussi :

> Mes cousins germains du Bihar pensaient que je convoitais leurs terres. Pour être tout à fait honnête, je convoitais bien quelque chose mais les richesses que je désirais, c'étaient les histoires : les leurs, celles de mon arrière-grand-mère, la mienne. Appelez cela une quête d'identité, ou une recherche de l'or de la narration, ou utilisez le mot affreux de « racines ». [...] Je connais de nombreux Indo-Caribéens qui ont le syndrome du membre fantôme. Arrachés à notre patrie imaginaire, nous avons ressenti, depuis des générations, l'absence de l'Inde comme celle d'un membre amputé. Et si cela voulait dire que je devais m'incliner comme une arrière-petite-fille qui demande une bénédiction, eh bien, c'est ce que je ferais, suspendant le doute[62].

Alma Jordan Library, UWI, St Augustine, Trinidad, as well as 'Maharani, interview by Noor Kumar Maha bir', The Still Cry, *Trinidad : Calaloux Publications, 1988, p. 79-88. (ndbp 47 ; 227)* » *Ibid.*, p. 227.

62 « *My Bihari fourth cousins thought I might covet their land. I did covet something, to be honest. The riches I was after were stories : theirs, my great-grandmother's, my own. Call it a quest for identity, or an exploration for narrative gold. Even use the awful word "roots". [...] Many Indo-Caribbeans I know suffer from a kind of phantom leg syndrome. Dismembered from our imaginary homeland, we have felt the absence of the severed limb of India for generations. And if that meant I had to bend at the waist, like an obedient great-granddaughter seeking blessings, then I would have to do so, suspending doubt.* » *Ibid.*, p. 176.

Espinet suspend aussi le doute mais rassemble tous les fils autour d'un personnage de fiction, Mona. Éléments historiques et fictionnels se mêlent dans les deux cas. Les deux autrices contribuent, par leurs voix et celles qu'elles ramènent vers notre conscience, à la création de cet espace-temps diasporique si particulier. En ce qui concerne les migrations indo-caribéennes tant de choses demeurent dans l'ombre et sont laissées aux spéculations de chacun qu'il semble que cette double approche à travers la fiction et la non-fiction, soit la plus féconde.

Espinet et Bahadur ne sont pas les seules à avoir expérimenté la porosité de ces frontières génériques, rendue nécessaire par le sujet lui-même dans toute sa nébulosité. L'ouvrage de Clem Seecharan, *Finding Myself*, prend aussi corps dans cette articulation particulière entre le personnel et le collectif, la recherche de l'exactitude dans le fait historique et dans la narration de soi. L'autrice et linguiste trinidadienne Peggy Mohan, dont nous évoquerons un peu plus loin le roman *Jahajin*, utilise des ressorts similaires pour faire face aux mêmes contraintes, de façon créative.

Seecharan ouvre le chapitre qui s'intitule « Girmitiyas and my discovery of India » avec deux exergues. La seconde est extraite de l'autobiographie de Cheddi Jagan, *The West on Trial – My Fight for Guyana's Freedom* (1966), et met l'accent sur le peu de connaissances que Cheddi avait de l'Inde, de ses ancêtres avant leur arrivée au Guyana britannique en 1901, si ce n'est qu'ils venaient de l'Uttar Pradesh, à 90 km de Allahabad, lieu de naissance de Jawaharlal Nehru[63]. Le parallèle entre la trajectoire de Jagan et celle de Seecharan est visible dès que ce dernier ouvre le chapitre avec sa propre voix : sa famille est aussi venue au Guyana britannique entre 1875 et 1909 en tant que travailleurs engagés. Et il ajoute : « Je n'avais aucune idée de l'Inde d'où venaient mes ancêtres, aucune idée des raisons pour lesquelles ils étaient partis. J'imaginais l'Inde comme un espace indifférencié, bien plus grand que le Guyana britannique mais pas aussi grand que l'Angleterre[64]. » Un paragraphe entier est structuré autour de débuts de phrase tels que

---

63 « *I know very little about my ancestors in India… All that I shall ever know about my parents before they reached British Guiana [in 1901] is what is stated in the records of the now defunct Immigration Department [Ship's Registers]. They came from Basti in Uttar Pradesh, about sixty miles from Allahabad, Jawaharlal Nehru's birthplace.* », Clem Seecharan, *Finding Myself – Essays on Race, Politics and Culture*, Leeds, Peepal Tree Press, 2015, p. 114.

64 *Ibid.*, p. 114.

« Nous ne savions rien du contexte dans lequel vivaient nos ancêtres… », « Aucune réflexion n'était menée au sujet de leurs émotions, de la douleur probablement encore persistante… », « Aucune exploration n'était faite de la rupture définitive avec la 'mère patrie' – un voyage sans retour pour la plupart. Cette Inde contemporaine était une zone obscure ; nous n'essayions pas de la comprendre[65]. » Et Seecharan de conclure son entrée en matières sur l'aspect « labyrinthique » des images fantasmatiques qu'il pouvait avoir de l'Inde, et qui venaient de ce que V. S. Naipaul appelle « les ténèbres de l'histoire[66] ».

Seecharan date le début de sa compréhension de l'Inde comme lieu d'origine de sa famille guyanaise vers le début des années 1980 et surtout la rattache à sa lecture de l'ouvrage de Brij V. Lal, *Girmitiyas : The Origins of the Fiji Indians* (1983)[67]. Une compréhension plus éclairée du temps historique, des dates, des repères chronologiques tout simplement, fut alors possible, ainsi qu'une nouvelle approche de la vie que pouvaient avoir eue ses arrière-grands-parents. C'est alors que Seecharan peut revenir vers la vie de son arrière-grand-mère Kaila (1889-1956) et que celle-ci prendra tout son sens. Comme pour Bahadur et Espinet, c'est cette figure de l'arrière-grand-mère qui illumine la recherche du passé et la compréhension du présent. L'arrière-grand-père maternel, Sewnath (1881-1956), est arrivé à la Guyane britannique sur le bateau *The Avon*, accompagné de sa sœur et de son beau-frère, tous trois étant engagés sur la Plantation Albion – cette même plantation qui forme le décor du roman de David Dabydeen, *The Counting House* – pour ensuite aller sur la Plantation Rose Hall, cette même plantation sur laquelle, ou près de laquelle, ont grandi Cyril Dabydeen, Arnold Itwaru, Janice Lowe Shinebourne ou encore Gaiutra Bahadur. L'arrière-grand-père maternel de Seecharan, Jagarnath (1888-1958), est arrivé en 1908, sur le bateau *The Ganges*, à l'âge de vingt ans, d'un village de l'Uttar Pradesh lui aussi. L'arrière-grand-mère paternelle, Etwarie, était une Indienne créole, née au Guyana britannique autour de 1898. Il semble que les deux côtés de la famille aient appartenu à la caste des

65 « *We learnt nothing of our ancestral background…* », « *We did not reflect on the emotions, the pain, probably still lingering…* », « *We did not explore the terminal break with the 'motherland' – for most, a one-way journey. That recent India was an area of darkness ; we did not try to comprehend it.* » *Ibid.*, p. 114.

66 « *Such were the labyrinthine fantasies girmitiyas stirred in me !* […] *They came not from a precocious imagination but out of 'historical darkness'.* » *op. cit.*, p. 115.

67 Brij V. Lal, *Girmitiyas : The Origins of the Fiji Indians*, Canberra, *Journal of Pacific History*, 1983.

agriculteurs des Ahirs. Pourtant, l'arrière-grand-mère maternelle, Kaila, introduit un élément différent dans la famille. Issue de basse caste, elle tranche par rapport aux Brahmanes et Ahirs de la famille. De la caste des Pasis, travailleurs de l'huile de palme et chasseurs de petit gibier et d'oiseaux sauvages, le terme même de « Pasis » est dérivé d'un mot qui signifie « nœud coulant ». Seecharan en est venu à la conclusion qu'en traversant le *Kala pani*, Kaila (son nom étant sans doute une variation de *kala*, noire) avait échappé au nœud coulant de la caste dans laquelle elle était enfermée. Son histoire est fascinante car c'est une histoire de libération et de résilience.

Kaila bénéficie donc d'une place spéciale dans le panthéon familial de Seecharan. À sa mort, l'arrière-petit-fils n'a que six ans mais les souvenirs qu'il garde d'elle sont à la source de sa passion pour l'histoire des travailleurs engagés à la Guyane britannique et pour son histoire familiale et nationale. C'est elle qui fera jaillir l'étincelle du désir de chercher et de comprendre. Personnage quasi « mythique » pour Seecharan[68], elle est celle qui n'aura jamais failli à son devoir familial, celle qui aura tout sacrifié pour ses enfants et petits-enfants, afin qu'ils aient une nouvelle vie dans un nouveau lieu, loin de son Inde natale. Partie seule de son village natal en Inde à l'âge de vingt ans en 1909 sur le bateau *The Ganges*, son pouvoir d'évocation et l'image de résilience qu'elle offre sont semblables à ceux de Gainder pour Espinet, ou de Sujaria pour Bahadur. Et pourtant, que de mystères non-résolus ! Le *quaesitio* est un trope que Seecharan utilise lui aussi et qui reflète cette zone d'ombre jamais totalement éclairée :

> Kaila avait vingt ans lorsqu'elle est arrivée à la colonie ; elle était « célibataire » et voyageait seule. Peut-on vraiment croire à son fragment d'histoire ? Était-elle mariée en Inde ? Avait-elle des enfants ? [...] A-t-elle eu une enfance heureuse ? De quoi vivait sa famille ? Ceux qu'elle ne reverrait plus jamais lui manquaient-ils ? Avait-elle des rêves de retour ? Pourquoi était-elle partie de chez elle ? A-t-elle dit à quelqu'un qu'elle partait avec un contrat de travail et ne reviendrait peut-être pas ? Pourquoi voyageait-elle seule, sans aucun autre parent pour l'accompagner ? Comment a-t-elle trouvé la force de se détourner totalement de son passé et établir les bases nécessaires pour que des gens comme moi puissent acquérir ambition et estime de soi ? Que de zones d'ombre[69] !

---

68 « a mythical persona almost ». Clem Seecharan, *Finding Myself – Essays on Race, Politics and Culture*, Leeds, Peepal Tree Press, 2015, *op. cit.*, p. 118.

69 « *Kaila was twenty when she went to the colony ; she was 'single' and travelled alone. How credible was her fragment of a story ? Was she married in India ? Did she have any children ?* [...] *Did she have a happy childhood ? What did they do for a living ? Did she miss those she would*

De telles zones d'ombre enveloppent les histoires de Gainder, Sujaria et Kaila. Si elles drapent leur objet d'un voile plus ou moins opaque, elles permettent dans tous les cas au désir de connaissance de surgir et de prendre une forme créatrice.

JAHAJIN, OU LA RECHERCHE DE L'ARRIÈRE-ARRIÈRE-GRAND-MÈRE

Dans le cas de Peggy Mohan, *Jahajin*[70] est un roman hybride qui s'organise aussi autour de la recherche de l'histoire individuelle, familiale et collective, tentant de remonter jusqu'à l'arrière-arrière-grand-mère mais de façon plus indirecte puisque la narratrice et protagoniste principale, Trinidadienne d'origine indienne, linguiste de profession et spécialiste du bhojpuri de Trinidad, fait des recherches sur cette langue et enregistre pour un doctorat qu'elle effectue à l'Université du Michigan, des entretiens avec les derniers survivants du travail engagé. L'une des femmes qu'elle interroge, Deeda, âgée de plus de cent ans, était sur le même bateau que son arrière-arrière-grand-mère, Sunnariya-Sundaree, à qui ce nouveau nom est donné afin de la différencier d'une autre femme sur le bateau qui portait le même nom qu'elle, Janaki, et dont elle épousera l'un des fils, Ramesar.

Comme rien ne peut être raconté de façon directe en ce qui concerne les migrations des travailleurs engagés, le lecteur n'a pas accès à la voix de Deeda pendant les entretiens que la narratrice réalise. C'est seulement lorsque celle-ci les fait écouter à une universitaire, Rosa, à l'occasion d'un séminaire sur le campus de University of the West Indies, St Augustine, que le lecteur peut lire ces mots retranscrits sur la page. Les pérégrinations de Sunnariya sont donc ré-imaginées à travers ce que son amie Deeda peut en dire, peut-être pour la première fois, après quelque quatre-vingt-dix ans.

---

never see again ? Did she dream of retunring one day ? Why did she leave home ? Did she tell anybody that she was going away to work, possibly never to return ? Why did she travale alone, unaccompanied by any relatives ? How did she find the strength to break completely from her past and establish a foundation for people like myself to acquire ambition and self-belief ? Some area of darkness ! » *op. cit.*, p. 120.

70 Peggy Mohan, *Jahajin*, Noida, HarperCollins, 2007.

Ce n'est pas par hasard si l'objet au centre du roman qui permet d'actionner tous les leviers du texte, est le magnétophone que la narratrice transporte partout pour ses entretiens. Objet qui enregistre la voix et permet de la réécouter à loisir, voire de la faire entendre à d'autres, le magnétophone est la métaphore de l'entreprise narrative de *Jahajin* qui permet d'avancer ou de reculer dans le temps. Il est aussi cet objet transitionnel qui autorise le contact et la réactivation du lien social ou familial alors même que le contact avait été perdu. Véritable adjuvant, il permet aussi, de façon détournée, de déterminer si l'interlocuteur est bel et bien un *jahaji* :

> J'avais découvert que le moyen le plus facile de savoir si les gens étaient de véritables jahajis était d'appuyer sur le bouton Stop. S'ils cessaient alors de parler bhojpuri, cela voulait dire qu'ils étaient nés à Trinidad, et qu'ils faisaient seulement semblant. Pour aider une étudiante qui 'échouerait' à ses examens s'ils étaient incapables de conjurer une certaine atmosphère et de parler bhojpuri. Ensuite, le magnétophone arrêté, c'était le retour à la vraie vie, et on recommençait à parler un créole anglais.
>
> Avec les jahajis, le rêve se poursuivait[71].

Le magnétophone est aussi, de façon oblique encore une fois, le diseur d'une certaine vérité : il rappelle que tout ne peut être enregistré et que les choses sont plus complexes que simplement les boutons « Rewind. Stop. Play. » :

> Parfois ce que j'entendais de mieux se trouvait seulement dans ma mémoire. Le magnétophone était déjà éteint mais le flot de bhojpuri ne s'était pas arrêté. Je me rappelais chaque mot. Pourtant je me retrouvais ensuite parfois à écumer mes cassettes et mes notes sans pouvoir le retrouver. Quelque chose qu'un certain jahaji avait dit. Je me souvenais du moment précis. [...] Mais malgré tous mes efforts j'étais incapable de le retrouver dans l'enregistrement[72].

---

71 « *the easiest way to tell if people were jahajis, I had discovered, was to press stop. If the bhojpuri stopped too, they were born in Trinidad, and only going through a bit of make-believe. To help a student who would 'fail' if they didn't conjure up the mood and talk Bhojpuri for her. Then with the tape recorder off, we would be back to reality, speaking Creole English. With the jahajis, the dream went on.* » *Ibid.*, p. 183-184.

72 « *Sometimes the best things I heard were to be found only in my memory. The tape recorder had already been packed up, but the stream of Bhojpuri had continued. I remembered it all. Though sometimes I would find myself combing through my tapes and notes later on and not finding it. Something I knew a certain jahaji had said. I could remember the moment when it was said.* [...] But try as I might, I just wouldn't be able to find it on the tape. » *Ibid.*, p. 184.

Pour la narratrice, jamais nommée dans la diégèse du roman et que le lecteur peut donc soupçonner d'être l'auteure sans que jamais l'ambiguïté entre roman et roman autobiographique soit levée, il s'agit aussi d'un objet qui invite au retour en arrière : « Revenir en arrière ? Et pourquoi pas après tout[73] ? » Ce retour aura lieu à deux reprises : lorsqu'elle reviendra à Trinidad après s'être installée à Ann Arbor pour son Master et que les dés semblaient jetés pour que sa vie se déroule aux États-Unis ; et lorsqu'elle ira en Inde à la recherche de la branche indienne de sa famille à Ayodhya – une première fois pour elle mais un retour en arrière au nom de tous les *jahajis* de sa famille. Comme pour Gaiutra Bahadur qui a fait aussi le double retour vers le Guyana et vers l'Inde.

Ce n'est pas par hasard non plus si les mots de Deeda sont en italiques, comme un texte littéralement infléchi, dévié, ou décalé, par rapport au texte principal – toute la question étant de savoir ce qui constitue le texte principal, justement. Est-ce la recherche linguistique opérée par la narratrice sur le bhojpuri de Trinidad, la recherche plus historique sur les travailleurs engagés installés à Trinidad, ou bien encore la recherche plus personnelle structurée autour de la généalogie familiale, l'arbre généalogique de la narratrice figurant d'ailleurs à la fin du livre ?

Temps de l'histoire et temps du texte se mêlent intimement dans *Jahajin*. Le temps de l'histoire correspond au temps linéaire et chronologique du retour de la narratrice à Trinidad, de l'enregistrement des entretiens en bhojpuri à Trinidad, et de son départ pour l'Inde une fois obtenue une bourse d'étude de l'American Institute of Indian Studies. Ce temps de l'histoire correspond aussi à la trame temporelle soulignée par les différentes étapes du Carnaval à Trinidad – la préparation avec « *Camboulay* » ou en créole français les *cannes brûlées* qui correspond à l'ouverture du Carnaval ; puis les chars et les parades du Carnaval dans le chapitre « *Bobby's Day Out* » ; et enfin, le mercredi des Cendres à la fin du livre, juste avant que la narratrice repasse par les États-Unis pour aller en Inde. Entremêlée dans cette trame du temps présent, s'enroule et se déroule la narration de Deeda, qui appartient tout à la fois au temps de l'histoire et au temps du texte : Deeda vit bien dans le même espace-temps que la narratrice et sa narration progresse dans ce cadre-là, au fur et à mesure des visites et des enregistrements. Et pourtant, c'est

73 « *Reverse things ! What if I did ?* » *Ibid.*, p. 79.

aussi un temps analeptique dont la mémoire est ouverte par la flexibilité du texte. C'est un texte que le lecteur peut lire presque séparément pour lui-même, comme un sur-texte ou un sous-texte. Un texte en pointillé se dessine alors, intercalé avec la voix à la première personne de la narratrice dans le Trinidad d'aujourd'hui, comme le bâti d'un ourlet, toujours visible tant qu'il n'a pas été décousu afin de ne garder que l'ourlet final qui, lui, devra être invisible. Deux textes en un seul, deux textes indépendants mais qui ne font qu'un. Le lecteur lit deux lignes mélodiques qui racontent leur propre histoire mais résonnent en harmonie lorsqu'il les entend simultanément. Un vrai contrepoint.

Cette histoire du *Kala pani* fait donc entendre son écho à la surface du texte comme à celle de la mémoire de Deeda, en différé et de façon indirecte, mais toujours de façon historiquement exacte : le voyage en train de Faizabad à la gare de Howrah à Calcutta ; le séjour dans les dépôts de Garden Reach à Kidderpore [Khidirpur] ; la sélection des candidats à l'émigration ; la traversée en bateau et la formation de cette communauté de *jahaji bhai* et *jahaji bahin* (ces camarades de traversée que plus rien ne séparerait, comme des frères et des sœurs) avec ses naissances et ses décès ; les tempêtes et le calme plat ; les épisodes de musique et de chants, pour passer le temps et raffermir les esprits ; l'arrivée au dépôt de Nelson Island, au large de Port-d'Espagne ; la répartition des groupes, et des différentes tâches, sur les plantations ; le travail de la canne et l'organisation de la vie sur Esperanza Estate au fil des saisons ; les maladies et les deuils ; les rencontres avec les missionnaires canadiens ; les conversions au Christianisme ; les interactions entre les planteurs anglais et les planteurs français, souvent venus de Guadeloupe, de Martinique ou d'Haïti ; l'ajustement des castes à la nouvelle situation ; les vengeances après l'honneur bafoué ; les tribulations familiales ; et jusqu'au rapatriement vers l'Inde de Mukoon Singh, père de Sunnariya, devenu gênant à Esperanza Estate après qu'il eut assassiné le contremaître qui avait tenté de violer (ou avait violé, on ne le saura jamais) sa fille.

La voix de Sunnariya n'est jamais entendue qu'à travers celle de Deeda, en discours indirect. Nous n'aurons jamais la perspective de Sunnariya, seulement celle de Deeda sur sa plus proche amie, depuis sa montée sur le bateau jusqu'à sa mort en couches à Esperanza Estate. Le fils aîné de Sunnariya, Nana, arrière-grand-père de la narratrice donc, entretient une brève correspondance avec les deux fils de Mukoon Singh qui étaient repartis en Inde avec leur père et espéraient pouvoir revenir à Trinidad. Mais, de façon non surprenante maintenant que nous en savons un peu plus sur ce qui a été appelé plus haut « la politiques des postes », Nana détruit toutes les lettres échangées :

> [...] il rassembla les lettres et les conserva dans le coffre de la boutique, là où l'or était mis à l'abri. Puis, un après-midi, alors que j'étais en vacances et qu'il eut la prémonition de sa propre mort [...], il les sortit toutes et en fit un feu de joie. Ce qu'il avait dit à Ajie alors c'est qu'il ne voulait pas que quiconque les trouve après sa mort, suive leurs traces et embrasse l'Inde à nouveau[74].

Le retour en arrière et la fascination pour ce réseau de connections passées et présentes est bien ce qui caractérise la recherche de la narratrice de *Jahajin*, comme celle de Bahadur, d'Espinet et de Seecharan. Zones d'ombre, spéculation, recherches généalogiques et plongées dans les archives, la traversée du *Kala pani* peut encore sembler aussi obscure que les eaux qui la caractérisent. Et pour les descendants, c'est toujours ce lien avec *Mother India* qui est interrogé : dans quelle mesure le départ s'est-il fait de façon volontaire ou forcée, des contacts ont-ils été maintenus ou totalement rompus, que reste-t-il de l'Inde à la Caraïbe, pourquoi le maintien du lien a souvent été difficile, pourquoi dans la plupart des cas le retour a-t-il été impossible voire non-désiré ? Cette soif de connaître et ce désir de maintenir un lien, associés à l'impossibilité de savoir ou à la frustration du rejet, le désir d'oublier aussi, sont les éléments essentiels des correspondances qui retiennent l'attention. C'est aussi ce qui, plus globalement, alimente l'imaginaire des écrivains de la Caraïbe contemporaine.

74 « [...] *he collected the letters, and kept them in the great steel vault in our shop where the gold was kept. And then, one afternoon, when I was away on holiday, and he had a premonition of his own death* [...] *he took them all out and made a bonfire of them. What he had told Ajie then was he did not want anyone finding these letters after he was gone and trying to follow their trail and make their way back to India.* » *Ibid.*, p. 181-182. Il est à noter que le terme utilisé en anglais est « bonfire », un terme que j'ai traduit, comme il est fréquent mais pas systématique, par « feu de joie ». Une autre traduction aurait peut-être opté pour « les fit brûler ». La traduction étant toujours un choix qui crée un nouveau texte, la dimension de ce que Des Rosiers appelle « l'euphorie du déracinement » (*Théories caraïbes*, *op. cit.*, p. XIII) *augmente* ici le texte à la faveur de la traduction.

LETTRES ET ARCHIVES (2)

D'un genre l'autre

CORRESPONDANCES FICTIONNELLES

Physiquement séparées de leurs auteurs comme de leurs destinataires, flottant dans un espace intermédiaire ou liminal, les lettres, ces petits objets de papier d'avant l'ère électronique, ramènent le passé à la surface du présent. Elles rendent le corps de leur auteur présent pour son destinataire au-delà de l'absence physique, complexifiant ainsi la chronologie temporelle et l'organisation spatiale, la transformant en un espace-temps autre, hybride et composite. Les lettres envoyées d'un continent à l'autre mais qui restent sans réponse sont nombreuses, on l'a compris. Leur absence marque, en creux, les archives. Le déséquilibre entre les voix et les échanges est tout aussi notable dans la fiction caribéenne où le mode épistolaire est abondamment utilisé, à des degrés divers et dans des fonctions différentes. En effet, artefact paradoxal de la présence et de l'absence, les lettres émaillent quantité de textes caribéens, qu'il s'agisse de textes de fiction, romans ou nouvelles, ou de textes poétiques. L'utilisation du genre épistolaire renforce la structure diasporique et polyphonique de textes caribéens dont l'imaginaire a été nourri par les échanges de lettres réelles, ou par le désir de tels échanges. Prenant une place plus ou moins grande d'une œuvre à l'autre, les lettres signifient parfaitement la complexité diasporique et polyphonique de la Caraïbe littéraire. Elles inventent et réinventent les lettres réelles en partie manquantes. Lettres réelles et lettres fictionnelles forment en quelque sorte un ruban de Möbius.

En écho à ce qui a été exploré précédemment sur les thèmes de la diaspora, de la polyphonie ou des archives, nous retrouverons ici, sous un autre angle, des écrivains qui ont déjà été rencontrés – Fred

D'Aguiar, Myriam Chancy, Ramabai Espinet, Caryl Phillips, Gisèle Pineau, Patricia Powell, Olive Senior – et d'autres qui ne l'ont pas encore été – James Berry, Edwidge Danticat, Jamaica Kincaid, Linton Kwesi Johnson, Alicia Mc Kenzie. Puisqu'il a déjà été fait mention des récits d'esclaves publiés entre 1760 et 1865 et revisités une première fois par les écrivains noirs américains à partir des années 1960 puis une seconde fois par les écrivains caribéens à partir des années 1990, il faut souligner en préambule que nous sommes ici dans un domaine bien différent de celui des correspondances utilisées dans la littérature noire américaine. On aurait en effet pu penser, entre autres, aux lettres attendues, envoyées, subtilisées, fabriquées, qui trouvent une réponse ou pas, et sur lesquelles Harriet Jacobs appuie son récit *Incidents in the Life of a Slave Girl.* Ces lettres sont un élément essentiel de la vie de Linda sur la plantation et marquent sa progression vers la liberté. La lettre est aussi l'un des nœuds rhétoriques et diégétiques de nombreux romans africains américains contemporains, le best-seller d'Alice Walker *The Color Purple* (1982) étant sans doute l'un des plus beaux exemples puisqu'il est composé des lettres que Célie envoie à Dieu (56), puis à sa sœur Nettie (14) et des lettres de Nettie à Célie (21), sans que jamais aucune des deux sœurs ne lise les lettres envoyées par l'autre[1].

Dans un article sur la tradition épistolaire, Isabel Carrera Suárez affirme que la littérature caribéenne propose peu d'exemples du genre épistolaire dans les romans et les nouvelles même si la littérature de la diaspora est abondante, et que ce serait plutôt un genre utilisé en poésie[2]. Les quelques exceptions qu'elle note sont les deux nouvelles

1 Pour comparaison avec la littérature noire américaine on pourra se référer au volume *Lettres noires : l'insistance de la lettre dans la culture afro-américaine*, éd. Claudine Raynaud. Series *Profils américains*, Coll. « Horizons Anglophones », Montpellier, Presses universitaires de la Méditerranée, 2012. Le chapitre de Michel Feith sur *The Cattle Killing* de John Edgar Wideman et celui de Kathie Birat sur *A History of the African American People* de Percival Everett mettent à jour les hypotextes de ces deux romans et analysent les entrelacs entre les différents genres utilisés (lettres, journaux intimes, archives, pastiches, témoignages etc.), élaborant ainsi ce que Feith appelle une « archéologie de l'écriture » et Raynaud une « archéologie de l'Amérique ». Les lettres sont aussi montrées dans leur dimension politique (voir articles sur les lettres de prison ou les lettres ouvertes de protestation publique).

2 Isabel Carrera Suárez, « Epistolary Traditions in Caribbean Diasporic Writings : Subversions of the Oral/Scribal Paradox in Alecia McKenzie's "Full Stop" », *Tropes and Territories : Short Fiction, Postcolonial Readings, Canadian Writings in Context*, Marta Dvorák et W. H. New, éds., Montreal : McGill-Queen's University Press, 2007, p. 179-192 ; 179. Pour des analyses plus approfondies de l'utilisation que fait James Berry, en particulier, du genre épistolaire, voir Judith Misrahi-Barak, « Letters and Chronicles from the Windrush Generation :

d'Olive Senior « Ascot » et « Bright Thursdays », la nouvelle de Jamaica Kincaid « Letter from Home » et celle d'Alicia McKenzie « Full Stop ». Il semblerait au contraire que les lettres abondent dans les nouvelles et les romans caribéens, comme dans les poèmes[3], même si le genre épistolaire en tant que tel est modulé à l'infini par leurs auteurs. Dans tous les cas il s'agit toujours de (re-)composer un corps séparé en deux, comme dans la boîte du magicien de Bahadur, par l'intermédiaire de l'artefact d'encre et de papier, même si celui-ci est fictionnalisé. Le genre épistolaire n'est pas utilisé en tant que tel – pas de roman épistolaire à proprement parler – mais il est intégré dans un autre genre. La lettre croise ainsi les autres genres de fiction et de non-fiction tout en les modifiant. Elle met aussi en perspective, et en question, la complexité des rapports au pays d'origine et au pays d'accueil.

RUPTURES DE CORRESPONDANCE

Sans doute est-ce le moment de revenir vers un roman qui a été abordé dans le premier chapitre. Caryl Phillips a été, avec Fred D'Aguiar, l'un des premiers écrivains caribéens à se réapproprier cette double tradition du récit d'esclave originel et du néo-récit d'esclave africain américain, se plaçant ainsi dans une double caisse de résonnance, puisque *The History of Mary Prince* reste le seul récit d'esclave en anglais écrit à la Caraïbe et, à ce titre, une exception parmi les néo-récits d'esclaves publiés dans l'Empire britannique et sur le continent nord-américain[4]. La « technique du décalage » utilisée par Walker dans *The Color Purple*

Epistolary Sorrow, Epistolary Joy », *Windrush (1948) and Rivers of Blood (1968) : Legacy and Assessment*, Trevor Harris, éd., Routledge, 2019, p. 119-134.

3 On peut penser à de nombreux autres textes de la littérature caribéenne appartenant à tous les genres : « Quashie comes to London » de Una Marson, *Lucy's Letters and Loving* de James Berry, « Sonny's Letter, Anti-Sus Poem » de Linton Kwesi Johnson, *Mama Dot* de Fred D'Aguiar, « Coolie Son [the Toilet Attendant Writes Home] » de David Dabydeen, et bien sûr les romans de Jamaica Kincaid, *Lucy*, et de Caryl Phillips, *Higher Ground* et *Cambridge*, où le fait de ne pas répondre aux lettres reçues est central dans le développement diégétique. Une première approche de cette thématique avait été faite dans « Diasporic Agency and the Power of Literary Form in Caribbean Literature », *Atlantic Studies*, 9. 4, 2012, p. 431-446.

4 On peut se référer à l'analyse de cette différence par Roger Little, évoquée dans le premier chapitre.

est aussi utilisée par Phillips dans *Crossing the River*, roman fragmenté dans lequel la troisième des quatre parties, « Crossing the River », on l'a vu, retravaille le journal de bord de John Newton dans les années 1750 et les lettres écrites à sa femme Mary. La première partie, « The Pagan Coast », se concentre sur le personnage de Nash Williams, ancien esclave sur la plantation d'Edward Williams et missionnaire au Libéria dans les années 1830-1840, après l'émancipation. La violence coloniale organisée selon une logique de profit est au cœur des multiples transactions qui réglementent la plantation dans le cadre de l'esclavage, une violence qui se teinte du désir homoérotique d'Edward pour Nash et de la volonté d'Edward de retrouver son ancien esclave une fois que celui-ci s'est installé au Libéria.

Phillips met en scène par l'écriture ces transactions – financières, sociales et politiques, mais aussi interpersonnelles et sexuelles – et expose ces transactions dans ce qu'Hubert Malfray appelle leur « déni d'intersubjectivité » : la transaction coloniale n'est pas un échange. Au fil de la construction du discours, c'est même la « caducité de l'échange » qui se révèle[5]. Si dans chacune des parties, les voix des différents personnages ne sont jamais autorisées à se rencontrer de façon frontale, c'est par l'introduction du genre épistolaire dans « The Pagan Coast » que l'impossibilité de toute rencontre et de tout échange se dévoile le plus clairement. En effet, Nash n'apparaît jamais dans la diégèse en tant que personnage ou narrateur. Le narrateur omniscient de cette partie adopte, la plupart du temps, la perspective d'Edward afin de réfracter, pour le lecteur, l'image qu'Edward a de Nash. C'est seulement lors des lettres que Nash écrit à Edward une fois qu'il est installé au Libéria que le lecteur entend directement la voix de Nash à la première personne. Mais bien sûr, puisque ce sont des lettres, et qu'elles sont de plus envoyées pendant la période coloniale et d'un continent à l'autre, elles ne peuvent qu'être (très) décalées dans le temps et l'espace, en contrepoint.

Les premières lettres que Nash envoie à Edward exhibent une relation où Edward est « Dear Beloved Benefactor », « My Dear Father », puis « Dear Father ». Chroniques de la vie de missionnaire, les lettres déroulent

5 Hubert Malfray, « Une poétique de la précarité : Economies d'écritures dans *Crossing the River* de Caryl Phillips », *Traversée d'une œuvre :* Crossing the River *de Caryl Phillips*, Vanessa Guignery et Christian Gutleben, éds., Revue *Cycnos*, Nice, L'Harmattan, 2016, p. 124-137 ; 126. Malfray emprunte l'expression à Johannes Fabian dans *Time and the Other*.

la narration de l'arrivée au Libéria, de l'installation en tant que fermier, de la création d'une famille, des difficultés d'intégration, etc. Malgré la promesse de dialogue que la lettre contient dans son essence même, les lettres de Nash ne sont en fait qu'un discours d'emprunt, pastiche d'un style qu'Edward aurait pu employer dans ses propres lettres, alimentant ainsi la fiction de Nash qui serait le fils par adoption d'Edward, et la fiction d'Edward qui serait ce propriétaire d'esclave éclairé, patriarche d'une vaste famille. Tout d'abord symptôme de l'engagement de Nash envers celui qu'il prétend considérer comme son bienfaiteur et son père adoptif, les lettres deviennent ensuite symptôme de son désengagement. Entre la première lettre, datée du 11 septembre 1834 et la dernière, datée du 3 janvier 1842, un processus de libération se met en place au fil du discours épistolaire, comme si l'absence d'échange interpersonnel avait forcé le destinateur à avoir une conversation avec lui-même et à prendre son indépendance. Sa dernière phrase enjoint Edward à rester séparé de lui : « La seule chose qu'il me reste à requérir de vous est que vous demeuriez dans votre pays[6]. » Comme dans les lettres échangées (ou non) entre l'Inde et la Caraïbe, la lettre est le procédé littéraire qui révèle et expose l'attachement interpersonnel, elle est aussi celui qui déclenche et confirme le détachement.

Si Nash ne reçoit jamais les lettres tant attendues d'Edward, c'est que la communication est fragilisée par les relations familiales sur la plantation : la femme d'Edward a subtilisé les lettres, les empêchant ainsi d'atteindre leur destinataire. Edward, de son côté, attend les lettres de Nash qui ne lui parviennent que lorsqu'il est trop tard : le lecteur comprendra à la fin de « Crossing the River », que Nash était déjà mort lorsqu'Edward, au début de la partie, lisait la dernière lettre écrite par Nash. Les trajectoires croisée et séparées des lettres dans *Crossing the River* signifient bien la faillite de la transmission, la banqueroute de l'échange, la précarité du dialogue. Si la partie « Crossing the River » est particulièrement efficace dans ce domaine, les autres parties du livre mettent aussi ce dysfonctionnement de la parole échangée en exergue, même si c'est par d'autres moyens que par l'utilisation du genre épistolaire.

Ce « déni d'intersubjectivité » continue d'assaillir les romans ancrés dans la période contemporaine de la diaspora, comme la marque d'un

6 « It only remains for me once more to urge you to remain in your country. » Caryl Phillips, *Crossing the River*, *op. cit.*, p. 63.

héritage. Les exemples sont nombreux, prenons-en quelques-uns. En ce qui concerne les lettres spécifiquement envoyées du pays d'origine, celles écrites par la narratrice de *The Scorpion's Claw* restée en Haïti, Désirée, sont reçues et lues par Josèphe, son amie d'enfance qui a quitté Haïti. Elles restent sans réponse : « Chère Josèphe, *Comment vas-tu ?* Pourquoi n'as-tu pas écrit[7] ? ». Josèphe reçoit ces lettres de son pays natal, comme un signe de ce qu'elle a perdu, imprimant l'absence au cœur de sa vie :

> Je plie et replie la lettre. Elle commence à se déchirer sur les bords même si je la conserve soigneusement dans son enveloppe les jours où je ne supporte pas de voir l'écriture française de Désirée me tendant la main de l'autre côté de la terre et de la mer qui nous séparent. Je caresse les timbres où on peut lire « République d'Haïti », décorés d'oiseaux et de poissons colorés que je ne reconnais plus. Les lettres arrivent chaque mois, et je ne parviens à répondre à aucune[8].

Les lettres sont, pour Josèphe, le symbole de cette « perte qui la suit dans la vie comme une deuxième ombre[9] ». Comme si le silence, en diaspora comme en Haïti, permettait aussi de se protéger et de survivre, en palliant le manque. Le refus, ou l'impossibilité, de répondre à ces lettres envoyées de la terre d'origine dénote le deuil impossible du pays perdu.

« The Letter from Home » incluse dans le recueil de nouvelles *At the Bottom of the River* de Jamaica Kincaid, est aussi constituée d'une lettre envoyée du pays d'origine. Le format de la lettre correspond exactement à celui de la nouvelle. Deux pages, et pas un mot qui n'appartienne à la lettre. Litanie de corvées domestiques, de faits et gestes quotidiens, de questions et de remontrances indirectes, le texte fait écho à la nouvelle qui ouvre le recueil, « Girl ». Aussi ambiguë l'une que l'autre, le lecteur ne comprend qu'il s'agit d'une lettre que grâce au titre « A Letter from Home », sans doute écrite par la mère restée au pays et écrivant à sa fille partie en diaspora. À moins que ce ne soit une lettre écrite par la fille restée au pays à la mère partie travailler en diaspora pour pouvoir

---

7 « Dear Josèphe, *Comment vas-tu ?* Why haven't you written ? », Myriam Chancy, *The Scorpion's Claw*, Leeds, Peepal Tree Press, 2005, p. 23.

8 « *I fold and unfold the letter. It is beginning to tear around the edges even though I keep it afely tucked in the envelope on the days when I can't bear to see Désirée's French cursive hand trying to reach me across the land and water that keeps us apart. I finger the stamps marked "République d'Haiti" festooned with bright outlines of bird and fish I don't recognize any more. The letters come every few months and one by one I fail to answer them.* » *Ibid.*, p. 25.

9 « *[L]oss follows me through life like a second shadow* » *Ibid.*, p. 25.

envoyer de l'argent à sa famille. Rien dans la syntaxe, le choix lexical ou la grammaire ne dénote qu'il s'agit d'une lettre, ni ne confirme les destinataires et destinateurs. Rien n'indique qu'une réponse a été envoyée, ni même n'est attendue.

Aucune lettre en provenance d'Antigua n'est désirée par Lucy dans le roman éponyme de Jamaica Kincaid. Les lettres arrivent pourtant, écrites par sa mère. Elles sont tout d'abord ouvertes et lues. Puis elles ne sont plus ni ouvertes ni lues. On pourrait penser qu'il s'agit simplement d'un refus de communication, d'un désir de rupture avec le passé. Mais bien sûr, c'est toujours plus complexe avec Kincaid. En effet, c'est d'ambivalence qu'il s'agit et la peur de ressentir de la nostalgie pour le passé et le pays d'avant empêche la narratrice d'ouvrir les enveloppes qui lui sont adressées. Amour et haine se mêlent indistinctement :

> Tandis que le climat s'installait peu à peu dans des températures diversement froides, je me promenais avec les lettres de ma famille et de mes amis sur mon sein, brûlantes. J'avais placé ces lettres dans mon soutien-gorge et je les portais sur moi partout où j'allais. Ce n'était pas par amour ni nostalgie que je faisais cela, tout au contraire, par haine plutôt. Rien d'extraordinaire à cela car amour et haine ne font-ils pas bon ménage[10] ?

Peu à peu Lucy se détourne de ce qui aurait pu la rattacher à son île natale et à son passé : « Le but de ma vie était à présent de mettre autant de distance que possible entre les événements mentionnés [dans les lettres de ma mère] et moi[11]. » Elle veut se dépouiller de ce qu'elle appelle des « contre-vérités[12] ». Les lettres ne sont que le symbole de ce qu'elle n'est plus, ne veut plus être, quitte à les laisser s'empiler dans sa chambre, non ouvertes, quand bien même elles porteraient la mention « Urgent », traduite immédiatement par « Ne pas ouvrir avant le jour du Jugement Dernier[13] ».

---

10 « *While the weather sorted itself out in various degrees of coldness, I walked around with letters from my family and friends scorching my breasts. I had placed these letters inside my brassiere, and carried them around with me wherever I went. It was not from feelings of love and longing that I did this ; quite the contrary. It was from a feeling of hatred. There was nothing so strange about this, for isn't it so that love and hate exist side by side ?* », Jamaica Kincaid, *Lucy* [1991], Londres, Picador, 1994, p. 20.

11 « *The object of my life now was to put as much distance between myself and the events she mentioned in her letter[s] as I could manage.* » *Ibid.*, p. 31.

12 « *Untruths* », *Ibid.*, p. 77.

13 « *To me the letter might as well have had written all over it the words "Do not open till doomsday".* » *Ibid.*, p. 115.

La critique sociale et politique est plus marquée dans « Letter from Mama Dot » de Fred D'Aguiar, dans laquelle Mama Dot se plaint de ce que les colis arrivent de plus en plus lentement, et qu'ils semblent avoir été ouverts par les autorités, ou qu'il devient de plus en plus difficile de préparer un repas convenable, et que le Guyana semble aller à reculons[14]. Le rappel de ce qui a été quitté est visuel, à travers le dessin que forme le poème sur la page, aussi compact qu'un colis envoyé par la poste, et sonore, à travers le créole guyanais que l'on entend[15]. L'invitation à écrire en retour (« Écris ! Tes lettres sont un délice[16] ! ») conclut la lettre-poème, la laissant en suspens au-dessus de l'océan.

La famille d'Ascot, dans la nouvelle d'Olive Senior « Ascot », n'est pas non plus en situation de répondre aux lettres qu'Ascot leur envoie lorsqu'il a quitté la Jamaïque et s'est installé aux États-Unis. Les lettres, fort brèves et peu fréquentes, transmettent plutôt le message qu'il poursuit la vie de petit voyou qui a toujours été la sienne, et ce n'est pas parce qu'il est parti en Amérique qu'il pense davantage à sa famille. Les lieux où il dit être établi changent simplement d'année en année, et l'argent qu'il envoie passe d'un dollar à deux dollars et enfin à trois dollars[17]. Le centre de conscience de la nouvelle est celui de sa cousine restée à la Jamaïque, ce qui permet à Senior de donner une perspective ironique sur Ascot et ses lettres, ainsi que sur les différents membres de sa famille, certains étant sous le charme alors que d'autres ne sont pas dupes. L'anglais jamaïcain est adopté non seulement pour les dialogues

14 « *Your letters and parcels take longer / And longer to reach us. The authorities / Tamper with them (whoever reads this / And shouldn't, I hope jumby spit / In dem eye).* [...] */ Now that we import rice (rice that used / To grow wild !), we queue for most things : / Flour, milk, sugar, barley, and fruits / You can't pick any more.* » Fred D'Aguiar, *Mama Dot*, Londres, Chatto & Windus, 1985, p. 20.

15 Pour tous les poèmes en créole dans cette partie, seul le sens général sera donné dans le corps du texte.

16 « *Write ! We feast on your letters !* » *Ibid.*, p. 20.

17 « *About three year pass and Miss Clemmie no get letter from the United States. She beg me read it to her and it say : / Dear Ma wel i am her in New York is Big plase and they have plenty car I am going to get one yr loving son Ascot. / And he enclose one dollar and no return address. About two year pass and then Miss Clemmie get another letter from the USA which she beg me read. Is from Ascot and it say : / Dear mother wel here I am in Connecticut. Connecticut is Big plais. I driveing car two year now but is not wite yr loving son Ascot. / And he sent two dollar. Then about a year later she get another letter that say : / Dear Mother Chicago is Big plais I drivein wite car for a wite man but he don make me where wite is black uniform so mite leave yr loving son Ascot. / And he send three dollar.* » Olive Senior, *Summer Lightning and Other Stories*, Harlow, Longman, 1986, p. 30.

mais aussi pour les lettres et pour le récit, ce qui permet de donner au lecteur une image linguistique cohérente d'un monde homogène, qu'il s'agisse de la Jamaïque à la maison ou de la Jamaïque à l'étranger. Pas de réponse là non plus, comme si la possibilité d'un échange épistolaire ne pouvait venir que de l'étranger.

Dans « Bright Thursdays » le sentiment de séparation naît aussi à l'intérieur de sa propre famille. Les lettres qui sont mentionnées dans cette nouvelle de Senior concernent la communication qui a lieu à l'intérieur d'une même famille jamaïcaine, entre la branche officielle et la branche non-officielle. Laura, enfant conçue hors mariage, est accueillie par la famille de son père qui ne l'a pas reconnue. Deux lettres sont échangées entre la mère de Laura et la mère du fils de la famille, Bertram, qui a vite été envoyé aux États-Unis pour éviter le scandale et les complications. La première demande à la seconde de bien vouloir prendre Laura en charge pour son éducation, ce qui sera effectivement fait et aura pour conséquence de sortir la petite fille de son monde d'origine sans lui garantir qu'elle soit acceptée dans le nouveau : « taking her out of one life without guaranteeing her placement in the next[18] ».

Si dans *The Scorpion's Claw*, c'est celle qui est restée au pays d'origine (Désirée) qui écrit et celle qui est partie qui ne parvient pas à répondre (Josèphe), la situation est inverse dans *L'Exil selon Julia* où c'est celle qui est retournée chez elle qui ne répond pas aux lettres envoyées par celle qui est restée *là-bas*. Peut-être que la grand-mère pourra se faire lire les lettres de sa petite-fille, elle ne pourra en tout cas pas les lire elle-même. Son illettrisme donne encore une autre dimension au texte puisque ce qui ressemble à une limitation réintroduit dans le texte écrit la dimension orale qui est le propre de la culture antillaise de Julia. Ces lettres sont bel et bien écrites et pourtant elles ne peuvent qu'être (ré-)oralisées pour être comprises. Pineau utilise l'illettrisme de son personnage pour mettre en perspective l'oralité caribéenne et densifier le texte écrit. Elle utilise aussi l'écrit pour récupérer cette oralité et lui redonner ses lettres de noblesse, en contrepoint de la forme littéraire. Écrire à une absente qui ne peut répondre est, aussi, paradoxalement, ce qui permet à Gisèle de grandir et de construire son propre espace, différent de celui de sa grand-mère et de ses parents.

Lorsque Julia retourne en Guadeloupe avant les autres membres de sa famille dans *L'Exil selon Julia*, Gisèle souffre de ce départ et écrit à

18 *Ibid.*, p. 46.

sa grand-mère, de France métropolitaine, des lettres qui ne trouveront aucune réponse et dont elle ne pourra même pas être sûre qu'elles auront été lues étant donné que sa grand-mère ne sait pas lire. Ces lettres sont rassemblées à la fin du livre en un chapitre séparé intitulé « Lettres d'en France », comme un paquet qu'on range dans un tiroir, récit dans le récit. À travers ces lettres écrites entre 1967 et 1969 lorsque Julia est déjà retournée en Guadeloupe, le lecteur perçoit le temps au cours duquel Gisèle grandit grâce au dialogue imaginaire qu'elle entretient avec sa grand-mère et avec elle-même. Elle écrit sur son quotidien, ses rêves, ses peurs, ses déceptions, et exprime combien sa Man Ya lui manque. Elle raconte les transformations de son corps et sa perception du temps qui passe : « Maintenant, je voudrais que le temps m'oublie. Hier, je me suis rendu compte que je grandissais trop vite. Je n'arrête pas de grandir. [...] Je ne veux pas arriver toute grande aux Antilles[19] ». La perception du temps se fait à travers la perception de l'espace qui la sépare de sa grand-mère. De façon un peu différente de *Crossing the River* puisque les relations entre les deux protagonistes sont bien différentes, la correspondance monologique contribue à une émancipation, au-delà de la souffrance occasionnée.

On trouve donc de nombreux échanges épistolaires monologiques, si un tel oxymore peut être utilisé, dans des poèmes et des nouvelles, sans doute favorisés par le cadre contraint du poème ou de la nouvelle, souvent comparable au format d'une lettre. Tout comme le texte de fiction qui intègre la lettre dans l'histoire, le poème qui prend la forme d'une lettre prend une dimension diasporique voire « métasporique », comme au chapitre précédent.

LES LETTRES, CES CHRONIQUES DE LA VIE EN DIASPORA

Les lettres qui sont envoyées du pays d'accueil sont le plus souvent des chroniques écrites pour le bénéfice de la famille restée au pays. On mesure alors la distance dans le temps et l'espace par le contenu de la lettre bien sûr mais aussi par le fait que les réponses même potentielles

19 *L'Exil selon Julia*, *op. cit.*, p. 144-145.

sont rarement incluses. Ces chroniques de « *abroad* » comportent le plus souvent une dimension politique comme cela est tout à fait évident dans les poèmes-lettres de Linton Kwesi Johnson, « Sonny's Lettah », et de David Dabydeen « Coolie Son » dont le sous-titre est « (*The Toilet Attendant Writes Home*) ». Dans ce dernier poème écrit en créole guyanais, l'ironie repose sur le fait que le lecteur comprend la situation beaucoup plus vite que la famille destinataire de la lettre, restée au Guyana : si celle-ci pouvait espérer que le fils parti en Angleterre deviendrait avocat ou médecin (« *lawya or dacta* »), le politiquement correct n'a pas attendu la fin du XXe siècle pour faire son apparition. Si le préposé aux toilettes porte déjà le titre ronflant d'Inspecteur Sanitaire Adjoint, celui-ci n'en reste pas moins le préposé aux toilettes et il s'agit d'envelopper la chose de façon à ce que la famille ne soit ni choquée ni déçue[20].

Dans « Sonny's Lettah » Linton Kwesi Johnson écrit une lettre-poème *dub* qui fait entendre le rythme du créole jamaïcain tout en offrant un tableau de la violence à laquelle la communauté caribéenne est soumise. Le fils aîné écrit à sa mère pour lui annoncer qu'il est en prison et inculpé de meurtre alors que son frère a été inculpé de trouble à l'ordre public. Sonny s'excuse de ne pas avoir su protéger son jeune frère Jim et explique les circonstances[21]. Défendre son frère le mène à tuer un policier[22].

Dans « Lucy's Letters » de James Berry, autre chronique de la vie en diaspora, le ton est radicalement différent. Les lettres que Lucy envoie chez elle, à Leela, s'enchaînent comme un feuilleton dont on attend les épisodes avec impatience, une série avant la création du genre. Le lecteur est placé dans la même situation que le ou la destinateur.e des huit lettres, en suspens. Huit lettres, comme un petit paquet que l'on garde dans un tiroir en attendant les suivantes, toutes avec un titre qui

20 « *Soon, I go turn lawya or dacta, / But, just now, passage money run out / So I tek lil wuk – / I is a Deputy Sanitary Inspecta, / Big-big office, boy ! Tie round me neck ! / Brand new uniform, one big bunch keys ! / If Ma can see me now how she go please…* » David Dabydeen, *Coolie Odyssey*, Londres, Hansib & Dangaroo Publishing, 1988.

21 « *Mama, / I really don't know how fi tell yu dis, / Cause I did mek a salim pramis / Fi tek care a likkle Jim / An try my bes fi look out fi him. / Mama, I really did try mi bes, / But nondiless / Mi sarry fi tell yu seh / Poor likkle Jim get arres.* » Linton Kwesi Johnson, *Mi Revalueshanary Fren*, Keene, NY, Ausable Press, 2006, p. 25.

22 « *Mama, / I jus couldn stand-up deh / An noh dhu notn : / Soh mi jook one in him eye / An him started to cry / Mi tump one in him mout / An him started to shout / Mi kick one pan him shin / An him started to spin / Mi tump him pan him chin / An him drap pan a bin / An crash / An ded.* » *Op. cit.*, p. 26-27.

commence par « From Lucy » et continuent par le thème de la lettre : « Lucy's Letter », « Englan' Lady », « Holiday Reflection », « A Favour », « Carnival », « In the Garden », « New Generation », « At School », « Carnival Wedding » et « We Women ». Ces lettres font le constat de l'absence et du manque[23]. Chaque lettre se concentre sur un aspect ou un personnage particulier, afin de faire percevoir à ses destinateurs ce que cela veut dire de vivre en Angleterre lorsque l'on vient de la Caraïbe. Humour et drôlerie des situations, une certaine légèreté de ton aussi, permettent d'alléger quelque peu la nostalgie du pays et le sentiment d'aliénation. Lorsque Lucy est de retour à Londres après ce qu'elle appelle des *vacances*, elle se définit comme absente et présente tout à la fois, elle est ici et là-bas[24]. La transmission des informations n'est pas l'essentiel, c'est la narration, le sens de la chronique et la musicalité de l'anglais jamaïcain qui permettent à Lucy de garder sa Jamaïque présente à elle-même et de se maintenir présente à la Jamaïque par l'intermédiaire de ces échanges. La distance créée par la fiction des lettres échangées maintient la détresse à distance tout en rapprochant les êtres par-delà la séparation physique.

En effet, même si le lecteur ne voit sur la page que les lettres écrites par Lucy, il y a bien une construction diégétique dans laquelle ces lettres s'inscrivent dans un aller-retour épistolaire. Les lettres semblent monophoniques, elles portent pourtant l'écho de l'interaction entre Lucy et Leela et portent les deux voix, la première est visible dans l'espace de la page, la seconde audible dans l'espace sonore, mémoriel et imaginaire. Lucy répond à Leela, ses lettres sont chargées d'atteindre Leela et de transporter un peu de Lucy. Cette interaction (simulée, construite) se manifeste lorsque Lucy écrit pour satisfaire la curiosité de Leela, à propos de la Reine par exemple[25]. Mais elle est perceptible aussi dans l'autre sens, lorsque Lucy demande un service à Leela : aller voir un morceau de terrain qui a été acheté pour Lucy et dont elle profitera lorsqu'elle

23 « *Me dear, I don' laugh now, / not'n like we thunder claps / in darkness on verandah.* », James Berry, *Lucy's Letters and Loving*, Londres et Port-of-Spain, New Beacon Books, 1982, p. 39.

24 « *I'm here an' not here. Me head's / too full of mornin' sun / an' sea soun' an' voices / echoin' words this long long / time I never have. / Seeing home again, Leel chile, / I bring back a mind to Englan' / tha's not enough to share. For how / I eat a mango under tree, / a soursop ripened for me, a pawpaw kept, brings back / the whole taste of sunshine / an' how our own love ripen.* » *Ibid.*, p. 42.

25 « *You ask me 'bout the lady. Me dear, / old centre here still shine / with Queen. She affec' the place like the sun : not comin' out oft'n / an' when it happ'n everybody's out / smilin', as she wave a han' like seagull flying slow slow.* » *Ibid.*, p. 41.

rentrera à la Jamaïque[26]. La lettre-poème intègre donc la dimension de la voix locale en étant rédigée en fonction de l'image que le destinateur se fait de son destinataire et de la dernière conversation qui a eu lieu, en compensation de son absence. L'interaction maintient aussi l'image du destinateur entière pour le destinataire : même absente, même loin, Lucy est toujours identique à celle qu'elle était avant la migration[27].

Cette même recherche du format et du ton juste est aussi ce qui donne contour et relief au poème d'Una Marson « Quashie comes to London ». Le contexte est similaire, inspiré d'une part par la vie de James Berry (1924-2017) en Angleterre à partir de 1948 (ce qu'on appelle la génération « Windrush » du nom du bateau qui a amené les premiers immigrants de la Caraïbe vers l'Angleterre) et d'autre part par la vie d'Una Marson (1905-1965) et des deux courtes périodes qu'elle a passées à Londres entre 1932 et 1936 puis entre 1938 et 1945. Marson n'a pas été sous les feux de la rampe dans le monde littéraire mais elle est maintenant considérée comme l'une des poétesses les plus importantes de la Caraïbe, féministe de la première heure et personnage incontournable dans l'élaboration d'une voix littéraire jamaïcaine[28]. C'est bien de voix dont il s'agit dans sa vie et dans ses poèmes puisqu'elle a été recrutée dès 1941 pour travailler avec Philip Swanzy à la création de l'émission *Caribbean Voices* (1943-1958) qui a permis aux jeunes écrivains de la Caraïbe, futures célébrités et autres prix Nobels fraîchement débarqués à Londres, d'être entendus, littéralement, et reconnus sur la scène mondiale grâce à la « BBC World Service ». Après *Tropic Reveries* (1930) et *Heights and Depths* (1937), fortement influencés par la poésie britannique où amour romantique et amour de la nature rivalisent, le recueil *The Moth and the Star* (1937) amène l'écho d'une voix plus politisée, plus sensible à la discrimination dont les Caribéens sont victimes à Londres

26 « *Leela, darling, as we did talk, / go an' see the piece of lan' / Cousin Man-Man buy for me. I glad / it near te sa an'not mount'n / lan'. It planted well I hear. / Coconuts, bananas, sugar cane / an' some food growin'. A good / house spot is there, what I will / get raised up little by little.* » *Ibid.*, p. 44.

27 « *You see it same ol' me, me dear. / When I suck up air with trees / I still have to cry, alleluia. / When I have my han's in eart' / I still have to sing.* » *Ibid.*, p. 47.

28 On pourra aussi lire avec profit la réédition d'une soixantaine des poèmes d'Una Marson, préparée sous la responsabilité d'Alison Donnell : *Una Marson – Selected Poems*, Leeds, Peepal Tree Press, 2011. Le volume contient une introduction qui replace la poétesse dans le contexte des années 1930 à 1960 et réévalue son importance à l'époque et son influence aujourd'hui.

et à la situation des femmes. Quashie, dont le sens en anglais jamaïcain indique quelqu'un de naïf et de crédule, nous rappelle notre Bécassine fraîchement débarquée à Paris de sa Bretagne natale, le mépris dont elle a été victime. Elle quitte la Jamaïque pour Londres et envoie une lettre au pays, comme Lucy à Leela. La Jamaïque, comme dans les poèmes de Berry, est perçue du point de la diaspora jamaïcaine en Angleterre. Dans les deux cas, la perspective est celle de Lucy et Quashie. Dans « Quashie comes to London » l'élément le plus britannique ne pourra être évalué que dans une comparaison avec l'élément le plus caribéen. Est-il question de la police et des fameux *Bobbies* ? L'unité de mesure doit être le cocotier afin de pouvoir avoir une idée de leur taille[29].

La lettre-poème offre un cadre qui permet à la subjectivité de trouver son expression. L'anglais jamaïcain permet aussi, paradoxalement, d'ancrer les destinateurs dans le contexte jamaïcain alors même qu'ils sont déracinés physiquement et mentalement en Angleterre. « Quashie comes to London » installe dès l'ouverture un dialogue entre destinateur et destinataire, le premier s'adressant au second à la deuxième personne du singulier[30]. Tout au long du poème le dialogue se poursuit, comme entre amis proches[31]. Mais c'est seulement à la fin que le lecteur a la confirmation qu'il s'agit d'une lettre et que le texte devant ses yeux se joue de la frontière entre oral et écrit[32]. La musicalité de la langue locale renforce en effet la dimension du poème comme conversation avec un membre de la famille même si on ne sait pas qui exactement. L'humour n'est pas absent car c'est finalement la nourriture anglaise qui a raison de l'immigrant[33] ! Malgré les pointes d'humour et d'ironie, c'est de déchirement et de souffrance dans l'absence dont il s'agit. La lettre réunit dans l'absence et fait exister une présence au-delà de l'absence, tout en aiguisant le sentiment d'absence.

---

29 « *An' talking 'bout de Bobbie dem, / Dem is nice as nice can be, / an' some o'dem is tall me boy / Mos' like a coconut tree.* » *Ibid.*, p. 17.

30 « *I gwine tell you 'bout de English / And I ain't gwine tell no lie, / 'Cause I come quite here to Englan' / Fe see wid me own eye.* » Una Marson, *The Moth and the Star*, Kingston, Jamaïque, publiée par l'auteur, 1937, p. 17.

31 « *I know you wan' fe hear jus' now / What I tink of dese white girls, / Well I tell you straight, dem smile 'pon me, / But I prefer black pearls !* » *Ibid.*, p. 17.

32 « *But dis missive is too mighty long. / I will write more news nex time, / Me love fe all de gay spree boys / An' dat buxom gal o' mine. It not gwine be anoder year / Before you see me face, / Dere's plenty dat is really nice / But I sick fe see white face.* » *Ibid.*, p. 21.

33 « *It's den I miss me home sweet home / Me good ole rice an' peas / An' I say I is a fool fe come / To dis lan' of starve an' sneeze.* » *Ibid.*, p. 21.

Cette poétique de l'écart et du déchirement est sans doute la plus dramatique dans la nouvelle d'Edwidge Danticat « Children of the Sea » car visible sur la page et inscrite au cœur même de la structure de la nouvelle. Le texte met en scène un jeune homme qui a quitté Haïti sur un bateau de réfugiés pour rejoindre les côtes américaines et la jeune fille qu'il a laissée derrière lui en Haïti. La distance entre les deux protagonistes est maximale, rendue palpable sur la page même par des polices différentes pour chacune des deux voix, toutes deux à la première personne. Le jeune homme écrit sur des petits bouts de papier, tout à la fois journal intime de la dernière heure et fragments de lettres qui ne parviendront jamais à son amie :

> Je ne sais pas combien de temps nous serons en mer. Il y a trente-six autres âmes abandonnées avec moi sur ce bateau. Des draps blancs maculés de tâches rouges en guise de voile.
>
> [...] J'ai bien peur de commencer à faire des cauchemars une fois que nous serons loin en mer. Je déteste avoir le soleil dans la figure toute la journée. Si tu me revois un jour je serai tout noir.
>
> Ton père va probablement te marier à quelqu'un d'autre maintenant que je suis parti. Mais je t'en conjure, n'épouse pas un soldat. Ils ne sont presque pas humains[34].

La jeune fille imagine les lettres qu'elle pourrait écrire à son ami et qui ne lui parviendront jamais non plus. Son texte se détache en caractères gras sur la page, différencié aussi de l'autre texte par l'absence de majuscules et une syntaxe qui dénotent un niveau d'éducation différent. Aucune réponse à aucune lettre ne sera reçue dans la diégèse de la nouvelle. C'est un texte que le lecteur voit écrit sur la page mais qu'il doit imaginer pouvoir entendre : la jeune fille dit la possibilité de la lettre, imagine le dialogue, parle son désir. Les deux textes sont disjoints et semblent constituer deux courants de conscience, parallèles :

> **Haïti est comme tu l'as laissé, oui, exactement comme tu l'as laissé. les balles de jour comme de nuit. le même trou. tout pareil. je n'en peux**

34 « *I don't know how long we'll be at sea. There are thirty-six other deserting souls on this little boat with me. White sheets with bright red spots float as our sail. /* [...] *I'm afraid I'm going to start having nightmares once we get deep at sea. I really hate having the sun in my face all day long. If you see me again, I'll be so dark. / Your father will probably marry you off now, since I am gone. Whatever you do, please don't marry a soldier. They're almost not human.* » Edwidge Danticat, *Krik ? Krak !* 1991, New York, Vintage, 1996, p. 4. Nous recroiserons ces personnages au chapitre 6.

> plus de tout ça. je suis en colère et m'énerve pour un rien. […] papa veut que je jette toutes les cassettes de tes émissions radio. j'ai détruit des cassettes de musique mais j'ai gardé celles avec ta voix. dieu merci tu as pu t'enfuir quand tu le pouvais encore[35].

Et pourtant, les deux parties semblent se répondre et réduire la distance. Ces deux monologues juxtaposés composent malgré tout un dialogue, comme si les deux interlocuteurs se répondaient sans le savoir. C'est sans doute par l'intermédiaire du lecteur, unique instance qui, de façon ultime, peut faire en sorte que les deux voix se rejoignent et entrent en contact, au-delà de la séparation des terres et des mers, au-delà de la mort.

CES CORRESPONDANCES QUI NOUS FONT COMPRENDRE NOTRE PRÉSENT

La rencontre régulière et répétée entre destinataires et destinateurs est donc rare dans la littérature fictionnelle de la Caraïbe, comme si l'échange épistolaire monologique dominait. La nouvelle d'Alicia McKenzie « Full Stop » est ainsi d'autant plus remarquable qu'elle est constituée par les lettres échangées, dans les deux sens, entre Carmen, installée aux États-Unis et sa grand-mère Grand Ma Scottie. Échanges de mots et autres nouvelles, envoi de colis et d'argent, les aller-retours sont soutenus, fréquents et construisent une relation qui n'aurait sans doute pas existé dans les mêmes termes si les deux interlocutrices avaient été en présence l'une de l'autre. L'échange épistolaire ne maintient pas une relation : il la prolonge et en construit une nouvelle, qui n'existait pas auparavant et n'aurait pas existé autrement.

Après une page d'introduction dans laquelle la narratrice, Carmen, parle de sa grand-mère à la troisième personne et des lettres qu'elles ont échangées, la nouvelle n'est ensuite plus constituée que des lettres elles-mêmes, sans autre forme de récit. En ouverture de la nouvelle :

> Ma grand-mère écrit sans virgule ni point Elle écrit Chère Carmen puisses-tu être bénie de Jésus-Christ C'est si bon d'avoir de tes nouvelles Le temps

35 *Ibid.*, « haiti est comme tu l'as laissé » est en français dans le texte.

> n'a pas d'importance tant que nous pensons l'une à l'autre Eh bien je suis toujours là et prie pour une meilleure vie Il nous faut juste espérer que notre Sauveur nous aide tous A chaque jour suffit sa tâche[36]

C'est alors au tour de Carmen-personnage de répondre, mise en scène par Carmen-narratrice : « Alors je réponds en disant Grandmère qu'est-ce que tu veux dire quand tu dis Dieu soit béni et qu'est-ce que c'est que cette histoire de genou tu sais bien que tu as toujours bon pied bon œil[37] ». Aussitôt, presque du tac au tac, comme si elles avaient une conversation dans la même pièce ou étaient en train de se parler au téléphone, Grand Ma Scottie répond à Carmen en lui enjoignant de faire attention à sa syntaxe et que ce n'est tout de même pas pour rien qu'elle s'est tuée à la tâche pour l'envoyer à l'école et lui donner une éducation[38].

Au fil des phrases et des lettres, les sujets quotidiens sont mentionnés, la santé, l'argent, la famille, les voisins, l'évolution sociale, le besoin de refaire la peinture de la maison ou de mettre des barreaux aux fenêtres. La narratrice s'efface alors et le récit laisse place uniquement au dialogue épistolaire :

> Chère Grandmère,
>
> Ne t'amuse pas à faire la peinture toi-même s'il te plaît. Voilà $100 pour que tu payes un peintre. Tu te souviens la dernière fois que tu as peint la maison et que tu es tombée de l'échelle ? Dieu ne t'a pas rattrapée à ce moment-là, n'est-ce pas, et tu as passé des semaines à l'hôpital et tu n'as vraiment pas aimé. Trouve quelqu'un pour le faire s'il te plaît.
>
> Normy t'embrasse et moi aussi.
>
> Carmen[39]

---

36 « *My grandmother writes without commas or full stops She writes My Dear Carmen Greetings in Jesus Precious name Its so nice hearing from you The time doesnt matter as long as we are in each others thoughts Well Im here still holding on praying for a better way of living myself We just have to keep hoping that our sweet Saviour helps us take each day one at a time* », Alicia McKenzie, « Full Stop », in *The Book of Caribbean Short Stories*, E. A. Markham, éd., Penguin, Londres, 1996, p. 398-404 ; 398.

37 « *And I write back saying Grandma what do you mean by god bless And whats this about weak knees You know youre fit as a fiddle* », *Ibid.*, p. 398.

38 « *She writes back saying Dear Carmen I got your letter yesterday Why are you writing without punctuation Dont you know better Is that what I worked hard and sent you to school for Dont let me down like this Thanks for the money It came just in time to buy some paint for the old shack here But its not enough to pay for a painter so Im going to do the job myself with Gods help* », *Ibid.*, p. 398.

39 « *Dear Grandma, Please don't go painting at your age. Enclosed is $100 to pay a painter. Remember the last time you painted the house you fell off the ladder ? God didn't catch you then,*

Peu à peu il devient évident que la relation entre grand-mère et petite-fille a remplacé la relation entre mère et fille. C'est Grand Ma Scottie qui a élevé Carmen à la Caraïbe, puis son demi-frère Richie. La mère est en Angleterre et Carmen aux États-Unis :

> J'ai reçu une autre lettre de ma « mère » qui me dit qu'elle aimerait que je vienne en Angleterre pour des vacances. Mais qu'est-ce que j'irais faire en Angleterre ? Avec le peu de vacances que j'ai, je préfèrerais rentrer à la maison. En plus, de quoi on pourrait bien parler ? C'est une étrangère pour moi[40].

Une carte de la « métaspora » caribéenne se dessine. Une carte de l'intimité se tisse aussi dans la distance et l'absence, une relation qui prend ses fondements dans l'enfance mais se développe et s'approfondit bien au-delà de l'enfance. Ancrée dans le passé, elle s'étire dans le présent et le futur.

Revenons à deux romans qui ont déjà été mentionnés dans le troisième chapitre et retrouvons le fil des migrations du XIXe siècle, de l'Inde et de la Chine vers la Caraïbe. Les lettres qui parsèment *The Swinging Bridge* forment une trame entre le passé, le présent et le futur. Elles sont bien intégrées dans la diégèse et offrent l'une des meilleures entrées en matière pour comprendre comment la métamorphose de Mona se produit à travers son corps, sa mémoire et sa psyché. À un premier niveau thématique les lettres font l'objet de mentions à travers tout le roman : allusions à des lettres envoyées et reçues, celles que Kello écrit à sa mère, par exemple, lorsqu'il est arrivé au Canada, ou celles que Mona retrouve, écrites par ses parents ou ses grands-parents, enfouies dans une caisse, oubliées dans un grenier, égarées dans un cahier de recettes, glissées entre deux pages d'un journal intime. Qu'elle soit au Canada ou à Trinidad, à divers moments de la narration, Mona retrouve ces anciennes lettres qui ponctuent la narration et guide sa recherche. Au niveau rhétorique et narratologique, ces lettres tirent le texte vers le passé et/ou le futur, elles font retour du passé et émergent au cœur du présent, contribuant à sa repossession. Les lettres comblent les creux de l'espace et du temps.

---

and you spent weeks in the hospital and hated it. Please get someone. Normy sends his love. / Love, Carmen » *Ibid.*, p. 399.

40 « *I got another letter from my 'mother', saying she would love me to come over to England for a holiday. What would I do in England ? With the little holidays I get, I'd rather come back home. Besides what would we talk about ? She's almost a complete stranger to me.* » *Ibid.*, p. 400.

La scène dans le grenier est significative à cet égard : Mona découvre par hasard les lettres que son père avait envoyées au journal local à Port-d'Espagne pour protester contre la situation qui était faite aux Indo-Caribéens au Guyana dans les années 1960 lorsque Forbes Burnham était au pouvoir (massacres de Wismar et Christianburg en 1964 par exemple). Mona voit alors son père d'une façon totalement nouvelle : « Me souvenant de ce visage alors que j'étais dans le grenier de mes parents, égrainant les années, à écouter les échos de leurs voix dans ma tête et à lire la rage futile exprimée dans les coupures de journaux que je tenais entre mes mains, je revoyais le Da-Da que je n'avais jamais compris alors[41]. » Au même moment c'est aussi une perception d'elle-même différente qui se fait jour. Les deux lignes temporelles se croisent et Mona se retrouve tout à coup dans un espace-temps autre. Elle retrouve aussi des lettres d'amour écrites à son grand-père Pappy, par sa « *bamboo wife* », sa femme indienne avec qui il vivait avant d'être officiellement marié avec la grand-mère de Mona. Après la mort de celle-ci, cette première femme reprend contact avec lui et c'est tout un pan du passé que Mona découvre par couches de temps superposées. Mona lit des lettres qui ne lui étaient pas destinées mais qui lui parviennent néanmoins, et lui parlent sans lui avoir été écrites. Elles lui ouvrent une perspective sur un autre espace et un autre temps, au-delà des ruptures familiales, ainsi que sur elle-même, au hasard d'un détour de trajectoire.

Le pivot central de *The Pagoda* est une lettre qui n'est jamais écrite, jamais envoyée, et donc jamais lue. Cette lettre avortée est celle que Lowe rêve d'écrire à sa fille afin de lui expliquer qu'il n'est pas son père mais sa mère, et les raisons pour lesquelles il/elle n'a pu s'extirper d'une telle situation. De la même façon que les souvenirs qui apparaissent en retrait du texte sur la page, les fragments de lettre que Lowe tente d'écrire apparaissent aussi en retrait sur la page :

> Je ne suis pas ton père comme tu le crois. C'est une longue histoire, pleine de tromperies et de masques mais essaye de comprendre que ma vie était à ce prix. Ma liberté. Ma vie. Une lettre n'est sans doute pas la meilleure solution. Peut-être que nous devrions nous rencontrer face à face, que tu puisses voir par toi-même. Je ne suis pas qui tu crois. Cela n'a pas été si facile de

41 « *Remembering that face as I sat in my parents' attic, scrolling down the years, hearing their voices echo in my head and holding these clippings of a young man's futile rage in my hands, I saw the Da-Da that I had never understood then.* » *Op. cit.*, p. 78.

> quitter Kwangtung, même si les bateaux encombraient les mers de Chine, prêts à embarquer n'importe qui. [...] N'importe où. Les villages étaient devenus si pauvres et surpeuplés, si misérables. Les gens quittaient la Chine par centaines. Mais pour moi, cela devait être différent. Je sais que cela doit être difficile pour toi de penser autrement, alors que pendant si longtemps j'étais Papa pour toi[42].

Ce qui figure dans les brouillons de lettres ne sera jamais écrit au propre, jamais envoyé, jamais lu par son destinataire. Il n'y a pas d'archives. Même cette lettre qui apparaît comme écrite aux yeux du lecteur n'a jamais été envoyée et les révélations qu'elle contient ne parviendront jamais à sa destinatrice : « Tout s'est passé à la va-vite, sans bruit. Rien n'a été écrit. Tu es née à la maison. Miss Sylvie... Eh bien, elle non plus n'est pas ta véritable mère[43]. »

Cette lacune irrémédiable du passé, cette absence qui ne sera jamais comblée, est ainsi rendue palpable sur le papier, de façon paradoxale, comme le journal intime de Mintah dans le roman de Fred D'Aguiar, *Feeding the Ghosts*. Plus généralement, lettres écrites et envoyées, lettres imaginées mais jamais écrites ni envoyées, ouvertes ou pas, lues ou pas, par leurs destinataires, parfois retournées à leur expéditeur, ces lettres rendent palpables les complexités de l'espace-temps diasporique. À travers ce petit morceau de papier qui supplée à l'absence physique et au manque de communication, à l'incomplétude de l'histoire passée et aux connaissances fragmentaires, c'est une nouvelle connaissance qui se fait jour. La conscience de la distance spatiale et temporelle s'articule à celle du désir et de ses lacunes. Elle permet aussi une réinvention de soi.

Image de l'expérience du temps et de l'espace séparé, la lettre est cet objet ambigu et polyvalent qui signifie l'absence tout en restituant une présence, elle est ce lieu diasporique par excellence, dans lequel un autre espace et un autre temps sont momentanément incarnés. Objet qui

---

42 « *I am not your father like you think. It is a long story, full up of a lot of deception, a lot of disguises, but try to understand this was all so I could live. All so I could be free. Have a life. Maybe a letter is not the right thing. Maybe I should meet up with you in person and explain face-to-face, so you can see for yourself. I am not what you think. It wasn't so easy to just leave Kwangtung, though foreign vessels clogged the waterways of South China, ready to take people.* [...] *Anywhere people wanted. The villages had grown so poor and overcrowded. So destitute. People left China in droves. For me, though, it had to be different. I know it must be hard, fixing your head now to think this way, when for so long you called me Dada.* » *Op. cit.*, p. 8.

43 « *Everything had to be quick and hush-hush. Nothing was written down. We delivered you at home. Miss Sylvie... Well, she is not your rightful mother either.* » *Ibid.*

suspend la séparation sans l'annuler, la lettre rompt et raccorde tout à la fois, créant ainsi un espace complexe et multiple. Objet réel et métaphorique tout à la fois, cet artefact traverse terres et mers lorsque leurs auteurs et destinataires en sont empêchés. Ce petit morceau de papier enferme à lui seul un autre temps et un autre espace, qui ne peuvent que demeurer décalés mais qui malgré tout se réunissent pour un bref instant de lecture. La lettre construit une présence-absence à soi et à l'autre, un espace-temps disjoint et rejoint tout à la fois. Son inclusion dans le texte de fiction permet de dessiner cette identité diasporique multiple, elle constitue parfois la source même de l'énergie du texte. La lettre est l'un des procédés littéraires qui permet de souligner le vide laissé par un départ, l'interstice qui ne se refermera jamais, ouvrant ainsi une poétique de l'écart, du décentrement et du décalage tout en réinsérant le corps séparé dans un dialogue à distance. Elle ouvre un nouvel espace tout en permettant un questionnement renouvelé et la poursuite de la relation. Elle est aussi une introduction dans l'espace du secret, du témoignage et de la transmission, un espace du silence exploré de multiples façons dans la fiction caribéenne.

SECRETS, SILENCES ET SQUELETTES DANS LES PLACARDS

LE SILENCE EN RÉUNION

Des romans mentionnés dans les chapitres précédents, *Cereus Blooms at Night* de Shani Mootoo (1996), *A Silent Life* de Ryhaan Shaah (2005), *The Swinging Bridge* de Ramabai Espinet (2003) et *The Pagoda* de Patricia Powell (1998), aucun n'est un roman de l'esclavage ni du travail engagé à proprement parler. Pourtant, leur objet est bien la passation, ou non, de l'histoire de l'esclavage et du travail engagé, ainsi que leur traduction, ou non, pour les générations des descendants des victimes, voire pour ceux qui n'ont pas été victimes. Qu'il s'agisse des romans de la plantation ou de ceux des migrations indocéaniques, tous transportent, depuis plusieurs décennies, la communauté littéraire caribéenne et indo-caribéenne vers l'analyse de, et l'émergence hors de, ces traumatismes de l'histoire. La question du trauma étant liée à sa représentation et à sa traduction, ce chapitre et le suivant s'attacheront à suivre ces textes dans leur approche du silence hérité d'une histoire traumatique, sur la scène familiale, voire mondiale.

Les théoriciens ont souvent mis l'accent sur les conséquences des grands traumatismes historiques et culturels comme l'esclavage, le travail engagé et la colonisation, fondés sur une violence et un arrachement extrêmes qui mènent à l'occultation de soi et au silence. Rappelant que le traumatisme s'est imposé dans nos sociétés contemporaines « comme une forme d'appropriation originale des traces de l'histoire et comme un mode de représentation dominant du rapport au passé[1] », Didier Fassin et Richard Rechtman utilisent la distinction faite par Ron Eyerman entre traumatisme psychique et traumatisme culturel :

1 Didier Fassin et Richard Rechtman, *L'Empire du traumatisme – Enquête sur la condition de victime*, Paris, Flammarion, 2007, p. 29.

> Par opposition au traumatisme physique ou psychique, qui implique une blessure et une expérience de grande tension émotionnelle pour un individu, le traumatisme culturel se réfère à une perte dynamique d'identité et de signification, un déchirement de la fabrique sociale affectant un groupe qui avait atteint un certain niveau de cohésion[2].

Fassin et Rechtman soulignent néanmoins qu'il est souvent difficile de faire la différence entre les traumatismes qui concernent les individus et ceux qui concernent les collectivités, « notamment lorsqu'il faut penser l'expérience d'individus soumis à une violence collective[3] ». Après une période de latence plus ou moins longue, la reconnaissance d'une « expérience partagée de violence subie[4] » permet ce qu'ils appellent une « mise en mémoire collective[5] » à travers des témoignages de survivants, des études historiographiques, des ouvrages de recherche ou de fiction, des productions artistiques. Sur la scène postcoloniale, l'économie du secret dans la cellule familiale s'intègre à l'écriture du silence et du trauma. Histoire et trauma, silence et subalternité, ont souvent été des motifs de la fiction postcoloniale et à ce titre ont été soulignés par les critiques et théoriciens de la postcolonialité, même si la lecture des sociétés contemporaines à travers le prisme du trauma n'est associée aux études postcoloniales que de façon récente, par l'intermédiaire des « *Trauma Studies* » dans les cultures anglophones.

Les textes de fiction caribéens mettent souvent en place une dynamique qui consiste à sortir du silence en repassant par cette même problématique du silence, mais un silence cette fois-ci reconstruit, transmué, et qui prend les formes d'une résilience toute caribéenne. Aux romans que nous retrouverons ici brièvement dans une perspective différente de celle adoptée précédemment, seront ajoutés ceux de Denise Harris, *Web of Secrets* (1996) et d'Austin Clarke, *The Polished Hoe* (2003). En joignant la dimension de la confession et du témoignage à celle du secret, cette sélection de romans caribéens permettra une meilleure compréhension de la façon dont les descendants peuvent, ou non, se réapproprier cette histoire traumatique, tout à la fois ancrée dans le silence et passée sous silence.

2 Ron Eyerman, *Cultural Trauma. Slavery and the Formation of African American Identity*, Cambridge et New York, Cambridge University Press, 2001, cité par Fassin et Rechtman, *L'Empire du* traumatisme, p. 31.

3 *Ibid.*, p. 29.

4 *Ibid.*, p. 30.

5 *Ibid.*, p. 33.

Le secret de famille et la figure du fantôme sont les symptômes du rapport complexe à une histoire traumatique et à un passé qui ne passe pas. La façon dont ils apparaissent dans la fiction permettra de souligner comment le texte littéraire participe de l'élaboration d'une résilience. Comment le trauma historique est-il donné, ou forcé, en héritage ? Comment circule-t-il, ou non, au sein de la famille ? Comment le secret familial et autres squelettes dans le placard circulent-ils, ou non, sur la scène familiale dans un contexte postcolonial ? Combien de temps arrière-grands-parents, grands-parents et parents continueront-ils de hanter leurs arrière-petits-enfants, petits-enfants et enfants ? Cette dernière question fait écho à celle qui se pose pour la diaspora : y a-t-il une date de péremption et laquelle ? Elle fait aussi écho à ce qui a déjà pu être saisi du « désir d'archive » et du « mal d'archive[6] », de la généalogie, de l'archéologie personnelle, familiale et collective. La littérature caribéenne éclaire ce que dit Derrida de l'archive, tournée vers le passé certes, mais tout autant et sinon davantage, vers l'avenir : « L'archive [...] ce n'est pas une question de passé, c'est une question d'avenir. L'archive ne traite pas du passé, elle traite de l'avenir[7]. »

De façon subtile, à travers l'expression des souffrances liées à une histoire traumatique, au silence imposé et à la subalternité, les écrivains caribéens travaillent ce rapport à l'avenir autant que celui au passé. Loin de se contenter de recenser et représenter ces traumatismes, ils mettent en place, dans l'écriture même, certaines stratégies discursives et rhétoriques qui contribuent à la réduction du trauma, au sens où l'on réduit une fracture dont la mémoire sera toujours inscrite dans les os, et à la constitution d'une vision plus intégrée, plus fluide. Par le texte, par ses outils mnémoniques et rhétoriques, par un travail sur le silence et sur la voix, par une pratique protéiforme du genre littéraire, la nouvelle génération met en action son émancipation. La reconnaissance collective du rapport traumatique au passé à travers une mise en silence qui est en même temps une mise en voix littéraire et fictionnelle permet, à l'individu et à la communauté dont il est issu, de ne pas se laisser dominer et anéantir par le trauma.

6 *Mal d'archive*, *op. cit.*, p. 27 et p. 142. Pour rappel cet aspect a été évoqué au Chapitre 4.

7 *Trace et archive, image et art*, *op. cit.* p. 62. On retrouve la même idée dans *Mal d'archive* : « [...] la structure technique de l'archive *archivante* détermine aussi la structure du contenu *archivable* dans son surgissement même et dans son rapport à l'avenir. L'archivation produit autant qu'elle enregistre l'événement. » *Op. cit.*, p. 34.

PHILOMÈLE ET PROCNÉ : UN MYTHE QUI NOUS PARLE

Il faut différencier plusieurs modalités de silence et souligner à nouveau à quel point silence a été conjugué avec violence et oppression dans l'Empire britannique comme dans le Commonwealth. Plus besoin de faire la liste de toutes les « *Residential Schools* » au Canada[8] ou des « *Lost Generations* » en Australie, ni de la façon dont l'histoire officielle a longtemps occulté la barbarie des premiers camps de concentration en Afrique du Sud à la fin du XIXe siècle, ou ceux où les Canadiens d'origine japonaise ont été internés pendant la Seconde Guerre Mondiale, pour comprendre que le silence est au cœur de l'entreprise coloniale et colle encore à la peau des descendants de ceux qui ont été colonisés et de ceux qui ont colonisé. Le terme de « *silencing* » est bien plus signifiant et évocateur à cause de la forme active et transitive du verbe en anglais. Que l'on remonte aux sociétés esclavagistes qui séparaient les ethnies pour qu'elles ne puissent communiquer entre elles, ou arrachaient la langue des esclaves qui parlaient leur langue maternelle, ou que l'on pense aux « *West Indian Readers* », ces manuels qui n'enseignaient dans les écoles que l'histoire anglaise sans dire mot des origines africaines des Caraïbes ni de l'esclavage, silence a toujours rimé avec violence. Le silence a souvent été la trace même laissée par le traumatisme, la marque même du trauma. La mise au silence est un avatar de la mise aux fers des anciens asservis, ou de la mise au cachot des anciens colonisés ou opprimés. Cette mise au silence est double lorsqu'il s'agit des femmes, comme le souligne Gayatri Spivak, puisque l'oppression patriarcale redouble alors l'oppression coloniale. Les mots de Spivak résonnent toujours, parmi d'autres, mais en termes sans ambiguïté : « [si], dans le contexte de la production coloniale, le subalterne n'a pas d'histoire et ne peut parler, la femme subalterne est encore davantage

8 La découverte au mois de mai 2021 des ossements de quelque 215 enfants sur le site de l'ancienne école résidentielle de Kamloops en Colombie britannique montre bien que le Canada n'en a pas fini de déterrer les horreurs perpétrées au nom de la civilisation et de l'éducation à partir des années 1870. Que le système de ces écoles n'ait été aboli qu'en 1997 est à peine concevable.

dans l'ombre[9]... ». L'exclusion des femmes de l'aire de la parole et de l'aire du politique se fait souvent de façon connexe. Les protagonistes que nous examinerons ici sont toutes des femmes, personnages créés, pour la plupart sauf une, par des autrices.

L'interprétation que fait Graham Huggan du mythe de Philomèle et Procné peut éclairer la lecture de nombre de ces textes qui s'articulent autour du trauma, de la voix et du silence. Tiré des *Métamorphoses* d'Ovide, ce texte de vie et de survie par la transformation est une source d'intertextualités dans les littératures postcoloniales après l'avoir été dans les littératures occidentales – c'est le mythe central, par exemple, dans la pièce de Shakespeare, *Titus Andronicus*, avec les personnages de Lavinia et Aaron[10]. Huggan souligne à quel point ce mythe peut être allégorique de la violence coloniale mais aussi des multiples tentatives pour vaincre l'imposition de cette loi coloniale du plus fort : « L'histoire de Philomèle est devenue le paradigme de la rencontre coloniale, éternellement remise en scène, celui de la formulation d'une histoire violente de dépossession et de perte qui doit être dite d'une *autre* façon[11] ». Violée par Térée, le roi de Thrace, son propre beau-frère, Philomèle est rendue victime une seconde fois par le fait qu'il lui coupe la langue pour l'empêcher de parler. Séquestrée, Philomèle parvient cependant à raconter son histoire en tissant une tapisserie qu'elle fait parvenir à sa sœur Procné, femme de Térée. Après la vengeance des deux sœurs qui consiste à faire manger son propre fils à Térée, elles échappent à sa colère en se transformant, Procné en hirondelle et Philomèle en rossignol. Ainsi, Philomèle parle de deux façons : d'une part en traduisant sa douleur grâce à un medium non-linguistique, l'œuvre d'art de la tapisserie ; d'autre part en transformant les mots qui l'étouffent en voix chantée.

Ce mythe de Philomèle permet de décrypter de nombreux textes postcoloniaux, car les discours de la loi, de l'amnésie, de l'aphasie et du mythe, apparaissent pleinement à l'œuvre dans nombre de textes d'écrivaines

9 « Can the Subaltern Speak ? », dans Ashcroft, Bill, Gareth Griffiths et Helen Tiffin, *The Post-colonial Studies Reader*, Londres et New York, Routledge, 1995, p. 24-28 ; 28.

10 L'un des personnages féminins dans *Cereus Blooms at Night*, fille du Révérend Thoroughly qui est l'objet des attentions amoureuses de Chandin Ramchandin, porte le nom de Lavinia. Le mariage sera refusé à Chandin Ramchandin par la famille du Révérend qui lui proposera, en lot de consolation, d'épouser son amie Sarah à la place de Lavinia. Ultime humiliation : les deux femmes s'enfuiront ensemble.

11 Graham Huggan, « Philomela's Retold Story : Silence, Music and the Post-colonial text », *Journal of Commonwealth Literature* 25. 1, 1990, p. 12-23 ; 12.

caribéennes. L'aphasie et le mutisme qui frappent ces figures féminines de la mythologie gréco-romaine sont réutilisés à d'autres fins, qu'il s'agisse de Philomèle et de Procné, ou encore de Cyane. Cette nymphe tente d'empêcher Pluton/Hadès d'enlever Proserpine/Perséphone, elle-même fille incestueuse de Cérès et de son frère Jupiter, et de révéler à Cérès où se trouve sa fille. Elle ne peut le faire car elle est devenue muette. La mythologie, pourtant plutôt associée à la culture occidentale blanche, est ici revisitée et permet d'opérer un détour afin de mettre l'accent sur la puissance transformatrice du verbe et du mythe. À travers des figures marquées par la violence tant patriarcale que colonisatrice et par le silence, l'écrivain reformule, réinterprète et reconstruit une identité dépecée.

Qu'il soit lié ou non à l'esclavage, à la colonisation ou à tout autre événement traumatique dans un contexte postcolonial, ce mythe est l'allégorie même du trauma – une première violence physique et psychologique, à laquelle s'ajoute la seconde violence de ne pouvoir en parler. Et s'il semble exprimer quelque chose d'un traumatisme individuel, il peut tout à fait être transposé au niveau collectif et culturel. Les littératures postcoloniales s'attachent à exprimer puis à contrer et à sublimer ce silence dont peuples et individus colonisés ont été victimes.

REVENANTS ET FANTÔMES REVISITENT LA SCÈNE FAMILIALE[12]

Le motif familial est l'un de ces thèmes que l'on pourrait retrouver dans la quasi-totalité de la littérature de la Caraïbe, tant la famille et ses fictions sont au cœur de cette écriture du silence et du secret. Depuis *New Day* de Vic Reid (1949), l'un des romans fondateurs qui offrent une perspective sur la rébellion de Morant Bay en 1865 à travers les yeux de

12 Une première approche de cette thématique du secret et du fantôme a été faite dans « Skeletons in Caribbean Closets : Austin Clarke's *The Polished Hoe* and Denise Harris's *Web of Secrets* », *Family Fictions*, Irene Visser et Heidi van den Heuvel-Disler, éds., Centre for Development Studies Research Report 23, Université de Groningen, Pays-Bas, août 2005, p. 53-64. À la fin de cette section seront révélés les secrets de famille dont il est question dans les romans étudiés ici. Si le lecteur de ce volume veut pouvoir maintenir le suspense jusqu'à la lecture des textes eux-mêmes il faudra éviter de lire le dernier paragraphe. Une attention particulière a été donnée pour que rien d'autre ne « filtre » par ailleurs.

Johnny Campbell et de sa famille, des dizaines de romans caribéens ont pris la famille comme centre de conscience et nœud diégétique. Point d'articulation entre l'individu et la communauté, offrant un point de vue privilégié sur le monde, la famille est cette courroie de transmission d'une époque à l'autre, d'une génération à l'autre. Elle porte aussi la marque du fardeau de l'histoire et de la généalogie, et nous raconte le présent à travers son intérêt pour le passé. Les romans d'Austin Clarke, *The Polished Hoe*, de Denise Harris, *Web of Secrets*, de Ryhan Shaah, *A Silent Life* et de Shani Mootoo, *Cereus Blooms at Night* sont tous des romans de la famille violentée par l'esclavage, la colonisation et/ou la migration, et violentée à nouveau par les silences et les secrets enfouis de la plantation transmise en héritage, où tous les protagonistes féminins revisitent indéfiniment le mythe de Philomèle et Procné. Tous ont pour but de rendre enfin possible l'articulation de ces secrets de famille, transmis en creux et de façon indirecte, l'articulation de la vérité, ou tout au moins d'une vérité. Tous ont l'inceste, le viol et/ou le meurtre enfouis dans cette tombe de silence. Tous sont des récits de mise à jour par une mise en mots et en échos dont l'enjeu est la transmission intergénérationnelle.

Même si la toile de fond de *The Polished Hoe* est les années 1950 sur l'île fictive de Bimshire, modelée d'après la Barbade natale d'Austin Clarke, les descriptions de la plantation pourraient être celles de l'esclavage, tant la situation est similaire. Le contremaître, le second du contremaître, le comptable, le gardien, la cuisinière, les travailleurs du sucre qui ont remplacé les esclaves, ils sont tous là, surveillés par le maître dans sa Grande Maison, Monsieur Bellfeels, au centre de ce petit monde, indigne représentant du système de contrôle et de surveillance directement hérité de l'esclavage.

Le roman dont la diégèse couvre vingt-quatre heures s'ouvre sur la déposition que Mary-Mathilda vient faire à la police, déposition qui deviendra après moult tours, détours et digressions, presqu'à la fin du roman, la confession du meurtre de Monsieur Bellfeels, non sans qu'un sombre secret ait été révélé entretemps. Les quatre cent soixante-deux pages de monologue oscillent constamment entre déposition et confession, à la jonction entre religion, loi et littérature, mettant en branle ce que Peter Brooks appelle dans *Troubling Confessions* « la confession selon la loi, et la confession selon la littérature[13] », mais aussi « la formulation de secrets,

13 Peter Brooks, *Troubling Confessions – Speaking Guilt in Law and Literature*, Chicago, The University of Chicago Press, 2000, p. 4.

peut-être [...] la production d'une vérité jamais encore concrétisée[14] ». Le monologue qui constitue *The Polished Hoe* intègre analepses et prolepses, alterne temps de l'histoire et temps du texte, voix individuelle et voix collective, entre discours intime et discours officiel, cherchant à amener à la surface des mots l'horreur des vérités impossibles à dire.

La déposition que fait Mary-Mathilda au policier (qui se révèlera plus tard être un ancien amoureux) ne peut commencer de façon directe mais s'enroule peu à peu autour du récit de la scène qui constitue le trauma originel déroulé ensuite pendant toute une vie – la scène pendant laquelle elle est *passée* par sa mère à Monsieur Bellfeels :

> Le soleil brillait ce dimanche matin-là, c'était le dimanche de Pâques. J'avais le soleil en face, donc *je ne pouvais pas voir ses yeux.* Monsieur Bellfeels *avait l'air* si grand, aussi grand que le pupitre de l'église ou le réservoir d'eau, et je devais mettre la tête tout en arrière pour regarder son visage. Et pourtant, *je ne voyais toujours pas son visage nettement.* Cet homme qui *avait l'air* si grand, et moi, une petite fille, qui avait *mal aux pieds à cause des chaussures de sa fille.*
>
> Le soleil lui jouait des tours aussi, et aucun d'entre nous ne pouvait voir l'autre nettement. Mais *lui pouvait voir mon visage car il avait les yeux baissés*[15].

Cet extrait expose les nœuds du roman – la perpétuation de l'héritage de l'esclavage jusqu'à l'époque contemporaine, la transmission d'une situation traumatique de la mère à la fille, et la raison du meurtre de Monsieur Bellfeels. La violence de l'échange se situe dès le début dans le placement du regard et la façon dont celui-ci circule, ou non, entre les protagonistes. Mary lève les yeux vers Monsieur Bellfeels, Monsieur Bellfeels baisse les yeux vers Mary, la mère baisse les yeux vers le sol et détourne le regard.

La violence est aussi symbolisée par la cravache, objet phallique qui rappelle aussi les sévices contre les Africains en esclavage, ou encore par le cuir, aussi associé à une violence masculine et à un certain statut économique

---

14 *Ibid.*, p. 35.

15 « The sun was bright that Sunday morning, of Easter Even. And it was in my face. So, I couldn't see his eyes. *Mr Bellfeels* looked *so tall, like the pulpit or the water tower, that I had to hold my head back, back, back, to look in his face. And still,* I couldn't see his face, *clear. This man who* looked *so tall, and me, a little girl,* in pain *from wearing* his own daughter's shoes *that was* killing *me. / The sun was playing tricks in his face, too. So, neither of the two of we could see the other person too clear. But* he could see my face, *because* he was looking down. » Austin Clarke, *The Polished Hoe*, Kingston, Jamaica, Ian Randle Publishers, 2003, p. 11. C'est moi qui mets en italiques.

(les chaussures de cuir données à Mary par la fille de Monsieur Bellfeels et qui la font souffrir, les chaussures de Monsieur Bellfeels, elles aussi en cuir) :

> Ensuite, Monsieur Bellfeels plaça *sa cravache sous mon menton*, et me fit lever la tête vers lui, en utilisant la cravache. Lorsque nos yeux se croisèrent, il *fit glisser la cravache le long de mon cou, sur le devant de ma robe*, jusqu'à ma taille. Puis il fit remonter *la cravache* jusqu'en haut, *comme s'il me dessinait quelque chose sur le corps*.
> Et M'an, juste à côté, *les yeux fixant le sol* de marne devant l'église, fixant les tombes recouvertes de marbre, *fixant le sol*. Ma mère. Elle ne me regardait pas, moi, sa propre fille. [...]
> Ce dimanche matin-là, en plein soleil, avec M'an debout juste à côté, *sans voix*, comme si la cravache était *l'index de Monsieur Bellfeels pressé contre ses lèvres, appuyé contre sa bouche pour l'empêcher de parler, pour la faire taire, pour la maintenir tranquille*[16].

Quant aux échanges verbaux, seuls quelques mots sont prononcés par Monsieur Bellfeels par-dessus la tête de Mary :

> Voilà donc la petite Mary ! s'exclama Monsieur Bellfeels.
> – Oui, M'an répondit à Monsieur Bellfeels, c'est ma petite Mary.
> – Bien, très bien, répliqua Monsieur Bellfeels[17].

C'est le silence qui résonne le plus fort, celui de la mère de Mary, rendue muette par le désir de protéger sa fille et la trahison qu'elle commet dans cette intention. Cette scène est remémorée par Mary-Mathilda au début de sa déposition et le lecteur peut y lire, en décalé, la violence de cette passation faite à l'insu de la principale intéressée, violence sexuelle et violence raciale, mises en scène en silence. Une telle démonstration, par le texte de fiction, n'a rien à envier à l'analyse théorique que fait Gayatri Spivak de la relation entre subalternité et silence[18].

---

16 « *Then Mr. Bellfeels put* his riding-crop *under my chin, and raise my face to meet his face, using the riding-crop ; and when his eyes and my eyes made four, he passed* the riding-crop down my neck, right down in front of my dress, *until it reach my waist. And then he move the riding-crop right back up, as if* drawing something on my body. / *"And Ma, stanning-up beside me, with* her two eyes looking down *at the loose marl in the Church Yard,* looking at the graves *covered by slabs of marble, looking at the ground. My mother. Not on me, her own daughter.* [...] / *That Sunday morning, in the bright shining sun, with Ma stanning-up there,* voiceless, *as if the riding-crop was Mr. Bellfeels finger* clasped to her lips, clamped to her mouth to strike her dumb to keep her silence, to keep her peace. » *Ibid.*

17 « "'*So, this is lil Mary !*' Mr. Bellfeels say. / '*Yes*', *Ma told Mr. Bellfeels, 'This is my little Mary.*' / '*Good,*' Mr. Bellfeels say. » *Ibid.*, p. 12.

18 « *[if], in the context of colonial production, the subaltern has no history and cannot speak, the subaltern as female is even more deeply in shadow...* », Gayatri Spivak, « Can the Subaltern

Ce dialogue est remémoré à l'intérieur du dialogue qui constitue la déposition de Mary-Mathilda et son écho résonne à d'autres étapes du roman. Cette nécessaire répétition obsessionnelle des mots structure aussi *Web of Secrets*, tout aussi imprégné de l'horreur de la plantation, de la perpétuation de l'horreur et de la recherche de la transmission de cette horreur à la génération suivante :

> [d]epuis le moment où leurs arrière-arrière-arrière-grands-parents sont tombés dans une embuscade, violemment enchaînés par les pieds et par le cou, jetés ensemble comme des tas de charbon, destinés aux chaînes, destinés à l'esclavage, mais aussi destinés à la peur, destinés à la haine, destinés au suicide, destinés au massacre, destinés à la dépression, destinés à la survivance à tout prix, destinés au regard vide, destinés au vide même, destinés au désespoir, destinés à l'amnésie, destinés à la docilité, destinés à la perte de connaissance, destinés à la folie, destinés à la parole, destinés à l'espoir, destinés au marronnage, destinés à la détermination, destinés à Dieu mais tous destinés aux chaînes, destinés à l'esclavage[19]….

Ce même passage est répété presque mot pour mot à la fin du roman, comme un écho passé de génération en génération et à l'influence duquel on ne peut se soustraire. Si la période de la plantation est plus lointaine dans le Guyana des années 1960 de *Web of Secrets* qu'elle ne l'est dans le Bimshire de *The Polished Hoe*, elle n'en est pas moins omniprésente dans la psyché familiale. Margaret, centre de conscience du roman et narratrice, ne peut qu'en être l'héritière :

> Je m'appelle Margaret Saunders, celle qui écoute aux portes, sœur d'Adrienne et de Guy Saunders, fille de Stephanie Sheila Saunders et de Charles Armenius Saunders, nièce d'Eileen Henrietta Gomez […], autrefois mariée au feu Stephen Herman Gomez, petite-nièce d'Irma Augusta Chase autrefois mariée au feu Frank William Chase, et aussi petite-nièce de feu Iris Ethel Robertson, de feu Stanley Ian Robertson… de Christopher Michael Robertson qui vit maintenant en Amérique et de Percival Matthew Robertson, qui vit aussi

---

Speak ? », B. Ashcroft, G. Griffiths et H. Tiffin, eds., *The Post-colonial Studies Reader* [1988], Londres et New York, Routledge, 1995, p. 24-28.

19 « (…) *from the very moment their great great great grand-parents were ambushed and violently shackled and collared and dumped together like heaps of blind coal, all chain-bound, all slave-bound, but some also fear-bound, hate-bound, suicide-bound, slaughter-bound, sullen-bound, survive-at-all-costs-bound, blank-look-bound, blank-out-bound, despair-bound, amnesia-bound, tractable-bound, black-out-bound, run-amok-bound, word-bound, hope-bound, maroon-bound, spirit-bound, god-bound but all chain-bound, all slave-bound…* » Denise Harris, *Web of Secrets*, Leeds, Peepal Tree Press, 1996, p. 21.

> en Amérique, petite-fille de Kathleen Maud Harriot et de feu John Albert Harriot, arrière-petite-fille de feu Albert Fred Robertson et de Hope Amelia Robertson, arrière-arrière-petite-fille de Robert Gerald Hinckson, celui qui s'est effacé, et de Cecilia Margaret Hinckson[20]...

L'arbre généalogique de cette famille est intéressant à établir pour peu que l'on glane au fur et à mesure du roman les éléments qui peuvent le composer sur quatre générations. Robert Gerald Hinckson et Cecilia Margaret Hinckson, les arrière-arrière-grands-parents de Margaret, rendent, par la disparition de toute trace les concernant, la période de l'esclavage d'autant plus obsédante. Pour celle qui porte le deuxième prénom de sa mystérieuse arrière-arrière-grand-mère, démêler les fils emmêlés est une question de survie. Réduite à écouter aux portes, à travers les murs, au-delà des chuchotements et des murmures des membres de sa famille, Margaret s'efforce de reconstituer la trame de son histoire familiale et de comprendre les raisons de la soi-disant folie de sa grand-mère. En se dissimulant sous les lits et dans les placards, faisant littéralement la chasse aux squelettes qui y seraient cachés, Margaret se rapproche des vérités occultées, autorisant ainsi les autres membres de sa famille à en accepter la révélation, et les fantômes à se dissiper. Si, hors contexte, on reprenait une chanson bien connue, on pourrait dire de Margaret, *on lui dit rien, on lui cache tout* :

> Bon, si [ma mère] nous en disait un peu plus, ça pourrait l'aider, et nous aussi, et ça m'épargnerait bien des soucis parce qu'alors je n'aurais plus besoin de fouiner partout comme je le fais, à essayer de ramasser des miettes de conversation. Les miettes, ça ne fait qu'aiguiser l'appétit, c'est bien connu[21].

Que ce soit pour le départ ou pour la mort de son père, dont elle ne savait pas qu'il avait été assassiné par l'une de ses maîtresses à Brooklyn,

---

20 « [...] *I am Margaret Saunders, the eavesdropper, sister of Adrienne and Guy Saunders, daughter of Stephanie Sheila Saunders and Charles Armenius Saunders, niece of Eileen Henrietta Gomez* [...], *once married to the late Stephen Herman Gomez, grandniece of Irma Augusta Chase once married to the late Frank William Chase, and also grandniece of the late Iris Ethel Robertson, the late Stanley Ian Robertson... Christopher Michael Robertson now residing in America... and Percival Matthew Robertson also residing in America, granddaughter of Kathleen Maud Harriot and the late John Albert Harriot, great granddaughter of the late Albert Fred Robertson and Hope Amelia Robertson, great great granddaughter of the faded-out Robert Gerald Hinckson and Cecilia Margaret Hinckson...* » *Ibid.*, p. 40.

21 « *Now if [my mother] told us more it might help her and us and it would also save me a lot of trouble, for then I wouldn't have to snoop around the way I do, trying to pick up the crumbs of their conversations. The crumbs only whet the appetite, I would like to tell you.* » *Ibid.*, p. 46.

ou pour le cancer de sa mère, Margaret doit toujours tout découvrir toute seule, quitte à recourir parfois aux journaux. Mais elle seule est capable de comprendre pourquoi Kathleen Harriot voit les murs de sa chambre, de la maison familiale, se fissurer, pourquoi elle entend des voix venues du passé, pourquoi elle se sent « assiégée[22] » par les souvenirs délibérément enfouis et qui ressurgissent sans qu'on les ait convoqués. Margaret, adolescente en surpoids, dont la peau est trop noire et l'intellect trop lent, qui sera finalement envoyée en Amérique pour éviter qu'elle découvre trop de choses (cela rappelle *The Scorpion's Claw*), est la caisse de résonnance de tous ceux qui ont disparu et réapparu, de ceux qui sont morts et de ceux qui ont été tués, sans que leur histoire ait été transmise. Margaret « écoute, regarde, mène son investigation », tant et si bien qu'elle pense « devenir détective plus tard[23] ». Seule Margaret est capable d'entendre et de voir ce que Kathleen Harriot voit et entend :

> Et tout d'un coup, Grand-mère prétend voir une fissure et chaque matin elle prétend en voir une nouvelle mais personne ne la croit ni ne l'écoute… Et ne voilà-t-il pas qu'elle raconte à mon grand-père mort que les fissures laissent sortir toutes sortes de choses[24]…

Signes de l'infini récit familial, sans cesse répété, jamais raconté, les vivants et les morts se mêlent et s'entremêlent, les générations passées et les générations présentes, les secrets et les mensonges. Les fantômes sont des personnages à part entière dans le monde de Margaret et de sa famille, comme en atteste, entre autres exemples possibles, ce dialogue entre Kathleen Harriot, grand-mère de Margaret, et son feu mari John Albert Harriot :

> « Tu dois t'occuper de tout ça, dit-il, rassembler la famille et t'en occuper.
> – Mais n'es-tu pas censé être mort, John ? Voilà des années que tu es mort. En quoi est-ce que cela te concerne ?
> – Tout est en train de s'effondrer, dit-il.
> – Oui, je sais, répondit-elle[25]. »

22 Le terme « ambushed » est utilisé dans le roman à la fois pour les Africains qui sont enlevés et emmenés de force, et pour les souvenirs et visions qui hantent Kathleen Harriot.

23 « *I listen, I watch, I investigate.* […] *I think I'm going to be a detective when I grow up.* » *Ibid.*, p. 59-60.

24 « *Out of the blue Grand-mother claimed she saw a crack and each morning she claims she sees another one and no one believes or listens… she's now telling my dead grand-father that the cracks are beginning to spill out all kinds of things…* » *Ibid.*, p. 74.

25 « *'You must deal with it,' he said, 'get the family together and deal with it.' / 'But aren't you dead, John ? You have been dead for all these years. What do you have to do with it ?' / 'It's*

La sœur de Kathleen, Iris, grand-tante de Margaret, revient d'entre les morts elle aussi, tout à la fois dépositaire et victime d'un sombre secret révélé par Kathleen à la toute fin du roman, en même temps que celui, archétypal, qui concerne l'arrière-arrière-grand-mère Cécilia Margaret Hinckson. Le passé ronge le présent. La maison vomit lentement secrets et mensonges ingérés et jamais digérés.

Les fantômes, ces êtres hybrides qui se maintiennent sur le seuil entre les générations, le passé et le présent, le visible et l'invisible, l'ici et l'au-delà, le soi et l'autre, jettent le doute sur des frontières parfois considérées comme stables et immuables. Ils soulignent cette constante négociation entre l'individu et son histoire, l'être et le lieu habité, l'individu et la communauté[26]. Ils réclament la reconsidération, voire la *révision*, du passé. Ils rendent sensibles et manifestes la problématique de l'héritage et le processus de constante négociation qui ne peut avoir lieu qu'à travers le discours[27]. Ils refusent d'être oblitérés comme leurs précédentes incarnations en chair et en os l'ont été. Ils veulent se raconter, ils veulent que nous sachions[28].

De la même façon que Kathleen Harriot conjure les spectres des êtres morts (John, Iris), Mary-Mathilda dans *The Polished Hoe* évoque dans sa déposition ces personnages qui hantent encore la plantation. Clotelle, par exemple, retrouvée pendue un dimanche matin, et dont l'histoire ressemble si fort à celle de Mary-Mathilda qu'elle lui sert de *pré-texte* pour raconter sa propre histoire :

> [C]e dimanche matin, juste avant Mâtines, ils ont trouvé Clotelle pendue au tamarin dans la cour de la plantation. Personne ne savait comment elle était arrivée là. Et c'est Ma qui a dû, sur ordre de Monsieur Bellfeels, décrocher Clotelle parce que les gens de la plantation étaient trop dégoûtés et avaient trop honte pour toucher le cadavre. Et après toute cette agitation créée par

falling apart,' he said. / 'I know,' she replied. » *Ibid.* p. 76.

26 Sur le lien entre le lieu habité et le lieu hanté, on pourra consulter Jean-Michel Rabaté, *La Pénultième est morte. Spectrographies de la modernité.* Seyssel, Champ Vallon, coll. « L'Or d'Atalante », 1993, p. 52. Sur le lien entre la présence de l'être et la présence du lieu, on pourra consulter Jacques Derrida, *Spectres de Marx : l'état de la dette, le travail du deuil et la nouvelle internationale*, Paris, Galilée, 1993, p. 212.

27 Rabaté souligne que les spectres sont des êtres de discours. Voir *La Pénultième est morte. Spectrographies de la modernité, op. cit.*, p. 214.

28 « *[t]hey want to be recounted. They don't want to be voiceless ; they don't want to be pushed aside, obliterated. They want us to know.* » Margaret Atwood, *Negotiating with the Dead. A Writer on Writing*, Cambridge, Cambridge University Press, 2002, p. 162.

> la mère de Clotelle autour de la mort de son seul enfant, y'a eu une autopsie. Et ne voilà-t-il pas que l'autopsie a révélé qu'elle était enceinte de cinq mois ! Y'fallait pas être grand clerc pour savoir de qui était le bébé[29]…

Introduction oblique de l'histoire de Mary-Mathilda, l'histoire de Clotelle rend hommage à toutes les générations de femmes qui ont vécu sur les plantations des souffrances physiques, sexuelles et mentales. Son apparition parle à travers le discours de Mary-Mathilda et nous dit déjà quelque chose de la situation de cette dernière qui a commis le meurtre que Clotelle n'a pu commettre, elle qui, comme beaucoup d'autres femmes en esclavage, a été promue du travail de la canne au travail domestique dans la Grande Maison, ce statut incluant l'acceptation des demandes sexuelles du Maître.

Le roman de Ryhaan Shah, *A Silent Life*, fait aussi résonner les silences de l'histoire du Guyana à travers les générations, depuis les premiers travailleurs indiens sous contrat, les révoltes syndicales des années 1930 et 1940, jusqu'aux tensions politiques et discriminations ethniques entre les communautés afro-guyanaise et indo-guyanaise dans les années 1960-1980[30], un aspect qui n'est que très peu présent dans *Web of Secrets.* Le fait que ce roman a remporté le Prix du Guyana en 2007 montre à quel point la révélation du passé du Guyana à ses propres habitants est considérée comme nécessaire. Les trois générations de femmes – Nani, sa fille Shaban, et Aleya – dessinent la renaissance de la conscience guyanaise et son éveil à sa propre histoire. Un mystère à élucider (le grand-père a été retrouvé pendu), une aphasie à briser (la

---

29 « […] *the Sunday morning, just before Matins, they found Clotelle henging (sic) from the tamarind tree in the Plantation Yard ? And nobody didn't know how she got there ? and it was Ma who Mr Bellfeels ordered to cut down Clotelle, cause the Plantation-people was too ashamed and embarass, and too scornful to touch a dead-body ? And how, following after all the fuss that Clotelle mother made over the sudden death of her only child, they held the attopsy. And lo and behold, the attopsy disclose that Clotelle was five months' heavy, in the family-way ! But it didn't take tummuch for the whole village to know who the father was ?…* » *The Polished Hoe*, *op. cit.*, p. 14.

30 Forbes Burnham est resté au pouvoir de 1964 à sa mort en 1985, tout d'abord comme Premier Ministre puis comme Président pendant les cinq dernières années de sa vie. En 1950 il créa le « People's Progressive Party » avec l'Indo-Guyanais Cheddi Jagan. La rupture eut lieu cinq ans plus tard et Burnham établit son propre parti « People's National Congress » en 1958, menant une politique de violente discrimination contre les Indo-Guyanais, allant jusqu'à truquer les élections et laissant la voie libre aux massacres de mai 1964, deux jours pendant lesquels la communauté indo-guyanaise des villages de Wismar et Christianburg fut décimée, les maisons saccagées et les femmes violées en réunion et en pleine rue.

grand-mère n'a plus dit un mot depuis des années) : ce sera la tâche d'Aleya de se construire sa propre affiliation en reconstruisant les filiations brisées de ses ancêtres et de ses proches. Le roman met l'accent sur le lien intergénérationnel grâce à la relation privilégiée entre Aleya, narratrice à la première personne, et Nani, sa grand-mère, que sa famille s'est habituée à voir sans plus entendre. Pendant sa jeunesse, juste après l'abolition du travail engagé en 1917, Nani faisait pourtant entendre sa voix : elle savait comment user des mots écrits et parlés, comment faire des discours pour prendre la défense des travailleurs indiens dans les plantations et tenter de faire valoir leurs droits auprès de leurs employeurs. Mais la Guyane britannique des années 1930 n'était pas encore prête à donner cette place aux femmes. Le mari de Nani ne put supporter ni accompagner la modification des statuts de genre, lui qui avait du mal à parler en public, dont la voix était « claire » mais les mots « hésitants » et « maladroits[31] ». La honte retombe sur sa famille : l'un de ses hommes a été tourné en dérision et l'une de ses femmes n'a pas su rester à sa place. Le suicide de Pa Nazeer réduit au silence la voix de Nani aussi – mais est-ce vraiment un suicide si on lui a tendu la corde avec laquelle se pendre ?

> Seule votre grand-mère sait ce qui s'est passé ce matin-là. Certaines personnes disent que le Diable est venu et a mis la corde dans les mains de Pa Nazeer. Mais d'autres disent que le Diable a mis la corde dans les mains de Nani, que c'est elle qui l'a donnée à Pa Nazeer et qu'elle l'a regardé la balancer au-dessus de la poutre et la mettre autour de son cou[32].

Aleya, adolescente au début du roman, quadragénaire à la fin, reprend le flambeau que Nani n'a pu porter jusqu'au bout, afin de recouvrer une parole perdue et essayer de faire en sorte que l'histoire ne se répète pas, quelques générations plus tard. En effet, afin de briser le silence dans lequel Nani s'est enfermée, interrompu de temps à autre par des chansons et des murmures, et parvenant à peine à soutirer un récit cohérent à sa mère, Aleya compense la frustration de ne pas connaître

31 « *clear voice* », « *awkward phrases* », « *speaks hesitantly* », Ryhaan Shah, *A Silent Life*, Leeds, Peepal Tree Press, 2005, p. 25.

32 « *"Only your grandmother knows what happened that morning. People say that the devil came down and put the rope in Pa Nazeer's hands. But other people say that the devil put the rope in your Nani's hands, and she handed it to Pa Nazeer and watched him throw it up over the beam and wrap it around his throat."* » *Ibid.*, p. 35-36.

le passé en laissant des fragments de visions qui reviennent du passé habiter sa conscience. Ces visions s'introduisent dans le texte au détour d'une phrase et se signalent par l'usage du présent :

> L'air de la nuit est doux et fait à peine bouger les feuilles des arbres. J'ai dû m'assoupir car lorsque j'ouvre les yeux et regarde vers le barrage de brique rouge, je vois la foule rassemblée sur la place du marché. C'est un rassemblement public et un petit homme avec une élégante moustache parle dans un microphone en levant le poing. J'ai les yeux écarquillés : c'est mon grand-père, Pa Nazeer[33].

Contre l'absence de mots et le vide de la gorge, contre le secret familial imposé, contre ce que Patrick Chamoiseau appellerait une « égorgette de la parole[34] », elle choisit le refuge de l'imagination et le flottement des visions, tentant de reconstruire indirectement ce à quoi elle n'a pas accès directement. Le nœud du roman est dans le risque de la répétition de l'histoire : la seconde partie montre Aleya quittant Georgetown grâce à une bourse qui l'emmène à la « London School of Economics » pour obtenir une Licence, puis un Master. Les premières années en deviennent bientôt vingt, incluant les années où Burnham était au pouvoir. Mais Aleya tombe amoureuse d'un Guyanais qui semble, comme Pa Nazeer avec Nani, vouloir l'empêcher de parvenir à l'indépendance professionnelle et personnelle dont elle rêve et qui se concrétise lorsqu'on lui offre le poste de directrice régionale de l'organisation non-gouvernementale World Aid : « Dean sourit, hausse les épaules et opine de la tête. Je le regarde sans rien dire. Ma vie est faite de silence, et je ne peux m'empêcher de penser à Nani et à Pa Nazeer. Mais je repousse l'idée[35]. »

Pendant la dépression qui emmène Aleya en clinique psychiatrique, l'aphasie dans laquelle elle est enfermée offre un miroir frappant avec celle de sa grand-mère. Va-t-elle réincarner Nani ? Le « trou noir » dans lequel elle plonge force Aleya à confronter les fantômes qui continuent

---

33 « *The night air is warm and barely stirs the leaves of the trees and* I must have dozed off for a while *because when I open my eyes and look down the red-brick dam, I see that a crowd has gathered in the market square. It is a public meeting and a slim man with an elegant moustache is talking into a microphone and punching the air around him. My eyes open wide : it is my grand-father, Pa Nazeer.* » *Ibid.*, p. 25.

34 Patrick Chamoiseau, *Solibo Magnifique*, 1988, Paris, Gallimard, 2013, édition numérique, empl. 99 / 2534. Nous retrouverons Solibo au chapitre suivant.

35 « *Dean smiles and shrugs and nods. I watch him and say nothing. I am part of a silent life, and I cannot but think of Nani and Pa Nazeer. But I push the thought away…* » *Ibid.*, p. 97.

de la hanter, comme Pa Nazeer se balançant au bout d'une corde – ces messagers de l'insaisissable, ces révélateurs de ce qui n'a pas été parlé et délibérément transmis à la génération suivante. L'histoire d'Aleya se développe en parallèle avec l'histoire du pays : Burnham meurt en 1985 alors qu'elle est en Angleterre et elle apprend la nouvelle par une lettre (nous retrouvons la lettre comme moyen de communication essentielle pour la communauté en diaspora) envoyée par son père :

> Il est mort ! Il est mort ! Le Kabaka est mort. Il y a de l'espoir à nouveau, de la vie. Il est allé à l'hôpital pour se faire opérer d'un cancer de la gorge. Pas étonnant avec tous ces mensonges sortis de sa gorge… ! Il est mort sur la table d'opération, ne s'est jamais réveillé[36].

La capacité ou l'incapacité de parler, les murmures et les cris, les vérités bonnes ou mauvaises à dire et les mensonges, sont déclinés de multiples façons sur la scène familiale ou collective, jusqu'à cette métaphore du cancer de la gorge de Burnham. Dans le cas de Pa Nazeer, il a « étouffé les mots [de Nani] une fois pour toutes avec une corde[37] ». Dans le cas de Nani, elle a « enfermé [ses mots] bien à l'abri sous sa langue[38] ». Et dans celui d'Aleya, elle hérite de ce silence qu'elle n'a pas voulu mais les mots enfermés lui étouffent la gorge aussi et elle ne pourra se reconstruire qu'en détricotant cette « couverture de silence[39]. » C'est paradoxalement lorsqu'elle sombrera dans la dépression, comme Nani, qu'Aleya pourra se reconnecter avec un temps collectif, avec cette voix collective qui lui permettra de se reconstruire en tant qu'individu.

L'aphasie est aussi, dans *Cereus Blooms at Night*, ce que le lecteur entend en premier, paradoxalement, lorsqu'il rencontre Mala Ramchandin, âgée, recluse et solitaire. Considérée comme folle, Mala est finalement envoyée dans un hospice. Son histoire est racontée par le personnage masculin de Tyler dont le rôle, entre tous les infirmiers et infirmières, est de s'occuper d'elle. Peu à peu, par bribes et fragments, par ouï-dire et retours en arrière, l'histoire se raconte à travers la perspective et la voix du travesti Tyler. Une histoire où migration se décline avec folie

---

36 « *'He's dead! He's dead! The Kabaka is dead. There's hope again, life again. He went to the hospital for an operation. He had throat cancer. We were not surprised–all the lies that throat has told! But he died on the operating table. Never woke up.'* » *Ibid.*, p. 106.

37 « *[he] choked off [Nani's] words for good and all with a rope.* » *Ibid.*, p. 44.

38 « *[she] clapped [her words] down tight under her tongue.* » *Ibid.*, p. 9.

39 « *this blanket of silence.* » *Ibid.*, p. 47.

et transmission avec silence, et où la migration indo-caribéenne met en valeur la complexité des liens entre les générations dans un contexte de migration, et celle des liens entre les communautés du pays d'origine et celles du pays d'arrivée. Lorsque la famille Ramchandin quitte l'Inde pour la Caraïbe (île fictive de Lantanacamara, modelée d'après Trinidad d'où Mootoo est originaire), le père espère laisser derrière lui son statut karmique, hérité de père en fils dans la religion hindoue, et quitter sa caste de travailleur agricole au service d'un riche propriétaire terrien. Au lieu de cette renaissance, la migration géographique ne conduit jamais à l'installation véritable dans un autre lieu et une autre vie mais renforce la discrimination dont est victime la famille Ramchandin. La conversion au Christianisme et l'éducation apparaissent comme les instruments les plus efficaces de la domination coloniale – les Ramchandin sont en permanence déterritorialisés.

Cereus Blooms at Night examine de près toutes les « intersections entre trauma et migration[40] », jusqu'à celles de la folie et de la violence. Rendu fou et violent par la révélation de l'homosexualité de sa femme Sarah et par sa fuite avec Lavinia Thoroughly – la fille de sa famille d'adoption et qu'il avait espéré épouser – Chandin Ramchandin, travailleur indien sous contrat comme son père, répondra par le viol et l'inceste et fera de ses deux filles, Mala (Popoh pendant son enfance) et sa sœur Asha, ses maîtresses et ses servantes. La violence ne peut qu'être léguée d'une génération à l'autre lorsqu'elle n'est pas traduite par la parole.

Avec l'aide du travesti Tyler, Mala pourra enfin articuler les différentes facettes de son identité, comme si tous deux s'étaient reconnus en l'autre, ayant tous deux besoin d'un *autre* pour se reconnaître et s'accepter dans ce qu'ils sont. Mootoo navigue entre le présent et le passé de façon fluide et légère, parfois d'une page à l'autre, donnant au lecteur le sentiment de cet entremêlement des strates identitaires et intergénérationnelles déposées par l'histoire. Mootoo, d'origine irlandaise et trinidadienne, revendiquant son homosexualité, explore avec les personnages de son

40 « *[T]he presence of geographic dislocation in a range of trauma histories suggests the intersections of trauma and migration* », Ann Cvetkovich, *An Archive of Feelings : Trauma, Sexuality, and Lesbian Public Cultures*, Durham, Duke University Press, 2003, p. 120, cité par Sophie Croisy, « Unveiling Everyday Traumas : migrations in Shani Mootoo's *Cereus Blooms at Night* », in *India and Diasporic Imagination*, Rita Christian et Judith Misrahi-Barak éds., Coll. « Horizons anglophones », Série *PoCoPages*, Montpellier, Presses universitaires de la Méditerranée, 2011, p. 111-126 ; p. 112.

roman les interstices et les carrefours dans lesquels le sujet postcolonial se définit. Toute une stratégie de ce que l'on peut appeler les seuils, ou les traverses, identitaires se met en place entre Mala Ramchandin et le travesti Tyler qui lui sert d'infirmière mais aussi de guide sur le chemin de la reconnaissance et du réagencement de soi.

Le traumatisme de la migration géographique tel qu'il a été vécu par la famille Ramchandin est doublé du traumatisme d'une migration culturelle avortée. La famille a bien quitté son Inde natale mais n'est finalement jamais *arrivée*, au sens où elle n'a jamais été intégrée dans le paysage social de la communauté de Lantanacamara qui semblait pourtant vouloir lui faire une place. Le trauma de l'acculturation, de la discrimination et du rejet ne peut qu'être répété par la génération suivante. Il faudra le meurtre du père, littéralement, pour que Popoh/Mala puisse se libérer de la torture physique et mentale dont elle est victime – inceste et viol répété, acceptés de façon à protéger sa jeune sœur. Dans le cas de *Cereus Blooms at Night* il s'agit donc, au sens propre, d'un squelette dans le placard, ou plutôt dans la cave, qui sera découvert alors que Mala est déjà une pensionnaire de l'hospice où elle a été placée de force. Mary-Mathilda dans *The Polished Hoe* commettra aussi le meurtre du père mais comme le lecteur aura peut-être pu le deviner suite à la scène de « passation » entre la mère et la fille auprès de Monsieur Bellfeels, c'est Mary-Mathilda qui devient la maîtresse de Monsieur Bellfeels, prenant ainsi la suite de sa mère. Elle est donc à la fois la maîtresse de Monsieur Bellfeels et sa fille, tandis que ses enfants sont ses enfants tout autant qu'ils sont ses frères et ses sœurs. Il est aussi question d'inceste et de viol dans *Web of Secrets* puisque Kathleen Harriot révèle le secret de l'arrière-arrière-grand-mère :

> [Cecilia Margaret Hinckson] fut violée par un blanc qui était de passage dans le pays et à qui personne n'a pris la peine de donner un nom [...] laissant derrière lui une enfant qui fut plus tard appelée Hope Amelia Hinckson et qui pouvait passer pour blanche[41].

Ce viol est la raison pour laquelle les arrière-arrière-grands-parents se sont vite effacés sans laisser aucun souvenir. En effet :

41 « *[Cecilia Margaret Hinckson] was raped by some white man passing through the country that no one ever cared or bothered to put a name to [...] leaving behind a child later named Hope Amelia Hinckson who could pass for white.* » *Op. cit.*, p. 155.

> [N]étaient-ils pas la preuve vivante de l'histoire de [Hope Amelia Hinckson] et n'était-ce pas là une preuve à faire disparaître à tout prix ? Donc dans l'intérêt du mariage à venir de leur fille et des générations futures, ils commencèrent à s'effacer de sa mémoire, la laissant entre les mains d'une vieille domestique. Ils ont dû s'effacer à toute allure, dit-elle à ses enfants plus tard car rapidement ils devinrent si invisibles qu'on aurait pu tomber sur eux et ne se rendre compte de rien[42].

Un secret de famille ne pouvant que croître et se multiplier, Kathleen Harriot confesse aussi, à la fin du roman, que Compton, son fils « adopté », frère de ses enfants Stephanie et Eileen, est en fait le fils incestueux de sa sœur Iris et de son frère Stan, assassiné. Quant à la mort de Pa Nazeer dans *A Silent Life*, on lui a bien tendu la corde pour se pendre – est-ce donc un suicide, finalement ? Pour parvenir à cette formulation Nani doit remonter jusqu'au moment où elle quitte sa belle-famille qui la maltraite et où elle abandonne ses deux fils jumeaux en Inde – une séparation qui est répétée lorsqu'Aleya revient au Guyana après sa dépression et laisse ses deux enfants en Angleterre.

DE L'ORAL ET DE L'ÉCRIT : UNE « RHÉTORIQUE DU SILENCE »

Dans chacun des romans évoqués ci-dessus, le silence est donc la prison de nombreux personnages et s'impose presque comme un viol en réunion. La victime est seule – Mala dans *Cereus Blooms at Night*, Nani et Aleya dans *A Silent Life*, Margaret dans *Web of Secrets* et Mary dans *The Polished Hoe* – mais pas le persécuteur. Que ce soit le silence familial qui enveloppe le(s) secret(s) dans *Web of Secrets* et *A Silent Life*, ou celui de toute une communauté montrée comme complice dans *The Polished Hoe* et *Cereus Blooms at Night*, ces romans explorent les transitions

42 « [...] *for were they not proof of her history and was not this proof to be blanked out at all costs ? And so for the sake of their daughter's future marriage, for the sake of future generations, they, from that moment, gradually began to erase themselves from her memory slate, leaving her in the hands of an old servant woman. They must have faded fast, she told her children later, for in a short while they became so inconspicuous that one could bump into them anywhere and not realise.* » *Ibid.*, p. 21-22.

difficiles entre le silence et la voix, le secret et sa révélation. Ces romans montrent aussi que le silence-oppression et le silence-émancipation sont intrinsèquement liés. De Jamaica Kincaid à Shani Mootoo, de Ryhaan Shah à Olive Senior, de Denise Harris à Edwidge Danticat ou Myriam Chancy, le silence et l'effacement de sa propre histoire, imposé par le pouvoir colonisateur ou la domination masculine, et intériorisé par l'être violenté, est placé au cœur d'une écriture qui dénonce tout autant qu'elle émancipe. Empruntons les mots de Kathleen Harriot tels qu'ils sont rapportés par Margaret :

> Notre vie est une étrange étoffe de fictions emplies d'histoires de famille ancrées dans la violence, la rage, l'inceste, le chagrin, la trahison… Je le sais, nous le savons, n'est-ce pas ? Et pourtant, et pourtant il y a quelque chose de merveilleux en nous qui peut nous faire changer, qui peut transformer les sombres messages du passé en une vérité riche et solide, et… en une certaine maturité[43].

En d'autres mots, la prise en compte de ce que Carrie Dawson appelle un « excès de trauma » par le refus de le « laisser filtrer dans le langage » n'empêche pas, bien au contraire, de pouvoir affirmer la « réhabilitation potentielle qui peut être atteinte par le processus de narration[44]. » Le silence se fait paradoxalement entendre par les mots, par les voix utilisées. Tous les auteurs des romans mentionnés ici s'appliquent à se constituer au fil d'une trame faite de silences, de sons, de musiques et de mots, étroitement imbriqués, de façon à porter cette créativité. Les romans qui nous retiennent ici trouvent tous leur fondation dans cette thématique de la voix, du silence et du secret mais plus qu'une simple thématique, se met en place une véritable rhétorique de ce qui se donne à entendre, ou pas.

L'analyse des voix présentes dans *Feeding the Ghosts* avait été soutenue, à la fin du premier chapitre, par les termes et concepts utilisés

---

43 « *We inhabit a strange web of fictions replete with family histories rooted in violence… rage… incest… sorrow… betrayals… I know it… we know it, don't we ? And yet, and yet there is something marvellous in us that can change, can make us turn the bleak messages of the past into a rich foundation of truth… and… and… maturity.* » *Op. cit.*, p. 173.

44 Carrie Dawson exprime cette dialectique à propos du roman de Michael Ondaatje, *Le Patient anglais* : « D'une part, Ondaatje prend en compte cet excès de trauma en refusant de le laisser filtrer dans le langage. D'autre part, il affirme la réhabilitation potentielle qui peut être atteinte par le processus de narration. » Carrie Dawson, « Calling People Names : Reading Imposture, Confession, and Testimony in and after Michael Ondaatje's *The English Patient* », *Studies in Canadian Literature*, 25 : 2, 2000, p. 50-73.

par Stephen Ross dans son étude de Faulkner[45]. Le jeu sur les voix et les silences est tout aussi crucial ici. Les cris et les chuchotements, les chansons murmurées de Nani, de Mala et d'Aleya sont aussi des voix « phénoménales », explicitement mentionnées dans la diégèse en tant que son, action, geste, ou parole, indépendamment de leur contenu. Les voix sont aussi « mimétiques » lorsqu'elles donnent l'illusion de la réalité. Tous les dialogues qui sont intégrés dans les romans remplissent cette fonction, jouant aussi sur le temps du texte et le temps réel. Les voix peuvent aussi être « acousmatiques » lorsque leur origine est difficile à déterminer. C'est le cas pour les voix des fantômes, par exemple. Enfin, la voix « psychique » habite les courants de conscience de Kathleen, de Margaret ou d'Aleya. La compréhension du pouvoir de la voix dans la littérature de la Caraïbe ne peut se faire qu'à travers celle des multimodalités du silence.

On pourra certainement se demander en quoi cette « rhétorique du silence[46] » est particulière à la littérature de la Caraïbe, plus qu'à d'autres littératures postcoloniales. Toute littérature n'est-elle pas une mise en écoute et une mise en voix, particulièrement lorsqu'elle s'attache au trauma, dans le désir non pas tant de dépasser celui-ci mais plutôt de le prendre en compte ? Dans l'utilisation que la littérature de la Caraïbe fait de la voix et du silence, que peut-elle nous apprendre de plus que d'autres littératures et pourquoi est-il si important de lire les auteurs et autrices caribéens ? Arrêtons-nous un instant sur l'ambiguïté et la polyvalence de la voix et du silence – la première ne pouvant s'entendre qu'à travers l'écoute du second – de façon générale tout d'abord puis de façon plus spécifique à la Caraïbe. Jacques Derrida et Edward Kamau Brathwaite se côtoieront donc, ne serait-ce qu'un instant entre ces pages. Les réflexions de Walter J. Ong et de Kenneth Ramchand seront aussi utiles pour comprendre les spécificités des rapports entre oral et écrit à la Caraïbe, et aborder ensuite plus facilement la façon dont les interactions littéraires de la voix et du silence permettent de transmuer un silence

---

45 Stephen M. Ross, *Fiction's Inexhaustible Voice – Speech and Writing in Faulkner*, *op. cit.*

46 « L'œuvre littéraire tend bien à se constituer en un moment de réticence et d'ambiguïté, mais cet objet silencieux elle le fabrique, pour ainsi dire, avec des mots, et ce travail d'annulation est un procès typiquement sémiologique, passible comme tel, d'une analyse du même ordre : la littérature est une rhétorique du silence », cité en exergue d'un chapitre de l'ouvrage de Lisa Block de Behar, *A Rhetoric of Silence and Other Selected Writings*, Berlin et New York, Mouton de Gruyter, 1995, p. 14.

qui ne serait que symptôme d'oppression et de souffrance comme nous l'avons abordé au début de ce chapitre.

Les quelques pages qui constituent la partie « La voix qui garde le silence » dans *La Voix et le phénomène* de Derrida, posent la question de la voix dans tout son paradoxe. Derrida approche la voix dans son intériorité, la définissant comme ce phénomène où signifiant et signifié sont absolument et par essence conjoints, établie sur une « proximité absolue du signifiant et du signifié[47] ». Lorsqu'il insiste sur le lien nécessaire entre l'élément phonique et l'expressivité, Derrida définit la subjectivité comme une présence immédiate du sujet à lui-même, qui « tient à ce que le 'corps' phénoménologique du signifiant semble s'effacer dans le moment même où il est produit[48]. » En effet, lorsque le sujet parle, en utilisant la voix dans sa matérialité et son immatérialité, ne s'entend-il pas en même temps ? Et alors qu'il s'entend, peut-il faire autre chose que constater l'effacement immédiat de cette voix qui porte ses mots ? Dans ce que Derrida appelle le *s'entendre-parler*, « il est impliqué dans la structure même de la parole que le parleur *s'entende* : qu'il perçoive à la fois la forme sensible des phonèmes et comprenne sa propre intention d'expression[49]. » Cette adéquation intime entre le signifiant et le signifié de la voix et de son expression porte la fusion entre la voix dans sa matérialité et le contenu verbal et linguistique qu'elle transporte. Il ne s'agit ni plus ni moins que de l'adéquation entre voix et conscience : « Aucune conscience n'est possible sans la voix. La voix est l'être auprès de soi dans la forme de l'universalité, comme con-science. La voix *est* la conscience[50]. »

Les écrivains ont joué de ces décalages entre la matérialité et l'immatérialité de la voix, de ces contradictions et de ces paradoxes. Si ce jeu est loin d'être l'apanage des écrivains postcoloniaux, il n'en prend pas moins un sens particulièrement fort pour les cultures de pays qui ont été colonisés et où les relations entre *pidgin*, créole, dialecte et langue officielle sont pour le moins complexes[51]. Dans la littérature

47 Jacques Derrida, *La Voix et le phénomène*, Paris, PUF, 1967, p. 89.

48 *Ibid.*, p. 86.

49 *Ibid.*, p. 87.

50 *Ibid.*, p. 89.

51 Un *pidgin* est une langue de contact qui naît d'une situation où plusieurs groupes linguistiques différents ont besoin d'une langue commune pour communiquer aisément (sur une plantation où un même groupe ethnique a été délibérément séparé, ou transactions

caribéenne, où il s'agit d'écouter, ou de lire, une oralité écrite sur la page, une oralité reconstruite par le medium de l'écrit, la langue écrite est parfois différente de la langue parlée. Ces allées et venues entre l'oral et l'écrit, à l'intérieur de la multiplicité souple d'une même langue sont particulières à la littérature de la Caraïbe et les écrivains utilisent toute la gamme de la langue, de la plus créolisée qui ne sera compréhensible que par des locuteurs de créole à la moins créolisée qui ne sera pas hermétique aux locuteurs non natifs. Cette malléabilité de la langue prend une valeur particulière à la Caraïbe de par la façon dont les langues y ont été forgées au fil des siècles d'esclavage et de colonisation, à travers une violence faite aux langues et aux cultures orales colonisées, par la langue et la culture écrite des pays colonisateurs. Si certains mouvements politiques et littéraires de la deuxième moitié du XXe siècle ont rêvé de revenir à une situation pré-coloniale – ce qui aurait impliqué, théoriquement, un retour vers un avant de l'écriture – il est bien évident qu'un tel retour est non seulement impossible mais peu souhaitable. La Caraïbe est entièrement issue de cette évolution conjointe de l'oral et de l'écrit, tout d'abord opérée dans la contrainte et la violence, puis résultat de choix individuels et collectifs, et d'une reconquête nationale. Nombreux sont les écrivains comme Edward Kamau Brathwaite, Edouard Glissant, Patrick Chamoiseau, Raphaël Confiant ou Derek Walcott, qui soulignent la richesse d'une telle histoire et la source de créativité qu'elle représente. L'adéquation entre voix et conscience évoquée plus haut est un des éléments importants de la reconstruction d'une perception positive de soi à la Caraïbe.

Kenneth Ramchand aborde la complexité de l'oralité à la Caraïbe en disant la chose suivante : « On peut définir les sociétés caribéennes comme des sociétés dans lesquelles les structures cognitives d'une oralité primaire coexistent avec celles d'une culture écrite sophistiquée[52]. » L'oralité primaire, selon la définition que donne Walter J. Ong, est celle

dans un contexte portuaire par exemple, etc.). Pour qu'un *pidgin* devienne un *créole*, il faut que celui-ci devienne la langue maternelle d'un groupe de locuteurs. C'est seulement depuis les années 1950 que les *créoles* comme systèmes linguistiques à part entière sont devenus l'objet spécifique d'un domaine de recherche. Le premier colloque international eut lieu en 1959, à University College of the West Indies, Mona, Jamaïque, à l'instigation de Robert B. Le Page. Mes remerciements à Vicki Briault-Manus pour son aide, en tant que linguiste, à formuler ces points délicats.

52 Kenneth Ramchand, « West Indian Literary History : Literariness, Orality and Periodization », *Callaloo* 34, Hiver 1988, p. 95-110 ; p. 107.

de personnes pour qui l'écriture est totalement inconnue[53]. Elle diffère en cela de l'oralité secondaire, qui est celle d'une « culture technologiquement développée dans laquelle une nouvelle oralité est entretenue par le téléphone, la radio, la télévision et autres moyens électroniques qui dépendent entièrement de ce qui est écrit et imprimé[54]. » Rares sont aujourd'hui les cultures d'oralité primaire, toutes ayant au moins été en contact avec l'écrit même si quelques-unes sont encore principalement orales. La littérature de l'archipel de la Caraïbe est sans doute l'une de celles où oralité et écriture s'interpénètrent de la façon la plus complexe[55].

Ramchand insiste sur la richesse au cœur de cette coexistence, sur la nécessité de se réclamer des deux courants à parts égales[56], une insistance que l'on retrouve chez Édouard Glissant, Derek Walcott ou Edward Kamau Brathwaite[57]. La littérature caribéenne ne serait pas ce qu'elle est sans l'histoire et la tradition orale qu'elle s'est appropriées, créant ainsi ce que Ramchand appelle une « oralité littéraire[58] ». Ce tissage de l'oral et de l'écrit se trouve dans d'autres littératures aussi, bien sûr. On peut néanmoins soutenir que la situation historique, politique, linguistique et sociale de la Caraïbe en fait un cas singulier. Certes, de multiples pays ont usé et abusé de l'esclavage (États-Unis, Brésil, etc.), de la colonisation (empires coloniaux du XIXe et XXe siècles, français, britanniques, portugais, belges, etc.) et de diverses formes de

53 Walter Ong, *Orality and Literacy : The Technologizing of the Word*, 1982, Londres et New York, Methuen, 2004, p. 6.

54 *Ibid.*, p. 7.

55 Ong détaille ce qui fonde les spécificités des cultures orales par rapport aux cultures écrites. Il détaille aussi les interactions entre les deux, comment l'écrit, en supplantant l'oral, s'est laissé néanmoins pénétrer par certaines formes et structures appartenant à l'oralité. Lorsqu'Ong écrit au début des années 1980, l'évolution vers l'écrit lui semble inévitable à cause de ce qu'il pense être une certaine supériorité des cultures écrites. Il récuse le concept de « littérature orale » à cause de la contradiction interne que ces deux termes lui semblaient contenir. Plus de trente ans après cependant, ce terme est largement accepté, précisément pour son paradoxe, de même que les termes d'*orature* ou d'*oraliture*. Même si la notion de « texte oral » (p. 13) semble plus acceptable à Ong de par l'étymologie de *texte*, qui renvoie au tissage, on atteint sans doute ici la limite de l'utilisation, pour les littératures postcoloniales, de théories critiques qui ne sont pas directement issues des littératures postcoloniales. Ong ne dirige pas principalement son intérêt vers les littératures postcoloniales et c'est sans doute dans sa résistance à des concepts comme « littérature orale » que c'est le plus évident.

56 *Ibid.*, p. 107.

57 Édouard Glissant, « Free and Forced Poetics », *Ethnopoetics : a First International Symposium*, M. Benamou et J. Rothenberg, éds., *Alcheringa* ns 2. 2, 1976, p. 95-101.

58 Kenneth Ramchand, « West Indian Literary History », *op. cit.*, p. 109.

servitude et de génocide culturel. Dans de nombreux pays l'anglais s'est imposé comme langue dominante voire officielle (Canada, Australie, Nouvelle-Zélande, Afrique du Sud, Inde, autres pays de l'Afrique anglophone, etc.), éradiquant nombre de langues locales. À la Caraïbe, où esclavage, travail engagé et colonisation se sont succédé à marche forcée, la source des langues officielles et pratiquées est la langue du colonisateur. C'est cette langue qui a été plus ou moins créolisée, parfois totalement. Il n'y a pas de système linguistique radicalement autre et autonome comme ce fut le cas en Inde, en Océanie ou en Afrique par exemple. La reconquête collective qui s'est attachée à contrecarrer la domination sociale, économique, religieuse et politique s'est faite par la langue et la littérature.

La prise de conscience et la fierté de cet héritage ont été exprimées de façon particulièrement forte par des écrivains et des poètes tels qu'Edward Kamau Brathwaite dont le travail sur ce qu'il appelle « *nation language* » a été essentiel. Dans son ouvrage *History of the Voice* il retrace l'émergence de cette langue de la Caraïbe qui s'éloigne de la langue anglaise telle qu'elle a été imposée par l'esclavage et la colonisation en la transformant à travers l'héritage des langues africaines. Il s'agit d'un anglais « qui n'est pas l'anglais cultivé, standard, importé, mais plutôt un anglais qui vient d'une expérience et d'une sensibilité immergées, surréalistes, qui a toujours été là et qui remonte maintenant à la surface et influence la perception des peuples caribéens contemporains[59]. » Dès 1979 lors d'une conférence à l'Université d'Harvard, il avait décrit l'évolution linguistique de l'archipel, dessinant une vision d'un futur possible :

> Ainsi, les langues ashanti, congo (sic), yoruba, furent importées de cette formidable côte occidentale de l'Afrique vers la Caraïbe. C'est une nouvelle structure linguistique qui arriva. Celle-ci consistait en de nombreuses langues mais elles venaient toutes du même moule sémantique et stylistique. Ce que ces langues durent faire, cependant, c'est de se submerger car les peuples colonisateurs – les Espagnols, les Anglais, les Français et les Hollandais – insistaient pour que la langue officielle et privée, la langue de l'obéissance, de l'ordre et de la pensée, soit l'anglais, le français, l'espagnol ou le hollandais. […] Il y a donc eu submersion de cette langue importée. Son statut devint inférieur. Ses locuteurs étaient de toute façon des esclaves[60].

59 E. K. Brathwaite, *History of the Voice : The Development of Nation Language in Anglophone Caribbean Poetry*, Londres, New Beacon Books, 1984, p. 2.

60 *Ibid.*, p. 7.

Cependant, Brathwaite appelle de ses vœux ce « nation language », il en encourage l'émergence parce qu'il permet de réintégrer les éléments africains des langues et des cultures caribéennes, en dépassant les déchirements de l'histoire et la chronologie de l'oppression. Il permet aussi et surtout de valoriser la Caraïbe comme étant née de ce processus de créolisation. L'archipel n'est pas le résultat de l'addition des différents éléments qui la compose mais chaque élément peut être source de fierté :

> [C]ette submersion a rempli un but interculturel intéressant parce que [...] l'anglais était malgré tout influencé par cette langue souterraine [...] qui se transformait elle aussi en des formes nouvelles. Elle s'éloignait d'une forme purement africaine pour s'adapter à son nouvel environnement et aux exigences coloniales des langues européennes, sans pour autant cesser d'être africaine. Cette langue influençait à son tour les Anglais, les Français, les Hollandais et les Espagnols lorsqu'ils parlaient leur propre langue. Ce processus très complexe est en train de se faire jour dans notre littérature[61].

La Caraïbe devient alors un objet unique et nouveau dont on ne peut prévoir l'évolution.

Pour Edouard Glissant, « la créolisation c'est, par rapport au métissage, le producteur d'imprévisible. La créolisation c'est l'imprédictible[62]. » L'archipel se crée sur le mode de l'ajout, de l'association, de l'agrégation d'éléments empruntés à des sources diverses, jamais sur le mode de la soustraction ou de la division. Les logiques de l'hybridité, du métissage et de la créolisation au cœur de la définition identitaire caribéenne se font selon cette dynamique-là, associative et multiple. Ces allées et venues entre l'oral et l'écrit, à l'intérieur de la multiplicité souple d'une même langue sont particulières à la littérature de la Caraïbe et les écrivains utilisent toute la gamme de la langue, de la plus créolisée qui ne sera compréhensible que par des locuteurs de créole à la moins créolisée qui ne sera pas hermétique aux locuteurs non natifs.

De nombreux écrivains caribéens associent à cette dialectique de l'oral et de l'écrit une dialectique de la parole et du silence, où réticence et rétention riment avec expression pour lutter de façon subversive contre la chape de silence qui a pesé sur des générations. L'utilisation qui est faite dans les textes littéraires caribéens de l'oralité et de la vocalité, de la parole et du silence, est alors non seulement le résultat d'une

61 *Ibid.*

62 Édouard Glissant, *Introduction à une Poétique du* Divers, Paris, Gallimard, 1996, p. 89.

évolution historique mais aussi une réponse à, et une subversion de, cette évolution. C'est au cœur de cette complexité que se forge la prise de conscience du trauma engendré par le carcan de l'esclavage et de la colonisation, ainsi que la résilience qui en émerge.

CES « SILENCES *ARTICULÉS* »

Dans presque tous les romans qui nous occupent ici, silence a rimé avec violence et le texte littéraire en est la dénonciation. Pourtant, la vocalisation du silence est un moyen d'activer la parole et de donner sens au discours. S'il est absolument nécessaire d'entendre et de faire entendre ceux et celles qui n'ont été ni écoutés, ni entendus, on peut revenir plus en détail sur la façon dont les textes littéraires *articulent* les silences qui les façonnent, répondant à d'autres silences et leur donnant une valeur particulière. Plutôt que de demeurer dans l'opposition à un silence conçu comme négatif voire oppressif et nihiliste, le silence, le tacite et l'implicite peuvent être au cœur d'une rhétorique de recouvrement du sens.

Qu'il s'agisse de philosophie, de rhétorique ou de littérature, les conceptions occidentales ont été rarement prêtes à penser le silence dans ce qu'il a de positif. George Kalamaras rappelle par exemple que,

> [c]e concept du silence comme mode de connaissance entre en conflit avec la perception occidentale la plus courante qui en fait un état de destruction. Dans le sillage de la théorie post-structuraliste, le concept de silence est devenu synonyme de mort psychique. Dans de telles théories, le silence est le plus souvent représenté comme une condition que le sujet doit dépasser, un abîme ou un manque qui inhibe la capacité du sujet d'accéder au sens[63].

En effet, dans une conception qui associe la possibilité de s'exprimer, l'affirmation de soi et la constitution de l'identité individuelle, sociale et politique aux seuls actes en rapport avec le medium linguistique, l'être qui est privé de l'accession au langage est alors privé de tout et réduit à rien. Kalamaras pose dans son ouvrage qu'une telle dichotomie entre

63 George Kalamaras, *Reclaiming the Tacit Dimension : Symbolic Form in the Rhetoric of Silence*, Albany, NY., State University of New York Press, 1994, p. 1.

langue et silence est infondée, ou plutôt qu'elle est fondée sur l'héritage du rationalisme classique.

Dans son ouvrage *Articulate Silences*, Kink-Kok Cheung remet aussi en question les perspectives logocentriques, afin d'essayer d'éclairer les mots, dits et non-dits, à la lumière du silence[64]. Une conception dialogique du silence comme mode opératoire de connaissance de soi et du monde doit pouvoir être envisagée. Cheung insiste sur le fait que le silence opère autant comme un thème d'écriture que comme une méthode et une rhétorique – c'est ainsi que l'on peut lire une part importante de la fiction caribéenne et des auteurs évoqués ici. Cheung rappelle que, dans le domaine postcolonial particulièrement, les écrivaines gardent une certaine méfiance vis-à-vis du langage qui a été l'un des outils de leur oppression et de leur victimisation. Un doute pénètre leur écriture quant à la validité des mots eux-mêmes, ou à la façon de les utiliser, les poussant à l'expérimentation littéraire pour sortir des cadres traditionnels du langage – c'est ce qui se produit chez Marlene Nourbese Philip ou Dionne Brand, entre autres. Ce doute par rapport à l'autorité que le mot écrit est censé établir les entraîne souvent vers des territoires-limites, peu explorés, *divers* et multiples, ouverts sur des horizons que l'on souhaite autres. Les silences y sont aussi *articulés*, il y a aussi un dialogisme du silence, un dialogisme de l'écho. L'idée est explorée par Myriam Chancy tant dans sa fiction que dans son travail théorique, en particulier autour de ce qu'elle appelle la *culture-lacune* qui définit en quelque sorte son *Haïtiennité* : « C'est [...] à travers la conscience de l'absence que l'identité est recouvrée et défendue. [...] la préservation de l'absence est [...] aussi importante que la conscience de la façon dont elle s'est constituée[65]. » Chancy ausculte la façon dont les écrivaines caribéennes, et particulièrement haïtiennes, habitent l'absence et le silence, empruntant à l'écrivaine chicana Gloria Anzaldùa l'idée selon laquelle elles élisent domicile dans les interstices[66]. Cette exploration guide l'écriture des écrivains caribéens qui nous intéressent ici, et leur lecture.

64 Les écrivaines Hisaye Yamamoto, Maxine Hong Kingston et Joy Kogawa sont l'objet principal de Cheung dans cet ouvrage, *Articulate Silences*, Ithaca et Londres, Cornell University Press, 1993.

65 Myriam J. A. Chancy, *Framing Silence : Revolutionary Novels by Haitian Women*, New Brunswick, New Jersey, Rutgers University Press, 1997, p. 16.

66 « make a home out of the cracks », *Borderlands / La Frontera : The New Mestiza*, San Francisco : Spinsters / Aunt Lute, 1987, p. 777, cité par Chancy, 1997, p. 18.

Les « interstices » sont précisément ce que les textes utilisent pour mettre en œuvre ce dialogisme du silence et de la parole, du secret gardé et révélé : interstices et fissures dans les murs, interstices et creux dans les conversations et les confessions, interstices et trous dans les récits. Si c'est ce qui enraye la compréhension générale que les protagonistes peuvent avoir de leur propre histoire, c'est aussi ce qui leur permet de recoller les morceaux et de reconstituer le puzzle. Le jeu entre les pièces – dans tous les sens du terme, celles du puzzle ou celles de la maison, surtout dans *Web of Secrets* – leur permet aussi de reprendre possession de leur histoire familiale, voire de s'en affranchir.

Dans *Web of Secrets*, écouter est tout aussi primordial que parler et l'un ne peut se faire sans l'autre. Le lecteur se rend compte à ses dépens que l'on n'entend pas toujours ce que l'on croit écouter. Le premier chapitre, entièrement entre guillemets, est constitué dans sa totalité des voix des voisins qui jasent à propos de la famille Harriot :

> Mon opinion est que tout a commencé lors de cette première embuscade il y a si longtemps que nous l'avons complètement oubliée… […] ne prends pas ce que je dis pour parole d'Évangile mais ma façon de voir c'est que Kathleen s'imaginant voir des fissures était en fait assaillie par des souvenirs que l'on pensait morts et enterrés et qui en fait n'étaient qu'endormis, alors ils sont remontés à la surface et c'est alors que tout a commencé … […] ça peut sembler tiré par les cheveux mais qu'en penses-tu, Gladys, après tout tu étais amie avec Kathleen Harriot, qu'en penses-tu[67] ?

Le début du deuxième chapitre semble offrir une focalisation différente et une narration à la troisième personne : « L'horloge venait de sonner six heures lorsque Kathleen Harriot se retourna dans son lit, ouvrit les yeux et remarqua par hasard, de là où elle était, ce qui ressemblait à une profonde fissure dans le mur en face d'elle[68]. » Après plusieurs pages de souvenirs et de rêveries sous la forme d'un courant de conscience où la voix narrative est à la troisième personne mais la focalisation se fait à

67 « '… *My opinion is that perhaps the whole thing started from that first ambush which happened so long ago that we have literally cast it aside…* […] *don't take my word as gospel, but as I see it, Kathleen imagining she was seeing cracks was in fact ambushed by memories that were thought to be dead and buried and in fact were only lying low, so they resurfaced and then things started happening…* […] *it may sound farfetched, but what you think, Gladys, after all you were friends with Kathleen Harriot, what you think ?'* » *Op. cit.*, p. 7.

68 « *It was just as the clock struck six and Kathleen Harriot turned over on her bed and opened her eyes that she happened to notice, from where she lay, what happened to be a deep crack on the wall facing her.* » *Ibid.*, p. 16.

travers Kathleen Harriot, ce deuxième chapitre se termine sur la voix de Margaret qui révèle sa position et fait comprendre au lecteur que la perspective est, depuis le début, la sienne :

> Je retirai mon œil de la fissure du mur où il était collé et replaçai tranquillement le tableau par-dessus. Ma sœur Adrienne ne s'était pas encore réveillée. J'entendais mon frère Guy se retourner dans son lit. J'entendais ma mère en train de se lever. Moi, c'est Margaret Saunders… Je suis celle qui écoute aux portes[69].

La voix narrative que l'on entend ensuite, à partir du troisième chapitre, est bien celle de Margaret, maintenant identifiée en tant que protagoniste et narratrice principale, même si elle délègue encore ponctuellement son statut narratif aux voisins (on retrouve par exemple Gladys et Alan à deux reprises par la suite), ou à différents personnages du roman dont elle écoute, et fait écouter, les conversations (Kathleen et son défunt mari John, Kathleen et sa défunte sœur Iris, ses diverses tantes, grand-tantes et autres grand-mères). Le roman est un ensemble de voix qui murmurent et chuchotent, se taisent et se remettent à parler, où voix individuelles et collectives se font écho et résonnent.

Si Margaret écoute frénétiquement les conversations des autres de façon à glaner des informations et dissiper les silences qui l'entourent, elle parle aussi, même si, là encore, le lecteur a besoin d'un certain temps pour comprendre qui est la mystérieuse interlocutrice à qui elle s'adresse directement. Arabella joue un rôle déterminant dans le roman : d'une part, elle est le seul être, à part Kathleen Harriot, qui écoute Margaret ; d'autre part, elle est une sorte d'alter ego – elle a été enlevée à son environnement naturel et personne ne l'a consultée pour lui demander son avis :

> Ils pensent qu'il vaut mieux que je m'en aille pendant un temps, que je commence à me conduire de façon aussi étrange que ma grand-mère, que nous nous ressemblons vraiment mais elle, elle est vieille, alors que moi, on peut encore faire quelque chose pour moi […]. Alors j'ai repensé à comment tu es arrivée ici, Arabella, sans qu'on te donne le choix, de la même façon dont on ne me donne pas le choix… Tu es venue d'un endroit qui s'appelle El Dorado

69 « *I moved my eye away from the crack in the wall and quietly replaced the picture over it. My sister Adrienne was still asleep. I could hear my brother Guy tossing about on his bed. My mother was getting up. I could hear her. I am Margaret Saunders… Call me the eavesdropper.* » *Ibid.*, p. 31.

> que j'ai seulement vu en rêve, mais peut-être que je rencontrerai quelqu'un en Amérique qui me parlera comme je te parle. Qui sait ? Quelqu'un qui m'aidera à y comprendre quelque chose[70].

Arabella est ce perroquet apporté en cadeau à Margaret par sa tante Eileen, bien ironiquement d'ailleurs : que peut bien répéter un perroquet lorsque rien n'est dit ? Pourtant, même si Arabella est effectivement muette, c'est son silence qui, dans la diégèse, soutient et facilite la parole de Margaret. Dans cet étrange dialogue monologique, Margaret utilise une narration à la deuxième personne pour s'adresser à Arabella, se définissant par ce qu'elle dit à son interlocutrice.

En ce qui concerne *The Polished Hoe*, c'est la totalité du roman qui est constituée du dialogue monologique (un oxymore en soi) entre Mary-Mathilda et l'agent de police qui recueille sa déposition-confession. Le Sergent Percy intervient peu, son écoute silencieuse permet la parole de Mary-Mathilda. Il n'en demeure pas moins qu'il s'agit malgré tout d'un dialogue et les quelques phrases dites par le Sergent Percy permettent à Mary-Mathilda de progresser dans sa remémoration et dans son récit. Comme Arabella pour Margaret, il est celui qui écoute et autorise la parole, dans un dialogue monologique là encore. Comme dans *Web of Secrets*, *The Polished Hoe* est fait de toutes les voix dont on entend l'écho à travers celle de Mary-Mathilda, y compris celles de Frederick Douglass, de Nat Turner et de Booker Tea (sic) Washington, dans un corps à corps textuel d'égal à égal avec des inconnues comme Clotelle. Les dialogues sont imbriqués les uns dans les autres, les voix de plusieurs générations résonnent à travers une seule voix qui défait le silence et rompt le secret.

Si ce chapitre est centré de façon prédominante sur quatre romans, il serait néanmoins difficile de ne pas intégrer dans cette analyse du dialogue monologique qui rehausse la parole en transmuant le silence, deux nouvelles qui tiennent une place particulière dans le canon littéraire caribéen mais qui n'ont pas été souvent étudiées pour la relation dialogique entre silence et parole. Formées d'un dialogue déséquilibré entre deux protagonistes, les nouvelles « Children of the Sea » d'Edwidge

70 « *They think it's best I go away for a while, that I'm acting as strange as my grandmother, that we are two of a kind but whereas she is old, I can still be helped* [...] *So I thought about you, Arabella, and I thought how you came here without any choice, the same way I am being sent without choice... You came here from a place called El Dorado that I've only seen in my dreams, but perhaps I'll meet someone in America who'll talk to me the same way I've talked to you. Who knows ? Someone to help me come to some kind of understanding* » *Ibid.*, p. 162.

Danticat et « Girl » de Jamaica Kincaid font entendre le silence qu'elles suggèrent. Entre parole interdite et logorrhée incontrôlée, ces textes font entendre les voix que l'on n'entend pas et amènent à la surface celles, intimes et historiques, de ceux et celles qui n'ont pas eu voix au chapitre.

Les jeux littéraires et narratifs que l'on trouve dans la plupart des nouvelles d'Edwidge Danticat participent de cette dynamique qui consiste à faire résonner les voix, les absentes et les présentes, à les faire s'entrechoquer les unes contre les autres, à affleurer. Le procédé est particulièrement prégnant dans la nouvelle « Children of the Sea », la première du recueil *Krik ? Krak !* à retravailler la notion de *call and response* dans ce dialogue en creux entre deux personnes à jamais séparées et qui ne peuvent croiser leurs monologues respectifs qu'en imagination. Comme nous l'avons vu au chapitre 5, le texte est constitué de la juxtaposition de deux monologues parallèles, chacun avec sa police, sa graphie et sa langue, signifiant ainsi la différence de niveau d'éducation et la séparation : celui d'un jeune homme qui, ayant travaillé pour Radio Haïti et étant recherché par les *tontons macoutes*, choisit de s'embarquer sur l'un des bateaux de fortune qui tentent de rejoindre les côtes américaines ; celui de son amie, restée en Haïti. La distance physique qui s'agrandit entre eux trouve un écho dans la séparation entre leurs deux textes sur la page. Le jeune homme écrit sur des bouts de papier des fragments de lettres adressées à celle qu'il a quittée. Leurs lettres, leurs paroles, écrites à la deuxième personne du singulier, sont une ultime tentative, désespérée, de se rejoindre. Seul le silence répond bien sûr, en écho au silence imposé par la dictature de Duvalier, au fait que le gouvernement réduit l'opposition au silence, physiquement et politiquement, que ce soit en imposant la terreur par la torture ou en interdisant les radios qui donnent un espace aux voix libres.

Mais le silence chez Danticat n'est jamais vide ni monovalent. Sur le bateau, le silence des passagers alterne avec les histoires et les chansons, toujours en lien : « Nous avons passé la journée d'hier à raconter des histoires. Quelqu'un dit Krik ? Un autre répond Krak ! Et le premier enchaîne en disant qu'il a plein d'histoires à raconter. Et ils te racontent toutes ces histoires, à toi mais surtout à eux-mêmes[71]. »

71 « *We spent most of yesterday telling stories. Someone says Krik ? You answer Krak ! and they say, I have many stories I could tell you, and then they go on and tell these stories to you, but mostly to themselves.* » *Op. cit.*, p. 14.

Une terrible équation se fait jour entre les mots, les histoires, les chansons, les cris, les larmes et les vomissements, toutes ces formes d'une oralité monstrueuse et désespérée que seul le silence peut apaiser, en alternance avec une parole partagée qui continue à tisser un lien organique entre le passé, le présent et le futur. Déconstruire la forme même du dialogue pour remettre en question toute possibilité d'hégémonie du discours et pour signifier au lecteur-auditeur qu'il doit réapprendre à écouter, c'est bien ce qui est au cœur de l'écriture de Danticat dans ce recueil comme dans ses autres textes. Le cycle de nouvelles liées les unes aux autres prolonge de multiples manières l'art de raconter une histoire, établissant échos et références d'une nouvelle à l'autre, utilisant, là encore, le récit oral et l'art de raconter une histoire autant comme thème que comme outil rhétorique. La puissance narrative est alors sublimée, tant les vibrations inscrites dans les silences textuels rattachent protagoniste et lecteur à une parole qui est aussi singulière qu'elle est plurielle, aussi individuelle qu'elle est collective. Les nouvelles du recueil *Krik ? Krak !* se constituent en cycle, le lecteur retrouvant certains personnages de l'une à l'autre. Le prêtre qui célèbre le mariage de Caroline dans « Caroline's Wedding » à la fin du recueil rend par exemple hommage à Céliane, cette toute jeune fille qui a accouché sur le bateau de « Children of the Sea » et s'est laissé tomber à l'eau, sans dire un mot, avec son bébé mort-né.

> « Nous faisons une mention spéciale aujourd'hui en l'honneur d'une jeune fille dont nous ne connaissons pas le nom », dit le prêtre, après avoir énuméré toutes les autres. « Une jeune fille enceinte lorsqu'elle avait pris un bateau pour quitter Haïti a donné naissance à son bébé sur ce bateau. Au bout de quelques heures, la précieuse vie du bébé s'est éteinte, comme une lueur dans la tempête, et la mère a plongé dans les vagues, le nourrisson dans les bras[72]. »

Seul le lecteur est capable de faire le lien et de redonner son nom à celle qui demeure innommée par le prêtre et pour la communauté. C'est au cœur de cette pluralité de silences et d'échos que se trouve le gué vers un au-delà du trauma, à travers la passation de la parole, le témoignage, entre silence dénoncé et parole recréée.

72 « *We make a special call today for a young woman whose name we don't know," the priest said after he had recited all the others. "A young woman who was pregnant when she took a boat from Haiti and then later gave birth to her child on that boat. A few hours after the child was born, its precious life went out, like a candle in a storm, and the mother with her infant in her arms dived into the sea.* » *Ibid.*, p. 167.

Si le lecteur est le seul à avoir accès à chacun des monologues de « Children of the Sea » et peut ainsi reconstituer le dialogue et lui donner une nouvelle vie, c'est aussi le lecteur qui, dans « Girl », entend les deux côtés du dialogue alors qu'un seul se donne à lire sur la page. Il entend même un silence assourdissant, aussi lourd que la chape de plomb qui s'est abattue sur les sujets coloniaux, féminins en l'occurrence. La nouvelle, longue de deux pages et qui figure dans de nombreuses anthologies, agence deux voix en conflit, l'une que l'on entend, l'autre que l'on entend à peine. Le pouvoir évocateur de ce texte est extrêmement fort, entièrement constitué qu'il est, au fil d'une phrase unique, des injonctions faites par ce qui semble être la voix d'une mère parlant à sa fille et reproduisant les impératifs coloniaux :

> Lave le linge blanc le lundi et mets-le sur les pierres à sécher ; lave le linge de couleur le mardi et mets-le sur la corde à linge ; ne marche pas tête nue en plein soleil ; fais cuire les beignets de courge dans de l'huile très chaude ; fais tremper tes sous-vêtements tout de suite après les avoir enlevés ; lorsque tu achètes du coton pour te faire un joli corsage, assure-toi qu'il ne contient pas de gomme sinon il ne tiendra pas très longtemps après quelques lavages ; fais dessaler le poisson pendant la nuit avant de le faire cuire ; … mange toujours de telle façon à ce que cela ne retourne pas l'estomac de quelqu'un ; le dimanche essaye de marcher comme une demoiselle et pas comme la putain que tu es en train de devenir[73]…

Toutes les tâches liées à la domesticité et à la féminité sont passées en revue, de même que les aspects liés au comportement social et à la sexualité :

> [V]oilà comme on sourit à quelqu'un qu'on n'aime pas trop ; voilà comme on sourit à quelqu'un qu'on n'aime pas du tout ; voilà comme on sourit à quelqu'un qu'on aime beaucoup … voilà comme on se comporte envers des hommes qu'on ne connaît pas bien, pour qu'ils ne voient pas tout de suite que tu es en train de devenir la putain que j'essaye de t'empêcher de devenir ; fais bien attention à te laver tous les jours, même si c'est avec ta propre salive ; ne te mets pas accroupie pour jouer aux billes – tu n'es pas un garçon, tu sais ;

73 « *Wash the white clothes on Monday and put them on the stone heap ; wash the color clothes on Tuesday and put them on the clothesline to dry ; don't walk bareheaded in the hot sun ; cook pumpkin fritters in very hot sweet oil ; soak your little clothes right after you take them off ; when buying cotton to make yourself a nice blouse, be sure that it doesn't have gum on it, because that way it won't hold up well after a wash ; soak salt fish overnight before you cook it ; … always eat your food in such a way that it won't turn someone else's stomach ; on Sundays try to walk like a lady and not like the slut you are so bent on becoming…* » Jamaica Kincaid, « Girl », *At the Bottom of the River*, Londres, Pan Books, 1984, p. 3.

> … voilà comment on prépare de quoi faire disparaître un bébé avant même qu'il devienne un bébé[74]…

On perçoit aisément toute la signification d'un discours qui n'est que monologique et qui se décline sur le mode impératif, niant toute écoute de l'autre. On perçoit une société encore raide des héritages de la plantation. On perçoit aussi à quel point, en niant les perceptions et la parole de l'autre d'une façon aussi totale voire totalitaire, en niant tout désir et toute individualité chez celle qu'on n'entend pas, que l'on ne fait que deviner en creux à travers les deux questions qui lui sont adressées, l'écrivain parvient à faire entendre l'*autre* de ce discours, celle qui justement ne parle pas, ou quasiment pas. Dans cette phrase unique, débitée d'un seul tenant, le silence n'en devient que plus oppressant, mais paradoxalement plus audible. Le silence-oppression se métamorphose malgré tout en silence-émancipation – le lecteur entend une autre voix au-delà des mots qui occupent la page, ce qui avait été suggéré par Cheung et Chancy. Il entend le silence de la fille à qui sa mère fait la leçon. Mais, en interprétant le statut du texte autrement, il se pourrait aussi qu'il entende, de façon décalée, l'écho du discours de la mère qui résonne encore dans la tête de la fille. À moins que le texte ne reflète ce que la fille projette de ce que sa mère pourrait lui dire.

Par une ellipse narrative et un texte en creux, c'est tout un discours d'émancipation qui prend forme. Les deux nouvelles comme les quatre romans qui ont été examinés ici montrent le lien intrinsèque entre le silence-oppression et le silence-émancipation. Thème de l'écriture dans ce qui est dénoncé et outil rhétorique de cette même écriture, le silence peut aussi *autor-iser*, au sens de rendre auteur ou autrice, autrement dit se transformer en ce que l'on pourrait appeler, à la suite de Cheung des « silences créateurs[75] ».

La rupture du silence ne peut donc pas toujours se faire par la parole de façon directe mais le texte utilise le silence dans une perspective créatrice. La mise en valeur du non-verbal et la théâtralisation du corps participent de cette stratégie de l'écriture. Dans *Cereus Blooms at Night*, alors que le

---

74 « *this is how you smile to someone you don't like too much ; this is how you smile to someone you don't like at all ; this is how you smile to someone you like completely ; … this is how to behave in the presence of men you don't know very well, and this way they won't recognize immediately the slut I have warned you against becoming ; be sure to wash every day, even if it is with your own spit ; don't squat down to play marbles – you are not a boy, you know ; … this is how to make a good medicine to throw away a child before it even becomes a child…* » *Ibid.*, p. 3.

75 Cheung, *Articulate Silences*, *op. cit.*, p. 20.

secret de Mala n'a pas encore été révélé au grand jour, certaines stratégies, conscientes et inconscientes, sont mises en place par Mala et Tyler de façon à établir une certaine forme de communication. Comme Nani, dans *A Silent Life*, qui chantonnait alors qu'elle ne pouvait plus parler, Mala, elle aussi, chantonne. Tout se passe comme si elle avait migré hors du monde des vivants sains de corps et d'esprit. Violentée par son père depuis la fuite de sa mère Sarah avec Lavinia, abandonnée par son ami d'enfance Ambrose avec qui elle avait commencé à avoir une relation amoureuse mais qui prend peur lorsqu'ils sont tous deux surpris par Chandin, Mala s'est enfermée dans le silence après l'altercation entre Chandin et Ambrose, la fuite de celui-ci et, le lecteur l'apprendra plus tard, la mort violente de Chandin.

Alors que Tyler essaye de déchiffrer ses murmures et chansonnettes, le contact entre ces deux parias s'établit pour la première fois à travers une gestuelle et un langage non-verbal. Ayant probablement entendu la conversation que Tyler a eue avec le jardinier de l'hospice, Monsieur Hector (il regrette maintenant de ne pas avoir reconnu les préférences homosexuelles de son frère), Mala a subtilisé l'une des blouses des infirmières et fait comprendre à Tyler que c'est pour lui :

> Elle sortit un paquet de derrière son dos, révélant un uniforme d'infirmière blanc et une paire de bas nylon marron foncé. Elle m'offrait la robe. Ma première pensée fut que cela lui attirerait certainement des ennuis. Elle les avait de toute évidence pris sur la corde à linge dans la cour pendant que j'étais en conversation avec Monsieur Hector[76].

Ne voulant pas entrer en conflit avec Miss Ramchandin, Tyler essaye plutôt d'entrer en conversation avec elle. Lorsqu'il lui demande si elle veut le porter, elle lui répond :

> « Vous. » Elle baissa les yeux.
> « Moi ? Quoi, moi ? »
> « Vous. Vous voulez la porter. » Elle la sortit de derrière son dos, la déplia et me la tendit. « Vous voulez la porter[77]. »

76 « *She whipped the bundle from behind her and revealed a nurse's white uniform and a pair of nylon stockings the colour of black tea. She offered me the dress. My first thought was that we would surely get into trouble. Clearly she had taken them from the clothesline in the yard while Mr. Hector and I were talking.* » Shani Mootoo, *Cereus Blooms at Night*, Toronto, McClelland & Stewart Inc., 1996, p. 81.

77 « *"You." She looked at the ground. "Me ? Me what ?" "You. You want to wear it." She produced it from behind her back again, shook it out and held it toward me. "You want to wear it."* » *Ibid.*, p. 82.

Suit alors la scène où Tyler se retire dans sa chambre juste à côté et prépare sa métamorphose, comme dans une loge :

> Je tendis la main vers la robe. Je sentis mon corps se métamorphoser. C'était comme si j'étais soudain devenu plus potelé et moins rigide. Mes fesses étaient plus charnues et rebondies. Je sentais mes cuisses, mon ventre qui avançait un peu, mes seins bien ronds et un sombre tunnel chantant entre mes jambes. Je me sentais plus faible qu'excité mais j'étais certainement excité par toutes les possibilités qui tremblaient en moi[78].

Une fois la robe et les bas enfilés, les accessoires sont là pour parfaire la métamorphose – la poudre, un peu de rouge, un foulard. En sortant de sa chambre et en se montrant à Mala, Tyler est presque déçu qu'elle ne fasse aucune remarque et ne s'arrête pas de construire la tour de tables et de chaises de façon à bloquer l'entrée. Mais Tyler comprend :

> La raison pour laquelle Miss Ramchandin ne fit pas du tout attention à moi était que, pour elle, il n'y avait aucune raison d'encenser ou de mépriser ma tenue – c'était là, c'est tout. Elle n'était pas quelqu'un qui emprisonnait la nature et je sentais bien qu'elle laissait à la mienne sa liberté[79].

L'intimité entre ces deux êtres rejetés de leur communauté peut être partagée grâce à ce moment de théâtralisation et d'échange non-verbal. Les secrets n'ont pas encore passé les digues qui les retiennent mais la révélation se prépare déjà. Outre les personnages de Chandin, de Mala et de Tyler qui sont les plus directement affectés par le trauma de la migration, du viol et de l'inceste, ou de la discrimination sexuelle, d'autres personnages comme Ambrose Mohanty, ami d'enfance de Popoh/Mala, et son fils Otto, mettent en application d'autres stratégies de refuge qui leur permettent aussi de contourner les difficultés et les souffrances. Élevé dans la foi chrétienne au sein d'un séminaire en Angleterre (« *the Shivering Northern Wetlands* »), Ambrose renonce à sa foi et préfère embrasser une carrière scientifique d'entomologiste. Il développe ainsi

78 « *I reached for the dress. My body felt as though it was metamorphosing. It was as though I had suddenly become plump and less rigid. My behind felt fleshy and rounded. I had thighs, a small mound of belly, rounded full breasts and a cavernous tunnel singing between my legs. I felt more weak than excited but I was certainly excited by the possibilities trembling inside me.* » *Ibid.*, p. 82.

79 « *The reason why Miss Ramchandin paid me no attention was that, to her mind, the outfit was not something to either congratulate or scorn – it simply was. She was not one to manacle nature, and I sensed that she was permitting mine its freedom.* » *Ibid.*, p. 83.

un contre-discours et une critique de l'anthropomorphisme hérité du Christianisme qui lui permet de faire valoir les insectes comme des « éléments du divin[80] ». Étant tombé amoureux de Popoh/Mala à son retour du séminaire mais terrifié à l'idée de devoir confronter son père même s'il est dans l'ignorance de la relation que Mala maintient avec Chandin pour protéger sa sœur Asha, Ambrose est incapable de prendre la défense de l'être auquel il tient le plus lorsqu'elle en a le plus besoin. Tous deux se détachent de la communauté dont ils sont issus, Mala dans le silence, la solitude et la folie, Ambrose dans une hyper-somnie qui lui permet tout juste de se réveiller pour aller reconstituer le stock de provisions dont Mala a besoin à intervalles réguliers. C'est le fils d'Ambrose, Otoh, l'autre personnage homosexuel du roman, qui force Mala à quitter sa maison, rend possible la découverte du squelette de Chandin, et la reconnection entre Ambrose et Mala. Le nouveau lien qui se crée entre Otoh et Tyler est le signe que la formation d'une identité autre est possible après le trauma, alternative et rédemptrice, créatrice de sens.

Ainsi, le silence peut être utilisé par le texte narratif comme arme rhétorique et outil d'émancipation. C'est d'une mise en écoute dont il s'agit, tout autant que d'une mise en parole, silence et parole apparaissant indissociablement liées dans le dépassement du traumatisme, défini comme un événement si violent et inattendu qu'il ne peut être compris sur le moment même mais provoque, plus tard, retours obsessionnels, cauchemars, angoisses. Il ne s'agit pas toujours de transcender le silence, ni de le briser, mais de le prendre en compte. Les écrivains font leur miel de ce langage du silence comme volonté de dire ou de ne pas dire. L'irruption même du silence, ou plutôt, sa mise en valeur par l'écriture, déclenche et forge du sens. Sa reconstitution, sa déconstruction aussi, finit par articuler, par l'intermédiaire d'une rhétorique de la réticence, une parole, ou plutôt une traduction du silence.

80 « *insects were elements of the divine* ». *Ibid.*, p. 198.

TÉMOIGNAGE, TRANSMISSION, TRADUCTION

La parole qui passe

LES VOIES TRANS-GÉNÉRIQUES DU TEXTE

Tout comme les témoignages historiques, les récits personnels ou les œuvres d'art, l'écriture de fiction tend à faire émerger l'histoire hors du silence. Celui-ci est certes associé au trauma et à l'entrave de parole qu'il implique. Mais lorsqu'il est travaillé dans les textes comme thème et comme rhétorique, il peut aussi faire partie intégrante du processus qui permet de le laisser affleurer, de le mettre en mémoire et en récit, de le faire résonner. De même, le rapport à l'archive est rendu complexe par les limites poreuses qui la constituent souvent : en dépit d'une étymologie qui nous renvoie au « commencement » et au « commandement », on ne sait pas toujours où elle commence, ni où elle finit[1], quelle est la source de l'autorité qui la compose ou la décompose. L'élasticité des frontières entre fiction et non-fiction et la multiplicité des modalités génériques et narratives adoptées par les écrivains permettent à l'écriture de déplier cette complexité sans pour autant la simplifier. Qu'il relève du fait divers, de l'événement historique ou du traumatisme culturel, la relecture du fait réel tel qu'il a été archivé, ou dont l'absence s'étale au contraire dans les archives, mène toujours à une réécriture et à une réinvention. Si lettres réelles et lettres fictionnelles ont pu être comparées précédemment à un ruban de Möbius, cette même image peut être reprise pour comprendre le rapport entre réel et imaginaire tel qu'il est négocié dans de nombreux textes caribéens. Enfin, la relecture que les écrivains eux-mêmes font des textes de leurs prédécesseurs et la traduction de ces textes démultiplient la

1 On pourra se reporter à la définition du mot « archive » par Jacques Derrida donnée dans le premier chapitre.

lecture et l'écoute, créant ainsi d'autres avenues d'émancipation à travers l'élargissement de l'horizon de lecture. Souplesse générique, relecture et traduction font partie des voies creusées par les écrivains pour affiner notre compréhension du passé et du présent.

La reconstruction post-traumatique se fait non seulement par la création des personnages, la mise en forme des discours et des styles, et l'élaboration de l'intrigue mais aussi par l'utilisation de formes littéraires originales et, là aussi, alternatives. Que ce soit par le jeu dialogique autour du monologue, du dialogue et de l'écriture polyphonique comme cela a été évoqué précédemment, ou par une certaine organisation de l'espace et du temps narratifs, la souplesse de l'utilisation des formes littéraires permet analyse et réinvention, à de multiples niveaux. Dans tous les textes de fiction considérés ici, romans ou nouvelles, l'expérimentation avec la malléabilité générique est l'un des aspects de cette exploration littéraire qui soutient et consolide l'exploration sociale et historique. Les textes concernés empruntant à plusieurs sous-genres, cette flexibilité engendre une nouvelle dynamique qui participe de l'économie et de la logique des textes. L'exploration du passé, que celui-ci soit révolu ou marque encore le présent, et la révélation du sens ne peuvent se faire d'une façon unique et monologique. Les chemins que prend l'investigation se doivent d'être multiples. De la même façon que la diaspora ou la « métaspora » pouvait offrir une distance et donc une émancipation, la plastique souple des jeux génériques offre aussi une réinvention libératrice.

FICTIONS POLICIÈRES ET AUTOPSIES

Ce que l'on appelle en anglais « ghost story » et qui peut parfois correspondre à ce que l'on appelle en français le « récit fantastique », aurait éventuellement pu être mentionné comme étant l'un des sous-genres intégrés par *A Silent Life*, *Cereus Blooms at Night*, *The Polished Hoe* et *Web of Secrets* mais nous avons vu que les fantômes permettent de renégocier un héritage ; en aucun cas ils ne sont utilisés uniquement pour créer une atmosphère, une inquiétude et un suspense comme dans les récits fantastiques traditionnels, même si des clins d'œil sont faits et une certaine ambiguïté est maintenue[2]. Outre la reprise par certains romans caribéens de la double tradition du récit d'esclave originel et du néo-récit d'esclave africain américain des années 1960 évoquée dans le premier chapitre, le roman des descendants permet aussi relecture, réécriture et émancipation. Dans *A Silent Life*, *Cereus Blooms at Night*, *The Polished Hoe* et *Web of Secrets*, les auteurs courtisent et modifient le roman policier, le récit de témoignage et le roman confessionnel.

Depuis la fin du XXe siècle de nombreux ouvrages et articles ont été publiés, des colloques et des séminaires organisés, autour de ce qu'il est convenu d'appeler les « fictions policières ». L'époque où ce genre était considéré indigne d'une classification littéraire, à part quelques exceptions qui confirmaient la règle, est révolue depuis longtemps. La structure narrative, l'agencement temporel et spatial, la dynamique des personnages, le travail sur les archétypes, le façonnement du suspense ont fasciné lecteurs et critiques, tout autant que la multiplicité générique. Les tentatives de définir le genre ont été nombreuses mais peut-être pas autant que celles qui soulignent la difficulté d'une définition, la multiplication des sous-genres et la malléabilité générique. La première question que Charles J. Rzepka pose en ouverture de son introduction à son *Companion to Crime Fiction* est celle de la définition de ce qu'est un roman policier ou un roman noir, pour se demander si « toutes les histoires où un crime est commis sont des romans policiers[3] ». Vanessa Guignery et François Gallix mettent en valeur que « [d]ans les romans d'Arthur Conan Doyle, de Robert Louis Stevenson et d'Agatha Christie, les frontières génériques se révélaient [déjà] poreuses et le mélange des genres incitait à des lectures et à des interprétations multiples et contradictoires[4] ».

2 « Le récit fantastique *(ghost story)* [...] à la différence de l'histoire "merveilleuse" (du type des *Mille et une nuits)* [...] ne se caractérise pas par la simple présence de phénomènes ou d'êtres surnaturels, mais par l'hésitation qui s'instaure dans la perception qu'a le lecteur des événements représentés. Tout au long de l'histoire, le lecteur se demande [...] si les faits rapportés s'expliquent par une causalité naturelle ou surnaturelle, s'il s'agit là d'illusions ou de réalités. Cette hésitation est née du fait que l'événement extraordinaire (et donc potentiellement surnaturel) se produit, non dans un monde merveilleux, mais dans le contexte quotidien, celui qui nous est le plus habituel. Le conte fantastique est par conséquent le récit d'une perception. » Tzvetan Todorov, *La Poétique de la Prose* [1971] Paris, Le Seuil, 1980.

3 Charles J. Rzepka et Lee Horsley, eds. *Companion to Crime Fiction*, Oxford, Wiley-Blackwell, 2010, p. 1.

4 Vanessa Guignery et François Gallix, *Crime Fictions : Subverted Codes and New Structures*, in *Sillages Critiques* 6, 2004.

Tzvetan Todorov analyse les règles traditionnelles du roman policier dit « classique » et dont il voit la naissance et l'âge d'or dans « le roman à énigme ».

> À la base du roman à énigme on trouve une dualité, et c'est elle qui va nous guider pour le décrire. Ce roman ne contient pas une mais deux histoires : l'histoire du crime et l'histoire de l'enquête. [...] Il s'agit donc, dans le roman à énigme, de deux histoires dont l'une est absente mais réelle, l'autre présente mais insignifiante. Cette présence et cette absence expliquent l'existence des deux dans la continuité du récit[5].

Quant au « roman noir », Todorov le définit ainsi :

> Le roman noir est un roman policier qui fusionne les deux histoires ou, en d'autres mots, supprime la première et donne vie à la seconde. Ce n'est plus un crime antérieur au moment du récit qu'on nous relate, le récit coïncide maintenant avec l'action. Aucun roman noir n'est présenté sous la forme de mémoires : il n'y a pas de point d'arrivée d'où le narrateur embrasserait du regard les événements passés, nous ne savons pas s'il arrivera vivant à la fin de l'histoire. La prospection se substitue à la rétrospection. Il n'y a plus d'histoire à deviner ; et il n'y a pas de mystère, comme dans le roman à énigme[6].

L'intérêt du lecteur s'ancre alors dans la « curiosité » ou dans le « suspense » :

> [O]n se rend alors compte qu'il existe deux formes d'intérêt tout à fait différentes. La première peut être appelée la *curiosité;* sa marche va de l'effet à la cause : à partir d'un certain résultat (un cadavre et quelques indices) il faut trouver la cause (le coupable et ce qui l'a poussé au crime). La deuxième forme est le *suspense* et on va ici de la cause à l'effet : on nous montre d'abord les données initiales (des gangsters qui préparent des mauvais coups) et notre intérêt est soutenu par l'attente de ce qui va arriver, c'est-à-dire des effets (cadavres, crimes, bagarres)[7].

Todorov en arrive à une troisième forme du roman policier qui combine les deux premières, le « roman à suspense » :

> Du roman à énigme il garde le mystère et les deux histoires, celle du passé et celle du présent ; mais il refuse de réduire la seconde à une simple détection de

---

5 Tzvetan Todorov, « Typologie du roman policier », in *La Poétique de la Prose* [1971] Paris, Le Seuil, 1980.

6 *Ibid.*

7 *Ibid.*

> la vérité. Comme dans le roman noir, c'est cette seconde histoire qui prend ici la place centrale. Le lecteur est intéressé non seulement par ce qui est arrivé avant mais aussi par ce qui va arriver plus tard [...]. Les deux types d'intérêt se trouvent donc réunis ici : il y a la curiosité, de savoir comment s'expliquent les événements déjà passés ; et il y a aussi le suspense : que va-t-il arriver aux personnages principaux ? [...] Le mystère a une fonction différente de celle qu'il avait dans le roman à énigme : il est plutôt un point de départ, l'intérêt principal venant de la seconde histoire, celle qui se déroule au présent[8].

À l'intérieur du « roman à suspense » on peut trouver des sous-genres tels que « l'histoire du détective vulnérable » (romans de Dashiell Hammet ou Raymond Chandler par exemple) ou « l'histoire du suspect-détective » (ceux de Charles Williams ou Patrick Quentin par exemple). Le plus important semble être la constante recodification et la traversée générique qui semblent caractériser le genre des fictions policières :

> Il est assez difficile de dire si les formes que je viens de décrire correspondent à des étapes d'une évolution ou bien peuvent exister simultanément. Le fait que nous pouvons les rencontrer chez un même auteur, précédant le grand épanouissement du roman policier (tels Conan Doyle ou Maurice Leblanc) nous ferait pencher pour la seconde solution, d'autant plus que ces trois formes coexistent parfaitement aujourd'hui[9].

Formes marginales et formes intermédiaires foisonnent dans ces fictions policières, davantage semble-t-il qu'une forme dite « classique ». Rzepka exprime bien cette idée lorsqu'il parle « des fortes tendances du genre à la fission et à la fusion [...] ainsi qu'à l'hybridation » qui semble être inhérente au genre[10]. Les ajustements permanents, comme Rzepka et Horsley le soulignent dans leur conclusion, sont aussi dictés par la nécessité de « réécrire les conventions du genre pour être en phase avec les angoisses d'une certaine culture et société, en une période et un temps donnés[11] ».

Une autre variante a été ajoutée lorsque les études postcoloniales s'en sont mêlées et se sont intéressées aux multiples hybridations possibles entre fictions policières et fictions postcoloniales. Si les premières définitions qu'Ed Christian donne au début de son article ne semblent guère révolutionnaires

---

8 *Ibid.*
9 *Ibid.*
10 *Op. cit.*, p. 6.
11 *Ibid.*, p. 572.

à première vue, il est intéressant de se pencher sur les analyses qui utilisent les théories postcoloniales pour lire les fictions policières postcoloniales, mettre à jour indirectement les combats politiques et sociétaux propres à la postcolonie, examiner l'articulation entre les méthodes coloniales et les méthodes autochtones ainsi que le rôle joué par l'ethnicité dans les rapports humains et le développement de l'action[12].

Quelques années avant la publication du *Companion to Crime Fiction* Christine Matzke et Susanne Mühleisen s'étaient déjà concentrées sur cette nouvelle lecture des fictions policières, permettant d'analyser les romans selon une perspective postcoloniale, migrante et/ou transculturelle, allant jusqu'à resserrer le point de vue sur l'autopsie dans son lien avec une investigation policière dans un contexte postcolonial :

> Une dissection et un examen médical d'un cadavre dans le but de déterminer la cause de la mort, l'autopsie postcoloniale n'est pas seulement l'investigation des restes de la victime, c'est aussi l'investigation du corps du texte et de son contexte, ou du « corpus » de la fiction policière appelée « postcoloniale[13] ».

L'autopsie peut être interprétée de façon littérale comme l'un des éléments de l'enquête dans une fiction postcoloniale. Si elle est interprétée de façon figurée, elle devient alors une investigation du colonial et du postcolonial, voire une exploration des processus à l'œuvre dans la mise en écriture du colonial et du postcolonial du point de vue des cultures colonisées. Comme l'indiquent aussi Matzke et Mühleisen, « l'autopsie peut impliquer une analyse du corpus postcolonial qui a de plus en plus fréquemment recours à des éléments qui relèvent de la fiction policière dans un but de détection sociale plus que criminelle[14]. »

Aucun des quatre romans qui nous occupent ici n'est un roman policier au sens où il y aurait un meurtre à élucider, un cadavre à découvrir, une scène de crime à analyser, une autopsie et autres analyses médico-légales à faire, une enquête à mener, des preuves à trouver, une accusation à établir, des alibis à vérifier, des aveux à obtenir, un coupable à arrêter, des suspects à innocenter, un procès à finaliser, un coupable à enfermer ou à libérer. Et pourtant, la *curiosité* et le *suspense* sont des

12 Ed Christian, « Ethnic Postcolonial Crime and Detection (Anglophone) », *Companion to Crime Fiction*, *op. cit.*, p. 283.

13 Christine Matzke et Susanne Mühleisen, *Postcolonial Postmortems – Issues and Perspectives*, Amsterdam et New York, Rodopi, 2006, p. 8.

14 *Ibid.*, p. 8.

éléments essentiels de la dynamique de la fiction. Et pourtant, il y a bien un mystère à élucider dans chacun de ces romans, un mystère qui comporte un cadavre dans trois cas sur quatre (Pa Nazeer, Monsieur Bellfeels, Chandin Ramchandin). Il y a des victimes dans tous les cas, mais la victime n'est jamais le cadavre (Nani et Aleya, Mary-Mathilda, Popoh/Mala). Il y a des meurtriers et des meurtrières, mais ce ne sont pas forcément les coupables (Mary-Mathilda, Popoh/Mala). Il y a des personnages qui aident d'autres personnages à se suicider mais sont-ils des meurtriers (Nani) ? Il y a des personnages qui font des aveux mais ils/elles ne sont pas toujours coupables et pourraient même être considérés comme innocents (Nani, Mary-Mathilda). Il y a dans tous les cas des personnages qui mènent l'investigation – quelle que soit la forme que celle-ci prend – mais ce ne sont jamais des détectives (Margaret, Aleya, Tyler, Mary-Mathilda). Dans tous les cas, il y a un mystère, une investigation et une révélation, comme dans toute fiction policière.

Si le motif de l'enquête est bien utilisé, même sans cadavre à disséquer, il semble qu'il le soit de façon métaphorique, dans une interprétation élargie à la sphère historique, sociale et politique. L'ordre politique et social n'est plus simplement examiné, il est exhumé et disséqué pour que les vérités officielles soient remises en question. Comme le souligne Vera Alexander dans son analyse des romans de Romesh Gunesekera *The Sandglass* et de Shyam Selvadurai *Cinnamon Gardens*, le crime dans les fictions policières constitue « un indice du désir de vérité et de justice et déclenche, pour ceux qui ont été spoliés, la volonté d'être réintégrés dans leurs droits, d'obtenir compensation et de rétablir l'ordre et la loi[15] ». Le désir de vérité et de justice est signalé tout au long de la fiction policière et de l'enquête qu'elle contient.

La même idée est élaborée par Wendy Knepper : si son analyse porte essentiellement sur le roman de l'écrivain canadien d'origine sri-lankaise Michael Ondaatje *Anil's Ghost*, le paragraphe à propos de *The Polished Hoe* est éclairant lorsqu'elle indique que la confession de Mary-Mathilda est « un témoignage de l'histoire coloniale, mettant en question la façon dont les modes de pensée anglais et européens hantent encore l'imagination, les souvenirs et les vies des habitants de l'île[16]. »

15 Vera Alexander, « Investigating the Motif of Crime as Transcultural Border Crossing : *Cinnamon Gardens* and *The Sandglass* » in *Postcolonial Postmortems*, *op. cit.*, p. 146.

16 Wendy Knepper, « Confession, Autopsy and the Postcolonial Postmortems of Michael Ondaatje's *Anil's Ghost* » in *Postcolonial Postmortems*, *op. cit.*, p. 43.

Le terme « témoignage » est utilisé ici par Knepper au sens où Mary-Mathilda atteste de la véracité de l'histoire dont elle fait le récit. Mais elle produit aussi un témoignage au sens où elle fait une déposition sur ce qu'elle a vu et entendu[17]. Son témoignage est d'autant plus véridique qu'elle est elle-même protagoniste de ce dont elle dit avoir été le témoin – ce qui en fait aussi une confession, sans la dimension religieuse. On se souvient de l'opposition que fait Derrida entre témoignage et preuve : le témoignage n'est pas une preuve car sa véracité doit suffire à faire reconnaître la vérité d'un fait[18]. Dans les cas de traumatisme culturel ou historique, la nécessité (et la capacité) de parler se heurte en général à l'impossibilité de dire l'horreur. Nous retrouverons cette problématique en fin de chapitre avec *Le Livre d'Emma* de Marie-Célie Agnant. Pour l'instant, le crime, l'enquête, le témoignage et éventuellement l'autopsie sont donc les outils qui permettent la détection historique et sociale puis la révélation de la vérité. Tout est examiné à la loupe : abus et violations des droits civiques et humains, discrimination et racisme, corruption, déresponsabilisation de l'individu, violence sur les corps et occupation perverse et hégémonique des esprits, incitation aux violences ethniques et communautaires, dysfonctionnements dans l'application de la justice, etc.

L'alibi comme l'un des éléments principaux d'une enquête peut aussi être souligné comme particulièrement intéressant dans un contexte postcolonial. L'étymologie latine *alibi* indique le fait d'être « ailleurs ». Un alibi permet de prouver que la personne accusée était ailleurs au moment de l'infraction, ou de se disculper par un prétexte ou une excuse quelconque. Comme le fait remarquer Knepper, « l'alias est aussi lié à l'alibi en ce qu'il indique que l''ailleurs' continue de parler à travers l'individu, allant jusqu'à lui fournir un alibi en démontrant que cette personne était idéologiquement ailleurs au moment où le crime a

17 Un rappel de la définition du *testimonio* peut être utile : « […] un récit de la longueur d'un roman ou d'une *novella*, publié dans un livre ou un pamphlet et écrit à la première personne par un narrateur ou une narratrice qui est aussi le protagoniste réel ou le témoin des événements qu'il ou elle rapporte, et dont l'unité de narration est habituellement un 'récit de vie' ou une expérience de vie significative. » John Beverly, « The Margin at the Centre : On Testimonio (testimonial narrative)", *De/Colonizing the Subject : The Politics of Gender in Women's Autobiography*, Sidonie Smith et Julia Watson, éds. Minneapolis, University of Minnesota Press, 1991, p. 92-93.

18 On pourra se reporter particulièrement à *Demeure – Maurice Blanchot*, Paris, Éditions Galilée, 1998.

été commis[19] ». Le fait qu'Austin Clarke fournit un alias à la Barbade indique que les habitants de « Bimshire » sont peut-être toujours « ailleurs ». Même chose pour Shani Mootoo qui fournit un alias à Trinidad à travers Lantanacamara. Non seulement les individus mais aussi les lieux et les sociétés peuvent être forcés d'adopter l'identité d'un autre lieu ou d'une autre culture. Dans ce cas, c'est bien sûr la question de la responsabilité et de la culpabilité qui se pose.

En progressant dans son étude de l'autopsie postcoloniale, Knepper souligne aussi la tension entre l'autopsie qui suppose que le corps de la victime est mort alors que le postcolonial suggère que l'objet d'étude est encore vivant. L'étymologie grecque *autopsia* fait référence à l'action de voir de ses propres yeux. Le premier sens donné par le Larousse est celui de la dissection et de l'examen d'un cadavre afin de déterminer les causes de la mort ou de mener une recherche scientifique. Le second sens est celui d'un examen minutieux, approfondi. Les deux questions que Knepper pose sont celle du sens qu'aurait « une autopsie qui serait faite sur un corps qui respire encore, un corps encore vivant », et celle de la façon dont « l'autopsie et le postcolonial peuvent mener un contre-interrogatoire[20] ». Dans *The Polished Hoe*, *Cereus Blooms at Night*, *A Silent Life* et *Web of Secrets*, il s'agit bien de mener une double enquête, au sens littéral et au sens figuré : autour du corps d'un individu retrouvé mort (Monsieur Bellfeels, Chandin Ramchandin, Pa Nazeer) et autour du corps de la société postcoloniale (Bimshire, Lantanacamara, le Guyana). Le corps déjà mort et le corps encore vivant. Le texte pratique aussi ses analyses médico-légales pour offrir un état des lieux de la postcolonie et inspecter ce qui reste de l'ancien pouvoir colonial, cette présence résiduelle qui indique que le cadavre bouge encore. Les deux corps, le littéral et le figuré, sont des sites à déchiffrer.

L'autopsie en tant que telle est néanmoins absente des quatre romans privilégiés ici mais nous pouvons nous tourner vers un autre roman caribéen, *Solibo Magnifique* de Patrick Chamoiseau, pour trouver une *véritable* autopsie, faite sur un *véritable* cadavre. Si la mort de Solibo et l'autopsie de son cadavre sont *véritables* dans le roman, elles n'en sont pas moins métaphoriques aussi : Solibo est mort d'une « égorgette de la parole ». Reste à déterminer s'il s'agit d'un accident ou d'un meurtre.

19 *Ibid.*, p. 43.
20 *Ibid.*, p. 37.

Avant même l'incipit, juste après l'exergue qui place Edouard Glissant en premier locuteur, le roman commence par le procès-verbal dressé par l'officier de police judiciaire chargé de l'enquête, Evariste Pilon, accompagné du brigadier-chef Bouaffesse, lorsque le cadavre de Solibo est retrouvé un dimanche matin. L'examen de la scène de crime, si crime il y a, est mené tambours battants, l'examen préliminaire du corps fait, les indices potentiels relevés, les lieux circonscrits. Après le procès-verbal préliminaire, le premier chapitre s'ouvre sur la découverte du corps :

> Au cours d'une soirée de carnaval à Fort-de-France, entre dimanche Gros et mercredi des Cendres, le conteur Solibo Magnifique mourut d'une égorgette de la parole, en s'écriant : Patat' sa !... Son auditoire n'y voyant qu'un appel au vocal crut devoir répondre : Patat' si ! [...] Se figurant un crime, la police l'a ramassé comme s'il s'agissait d'une ordure de la vie, et la médecine légale l'a autopsié en petits morceaux. On a découpé l'os de sa tête pour briguer le mystère de sa mort dans sa crème de cervelle. On a découpé sa poitrine, on a découpé ses poumons et son cœur. Son sang a été coulé dans des tubes de verre blanc, et, de son estomac ouvert, on a saisi son dernier touffé-requin[21].

L'enquête suit. Treize témoins sont interrogés, certains suspectés, parmi lesquels le narrateur qui n'est autre que Patrick Chamoiseau « surnommé Chamzibié, Ti-Cham ou Oiseau de Cham[22] ». D'autres morts surviennent en cours de route, accidentelles ou pas : Lolita Boidevan surnommée Doudou-Ménard, fabricante de fruits confits, et Bateau Français surnommé Congo, fabricant de râpes à manioc. Une description plus précise de l'autopsie a finalement lieu, beaucoup plus tard, lorsque celle-ci est pratiquée par le Docteur Lélonette et son assistant :

> Vaisseaux distendus... cœur largement plus gros que le poing... très raide... tout cela en bon état... foie de bonne taille, rouge sombre... vésicule biliaire vert sombre... fluide... estomac chargé, à mettre de côté... en disposant le sac grisâtre dans une cuvette, le docteur Lélonette remarque Pilon et Bouaffesse : Ah, vous êtes là ! approchez, approchez, venez voir ces fourmis... Le cadavre de Solibo Magnifique est ouvert. Presque tous ses organes ont été enlevés, coupés en tranches fines et répartis dans des cuvettes. Sa calotte crânienne a été sciée, le cerveau extrait. De gros caillots de sang maculent le tout, l'odeur fétide lutte contre celle des alcools et du chloroforme. Des fourmis-manioc sillonnent l'ensemble, exactement comme sous le tamarinier[23].

---

21 Patrick Chamoiseau, *Solibo Magnifique*, *op. cit.*, empl. 99/2534.

22 *Ibid.*, empl. 145/2534.

23 *Ibid.*, empl. 2146/2534.

La conclusion est que « la mort est énigmatique du point de vue médical » et « qu'il n'y a pas eu crime ». L'autopsie ne peut que montrer le décalage entre les causes policières et les causes médicales, comme si Solibo avait été « étranglé de l'intérieur[24] ».

La critique sociale et politique affleure à chaque page, le plus souvent soulignant le ridicule, le cocasse, le grotesque : « Inspecteurs et commissaires, pour la plupart métropolitains, n'apparaissent dans leur bureau que le matin, ensuite, en chemise à fleurs et bermuda, ils traquaient nos mœurs carnavalesques pour leur album de souvenirs[25]. » Mais le récit de l'enquête sur la mort de Solibo, sous la plume du personnage de l'écrivain Chamoiseau, ou plutôt de son double métafictionnel, le « marqueur de paroles », met aussi en évidence des situations qui ne sont ni ridicules, ni cocasses, ni grotesques, particulièrement lorsque Congo se défenestre pour éviter davantage de brutalisations et d'humiliations après celles auxquelles il a été soumis. L'enquête est finalement inutile :

> Quand, devant moi, ils eurent agrafé leurs procès-verbaux, leurs rapports, leurs photos qui ne représentaient rien, qu'ils eurent noué leur gros dossier de merde pour le descendre aux archives, signifiant ainsi qu'une enquête inutile venait de s'achever, ils avaient découvert que cet homme était la vibration d'un monde finissant, pleine de douleur, qui n'aura pour réceptacle que les vents et les mémoires indifférentes, et dont tout cela n'avait bordé que la simple onde du souffle ultime[26].

C'est le personnage de l'écrivain qui donnera la clé de l'énigme si le lecteur ne l'a pas encore devinée. La mort de Solibo le conteur, mise en scène par l'écriture, n'est que la métaphore de la disparition de l'oralité. Le narrateur narre alors (par écrit) comment Evariste Pilon est venu lui raconter (par oral) comment il a poursuivi son enquête :

> Il avait appris que, dans ses derniers temps, le Magnifique ne trouvait plus de tribunes. Il tenait à inscrire sa parole dans notre vie ordinaire, or cette vie n'avait plus l'oreille, ni même de ces creux où s'éternise l'écho. À part quelques lieux insolites en ville, la fête nautique du Robert, deux-trois fêtes patronales, son espace se réduisait. Des autorités de l'action culturelle avaient souvent sollicité sa participation à des spectacles de conteurs de scène, mais Solibo, craignant cette mise en conservation où l'on quittait la vie pour un

24 *Ibid.*, empl. 2157/2534.
25 *Ibid.*, empl. 1591/2534.
26 *Ibid.*, empl. 2277/2534.

> cadre d'artifice, avait prétexté de mystérieuses obligations. Seule l'igname sotte, disait-il, fournit la corde qui l'étrangle[27].

Et il revient au narrateur de reprendre la parole en son nom propre :

> [j]e compris qu'écrire l'oral n'était qu'une trahison, on y perdait les intonations, les mimiques, la gestuelle du conteur, et cela me paraissait d'autant plus impensable que Solibo, je le savais, y était hostile. Mais je me disais « marqueur de paroles », dérisoire cueilleur de choses fuyantes, insaisissables, comme le coulis des cathédrales du vent[28].

Comble de l'ironie, Solibo, même mort, continue de parler. Son cadavre continue de parler malgré le trou béant qu'il a à la place du cou après l'autopsie. Et le lecteur de l'entendre. Alors que le narrateur écrit son autopsie, lui, le « scribouille d'un impossible[29] », donne à lire la chronique d'une culture qui se délite. Science médico-légale, politique et littérature pointent toutes trois dans la direction de l'analyse du corps postcolonial refroidi et pourtant encore chaud. Si les romans de Clarke, Shah, Mootoo et Harris ne contiennent aucune autopsie comparable à celle dont le lecteur de *Solibo Magnifique* peut se délecter à loisir, le corps retrouvé mort (Mr Bellfeels, Pa Nazeer, Chandin Ramchandin) ou le corps désincarné des ancêtres est pourtant ce qui permet de lire et de déchiffrer le postcolonial.

De façon similaire aux romans anglophones évoqués précédemment et à la différence du roman de Chamoiseau, pas d'autopsie non plus, au sens strict, dans *Traversée de la mangrove*. Pourtant, Maryse Condé, comme Chamoiseau l'avait fait pour la Martinique dans *Solibo Magnifique*, utilise le mystère autour du décès de Francis Sancher pour mener l'enquête au cœur de la société guadeloupéenne. Comme Solibo trouvé mort au pied d'un arbre, Francis Sancher est trouvé mort dans la forêt un soir : « La face enfouie dans la boue grasse, les vêtements souillés, il était reconnaissable à sa carrure, et à sa tignasse bouclée poivre et sel[30]. » Les trois parties du roman, « Le serein », « La nuit » et « Le devant-jour », regroupent les différents chapitres qui donne chacun voix à l'un des vingt personnages qui ont fréquenté Francis Sancher de

27 *Ibid.*, empl. 2231/2534.
28 *Ibid.*, empl. 2255/2534.
29 *Ibid.*, empl. 2255/2534.
30 Maryse Condé, *Traversée de la mangrove*, Paris, Mercure de France, 1989, p. 12.

près ou de loin et dont il a changé la vie d'une façon ou d'une autre. Au cours d'une nuit, une sorte de veillée funéraire narrative se déroule. Au cours des interrogations formulées, des souvenirs évoqués, de la colère ou de la douleur exprimée, de l'amertume retenue ou libérée, c'est tout un portrait de la société guadeloupéenne qui se dessine au-delà de l'investigation autour de ce décès qui semble soudain mais qui a pu être planifié par l'intéressé.

Le tour de force de Condé est d'ouvrir le roman sur la découverte du cadavre et de faire progressivement dévier l'investigation vers autre chose que la simple résolution du mystère de cette mort soudaine mais pas nécessairement violente. L'investigation va plutôt s'organiser de façon indirecte, comme préalablement à l'enquête policière, autour de l'identité de Francis Sancher et de l'éclaircissement des raisons de sa présence en Guadeloupe. Qui est ce Francis Sancher et pourquoi son courrier devrait-il être livré au nom de Francisco Alvarez-Sanchez ? Est-il de Cuba comme beaucoup de gens le croient, ou bien est-il né en Colombie et ne s'est-il installé à Cuba que plus tard ? Pourquoi alors est-il venu en Guadeloupe, est-ce simplement pour y mourir ? Est-il effectivement médecin, ou est-il cet écrivain qui écrit un livre qui aurait pour titre *Traversée de la mangrove* ?

À Rivière au Sel, nombreux en effet sont les familles et les individus qui ont été amenés à côtoyer Francis Sancher, du facteur Moïse, dit Marigoin, qui est le seul à connaître ses deux noms, à plusieurs représentants de la famille Ramsaran, descendants des travailleurs engagés, et dont l'une des filles, Vilma, est tombée amoureuse de Francis Sancher. Nous croisons aussi Léocadie Timothée, l'institutrice, ainsi que Mira qui sera enceinte de Francis Sancher et dira qu'elle ne sait même pas si c'était « un Blanc, un Nègre, un Zindien ! » et qu'il avait « tous les sangs dans son corps[31] ». Cyrille le conteur sera celui à qui Francis Sancher se racontera un peu plus, lui disant qu'il attendait la mort, se qualifiant de « mort-vivant[32] » ou de « naufragé[33] » :

> Oui, c'est sa mort qu'il attendait, assis sur ce tronc couvert de mousse, une colonie de fourmis toc-toc s'affairant inlassables et fiévreuses entre ses pieds. Comment s'était passée la rencontre ? Avait-il entendu son pas froisser l'herbe

31 *Ibid.*, p. 243.
32 *Ibid.*, p. 94.
33 *Ibid.*, p. 134.

> mouillée ? Avait-elle surgi, surprenante, entre les fleurs de balisier ? S'était-elle adossée à un merisier et l'avait-elle d'une toux rêche de fumeuse de Gitane averti de sa présence[34] ?

Cet homme qui a vécu dans plusieurs pays, exercé plusieurs métiers, accepté et refusé plusieurs héritages, cet homme se reflète dans les yeux des vingt personnages du roman qui parlent de lui. Il est le seul à ne pas avoir de chapitre qui lui soit dédié et où le lecteur puisse entendre sa voix directement. Francis Sancher n'apparaît jamais vivant dans la diégèse et pourtant c'est lui qui habite les autres personnages et anime leurs paroles. Une fois son corps retrouvé mort à la première page, son existence et son histoire sont réfractées à travers la multiplicité des autres personnages et leurs perspectives. On pense à la structure d'un autre roman de Maryse Condé, *La Migration des cœurs*, cette relecture-réécriture des *Hauts de Hurlevent* qui fait aussi se réfracter des perspectives multiples sur Razyé et Cathy, en incluant celles des deux principaux intéressés. C'est dans cette présence-absence qu'affleurent les complexités de la société guadeloupéenne, ses strates, ses héritages, ses paradoxes et ses tensions.

En somme, si Solibo, même mort, continuait de parler au-delà de sa parole égorgée, Francis Sancher, même mort, continue de faire parler. La rhétorique d'une parole qui s'exprime sur le mode de la déposition, de la confession ou du témoignage permet d'envisager un sujet qui fonderait son existence dans la transmission même de cette parole, que celle-ci soit entravée voire arrêtée, empêchée, interdite ou finalement libérée, traduite et transmise. Une parole qui passe là où rien ne passe plus.

1937 : LE MASSACRE RECOMPOSÉ

À la Caraïbe, le trauma n'est pas seulement lié à l'esclavage, au travail engagé ou à la colonisation, même si les ramifications souterraines y ramènent souvent. Comme nous l'avons vu avec le roman de Shah, *A Silent Life*, une nouvelle et un roman de Danticat confirment que

---

34 *Ibid.*, p. 166.

d'autres situations, politiques, retiennent aussi l'attention des écrivains et écrivaines de la Caraïbe. Dans « 1937 », la seconde nouvelle du recueil *Krik ? Krak !* (1996), le contexte est celui de la dictature du Général Rafael Leonidas Trujillo (1891-1961) en République Dominicaine, miroir dans lequel celle de Duvalier en Haïti est reflétée[35]. Quant au roman, *The Farming of Bones*, nous verrons à quel point il est signifiant que l'écriture de la nouvelle ait été suivie de celle du roman. Nous verrons aussi le rôle important qu'a joué la traduction dans l'impact qu'a eu ce roman dans l'appréciation publique de la littérature haïtienne sur la scène mondiale.

Une anecdote personnelle est signifiante. Une étudiante américaine s'était inscrite dans mon cours de littératures postcoloniales en Licence l'année où j'avais mis au programme la nouvelle de Danticat. Elle était en France pour un an, participant à un programme d'échange. D'origine haïtienne, elle n'avait cependant jamais lu Danticat, elle n'avait pas non plus entendu parler du massacre de 1937, décrété et organisé par le Général Trujillo, lors duquel quelque 20,000 Haïtiens vivant et travaillant en République Dominicaine avaient été tués à la machette entre le 2 et le 8 octobre. L'étudiante ayant choisi de présenter la nouvelle au groupe, elle a raconté, le jour venu, comment elle avait appelé sa mère aux États-Unis pour lui demander de lui en parler. Je me souviens encore de l'émotion qui a été celle de tout le groupe, passablement bouleversé par le récit. Cette jeune femme avait opéré un triple ou quadruple détour pour arriver jusqu'à sa propre histoire – d'une part par l'intermédiaire d'un programme d'échange, en France, ce qui n'est pas anodin étant donné qu'il s'agit de l'ancienne puissance coloniale ; d'autre part par un texte littéraire ; enfin, par une autre langue, l'anglais au lieu du français ou du créole haïtien qu'elle entendait quand elle était petite, comme Danticat. Il faut aussi prendre en compte que son accès a été facilité par le récit de sa mère, ce qui là non plus n'est pas anodin puisqu'elle mettait ainsi en œuvre exactement ce dont parle Danticat dans l'épilogue du recueil « Women Like US », l'importance de maintenir la parole et l'écoute en alerte, continuant ainsi à former la tresse de mots et de silence qui est au cœur de la conscience haïtienne.

35 Rafaël Trujillo a exercé un pouvoir dictatorial sur la République dominicaine de 1930 à 1961 lorsqu'il fut assassiné. Le dictateur François Duvalier est resté au pouvoir en Haïti de 1957 à 1971, succédé par son fils Jean-Claude Duvalier de 1971 à 1986.

La nouvelle est centrée sur le couple formé par une mère et sa fille, mais elles se détachent sur le fond de toute la communauté des femmes haïtiennes. Accusée de meurtre d'enfant et emprisonnée par les *tontons macoutes*, selon une stratégie de terreur organisée qui s'appuyait sur la culture populaire vodou (Duvalier lui-même prenait plaisir à emprunter le rôle du Baron Samedi, *loa* de la mort mais aussi de la résurrection), la mère perd peu à peu l'usage de son corps et sa capacité de parler. La façon dont le corps féminin est supplicié, martyrisé et progressivement effacé dans sa féminité (il est d'abord masculinisé, puis rendu fantomatique, puis mis à mort et brûlé) n'a d'équivalent que la manière dont la femme est privée de voix et de parole. Sa fille ne peut que lui offrir son silence en retour, mutisme en miroir :

> Je ne dis mot. Depuis le matin où elle avait été arrêtée, j'avais été incapable de lui dire quoi que ce soit, comme si j'étais devenue muette au moment où j'avais posé le pied dans la cour de la prison. Parfois je voulais parler mais j'étais incapable d'ouvrir la bouche et d'activer ma langue[36].

La nouvelle enferme peu à peu ses protagonistes dans un espace qui se réduit de plus en plus : Joséphine quitte Ville Rose pour aller voir sa mère à la prison, elle passe de la ville ouverte au quartier de la prison, puis au bâtiment, à la cour et enfin à la cellule où sa mère a été jetée. La détresse morale et psychologique de la fille ne peut trouver d'expression qu'à travers la perte et l'effacement, miroirs de ceux de la mère. Après la mort de sa mère, Joséphine ne recouvrera l'usage de la parole que par l'intermédiaire des autres femmes, elles aussi victimes, comme la mère de Joséphine, du massacre décrété par Trujillo en 1937, et par un rituel qui lui fera reprendre langue avec leur passé et son présent. C'est seulement lorsqu'elle sera repassée physiquement et symboliquement par le lieu du massacre, où sa mère avait échappé aux soldats de Trujillo en abandonnant sa propre mère, lorsqu'elle aura réinvesti par la parole le lieu de son histoire, que Joséphine pourra envisager de vivre sa propre vie ; elle y sera aidée par Jacqueline et les autres femmes qui établiront pour elle une chaîne de parole :

> [Jacqueline] connaissait tout ce que ma mère avait dit au soleil tandis que nous étions assises là, à tremper nos mains dans l'eau, à nous questionner les

36 « *I said nothing. Ever since the morning of her arrest, I had not been able to say anything to her. It was as though I became mute the moment I stepped into the prison yard. Sometimes I wanted to speak, yet I was not able to open my mouth or raise my tongue* », *Krik ? Krak ! op. cit.*, p. 36.

> unes et les autres, établissant des codes et des rituels qui nous permettraient de nous reconnaître entre filles de la rivière[37].

« 1937 » dénonce le sort fait aux femmes dans une société où elles sont considérées comme le dernier maillon dans la chaîne de la terreur. Cette dénonciation d'une situation toute contemporaine est formulée en opérant un détour par l'événement historique du massacre. Même si celui-ci n'est pas à proprement parler mis sur le devant de la scène, la nouvelle montre néanmoins comment un texte d'oppression devient un texte d'émancipation, par la chaîne des mots, le lien des paroles, la transmission d'un héritage enfin verbalisé, d'une génération à l'autre. C'est dans le roman *The Farming of Bones* que cette transformation est la plus prégnante, le massacre ayant cette fois-ci été mis sur le devant de la scène de façon directe et non détournée. Ces deux textes sont proches par l'analyse du trauma qui les sous-tend mais surtout par la façon dont, au-delà du texte, le trauma peut être mis en mots et finalement *agi* et *translaté* pour ouvrir sur une mise en œuvre qui puisse être une mise en possible.

Certaines des questions posées par l'étudiante dont il a été question plus haut sont aisément mises à jour : l'(in)accessibilité du trauma pour les générations qui n'en ont pas été les victimes directes mais l'ont hérité de leurs parents ou grands-parents (Hirsch 1998 ; 2001) ; la « multi-directionalité » de la mémoire à travers une approche « comparative » plutôt que « compétitive » (Rothberg 1998). Il s'agit aussi de souligner le travail du trauma, opéré à travers l'écoute, la répétition et la réverbération, d'un *autre* texte (Butler 1997 ; Caruth 1995 ; 1996), cet *autre* texte qui peut être, et c'est l'hypothèse de ce chapitre, celui d'autres écrivains, ou une traduction. De nombreux articles et chapitres d'ouvrage ont été publiés sur les textes de Danticat, mettant souvent l'accent sur le trauma et la façon dont le corps et l'île deviennent métonymiques l'un de l'autre, lieux de mémoire dessinés par ce que l'on choisit de se remémorer ou d'oublier[38].

---

37 « *[Jacqueline] would know all the things that my mother had said to the sun as we sat with our hands dipped in the water, questioning each other, making up codes and disciplines by which we could always know who the other daughters of the river were.* », *ibid.*, p. 44.

38 Ces quelques pages prolongent des analyses antérieures publiées dans une revue universitaire en anglais : « Exploring Trauma through the Memory of Text : Edwidge Danticat Listens to Jacques Stephen Alexis, Rita Dove and René Philoctète ». *The Journal of Haitian*

Un autre aspect ne semble pas avoir reçu suffisamment d'attention : les modalités selon lesquelles les textes de fiction à propos de 1937 ont circulé d'une époque à l'autre, d'un écrivain à l'autre, d'un texte à l'autre, d'une langue à l'autre, se faisant écho. Le roman de Danticat *The Farming of Bones* est au centre de cette dissémination qui se nourrit de la diversité d'autres textes. La mise en mémoire du passé fait affleurer l'impossibilité du deuil comme elle fait affleurer la possibilité d'un autre texte. Si le massacre de 1937 est un traumatisme historique, Danticat le traite de façon personnelle, bousculant les frontières qui peuvent exister entre différentes conceptions théoriques.

Dates et genres littéraires ont ici leur importance. La première fois que Danticat écrit à propos de 1937, elle utilise le genre de la nouvelle et publie, comme mentionné ci-dessus, la nouvelle « 1937 » dans le recueil *Krik ? Krak !* de 1991. Avec le roman *The Farming of Bones* (1998) sur le même sujet, elle élargit l'envergure et la portée de son texte. Dans les remerciements à la fin du roman, elle cite deux écrivains : d'une part l'écrivain haïtien francophone Jacques Stephen Alexis, le premier à avoir écrit à propos du « Kout Kouto » dans *Compère Général Soleil*[39], et d'autre part Rita Dove, la poétesse africaine américaine qui a remporté de nombreux prix littéraires parmi lesquels le « National Book Award for Poetry » ou le prix Pulitzer, et qui a été « Poet Laureate » des États-Unis entre 1993 et 1995. Le poème qu'elle a écrit en 1983 au sujet du massacre de 1937, s'intitule « Parsley » (« Persil ») en souvenir des Haïtiens qui étaient tués s'ils ne parvenaient pas à prononcer le mot *perejil* en roulant les R comme les Dominicains. Un autre écrivain haïtien francophone, René Philoctète, a aussi écrit à propos de 1937 bien qu'il ne soit pas explicitement nommé par Danticat, tout du moins pas dans *The Farming of Bones*. Son roman *Le Peuple des terres mêlées*, publié en 1989, a été traduit en 2005 par Linda Coverdale, avec une préface par Danticat et une courte introduction par Lyonel Trouillot[40].

Studies, numéro spécial consacré à Edwidge Danticat, 19.1, 2013, p. 163-183. Pour une analyse sous l'angle du biopouvoir, on pourra aussi se reporter à l'article « Biopolitics and Translation : Edwidge Danticat's Many Tongues », *International Journal of Francophone Studies* 17, 3-4, 2014, p. 349-371.

39 Jacques Stephen Alexis, *Compère Général Soleil*, Paris, Gallimard, 1955. Voir aussi la traduction en anglais par Carrol F. Coates *General Sun, My Brother*, Charlottesville, University of Virginia Press, 1999.

40 On pourra se reporter aux autres écrits de cet écrivain haïtien trop peu connu dont les écrits sont malheureusement difficiles à trouver : entre autres, les nouvelles et récits de *Il*

En comparant les dates et les lieux de parution des différents textes mentionnés ci-dessus, on peut se demander dans quelle mesure la représentation du massacre dépend du temps qui s'est écoulé jusqu'au moment de l'écriture, et du lieu où l'écriture s'organise, en Haïti ou en diaspora. Alexis écrit moins de vingt ans après le massacre, Dove plus de quarante ans et Philoctète plus de cinquante ans. Danticat reprend l'écriture quelques années après Philoctète, puis, pour son roman, plus de soixante ans après l'événement. Alexis et Philoctète écrivent d'Haïti, Dove et Danticat de la diaspora. Même si on peut penser dans un premier temps que plus on est proche en temps et en lieu de l'événement traumatique, plus la représentation en est forte, c'est en fait presque le contraire : plus on s'en éloigne, plus l'onde de choc est puissante.

Ni Danticat ni l'étudiante ci-dessus mentionnée n'ont été touchées directement par 1937, elles ne sont en rien des survivantes directes. Et pourtant, elles ont eu à l'endurer, même indirectement, et on se souviendra du concept de « post-mémoire » utilisé par Marianne Hirsch : la définition que Hirsch donne de la « post-mémoire » s'applique tout à fait aux traumatismes qui nous intéressent ici. La puissance de la « post-mémoire » vient de ce qu'elle est « médiée non par le souvenir mais par la représentation, la projection et la création[41] ». Les générations suivantes, ces « témoins par adoption » dont parle Geoffrey Hartman, prennent en charge les expériences de leurs parents ou ancêtres comme s'ils les avaient vécues eux-mêmes[42].

Le travail du trauma semble se nicher aussi dans cette connexion indirecte[43]. Il ne s'agit pas seulement d'intertextualité ou de référence littéraire. Cette *translation* constante d'un texte vers un autre, en mots qui sont nécessairement *autres*, peut être considérée comme un maillon indispensable de ce que j'ai appelé plus haut le *travail* du trauma, ou ce que Judith Butler appelle « la purge impossible du résidu traumatique[44] ».

Faut des fois que les dieux meurent, Port-au-Prince, Bibliothèque Nationale d'Haïti, 1992 ; le roman *Une Saison de cigales*, Port-au-Prince, Éditions Conjunction, 1993 ; les poèmes d'*Herbes folles*, Port-au-Prince, Haïti Littéraire, Cahier 2, 1982.

41 Hirsch 2001, p. 9.

42 Geoffrey Hartman, *The Longest Shadow : In the Aftermath of the Holocaust*, Bloomington, Indiana University Press, 1996, cité par Hirsch, 2001, p. 10.

43 Il n'y a pas vraiment d'équivalent à l'expression anglaise « *working through* ». Plutôt que les expressions spécialisées de « frayage » ou de « facilitation », je préfère employer une expression plus générale et qui dénote un cheminement qui ne peut véritablement s'achever mais doit se prolonger.

44 Judith Butler, *Excitable Speech*, Londres et New York, Routledge, 1997, p. 38.

Cette circulation renouvelée des textes permet un nouvel accès au sens et surtout, à sa mise en récit. Elle est autorisée « à travers une écoute de l'autre[45] ». Mon étudiante a eu besoin de prêter l'oreille à Danticat afin d'accéder à quelque chose dont elle avait peut-être conscience sans le savoir clairement. Danticat a lu et interprété 1937 à travers les textes écrits par les écrivains de la génération précédente, et elle n'aurait écrit ni « 1937 » ni *The Farming of Bones* si elle n'avait prêté l'oreille à Alexis, Philoctète et Dove, si elle n'avait opéré quelques détours préliminaires par leurs textes. Répétition et itération introduisent une différence, devenant ce que Butler appelle « un instrument prometteur[46] ».

The Farming of Bones commence alors qu'Amabelle Désir travaille comme domestique chez la femme d'un général dominicain. Ses parents se sont noyés quand elle avait huit ans et elle a (presque) été adoptée par cette famille dominicaine. Pourtant, quand les rumeurs de ce qui se prépare leur parviennent, Amabelle et son fiancé Sébastien doivent s'enfuir. De nombreux éléments de l'*histoire* rappellent les romans d'Alexis et de Philoctète (l'histoire d'amour, le contexte social et politique, la fuite, la mort de l'aimé) et pourtant, c'est à travers le *texte* qu'il est permis de revisiter l'écriture des premiers textes de fiction sur le massacre de 1937. Certains éléments autorisent l'auteur et le lecteur à se réapproprier l'événement et sa représentation : le cadre narratif, le schéma temporel et le tempo, la voix narrative et la structure du texte.

Le cadre narratif, tout d'abord. Du point de vue de la chronologie, le premier roman qui fait référence au massacre est celui d'Alexis publié en 1955, mais ce n'est pas un roman particulièrement connu pour son traitement de cet événement. À travers la vie de Hilarius Hilarion, un jeune d'homme d'origine paysanne qui va en prison après une tentative de vol, le roman couvre toute la période des années 30 et fournit une description fouillée et captivante du peuple haïtien, de sa pauvreté, des activités sociales et syndicales, de la répression politique en cours. Le lecteur suit les tribulations du couple Hilarius et Claire-Heureuse. Lorsque la petite boutique qu'ils tiennent est détruite par le feu, ils traversent la rivière pour trouver du travail en République Dominicaine et Hilarius devient coupeur de canne. Le Général Trujillo n'est mentionné

45 Cathy Caruth, éd., *Trauma : Explorations in Memory*, Baltimore, The John Hopkins University Press, 1995, p. 11.

46 *Excitable Speech*, *op. cit.*, p. 38.

que tard dans le roman, jusqu'à ce que 1937 se profile peu à peu, de façon presque inattendue :

> Josaphat se retourna et lui désigna au fond de la pharmacie une grande photo en couleurs où le généralissimo doctor Raphael Leonidas Trujillo, Y Molina, *benefactor de la patria, Salvador del pueblo* et la suite, chamarré comme un paon, faisait la roue[47].

C'est seulement dans les soixante dernières pages du roman que les références à la situation politique se multiplient et s'enchaînent à un rythme qui s'accélère :

> On disait que le capitaine Arismendi Trujillo, le propre frère du chacal, était en fuite. Il avait conspiré. La vieille mère du dictateur s'était jetée aux pieds du généralissime fou de rage et avait aspergé ses bottes de larmes pour obtenir la vie sauve de son fils. Trois colonels avaient été égorgés dans leurs lits par les sbires du Chacal. La police de Trujillo était bien faite. Il faisait épouser aux gradés les plus importants de son armée ses anciennes maîtresses. Ainsi, c'étaient les femmes qui surveillaient les maris, et les dénonçaient au besoin. Des enfants, au sortir de l'école, avaient manifesté. L'armée avait tiré à la mitrailleuse, allongeant une cinquantaine de petits cadavres dans la rue[48].

À la fin du roman, lorsque la brutalité sanguinaire se déchaîne, le carnage assorti de chasse à l'homme force le couple à retourner en Haïti. Seules les dernières pages en révèlent les spécificités politiques et linguistiques, la vie des gens dépendant de leur capacité à prononcer le mot *perejil* à la manière des Dominicains :

> Les gardes s'étaient élancés et confisquaient les machettes de travail. Les hommes furent bousculés et brutalement rassemblés. Ils étaient bel et bien dans la souricière ! D'une voix aiguë l'officier ordonna aux dominicains de sortir du groupe. Maintenant il n'y avait plus rien à faire qu'à obéir pour ne pas donner prétexte à la troupe avinée qui s'agitait menaçante, hurlante, avec cent têtes abruties, illuminées par la jouissance sauvage que leur procuraient leurs brutalités. À coups de crosses, ils écartèrent les Dominicains qui se rassemblèrent au bord de la route. L'officier accompagné de quelques soldats leur parlait. On leur demandait de prononcer un seul mot :
> – *Pelehil*[49]…

47 *Op. cit.*, p. 264.
48 *Ibid.*, p. 282.
49 *Ibid.*, p. 309.

Alexis ne se propose pas d'analyser les causes profondes qui ont mené au déclenchement du massacre, il se contente de pointer du doigt la folie meurtrière du dictateur et de sa clique. La dénonciation n'en est pas moins complète : « Après l'alcool, la mise en train de quelques brutalités, leur lubricité excitée avait tout à fait réveillé en eux l'hybride de cochon et de chacal que le fascisme leur avait donné en guise de conscience[50]. » La description du carnage ne dure que deux ou trois pages, conclusion paroxystique de l'accumulation des malheurs et horreurs auxquels les Haïtiens sont confrontés et qui laisse le lecteur à bout de souffle. Elle se conclut par : « Le silence revint, pesant. La pluie avait recommencé à tomber[51]. » Quelques dizaines de pages plus loin, après la mort de Hilarius, c'est sur Claire-Heureuse que le roman se clôt : « Elle était seule[52]. »

Un roman de trois cent cinquante pages et un poème de deux pages ne parlent sans doute pas la même langue, ils ne s'adressent pas au même public, l'événement n'y est pas cadré de la même façon, les angles d'approche diffèrent, l'énergie y est accumulée et dépensée autrement. Dans le poème de Dove, le persil est l'une des images dominantes, ainsi que le perroquet dont les ailes rappellent la couleur verte de la plante tout en exhibant la couleur rouge du sang versé. Le cadrage est tout à fait particulier. La première partie se passe à l'extérieur dans les champs de canne à sucre, et la seconde à l'intérieur du palais. Pourtant, le poids des mots est tel que le poème tout entier est ficelé comme un paquet de mots indissociables les uns des autres. Un tourbillon d'images obsède le lecteur avec ses refrains, ses répétitions, ses échos. Les deux refrains principaux sont donnés dans les premières lignes :

> Il y a un perroquet qui imite le printemps
> dans le palais, ses plumes vert persil.
> Du marécage, la canne vient
> nous hanter, et nous la coupons[53].

Ils sont répétés à travers tout le poème : « comme un perroquet qui imite le printemps », « il y a un perroquet qui imite le printemps », « du

50 *Ibid.*, p. 310.

51 *Ibid.*, p. 312.

52 *Ibid.*, p. 350.

53 « *There is a Parrot imitating spring / in the palace, its feathers parsley green. / Out of the swamp the cane appears / to haunt us, and we cut it down.* » Rita Dove, « Parsley », *Museum*, Pittsburgh, Carnegie-Mellon University Press, 1983.

marécage la canne vient », résonnant dans l'esprit du lecteur comme autant d'obsédants rappels qui contribuent à propager l'onde de choc initiale.

Michael Rothberg emploie le concept de « mémoire multi-directionnelle » afin de « comparer » différentes histoires de victimisation et de traumatisme au lieu de les opposer selon le groupe identitaire, religieux ou ethnique auquel elles appartiennent. Rapprocher la Shoah de l'esclavage transatlantique ou encore de la guerre d'Algérie (trois des traumatismes majeurs de notre histoire que Rothberg examine) devrait être possible dans une perspective qui ne soit pas « compétitive » mais au contraire permette la mise à jour de rapports essentiels à leur compréhension (concept de « historical relatedness[54] »). La mémoire elle-même est mutidirectionnelle : « sujette à une constante négociation, à des références croisées, à des emprunts », elle est « productive et non privative[55] ». Une conscience claire de ce qu'a été le traumatisme de 1937 ne peut se faire jour qu'en utilisant les différents objectifs pris par différents écrivains, en différentes langues, à différents moments et en différents endroits. C'est en ce sens qu'Alexis, Danticat, Dove et Philoctète peuvent être rapprochés, dans une optique comparative et multidirectionnelle. Si Rothberg montre à quel point des traumatismes historiques éloignés les uns des autres doivent être rapprochés de façon à pouvoir être mieux compris, analysés et surmontés, le même traumatisme historique peut être examiné par des objectifs différents sans que la compréhension de l'événement en soit en rien diminuée, mais au contraire enrichie.

Le roman poétique de Philoctète allonge l'ombre de ses visions sur le texte de Danticat. Il s'agit aussi d'un couple mais, cette fois, Pedro Brito est Dominicain et Adèle est haïtienne, comme s'ils représentaient chacun l'une des moitiés inséparables de l'île. Philoctète concentre l'action sur les quelques jours avant et pendant le massacre. Les différences de cadrage sont à nouveau intéressantes, même si l'architecture de ce roman au style éclectique et unique dépasse le cadre temporel resserré et crée une tension extrême dans le mouvement contradictoire qui est généré. Si Alexis penche vers le réalisme social, Philoctète plonge

54 Michael Rothberg, *Multidirectional Memory – Remembering the Holocaust in the Age of Decolonization*, Stanford, Stanford University Press, 2009, p. 29.

55 *Ibid.*, p. 3.

dans le spiralisme, mouvement littéraire haïtien dont le fer de lance était Frankétienne et dont les meilleurs représentants sont Jean-Claude Fignolé et René Philoctète. Ces trois écrivains avaient fait le choix de rester en Haïti pendant la dictature des Duvalier. À partir de 1965, la visualisation du monde sous la forme d'une spirale devint pour eux une attitude artistique, esthétique et sociale, un geste politique individuel et collectif. Symbolisant une connexion profonde au monde, l'image de la spirale emportait Haïti au-delà de son isolement géographique et politique. Kaiama L. Glover explique cela très bien en disant que la spirale représentait « un engagement envers les possibilités de l'infini[56] » et insiste aussi sur « l'interaction entre la répétition et le détour qui sont en jeu dans la forme de la spirale, fournissant ainsi un point de départ structurel qui ancre la fiction des écrivains spiralistes dans un espace géo-culturel haïtien[57] ».

À travers la narration très poétique de l'histoire d'amour entre Pedro et Adèle, le lecteur perçoit la menace du massacre dès la première page, au cœur de toutes sortes de tensions en conflit. Philoctète introduit des éléments surréalistes tels que la tête d'Adèle qui continue de rouler, de rencontrer des gens, de leur parler, même après avoir été séparée de son corps par une machette dominicaine :

> Adèle a beau vouloir reprendre sa tête, la placer sur son cou, l'enfoncer dans son cou, la clouer, cimenter, river dans son cou, la tête cabriole, saute par-dessus l'enclos de candélabres, gagne la rue blanche, la rue principale d'Elias don Agustin de Cortoba. Et la tête, un rien excentrique, tire la langue aux enfants qui recommencent à se jeter de la poussière dans les yeux[58].

Philoctète rend aussi possible une focalisation à travers Chicha Calma, la *guagua* orange que les gens conduisent :

> Chicha Calma, la guagua orange au capot vert pâle, bouffe l'air rose du couchant dominicain fortement parfumé à la mélasse de canne. Éternue. Toussote. Moi, chicha Calma, la guagua de la frontière, je porte les villes et les villages dans mes pneus. Je reconnais leurs odeurs particulières à cent

56 Kaiama L. Glover, *Haiti Unbound : A Spiralist Challenge to the Postcolonial Canon*, Liverpool, Liverpool University Press, 2010, p. VIII.

57 *Ibid.*, p. VIII.

58 René Philoctète, *Le Peuple des terres mêlées*, Port-au-Prince, Éditions Henri Deschamps, 1989, p. 108. Une réédition numérique existe aussi, publiée par CareOf Publishing (2018).

> lieues à la ronde (Ouanaminthe sent le café au lait) et distingue leurs refrains les uns d'avec les autres. Par-delà les montagnes, les plaines, les vallées, je perçois leur paix ou leur détresse. Le vent, mon compagnon de toujours, me fait, seconde par seconde, un rapport détaillé sur leur emploi du temps. Même les passe-d'eau me chuchotent parfois sur le compte des gens de la frontière des histoires que je ne trouve pas drôles et que je classe illico, moi Chicha Calma, – étant de nature réservée[59].

Jusqu'à ce que la Chicha Calma s'arrête à la fin du roman :

> Chicha paraît perdre pied, semble portée en triomphe. Pourtant, on entend son moteur qui rouspète, ronfle, gronde, grogne, comme si elle était en train de pomper une dernière énergie aux réfugiés qui, les yeux exorbités, les voix criardes, traversent la frontière. Avec leurs meubles, leurs outils, leurs saints, leurs odeurs, leurs démarches, leurs chansons, leurs légendes, leur parler.
>
> Leurs us et coutumes.
>
> Chicha crève de ses quatre roues, de ses boulons, de ses pistons, de ses bielles, de ses histoires, de ses ressorts, de ses phares. Pantèle fume craque stoppe net terminus[60] !

L'auteur déborde délibérément de ce qui pourrait être une représentation réaliste de l'abominable, emportant la victoire par l'esprit, par un humour résolument noir et une poésie aussi sombre qu'étincelante.

Comparé au *Peuple des Terres Mêlées*, *Compère Général Soleil* et « Persil », la particularité de *The Farming of Bones* est d'étendre son cadre temporel au-delà de 1937, ce qu'aucun autre roman antérieur n'avait fait et qui a comme conséquence d'allonger le temps et de le ralentir. Amabelle est deux fois survivante : une première fois à la mort par noyade de ses parents, une deuxième fois à la mort de son fiancé et de ses proches lors du « Kout Kouto ». Le massacre est finalement moins traumatisant que d'y survivre. Danticat ramène Amabelle sur les lieux du massacre, à la mal nommée Alegria, vingt ans après, à la recherche d'un simulacre de sens – Danticat montre Amabelle en survivante et plus qu'en survivante.

Pour pouvoir orchestrer ce retour sur le site du trauma, Danticat avait besoin de modifier la voix narrative en s'éloignant de la narration à la troisième personne qui structure les romans d'Alexis et de Philoctète, où le texte tangue entre un point de vue interne et externe. Les narrateurs qui contrôlent le point de vue de la nouvelle « 1937 »

59 *Ibid.*, p. 58-59.
60 *Ibid.*, p. 145.

et du roman *The Farming of Bones* – la fille d'une survivante du massacre dans le premier texte, et une survivante dans le second – avaient besoin d'une voix propre, une voix à la première personne qui leur permette de construire une personnalité narrative plus forte, à travers ce que Butler appelle « *an enabling vulnerability*[61] », une vulnérabilité qui permet de construire quelque chose et donne du pouvoir. De façon oblique, un tel choix narratologique revisite les choix narratifs d'Alexis et de Philoctète, transformant ces premières voix en une autre voix qui fait écho aux précédentes, tout en s'affirmant pour elle-même. La structure même du texte reflète, réfracte et donne un sens nouveau aux processus mentaux et esthétiques du travail du trauma. La mise en place de jeux différents entre la voix narrative, le cadre spatial et le tempo, éléments indissociables les uns des autres, permet au sens renouvelé de circuler à nouveau. L'élément de *The Farming of Bones* qui autorise le plus de mobilité signifiante est la structure des chapitres : les passages introspectifs, oniriques ou cauchemardesques, des chapitres impairs, en caractères gras et conjugués au présent, mettent en valeur les tensions paradoxales de la poly-temporalité du trauma, tout à la fois hors du temps et dépendant du temps pour le déroulement de son processus. Les chapitres 1, 3, 5, 7 etc., jusqu'au chapitre 25, sont emplis des ombres de la vie d'Amabelle, des jonctions et disjonctions de sa vie passée et présente : la relation à Sébastien, le souvenir de ses parents, les moments de communion avec le monde naturel. Ces chapitres sont intercalés entre les chapitres de l'histoire principale, et ce jusqu'au récit du massacre. Le chapitre 25 est le dernier de ces chapitres, faits de *texte* et non d'*histoire*, perçant la réalité de cette dernière. Mais une fois que le massacre a pénétré la narration, il n'y a plus ni échappée ni échappatoire possible : sur cent vingt pages, seule l'*histoire* peut se dérouler, la liberté du *texte* s'est évanouie, à l'exception d'une seule page où nous retrouvons les caractères gras et le temps présent d'un passé sur-remémoré. Le tempo des chapitres intercalés reprend au chapitre 37. Le dernier de cette alternance est le chapitre 40, seul chapitre pair de cette série, comme si l'ordre des choses et leur déroulement avaient été altérés et leur équilibre irrémédiablement corrompu.

The Farming of Bones est le seul roman parmi ceux cités ici qui adopte une telle structure et un tel tempo, s'étirant sur vingt ans au-delà de

61 *Excitable Speech*, *op. cit.*, p. 2.

l'événement traumatique central et l'ancrant dans une interaction marquée entre *texte* et *histoire*, au contraire du poème en prose si concentré de Philoctète, du poème de Dove ou du roman réaliste d'Alexis. Pour Danticat, c'est une façon de revisiter les écrits de ses prédécesseurs en les menant ailleurs, amenuisant encore un peu le « résidu traumatique ».

CES TRADUCTIONS, CES *TRANSLATIONS*

Ce qui emmène les textes encore plus loin et contribue à l'écoute démultipliée nécessaire au travail du trauma, c'est la traduction des textes, que ceux-ci aient été écrits à l'origine en français ou en anglais, poussant le processus évolutif au-delà de son point initial. La publication des textes de Danticat à propos de 1937 est sans doute l'un des éléments qui ont déclenché la publication de témoignages et d'essais d'historiens, devenus plus nombreux récemment, en Europe, en Haïti et aux États-Unis. Le chemin a été ouvert par une écriture de fiction. Ayant sorti le massacre de 1937 du contexte haïtien restreint dans lequel il était enfermé, Danticat a contribué à une prise de conscience collective, globale même, et semble ainsi avoir facilité un processus de réappropriation du trauma et de mise à distance tout à la fois.

Traducteurs et traductrices participent totalement à cet exercice de dissémination du même devenu autre, répété et réactivé, reformulé et renouvelé dans un contexte autre, une langue autre. Un exemple de cette dissémination est la manière dont les romans écrits en anglais, ou en français, migrent vers l'autre langue, souvent accompagnés du paratexte d'autres écrivains et écrivaines, ou traducteurs et traductrices (préfaces, postfaces et autres avant-propos et notes du traducteur). Danticat vient d'un monde francophone, habite un monde anglophone et écrit en anglais ; ses textes sont retraduits dans sa langue première, le français, et le créole habite toujours le texte en anglais. Dans une préface et introduction à la traduction du roman de Philoctète traduit par Linda Coverdale sous le titre *Massacre River* (2005), Danticat et Lyonel Trouillot présentent à un public anglophone un auteur iconique mais mal connu même dans le monde francophone – Philoctète était en effet, selon Trouillot, « presque inconnu aux "spécialistes" de littérature haïtienne non-haïtiens[62] ». En passant par la langue anglaise et un lectorat anglophone, Philoctète sera davantage lu et mieux connu, et sa vision de 1937 trouvera de nouveaux échos hors d'Haïti et à l'extérieur du cercle restreint des spécialistes.

Coverdale prend soin d'ajouter une note de la traductrice à la fin du livre, racontant au lecteur les circonstances de sa découverte du *Peuple des terres mêlées* alors qu'elle travaillait à la traduction du roman de Trouillot, *Rue des pas perdus*. Ayant fait une traduction remarquable de précision, elle ressent néanmoins le besoin de justifier le changement de titre, la traduction littérale « *The People of the mixed lands* » manquant inévitablement la référence au « sang mêlé » que le titre français a forcément pour un lecteur français. Aucun terme en anglais ne pouvant faire résonner cette référence, Coverdale s'est résolue à un titre plus frappant même si historiquement vrai. C'est par sa traduction américaine que le roman de Philoctète sera reconnu sur une scène plus large. La traduction américaine du roman d'Alexis en 1999, quarante ans après le texte original, par Carrol F. Coates, sous le titre de *General Sun, my Brother*, aura le même impact, faisant redécouvrir par ricochet ce texte magistral. La traductrice, elle aussi, s'oblige à une longue introduction qui remet le roman dans son contexte historique et littéraire, ainsi qu'à un glossaire et une note sur la traduction, principalement centrée sur les difficultés d'une traduction qui doit rendre le français, mais aussi le créole et ce qu'elle appelle l'« Haïtien », un mélange hautement volatile de français et de créole, *lingua franca* pour de nombreux Haïtiens.

Les écrivains aussi peuvent traduire, produisant une pollinisation qui ne peut qu'être créative. Danticat devient aussi traductrice lorsqu'elle donne pour titre à son deuxième recueil de nouvelles, *The Dew-Breaker*, en référence directe au roman de Jacques Roumain *Gouverneurs de la rosée* (1944), traduit plus de trente ans plus tard par Mercer Cook, *Masters of the Dew* (1978). La traduction comme écriture est toujours une ré-écoute, une re-lecture et une ré-écriture. Dans le contexte du trauma, ces étapes sont essentielles en ce qu'elles autorisent la ré-écoute, la re-lecture et la ré-écriture du trauma lui-même, le vidant non de sa substance mais de son contenu le plus traumatique. La démultiplication de l'écoute par un verbe devenu pluriel et divers voire « multivers » rend possible la

62 René Philoctète, *Massacre River*, trad. Linda Coverdale, préf. Edwidge Danticat, intr. Lyonel Trouillot, New York, New Directions Books, p. 14.

rénovation du sens grâce à une distance et une liberté accrue, permettant justement une intégration et une compréhension qui n'avaient pas été possibles au moment même où l'événement avait eu lieu.

Le travail du trauma étant lié à la question de sa représentation et de sa transmission, la ré-articulation et la réverbération des textes les uns par les autres, contribuent à la purge de ce « résidu traumatique », menant vers une réappropriation et un sens renouvelé de ce qu'on pourrait appeler, d'après Butler toujours, « l'agir linguistique[63] ». C'est ce qu'Amabelle attend de pouvoir faire lorsqu'elle dit espérer « revivre le moment suffisamment souvent[64] ». Le texte le fait pour elle. Plus que le trauma en lui-même, on pourrait dire que c'est la « relation énigmatique entre le trauma et la survie[65] » qui intéresse Danticat, l'au-delà du trauma, le fait qu'on en émerge ou pas, en somme, la résilience. Une telle investigation aurait été impossible sans avoir repris un héritage et sans l'avoir fait résonner de façon « multidirectionnelle ». Amabelle retourne sur le site géographique du trauma afin de pouvoir le quitter sur le plan symbolique. Danticat retourne sur le site littéraire, esthétique, du trauma afin aussi de pouvoir le quitter. Le processus est dynamique, il se crée à travers un mouvement dans l'espace et dans le temps, du silence vers la parole, offrant un levier pour donner suffisamment de jeu et refaire circuler du sens. C'est à ce moment-là qu'on peut parler d'un texte de l'impossible qui devient texte du possible, voire *des* possibles, puisque le texte cesse d'être écrit au singulier pour devenir « divers » ou « multivers », de part et d'autre des langues et des mers. Cette circulation nouvelle du sens fonde ce qu'Édouard Glissant appellerait une « pensée archipélique », dans toute sa dimension imprévisible et ambiguë d'« identité-rhizome » et d'« identités-relations », bien loin des pensées uniques de l'hégémonie[66].

L'écriture de Danticat est un exemple, singulièrement expressif, de la façon dont un récit d'oppression devient récit d'émancipation, par l'utilisation qui est faite de la parole et du silence. Il s'agit pour Danticat de faire sortir l'histoire du massacre de 1937 du silence politique qui l'a enveloppé pendant plusieurs générations. Les archives regagnent ainsi une visibilité, ne serait-ce qu'à travers la béance de leurs lacunes. La

63 *Excitable Speech*, *op. cit.*, p. 2.

64 *The Farming of Bones*, *op. cit.*, p. 309.

65 *Trauma : Explorations in Memory*, *op. cit.*, p. 11.

66 *Introduction à une Poétique du divers*, *op. cit.*, p. 89 ; p. 132.

dénonciation passe par l'exposition au plus grand nombre de ce silence et du processus d'intériorisation par la victime du sentiment d'infériorité et de culpabilité. Dans la ré-articulation d'une parole à travers le texte littéraire, la présence de langues plurielles à l'intérieur d'un même texte est essentielle pour opérer cette bascule d'un silence-oppression vers un silence-émancipation, et autoriser un futur au cœur duquel se loge une conscience collective et plurielle dont l'imaginaire est celui d'une « parole multilingue », une parole qui ne juxtapose pas les différentes langues mais les fait entrer en relation[67]. La relation que le lecteur expérimente dans la lecture du texte de Danticat est « multilingue » dans le sens où elle pointe, si on adopte une optique glissantienne, vers une présence aux autres langues et donc vers une sensibilité aux autres mondes :

> Quand je parle de multilinguisme [...] ce n'est pas une question de parler les langues, ce n'est pas le problème. On peut ne pas parler d'autre langue que la sienne. C'est plutôt la manière de parler sa propre langue, de la parler fermée ou ouverte ; de la parler dans l'ignorance de la présence des autres langues ou dans la prescience que les autres langues existent et qu'elles nous influencent même sans que nous le sachions. [...] c'est une question d'imaginaire des langues. Ce n'est pas une question de juxtaposition des langues, mais de leur mise en réseau[68].

Cette présence à la multiplicité des langues marque le refus de l'exclusion et l'ouverture à une certaine « totalité-monde[69] ». La traduction, qu'elle soit celle qui porte le texte vers un ailleurs cosmopolite ou celle qui est interne au texte lui-même, est aussi cette instance qui s'oppose à « l'absolue limitation de l'être[70] ». La façon dont Glissant rapproche écriture et traduction est ici parlante : « De même que l'écrivain réalise cette totalité désormais par la pratique de *sa* langue d'expression, de même le traducteur la manifeste mais par le passage d'une langue à une autre, confronté à l'unicité de chacune de ces langues[71]. » Écrivains et écrivaines font œuvre de traducteurs et de traductrices, à tous les niveaux, et participent à ce titre à la construction de l'entrelacs des mondes, seule issue possible hors du fondamentalisme binaire qui balaye ce début du XXIe siècle.

67 *Ibid.*, p. 67.
68 *Ibid.*, p. 122-123.
69 *Ibid.*, p. 67.
70 *Ibid.*, p. 46.
71 *Ibid.*, p. 45.

Le concept de traduction a été utilisé à de nombreuses reprises dans ce chapitre, dans le sens linguistique autant que culturel. Avant de conclure ce chapitre avec le roman de Marie-Célie Agnant, *Le Livre d'Emma*, il est nécessaire de faire un bref rappel de l'évolution du concept en anglais et en français. Dans le *Dictionnaire de l'ancienne langue française et de tous ses dialectes du* IXe *au* XVe *siècles*, « traduire » se réfère à l'acte de « mener d'un endroit dans un autre ; par extens., transformer », gardant ainsi le sens de la racine latine *traducere*, signifiant *trans-ducere* ou « conduire au-delà, faire passer ». Il est intéressant de constater que le terme anglais « *translation* » vient du vieux français *translater*, qui dérive du latin *translatum*, participe passé de *transferre*. Les cinq premières éditions du *Dictionnaire de l'Académie Française* (1694, 1718, 1740, 1762, 1798) se réfèrent à « traduire » comme à l'acte de transporter les corps, « transférer d'un lieu à un autre », le terme ne s'employant que pour les personnes. « Traduire » ne prend le sens de transfert d'une langue à l'autre que dans l'édition de 1835, et l'ancien sens disparaît. En anglais par contre, les deux sens se maintiennent, ce qui rend parfois le mot difficile à traduire, justement[72]. Comme pour Salman Rushdie qui parle de ces êtres « *translated*[73] », la plupart des personnages de fiction qui nous ont intéressés ici ont été transportés *et* traduits, par deux fois : transportés d'un lieu à un autre (ancien sens du mot *traduire* et sens contemporain de *translate* en anglais) et transportés d'une langue à l'autre (sens contemporain de *traduire* et de *translate* en anglais). Le corps transporté est aussi le corps du texte. La traduction fait en sorte que ce corps ne soit pas un cadavre mais un corps toujours chaud, bien vivant, et prêt à engendrer d'autres textes, imprévisibles.

---

72 Dans le *Oxford English Dictionary* le mot « *translate* » a le sens de « to bear, convey, or remove from one person, place or condition to another ; to transfer, transport », mais aussi « to undergo a translational motion », et « to turn from one language into another » ; « to change into another language retaining the sense » ; « to render ; also, to express in other words, to paraphrase ».

73 « *translated* men borne across the world », Salman Rushdie, « Imaginary Homelands », *Imaginary Homelands : Essays and Criticism, 1981-1991*, 1982, Londres, Granta, 1992, p. 9-21.

EMMA, FLORE ET LES AUTRES : LA FORCE DU TÉMOIGNAGE

Lorsque Flore est présentée à Emma dans *Le Livre d'Emma*, elle est appelée à titre d'interprète. Pourtant, la patiente internée dans une unité psychiatrique d'un hôpital de Montréal parle français, la même langue que le docteur MacLeod qui la suit et qui doit donner son diagnostic (on aurait presque pu dire verdict) avant le procès où Emma doit être dans le box des accusés pour avoir tué sa fille Lola :

> – Pourquoi lui faut-il alors un interprète ? avais-je demandé au médecin, sans cacher ma surprise. [...]
> – Tout simplement parce qu'elle refuse de nous parler dans une langue autre que sa langue maternelle. L'assistance que je réclame de vous dans ce dossier va donc au-delà de la simple traduction des phrases. Deux mois bientôt que je tente d'esquisser un diagnostic, ou plutôt de percer son mystère[74].

Le docteur MacLeod a du mal à comprendre ce qui a mené cette Antillaise originaire de Grand-Lagon (un autre alias tel que Bimshire et Lantanacamara) à tuer la fille qu'elle a eue de Nickolas Zankoffi, l'homme qu'elle a suivi à Montréal et pour lequel elle a quitté Bordeaux où l'université lui a refusé l'obtention de sa thèse sur l'esclavage. Il y a bien le rapport de police sur le meurtre, le contact de la travailleuse sociale qui s'est occupée d'Emma, ainsi que les coupures de journaux qui titrent « Une Noire sacrifie son enfant... Une affaire de vaudou[75] ? » Pourtant, après nombre de visites et de tentatives d'entretien, le docteur MacLeod n'est toujours pas plus éclairé sur les motifs du meurtre. Comme Mungo dans le roman de David Dabydeen *The Harlot's Progress*, Emma ne répond pas aux questions qui lui sont posées, elle ne produit pas un texte cohérent qui serait en accord avec la vision de son interlocuteur, un texte qui pourrait être *exploité*, comme les corps de ses ancêtres africains l'ont été.

Le médecin compte sur Flore pour se faire accepter d'Emma et l'aider à comprendre cet acte qu'elle n'a pour l'instant « ni avoué ni nié[76] ».

74 Marie-Célie Agnant, *Le Livre d'Emma*, 2001, La Roque d'Anthéron, Vents d'ailleurs, 2004, p. 7-8.

75 *Ibid.*, p. 16.

76 *Ibid.*, p. 41.

La question est pour lui d'établir un lien entre la thèse d'Emma et le meurtre de son enfant, cette thèse « qu'elle n'en finissait pas de réécrire. [...] Elle disait travailler, et répétait, répétait inlassablement que ces colons de Bordeaux n'auraient pas sa peau[77] ! » Dans cette répétition et cette réécriture infinie et perpétuellement inachevée, Emma cherche à articuler quelque chose de son histoire mais aussi à la faire *passer*, comme on transmet un message ou comme on fait *passer* un enfant non-désiré. Elle sait pourtant que cette histoire ne *passera* pas tant qu'elle n'aura été écrite que par les colons. Au début, lorsqu'elle appelle Flore « Poupette », comme les « poupées France[78] », dans l'un des dialogues rapportés, elle parle de cette thèse refusée :

> J'en ai lu, moi aussi, de ces livres, où l'histoire est tronquée, lobotomisée, excisée, mâchée, triturée puis recrachée en un jet informe [...]. C'est ça, ma pauvre Poupette, c'est pour cela qu'ils ont piétiné mon travail. Ainsi, eux seuls continueront à écrire pour nous, pour qu'on ne sache pas que déjà sur les bateaux ils nous volaient et notre corps et notre âme[79].

Lorsqu'Emma répond, de façon décalée, à la question que le docteur MacLeod lui avait posée au sujet des « circonstances de [s]on immigration », c'est d'une « colonie de morts vivants » qu'elle dit être venue : « lambeau de chair pourrie sur le chemin des bateaux, elle a dérivé jusqu'ici[80]. » Le lien est donc fait de façon directe entre l'esclavage, la colonisation et les migrations qui ont suivi, comme avec les manifestations contemporaines de « la folie chez les Négresses[81] ». Entre le médecin, l'interprète et la patiente, entre Grand-Lagon, l'ancien port négrier de Bordeaux et la ville diasporique de Montréal, la relation triangulaire se reconstitue donc sans cesse, indéfiniment superposée au commerce triangulaire et à la relation coloniale originelle. La question de qui raconte quoi, à qui et pour qui, est donc centrale.

Si, après le meurtre de Mr Bellfeels dans *The Polished Hoe*, Mary-Mathilda avait fait elle-même une déposition qui était aussi confession et témoignage, elle l'avait faite dans sa propre langue, un anglais créolisé qui était le même que celui de son auditeur. Emma adopte le créole et

77 *Ibid.*, p. 14-15.
78 *Ibid.*, p. 25.
79 *Ibid.*, p. 24-25.
80 *Ibid.*, p. 29.
81 *Ibid.*, p. 31.

refuse de parler dans la langue de l'ancien colonisateur, celle-là même qui est aussi parlée par le psychiatre censé l'examiner et « percer son mystère ». Elle ne peut donc être entendue qu'à travers une interprète mais le fait que le lecteur n'aura malgré tout accès qu'au texte en français, résultat de l'interprétation d'Emma par Flore, signale la complexité du processus. En effet, la voix de Flore « reprend en écho, dans la langue du docteur MacLeod » les mots qui sont prononcés par Emma à l'intention de Flore[82]. Le lecteur se voit donc obligé de lire les paroles d'Emma dans la langue qu'elle refuse de parler, complice malgré lui mais complice tout de même. Il ne peut entendre la voix d'Emma de façon directe, seul un détour est possible, une *translation*, un texte fantôme.

Le roman est entièrement écrit à la première personne et donne la perspective de Flore sur sa relation avec Emma et sur les conséquences de cette relation. Flore ne peut plus exercer son métier d'interprète à la même distance qu'à l'accoutumée. Le choix de cette voix narrative et de cette perspective s'ajuste à la problématique de la parole indirecte, *traduite*, soulignée ci-dessus. Une narration à la première personne qui aurait donné la perspective d'Emma, sans filtre apparent, était impossible, tant le nœud du roman est dans cette difficulté à dire, à témoigner, à transmettre. L'interprète est bien, dès lors, un personnage principal au même titre qu'Emma, la transmission de l'histoire d'Emma est aussi importante que l'histoire elle-même. L'interprète doit d'ailleurs se faire traductrice et passer de l'oral à l'écrit puisqu'elle doit « retranscrire » le texte d'Emma après avoir enregistré celui-ci au magnétophone[83], créant ainsi un nouveau journal de bord qui nous rappelle les journaux de bord écrits par les capitaines des bateaux négriers et à remettre au propriétaire du bateau à l'arrivée[84]. Une nouvelle archive en quelque sorte, aussi indirecte et incomplète que celles constituées par les Protecteurs des émigrants pour les travailleurs engagés qui traversaient le *Kala pani*.

C'est effectivement l'histoire de l'esclavage qu'Emma entreprend de transmettre à Flore, l'histoire des femmes pendant l'esclavage et la façon dont le présent de Flore et d'Emma, du docteur MacLeod, de notre présent à tous et à toutes, en est encore marqué. Cette remontée dans le temps de façon à pouvoir témoigner se lit dans la structure

---

82 *Ibid.*, p. 21.

83 *Ibid.*, p. 32.

84 Voir les analyses des néo-récits d'esclaves dans le premier chapitre, principalement de *Feeding the Ghosts* et *Crossing the River*.

même du roman : de la chambre où Emma est enfermée dans l'unité psychiatrique, Flore l'écoute parler de toutes ces femmes qui ont fait d'elle ce qu'elle est aujourd'hui. Sa mère Fifie tout d'abord qui a mis au monde cinq bébés, tous embarqués pour le dépôt d'ordures par la sage-femme. Parmi ces « crapauds crevés », seule Emma était « là pour rester, bien décidée à tout savoir et à faire le voyage jusqu'au bout[85]. » Ayant grandi dans l'ombre des jumelles Fifie et Grazie, dans le silence de la première et les cris de la seconde, dans le sentiment qu'elle ne peut être que le résultat de « la malédiction du sang » de Grand Lagon, Emma pratique néanmoins « l'art de la survie[86]. » C'est avec Mattie, une cousine de sa défunte grand-mère Rosa, qu'Emma commence à tisser le fil généalogique. Elle dira d'ailleurs à Flore qu'elle lui « lègue les vies de Mattie et de Rosa » pour la remercier de ce qu'elle a apporté dans sa vie[87]. C'est encore avec Mattie qu'elle découvre le destin de Kilima, la première aïeule bantoue emmenée par les négriers, celui de Cécile qui avait servi de mère à Kilima à son arrivée sur la plantation Comte sur l'île de Saint Domingue, celui d'Emma, fille de Kilima qui a transmis son nom en même temps que son histoire, celui de Rosa, grand-mère d'Emma : « Je répète sans relâche : la première s'appelait Kilima, elle avait été arrachée à sa mère Malayika, puis vendue aux négriers. Sur l'île elle donna naissance à Emma, puis Emma à Rosa ; puis vint Fifie et encore Emma. Et dans mes veines coule le même sang[88]. » Kilima tentera de noyer sa propre fille, comme tant d'autres femmes, asservies ou marronnes, qui ne voulaient pas que leurs enfants connaissent le même sort qu'elles. Le meurtre de sa fille Lola est une façon pour Emma d'accepter son héritage puisqu'elle n'a pas réussi à briser la répétition de l'histoire. C'est toujours avec Mattie qu'Emma est saisie du désir de comprendre l'histoire de l'esclavage et de la cale des bateaux négriers, d'explorer les routes des « grands bateaux ». Cette recherche dans les archives – qui nous rappellent d'autres archives atlantiques et indocéaniques – la rendra folle :

> J'ai tant cherché, Flore, si tu savais tout ce que j'ai pu lire. Des années entières j'ai cherché, pour découvrir la source de l'horreur et de cette haine. Les livres

85 *Ibid.*, p. 61.
86 *Ibid.*, p. 68.
87 *Ibid.*, p. 118.
88 *Ibid.*, p. 146.

> me rendaient folle, crois-moi. Je voulais malgré tout m'ouvrir la cervelle pour les y enfouir. Tandis que je travaillais à cette thèse avec laquelle ils se sont torchés, il m'arrivait, des nuits d'affilée, de ne pas trouver le sommeil. Je m'en allais par les rues promener ma rage de Négresse, sur les quais de Nantes, de Bordeaux et de La Rochelle[89].

Mattie avait le sentiment qu'Emma serait la dernière de la lignée, qu'après elle, il n'y aurait plus personne à qui « tendre le fil[90]. » Pourtant, Emma transmet ce fil à Flore. Elle qui n'est pas de la même lignée peut reprendre, malgré tout, la transmission de l'histoire à son compte. Nul n'est besoin d'avoir des ancêtres bantous pour se convaincre de la nécessité de savoir et de transmettre ce savoir. Nul n'est besoin d'avoir été victime directe d'un traumatisme pour s'engager afin que ce traumatisme ne se répète pas. Flore ne peut plus être celle qu'elle était, simple interprète qui fait son travail d'interprète à distance :

> [...] je reviens au sens exact de ma présence, là dans cette chambre. J'entends ma voix. Cette voix, d'habitude maîtresse d'elle-même, bafouille, bégaie et traduit dans un souffle les paroles du médecin. [...]
>
> Je ne suis plus une simple interprète. Petit à petit j'abandonne mon rôle, je deviens une partie d'Emma, j'épouse le destin d'Emma[91].

D'interprète, Flore devient témoin d'Emma qui, elle-même, témoigne d'une histoire qui a été vécue. Plus que la simple transmission d'une information, d'une connaissance ou d'un savoir, le témoignage est, comme le rappelle Derrida, un engagement :

> Ce qui distingue un acte de témoignage de la simple transmission de connaissance, de la simple information, du simple constat ou de la seule manifestation d'une vérité théorique prouvée, c'est que quelqu'un s'y *engage* auprès de quelqu'un, par un serment au moins implicite. Le témoin *promet* de dire ou de manifester à autrui, son destinataire, quelque chose, une vérité, un sens qui lui a été ou qui lui est de quelque façon présent, à lui-même en tant que témoin – seul et irremplaçable[92].

Comme dans *The Polished Hoe* où Mary-Mathilda témoigne auprès de Percy de ce qu'elle a vécu et qu'elle restitue par la seule force de la véracité de

89 *Ibid.*, p. 131.
90 *Ibid.*, p. 152.
91 *Ibid.*, p. 19.
92 *Poétique et politique du témoignage*, *op. cit.*, p. 45-46.

son témoignage, Emma n'a pas besoin de preuve non plus. La vigueur de la parole suffit, elle est contagieuse aussi si le témoin est prêt à la recevoir. C'est la présence du témoin qui donne sa valeur au témoignage. Emma n'existe que par Flore auprès de qui elle témoignage. Mais à son tour, Flore n'existe que par Emma dont elle fait sien le témoignage. Les mots, les pensées, les souvenirs d'Emma sont maintenant ceux de Flore :

> Emma me projette dans cet océan opaque de l'identité niée. Avec elle, j'ai entrepris un long et pénible voyage dans la cale d'un navire, dans l'enfer des plantations, je suffoque ; esclave marronne, j'ai à mes trousses des meutes de chiens affamés… Je parcours les rives du Mississipi, découvre des Nègres pendus aux branches des sycomores. Je vois Billie Holiday, agonisante, sur les trottoirs de la blanche Amérique construite de sueur et de sang noirs et, dans mon sommeil, sa voix lancinante ne me quitte pas… *strange fruit, strange fruit*, dit sa chanson[93].

De l'oreille à la main, la perte de distance, passe donc en premier par le corps. Flore entend, bafouille, bégaie, perd son assurance, traduit dans un souffle. Non seulement elle perd sa faculté de dissociation mais encore, pour comprendre Emma de l'intérieur, elle oublie qui elle a été, elle « se vide de [sa] substance[94]. » À travers les actes d'enregistrement puis de « retranscription » des paroles d'Emma, elle s'emplit d'une « seconde vie, malgré la tourmente qu'[Emma] avait semée en [elle][95]. » La métaphore des épousailles dans la citation ci-dessus renforce encore cette fusion. Le « trouble infini[96] » dans lequel Emma l'a jetée et qui a bouleversé sa vie sans qu'il y ait de retour en arrière possible, trouve un écho pour le lecteur dans « le trouble que Nickolas Zankoffi fait naître en [elle][97]. » Finalement, Flore va jusqu'à reprendre et prolonger la relation commencée par Emma, filant encore plus loin la métaphore des épousailles. Après que la voix d'Emma « s'est incrustée » en elle et « a pris possession » d'elle[98], le corps de Flore devient celui d'Emma dans ses ébats amoureux : « Puis je me sentis descendre, descendre, glisser, chavirer et mourir[99]. »

93 *Ibid.*, p. 71-72.
94 *Ibid.*, p. 107.
95 *Ibid.*, p. 119.
96 *Ibid.*, p. 176.
97 *Ibid.*, p. 115.
98 *Ibid.*, p. 38.
99 *Ibid.*, p. 183.

Dans cette description qui pourrait sembler mortifère résonnent les « grands bateaux » d'Emma. Certes, les négriers sont toujours là, tout proches, mais si un bateau peut « chavirer » vers sa perte, on peut aussi chavirer d'amour. L'ambiguïté lexicale marque le choix d'un possible. Quelque chose qui pourrait basculer vers autre chose. Et en effet, c'est de liberté qu'Emma parle à Flore avant de disparaître :

> On peut emprisonner ton corps, petite, me dit-elle en tirant sur mes tresses comme sur la bride d'un cheval, mais promets-moi que ton âme sera toujours libre comme un oiseau. Tu peux la lancer dans les nuages, l'accrocher à la branche la plus haute, sur le pic le plus élevé des montagnes, et l'entendre te parler de toutes parts quand tu es seule[100].

L'image de l'oiseau libre nous rappelle la chanson de Gainder, l'arrière-grand-mère de Gaiutra Bahadur, elle aussi victime et elle aussi femme dont le témoignage sera transmis au-delà d'elle-même. Même après sa disparition, c'est Emma qui donne à Flore la force de renaître et de se réinventer.

Dans la plupart des textes de fiction qui ont été abordés dans ce chapitre, la subjectivité testimoniale est au centre, qu'elle se manifeste de façon directe ou indirecte. Si la parole d'Amabelle dans *The Farming of Bones* se décline à la première personne et offre un témoignage direct qui constitue la structure même du roman, celle de Mary-Mathilda dans *The Polished Hoe* et celle d'Emma dans *Le Livre d'Emma* est encadrée par des guillemets. Le dialogue est mis en scène dans le premier cas par un narrateur omniscient qui délègue son pouvoir à Mary-Mathilda en lui laissant la parole, et dans le deuxième cas par celle de Flore qui rapporte les propos d'Emma, tout en étant imbriquée dans le récit de cette dernière. Ces deux attestations, l'une dans un commissariat de police, l'autre dans un hôpital psychiatrique, sont les deux facettes du témoignage, déposition et récit d'événements qui ont affecté les autrices du témoignage. Dans tous les cas c'est ce que Sarah Dauncey appelle « la rhétorique du témoignage » qui refonde l'existence du sujet postcolonial[101]. Pour lacunaire et paradoxale qu'elle soit, cette parole ne trouve sa puissance et son envol que dans sa traduction, dans sa *translation* et dans sa transmission.

---

100 *Ibid.*, p. 145.

101 Sarah Dauncey, « Crime, Forensics and Modern Science », *Companion to Crime Fiction*, *op. cit.*, p. 164-174 ; 174.

CONCLUSION

Dans un petit livre qui offre une approche personnelle, littéraire et philosophique de l'histoire culturelle des archives, Carolyn Steedman croise la route de Jacques Derrida et de Jules Michelet. Citant le biographe de ce dernier, Arthur Mitzman, elle rappelle la tâche de l'historien qui est de trouver le sens des vies passées, aussi brèves fussent-elles. Traces spectrales de « ce qui aurait pu être et non simplement emblèmes de ce qui a peut-être été », les morts nous enveloppent de leur proximité et demandent à l'historien de « pacifier » leurs esprits[1]. Steedman cite aussi Michelet : « J'ai donné à beaucoup de morts trop oubliés l'assistance dont moi-même j'aurai besoin. Je les ai exhumés pour une seconde vie… Ils vivent maintenant avec nous… Ainsi se fait une famille, une cité commune entre les vivants et les morts[2]. » Cette désignation de l'espace de l'archive comme tout à la fois lieu de travail et domicile de l'historien fait écho à l'interprétation que faisait Derrida de l'*arkhe* et par laquelle ce volume s'est ouvert. Cet espace de l'archive, l'*arkheîon*, est, après tout, à l'origine, ce lieu où étaient entreposés les documents d'archive et où le magistrat, l'*archon*, avait autorité pour les interpréter afin d'installer l'ordre politique et social[3].

Si l'historien, cette fois-ci, investit l'archive comme lieu de résidence et, nous dit encore Steedman, de rêve, l'écrivain de fiction et de non-fiction prolonge et renouvelle la vie de l'archive à travers le texte littéraire. Pour emprunter à nouveau les mots de Derrida, l'archive « ne se ferme jamais (…) elle s'ouvre depuis l'avenir[4] ». Force de production autant que de consignation, inscrite dans une infinie circularité, elle est une recréation fugace et perpétuelle, sans cesse en devenir, en *translation*.

1 Carolyn Steedman, *Dust – The Archive and Cultural History*, 2001, Chicago, Rutgers University Press, 2002, p. 71.

2 Jules Michelet, « Jusqu'au 18 Brumaire (1872-1874), *Œuvres complètes Tome XXI*, Paris, Flammarion, 1982, p. 268, cité par Steedman, p. 71.

3 Voir début du Chapitre 6.

4 *Mal d'archive*, *op. cit.*, p. 109.

L'archive, définie par son « incomplétude[5] », est ce *document*[6] qui nous apporte des preuves du passé et nous enseigne à *lire* le présent, au sens où nous le *relions* aux moments qui le précédent et le suivent[7]. À travers recherche et déchiffrage, interprétation et réinvention, le texte littéraire qui s'est nourri de l'archive pour monter à la surface de notre présent a pour vocation de transformer le lieu du pouvoir en espace commun à tous et toutes, un espace à se réapproprier et à partager, pour mieux accéder au présent.

L'archive ne périt pas, elle ne disparaît jamais[8]. Elle est indéfiniment relue, réinterprétée et recomposée. Telle le *perpetuum mobile* ou le *moto perpetuo*, la littérature caribéenne est ce mouvement perpétuel qui se lit et se déroule en se reliant sans cesse à d'autres textes et à d'autres lecteurs, en d'autres temps. Que la littérature de la Caraïbe nous parle des Africains emmenés en esclavage ou jetés au fond de l'océan Atlantique et nous voyons les migrants d'aujourd'hui qui tentent de traverser les mers pour atteindre un autre continent. Qu'elle retrace la traversée des « eaux noires » pour ces Indiens ou ces Chinois qui rêvaient de la Caraïbe, de l'Afrique ou des îles de l'océan Indien et nous percevons la détresse des Indiens d'aujourd'hui, de ce précariat poussé vers une nouvelle exploitation dans certains pays occidentaux ou les pays du Golfe. Qu'elle nous fasse le récit d'une survivante d'un massacre commis dans les années trente à la frontière entre Haïti et la République Dominicaine et nous entendons tous les récits des survivants de tous les autres massacres. Qu'elle retrouve des lettres échangées d'un continent à l'autre au XIXe siècle et nous frémissons à l'idée des familles, les nôtres ou celles de nos voisins, séparées suite aux mouvements migratoires de ce premier quart du XXIe siècle. Que nous soyons intéressés par le lien entre les conquêtes passées de l'Occident et le « racisme systémique » d'aujourd'hui et les

5 *Ibid.*, p. 83.

6 Du latin et du vieux français, *documentum* (leçon, preuve, ainsi qu'instruction écrite en latin médiéval), de *docere* (enseigner).

7 Lire, du latin *legere*, prendre connaissance du contenu par la lecture ; relier ; mais aussi déchiffrer et comprendre, trouver le sens de quelque chose.

8 Steedman contraste la poussière et le déchet, disant que « la poussière [dust] est l'opposé du déchet [waste] ». La poussière est cette accumulation de microscopiques particules de matière sèche, réduite en poudre si fine qu'elle peut presque être vaporisée et changer d'état. Elle insiste sur la circularité de la matière et l'impossible disparition des choses : « Rien ne disparaît … Rien ne peut être détruit. » (Carolyn Steedman, *Dust – The Archive and Cultural History*, *op. cit.*, p. 163, 164).

voix étouffées des victimes de violences policières, dans l'Hexagone et au-delà, sifflent à nos oreilles[9]. Qu'elle emprunte la perspective de ce migrant haïtien embauché illégalement sur un chantier américain et tombé dans une bétonnière depuis son échafaudage et nous comprenons que ces migrants que nous croisons chaque jour mais voyons rarement sont les enfants de ces Africains arrachés de force à leur sol natal pour approvisionner l'Europe et qu'ils sont, littéralement aussi, le ciment de notre société.

Terminons avec un texte qui n'appartient pas à la littérature caribéenne mais qui pourrait éclairer tant de textes. Dans le roman *Bellefleur* (1980), l'écrivaine américaine Joyce Carol Oates décrit un moment où Raphael Bellefleur manque de se noyer dans un étang. Le texte s'applique à décrire par le menu l'enfant peu à peu submergé, son angoisse, sa panique, son anticipation du moment où il ne pourra plus respirer, tous les détails de l'eau qui recouvre sa bouche, pénètre son nez, de la vase qui remonte du fond de l'étang et l'empêche de retrouver la terre ferme. Le texte décrit la mort qui approche et pèse de tout son poids sur le corps de l'enfant. Mais l'enfant se débat, s'agite, refuse de se laisser emporter. Le texte lutte et se démène comme autant de bras et de jambes qui résistent, de mains qui s'agrippent. Il s'articule et se rebelle, il ne se laisse pas faire. L'alternance des rythmes binaires et ternaires, des phrases courtes et des phrases longues, marquent ce tempo de la vie qui revient. Au fil d'autres phrases, très longues celles-là, serpentant entre incises et parenthèses, points-virgules et tirets, le lecteur a lui aussi le souffle coupé. Il cherche, puis trouve ce souffle qui lui manquait pour arriver au bout de la phrase. Il parvient à calmer sa respiration et fait refluer la violence de la mort annoncée. D'un texte plein de mort, du projet de la mort donnée et reçue, c'est un texte plein de vie qui monte à la surface et inspire l'air frais de la vie. Le texte existe par la tension paradoxale entre ce qu'il *dit* en surface et ce qu'il *fait* en profondeur, entre le pouvoir *sur* la vie et

---

9 « Quel que soit l'endroit où ils se trouvent, d'Orient en Occident comme dans les pays du Sud, les Noirs de la période actuelle sont issus des violences faites à leurs aïeux. (…) Le racisme systémique devrait avant tout préoccuper ceux dont il ne détruit pas l'existence, ceux qui ne sont pas menacés de se trouver sans emploi en raison de leur couleur de peau, ceux qui n'ont pas à effectuer de recherches poussées pour se savoir bien d'ici, ceux qui ne meurent pas asphyxiés sous le poids de corps pesant sur le leur, ceux qui n'éduquent pas leurs fils dans la crainte de la police, ceux qui n'ont pas à arracher leur individualité à des siècles de préjugés racistes, ceux au nom desquels il s'exerce. » Léonora Miano, éd., *Marianne et le garçon noir*, Paris, Pauvert, 2017, p. 12, 18.

le pouvoir *de* la vie. Comme ces pages de *Bellefleur*, la littérature de la Caraïbe va souvent *à l'encontre* de ce qu'elle décrit. Le récit de l'horreur n'est contré que par la force de la dénonciation. Les mots, associés les uns aux autres et transformés par leur contexte multilingue et transculturel, ne sont plus l'addition de leurs seules syllabes. Des textes en perpétuelle migration offrent refuge et résidence.

BIBLIOGRAPHIE SÉLECTIVE

SOURCES PRIMAIRES

AGNANT, Marie-Célie, *Le Livre* d'Emma, [2001], La Roque d'Anthéron, Vents d'ailleurs, 2004.

ALEXIS, Jacques Stephen, *Compère Général Soleil*, Paris, Gallimard, 1955.

APPANAH, Nathacha, *Les Rochers de Poudre d'Or*, Paris, Gallimard, 2003.

BAHADUR, Gaiutra, *Coolie Woman : The Odyssey of Indenture*, Londres, Hurst et Company, 2013.

BENJAMIN, Joel, Lakshmi KALLICHARAN, Ian MCDONALD et Lloyd SEARWAR, *An Anthology of Indo-Guyanese Prose and Verse*, Leeds, Peepal Tree Press, 1998.

CARTER, Marina et Khal TORABULLY, *Coolitude, an Anthology of the Indian Labour Diaspora*, Londres, Anthem Press, 2002.

CHAMOISEAU, Patrick, *Solibo Magnifique*, [1988], Paris, Gallimard, 2013. Édition Kindle.

CHANCY Myriam, *The Scorpion's Claw*, Leeds, Peepal Tree Press, 2005.

CLARK, Austin, *The Polished Hoe*, Kingston, Jamaica, Ian Randle Publishers, 2003.

CONDÉ, Maryse, *Moi, Tituba, sorcière noire de Salem*, Paris, Mercure de France, 1986.

CONDÉ, Maryse, *Traversée de la mangrove*, Paris, Mercure de France, 1989.

CONDÉ, Maryse, *La Migration des cœurs*, Paris, Robert Laffont, 1995.

CONFIANT, Raphaël, *Case à Chine*, Paris, Mercure de France, 2007.

CONFIANT, Raphaël, *La Panse du chacal*, Paris, Mercure de France, 2004.

CONFIANT, Raphaël, *Nègre marron*, Paris et Montréal, Écriture, 2006.

DABYDEEN, David, *Slave Song*, Oxford, Dangaroo Press, 1986.

DABYDEEN, David, *Coolie Odyssey*, Londres et Coventry, Hansib et Dangaroo, 1988.

DABYDEEN, David, *Turner : New and Selected Poems*, Londres, Cape Poetry, 1994.

DABYDEEN, David, *The Counting House*, [1996], Leeds, Peepal Tree Press, 2005.

DABYDEEN, David, *Terres maudites*, trad. Ananda Devi, Paris, Éditions Dapper, 2000.

D'AGUIAR, Fred, *Feeding the Ghosts*, [1997], Londres, Vintage, 1998.

D'AGUIAR, Fred, *The Longest Memory*, [1994], Londres, Vintage, 1995.
D'AGUIAR, Fred, *Bloodlines*, [2000], Londres, Vintage, 2001.
DANTICAT, Edwidge, *Krik ? Krak !*, [1991], New York, Vintage, 1996.
DANTICAT, Edwidge, *The Farming of Bones*, Londres, Abacus, 1998.
DANTICAT, Edwidge, *The Dew Breaker*, New York, Alfred Knopf, 2004.
DANTICAT, Edwidge, *Everything Inside*, New York, Alfred A. Knopf, 2019.
DAWES, Kwame, éd., *Talk Yuh Talk : Interviews with Anglophone Caribbean Poets*, Charlottesville, University of Virginia, 2001.
DOVE, Rita, « Parsley », *Museum*, Pittsburgh, Carnegie-Mellon University Press, 1983.
ESPINET, Ramabai, *Nuclear Seasons*, Toronto, Sister Vision Press, 1991.
ESPINET, Ramabai, *The Swinging Bridge*, Toronto, Harper Perennial, 2004.
HARRIS, Denise, *Web of Secrets*, Leeds, Peepal Tree Press, 1996.
HODGE, Merle, *Crick Crack Monkey*, [1970], Oxford, Heinemann Caribbean Writers Series, 1981.
ITWARU, Arnold, *Shanti*, Leeds, Peepal Tree Press, 1989.
JENKINS, J. E., *Lutchmee and Dilloo : A Study of West Indian Life*, 1877, Bibliobazaar, 2008.
JIN, Meiling, *Strangers in a Hostile Landscape*. Osnabrück, O.B.E.M.A., Nr 10, Osnabrücker Bilinguale Editionen cvon Marginalisierten Autor(inn) en, 1993.
JIN, Meiling, *The Song of the Boat Woman*, 1996, Leeds, Peepal Tree Press, 2007.
KEMPADOO, Peter, *Guyana Boy*, 1960, Leeds, Peepal Tree Press, 2008.
KHAN, Ismith, [1961], *The Jumbie Bird*, Harlow, Longman, 1972.
KHAN, Ismith, [1961], *The Jumbie Bird*, Intr. Dionne Brand, Toronto, Anansi, 2003.
KINCAID, Jamaica, *Annie John*, [1983], Londres, Picador, 1985.
KINCAID, Jamaica, *Lucy*, [1991], Londres, Picador, 1994.
LADOO, Harold Sonny, *No Pain Like This Body*, Londres, Heinemann Caribbean Writers Series, 1972.
MAHABIR, Kumar, *The Still Cry. Personal Accounts of East Indians in Trinidad and Tobago during Indentureship (1845-1917)*, Tacarigua, Trinidad et Ithaca, New York, Calaloux Publications, 1985.
MOHAN, Peggy, *Jahajin*, Delhi, HarperCollins, 2007.
MOOTOO, Shani, *Cereus Blooms at Night*, [1996], Toronto, McClelland & Stewart, 1998.
NAIPAUL, Seepersad, *Gurudeva and Other Indian Tales*, [1943], Londres, André Deutsch, 1976.
NAIPAUL, V. S., *A House for Mr Biswas*, [1961], Harmondsworth, Penguin, 1985.
NAIPAUL, V. S., *The Enigma of Arrival*, New York, Knopf, 1987.

PHILIP, Marlene Nourbese, *Zong !* Middletown, CT, Wesleyan University Press, 2008.

PHILLIPS, Caryl, *Cambridge*, Londres, Bloomsbury, 1991.

PHILLIPS, Caryl, *Crossing the River*, Londres, Picador, 1994.

PHILLIPS, Caryl, *Extravagant Strangers : A Literature of Belonging*, Londres, Faber & Faber, 1997.

PHILOCTÈTE, René, *Le Peuple des terres mêlées*, Port-au-Prince, Éditions Henri Deschamps, 1989.

PHILOCTÈTE, René, *Le Peuple des terres mêlées*, Paris, CareOfpublishing, 2018. E-pub.

PINEAU, Gisèle, *L'Exil selon Julia*, [1996], Paris, Éditions Stock, 2006.

POWELL, Patricia, [1998], *The Pagoda*, New York, Harcourt Brace, 1999.

RAMABAI, Espinet, *The Swinging Bridge*, Toronto, HarperCollins, 2003.

SELVON, Sam, *A Brighter Sun*, [1952], Londres, Longman Caribbean, 1971.

SELVON, Sam, *Ways of Sunlight*, Londres, Longman Caribbean, 1971.

SELVON, Sam, *The Lonely Londoners*, [1956], Harlow, Longman, 1985.

SELVON, Sam, "Three into One Can't Go – East Indian, Trinidadian, West Indian", *Indians in the Caribbean*, Bahadur SINGH, éd., New Delhi, Sterling Publishers, 1987, p. 31-44.

SENIOR, Olive, *The Arrival of the Snake-Woman and Other Stories*, Harlow, Longman Caribbean, 1989.

SHAH, Ryhaan, *A Silent Life*, Leeds, Peepal Tree Press, 2005.

SHINEBOURNE, Jan Lowe, *Time-Piece*, Leeds, Peepal Tree Press, 1986.

SHINEBOURNE, Jan Lowe, *The Last English Plantation*, Leeds, Peepal Tree Press, 1988.

SHINEBOURNE, Jan Lowe, *The Godmother and Other Stories*, Leeds, Peepal Tree Press, 2004.

SHINEBOURNE, Jan Lowe, *Chinese Women*, Leeds, Peepal Tree Press, 2010.

SHINEBOURNE, Jan Lowe, *The Last Ship*, Leeds, Peepal Tree Press, 2015.

TORABULLY, Khal, *Cale d'Étoiles-Coolitude*, Éditions Azalées, Réunion, 1992.

TORABULLY, Khal, *Chair Corail, Fragments Coolies*, Ibis Rouge Éditions, Guadeloupe, 1999.

TROUILLOT, Evelyne, *Rosalie l'infâme*, Paris, Éditions Dapper, 2003.

WEBBER, A. R. F., *Those that Be in Bondage – A Tale of Indian Indentures and Sunlit Western Waters*, intr. S. R. CUDJOE, [1917], Wellesley, MA., Calaloux Publications, 1988.

SOURCES SECONDAIRES

AGAMBEN, Giorgio. *Homo Sacer : le pouvoir souverain et la vie nue*, Paris, Seuil, 1997.

AMSELLE, Jean-Loup. *Branchements : anthropologie de l'universalité des cultures*, Paris, Flammarion, 2005.

ANIM-ADDO, Joan, éd., *Framing the Word : Gender and Genre in Caribbean Women's Writing*. Londres, Whiting and Birch, 1996.

ASHCROFT, Bill, Gareth GRIFFITHS et Helen TIFFIN, éds., *The Post-colonial Studies Reader*, 1988, Londres et New York, Routledge, 1995.

BALUTANSKY, K. et MA. SOURIEAU, éds., *Caribbean Creolization : Reflections on the Cultural Dynamics of Language, Literature and Identity*, Miami, University Press of Florida et Jamaïque, University of the West Indies Press, 1998.

BATES, Crispin. « Coerced and Migrant Labourers in India : The Colonial Experience », *Edinburgh Papers in South Asian Studies*, 13, 2000.

BATTACHARYA, Gauri, Laxmi NARAYAN KADEKAR et Ajaya KUMAR SAHOO, *The Indian Diaspora – Historical and Contemporary Context*, Delhi, Rawat Publications, 2009.

BELL, Bernard, *The Afro-American Novel and its tradition*, Amherst, University of Massachusetts Press, 1987.

BENITEZ-ROJO, Antonio, *The Repeating Island : the Caribbean and the Postmodern Perspective*, Durham, N.C., Rutgers University Press, 1989.

BEVERLY, John, « The Margin at the Centre : On *Testimonio* (testimonial narrative) », *De/Colonizing the Subject : The Politics of Gender in Women's Autobiography*, Sidonie SMITH et Julia WATSON, éds. Minneapolis, University of Minnesota Press, 1991.

BIRBALSINGH, Frank, éd., *Indenture and Exile : the Indo-Caribbean Experience*, Toronto, TSAR, 1989.

BIRBALSINGH, Frank, éd.,*Jahaji Bhai : an Anthology of Indo-Caribbean Fiction*, Toronto, Tsar, 1988.

BLOCK DE BEHAR, Lisa, *A Rhetoric of Silence and Other Selected Writings*, Berlin et New York, Mouton de Gruyter, 1995.

BOYCE-DAVIES, Carol, *Black Women, Writing, and Identity : Migrations of the Subject*, New York, Routledge, 1994.

BOYCE-DAVIES, Carol, *Out of the Kumbla : Caribbean Women and Literature*, Trenton, N. J., Africa World Press, 1990.

BOYCE-DAVIES, Carol, « Caribbean Women Writers : Imagining Caribbean Space », *Thamyris : Mythmaking from Past to Present* 5-2, Autumn 1998, n. p.

BOYCE-DAVIES, Carol, Isidore OKPEWHO et Ali A. MAZRUI, éds., *The African Diaspora : African Origins and New World Identities*, Bloomington, Indiana University Press, 1999.

BOSJEN, Heidi, « Flashbacks of an Orchid – Rhizomatic Narration in Patrick Chamoiseau's *Biblique des Derniers Gestes* », *Caribbean Literature and the Environment*, Elizabeth M. DeLoughrey, Renée K. Gosson et George B. Handley, éds., Charlottesville, University of Virginia Press, 2005, p. 213-224.

BOTS, Hans et Françoise WAQUET, *La République des Lettres*, Paris, Belin, 1997.

BOUTROS, Fatim. *Facing Diasporic Trauma : Self-Representation in the Writings of John Hearne, Caryl Phillips, and Fred D'Aguiar*, Amsterdam, Rodopi, 2015.

BRAGARD, Véronique, « Gendered Voyages into Coolitude : The Shaping of the Indo-Caribbean Woman's Literary Consciousness », *Kunapipi : Journal of Post-Colonial Writing* Vol. 20-1, 1998, p. 99-111.

BRAGARD, Véronique, « Coolitude and the Interw(e)aving of Plural Identities », XXIII Annual Conference of the Association for the Study of the New Literatures in English (ASNEL), Liège et Aachen, 2000.

BRATHWAITE, Edward Kamau, *History of the Voice : The Development of Nation Language in Anglophone Caribbean Poetry*, Londres, New Beacon Books, 1984.

BRAY, Bernard, « Espaces épistolaires », *Études Littéraires*, Vol. 34, N° 1-2, hiver 2002, p. 133-151.

BRAZIEL, Jana Evans et Anita MANNUR, éds., *Theorizing Diaspora : A Reader*, Oxford, Blackwell, 2003.

BRAZIEL, Jana Evans, *Diaspora : an Introduction*, Malden, MA. et Oxford, Blackwell, 2008.

BRAZIEL, Jana Evans et Nadège T. CLITANDRE, éds., *The Bloomsbury Handbook to Edwidge Danticat*, Londres, Bloomsbury, 2021.

BROOKS, Peter, *Troubling Confessions – Speaking Guilt in Law and Literature*, Chicago, The University of Chicago Press, 2000.

BURNETT, Paula, « 'Where Else to Row but Backward ?' Addressing Caribbean Futures through Re-visions of the Past » *Ariel* 30-1, January 1999, p. 11-37.

BUSBY, Margaret, éd. *Daughters of Africa : An International Anthology of Words and Writings by Women of African Descent from the Ancient Egyptian to the Present*, New York, Ballatine Books, 1994.

BUTLER, Judith, *Excitable Speech*, Londres et New York, Routledge, 1997.

CARTER, Marina, *Voices from Indenture : Experiences of Indian Migrants in the British Empire*, Londres et New York, Leicester University Press, 1996.

CARUTH, Cathy, éd., *Trauma : Explorations in Memory*, Baltimore, The John Hopkins University Press, 1995.

CARUTH, Cathy, *Unclaimed Experience : Trauma, Narrative, and History.* Baltimore : John Hopkins University Press, 1996.

CARUTH, Cathy, *Literature in the Ashes of History*, Baltimore, Johns Hopkins University Press, 2013.

CHAKRABORTI, Gautam et Anindo MAJUMDAR I. A. S., éds., *Calcutta Port–Ageless Annals*, Kolkata, Kolkata Port Trust, 2010.

CHANCY, Myriam, *Framing Silence : Revolutionary Novels by Haitian Women*, Piscataway, N. J., Rutgers University Press, 1997.

CHANCY, Myriam, *Searching for Safe Spaces : Afro-Caribbean Women Writers in Exile*, Philadelphia, Temple University Press, 1997.

CHANCY, Myriam, *Afro-Caribbean Women Writers in Exile*, Philadelphia, Temple UP, 1997.

CHEMMACHERY, Jaine et Bhawana JAIN, *Mobility and Corporeality in Nineteenth – to Twenty-First-Century anglophone Literature – Bodies in Motion*, Londre et New York, Lexington Books, 2021.

CHEUNG, Kink-Kok, *Articulate Silences*, Ithaca et Londres, Cornell University Press, 1993.

CHIN, Timothy, « The Novels of Patricia Powell : Negotiating Gender and Sexuality across the Disjunctures of the Caribbean Diaspora ». *Callaloo* 30-2, Spring 2007, p. 533-545.

CHOW, Rey, *Writing Diaspora – Tactics of Intervention in Contemporary Cultural Studies*, Bloomington, Indiana University Press, 1993.

CHRISMAN, Laura, « Rethinking Black Atlanticism ». *Black Scholar* 30, 3/4, 2000, p. 12-17.

CHRISMAN, Laura, « Journeying to Death : Gilroy's Black Atlantic ». *Race and Class* 39-2, 1997, p. 51-64.

CHRISTIAN, Rita. « 'They Came in Ships…' Indo-Caribbean Women and their Construction of Safe Spaces in the Caribbean », *Transports in the British Empire and Commonwealth*, Michèle LURDOS et Judith MISRAHI-BARAK, éds. série *PoCoPages*, Coll. « Horizons anglophones », Montpellier, Pulm, 2007, p. 157-183.

CLARK, Vévé, « Developing Diaspora Literacy and Marasa Consciousness », *Comparative American Identities : Race. Sex, and Nationality in the Modern Text*, éd. Hortense SPILLERS, New York, Routledge, 1991.

CLIFFORD, James, « Travelling Cultures », *Cultural Studies*, L. Grossberg, C. Nelson et P. Treicher, éds., New York, Routledge, 1992, p. 96-116.

CLIFFORD, James, « Diasporas ». *Cultural Anthropology* 9-3, 1994, p. 302-338.

CLIFFORD, James et Vivek DHARESHWAR, éds., *Traveling Theories, Traveling Theorists*, *Inscriptions* 5, 1989, p. 159-164.

CLIFFORD, James, *Routes : Travel and Translation in the Late Twentieth Century*, Cambridge, MA., Harvard University Press, 1997.

CLITANDRE, Nadège T., *Edwidge Danticat : The Haitian Diasporic Imaginary*, Richmond, University of Virginia Press, 2018.

COHEN, Robin, *Global Diasporas : An Introduction*, Seattle, WA., University of Washington Press, 1997.

COHEN, Robin, « New Roles for Diasporas in International Relations », *Diasporas* 14-1, 2005, p. 179-183.

COHEN, Robin et Olivia SHERINGHAM, *À la Rencontre de la différence*, Montpellier, Pulm, 2020.

CRANE, Ralph J. et Rhadika MOHANRAN, éds., *Shifting Continents / Colliding Cultures : Diaspora Writing of the Indian Subcontinent*, Amsterdam, Rodopi, 2000.

CUDJOE, Selwyn, éd., *Caribbean Women Writers : Essays from the First International Conference*, Calaloux Publications, 1990.

CUDJOE, Selwyn, *Beyond Boundaries : The Intellectual Tradition in Trinidad and Tobago in the Nineteenth Century*, Wellesley, Mass., Calaloux Publications, 2003.

DABYDEEN, David et Brinsley SAMAROO, éds., *India in the Caribbean*, Londres, Hansib, 1987.

DABYDEEN, David et Brinsley SAMAROO, éds., *Across the Dark Waters : Ethnicity and Indian Identity in the Caribbean*, Londres, Macmillan Caribbean, 1996.

DABYDEEN, David, Jonathan MORLEY, Brinsley SAMAROO, Amar WAHAB et Brigid WELLS, éds., *The First Crossing, being the Diary of Theophilus Richmond, ship's surgeon aboard the Hesperus, 1837-8*, Coventry, The Derek Walcott Press, 2007.

DABYDEEN, David, Maria Del Pilar KALADEEN et Tina K. RAMNARINE, *The Other Windrush*, Londres, Pluto Press, 2021.

D'AGUIAR, Fred, « The Last Essay About Slavery », *The Age of Anxiety*, Sarah DUNANT et Roy PORTER, éds., Londres, Virago, 1996, p. 125-147.

DAVIS, Rocio G., « Oral Narrative as Short Story Cycle : Forging Community in Edwidge Danticat's *Krik ? Krak !* », *Melus*, 26-2 (Été 2001), p. 65-81.

DANTICAT, Edwidge, « We Are Ugly, but We Are Here », *Caribbean Writer* 10, 1996, n. p.

DANTICAT, Edwidge, *Create Dangerously*, Princeton et New York, 2010.

DASH J. Michael et Edouard GLISSANT : *Reader in Francophone Literature*, University of the West Indies Mona, Kingston, Jamaïque, Cambridge, Cambridge University Press, 1995.

DELEUZE, Gilles et Félix GUATTARI, *Mille Plateaux. Capitalisme et schizophrénie 2*, Paris, Les Éditions de Minuit, 1980.

DELOUGHREY, Elizabeth M., Renée K. GOSSON et George B. HANDLEY, éds., *Caribbean Literature and the Environment*, Charlottesville, University of Virginia Press, 2005.

DERRIDA, Jacques, *La Voix et le phénomène*, Paris, PUF, 1967.

DERRIDA, Jacques, *Mal d'archive : Une impression freudienne*, Paris, Galilée, 1995.

DERRIDA, Jacques, *Poétique et politique du témoignage*, Paris, L'Herne, 2005.

DERRIDA, Jacques, *Trace et archive, image et art*, Paris, INA, 2014.

DES ROSIERS, Joël, *Théories Caraïbes – Poétique du déracinement*, Montréal, Triptyque, 1996.

DES ROSIERS, Joël, *Métaspora – Essai sur les patries intimes*, Montréal, Éditions Triptyque, 2013.

DIAZ, Brigitte, *L'Épistolaire ou la pensée nomade*, Paris, Puf, 2002.

DONNELL, Alison, *Twentieth-Century Caribbean Literature – Critical Moments in Anglophone Literary History*, New York, Routledge, 2006.

DONNELL, Alison, « What it Means to Stay : Reterritorializing the Black Atlantic in Erna Brodber's Writing of the Local », *Third World Quarterly* 26-3, Connecting Cultures, 2005, p. 479-486.

DONNELL, Alison et Sarah LAWSON WELSH, *The Routledge Reader in Caribbean Literature*, Londres, Routledge, 1996.

DORING, Tobias, *Caribbean-English Passages : Intertextuality in a Post-Colonial Tradition*, Londres, Routledge, 2002.

ECKSTEIN, Lars, *Re-Membering the Black Atlantic – On the Poetics and Politics of Literary Memory*, Cross-Cultures 84, Amsterdam et New York, Rodopi, 2006.

EMMER, P. C., « The Great Escape : The migration of female indentured servants from British India to Surinam, 1873-1916 » D. Richardson, éd., *Abolition and its Aftermath : The Historical Context 1790-1916*, Londres, 1986.

EDMONDSON, Belinda, *Making Men : Gender, Literary Authority, and Women's Writing in Caribbean Narrative*, Durham, N. C., Duke University Press, 1999.

EDMONDSON, Belinda, « Race, Tradition, and the Construction of the Caribbean Aesthetics », *New Literary History* 25-1, hiver 1994, p. 109-120.

EDMONDSON, Belinda, « Race, Privilege, and the Politics of (Re)Writing History : An Analysis of the Novels of Michelle Cliff », *Callaloo* 16-1, 1993, p. 180-191.

EDMONDSON, Belinda, « Jamaica Kincaid and the Genealogy of Exile ». *Small Axe* 5, mars 1999, p. 72-79.

EVANS, Lucy, *Communities in Contemporary Anglophone Caribbean Short Stories*, Liverpool, Liverpool University Press, 2014.

FRUND, Arlette, *Écritures d'esclaves : Phillis Wheatley and Olaudah Equiano figures pionniéres de la diaspora africaine américaine*, Paris, Michel Houdiard Éditeur, 2006.

FRYER, Peter, *Staying Power : The History of Black People in Britain*, Londres, Pluto Press, 1984.

GATES, Henry Louis Jr., *The Slave's Narrative*, Oxford University Press, 1985.

GRANT, Kevin, éd., *The Art of David Dabydeen*, Leeds, Peepal Tree Press, 1997.

FARRED, Grant, « You Can Go Home Again, You Just Can't Stay : Stuart Hall and the Caribbean Diaspora », *Research in African Lieratures* 27-4, hiver 1996, p. 28-48.

FASSIN, Didier et Richard RECHTMAN, *L'Empire du traumatisme : enquête sur la condition de victime*, Paris, Flammarion, 2007.

GADSBY, Meredith M., *Sucking Salt : Caribbean Women Writers, Migration and Survival*, Columbia, Missouri, University of Missouri Press, 2006.

GENETTE, Gérard, *et al.*, *Théorie des genres*, Paris, Seuil, 1986.

GIKANDI, Simon, « Introduction : Africa, Diaspora, and the Discourse of Modernity ». *Research in African Literatures* 27-4, hiver 1996, p. 1-6.

GIKANDI, Simon, *Writing in Limbo Modernism and Caribbean Literature*, Ithaca, NY, Cornell University Press, 1992.

GILROY, Paul, *The Black Atlantic : Modernity and Double Consciousness*, Cambridge, MA., Harvard University Press, 1993.

GLISSANT, Édouard, *Le Discours antillais*, Paris, Gallimard, 1981.

GLISSANT, Édouard, *Introduction à une Poétique du Divers*, Paris, Gallimard, 1996.

GOULBOURNE, Harry, *Caribbean Transnational Experience*, Londres, Pluto Press, et Kingston, Jamaïque : Arawak Publications, 2002.

GOYAL, Yogita, *Diasporic Nationalisms, Nationalist Diasporas : Theorizing Race in the Black Atlantic*, PhD Dissertation Ann Arbor, 2003. UMI Ann Arbor, 2003.

GOYAL, Yogita, *Runaway Genres : The Global Afterlives of Slavery*, New York, New York University Press, 2019.

GRANT, Kevin, *The Art of David Dabydeen*, Leeds, Peepal Tree Press, 1997.

GUIGNERY, Vanessa et François GALLIX, *Crime Fictions : Subverted Codes and New Structures*, in *Sillages Critiques* 6, 2004.

GYSSELS, Kathleen, *Fillles de solitude : Essais sur l'identité antillaise dans les (auto)-biographies fictives de Simone et André Schwartz-Bart*, Paris, L'Harmattan, 1996.

GYSSELS, Kathleen, *Passes et impasses dans le comparatisme postcolonial caribéen : Cinq traverses*, Paris, Honoré Champion, 2020.

HALL, Stuart, « Cultural Identity and Diaspora », *Colonial Discourse and Postcolonial Theory : A Reader*, Laura Chrisman and Patrick Williams, eds., New York, Columbia University Press, 1994, p. 392-403.

HALL, Stuart, « Thinking the Diaspora : Home-Thoughts from Abroad », *Small Axe* 6, septembre 1999, p. 1-18.

HAMILTON, Carolyn, *et al*, éds., *Refiguring the Archive*, Dordrecht, Kluwer Academic, 2002.

HARRIS, Joseph, éd., *Global Dimensions of the African Diaspora*, Washington, DC., Howard University Press, 1993.

HENKE, Holger, éd., *Constructing Vernacular Culture in the Trans-Caribbean Culture*, Lanham, MD., Lexington Books, 2008.

HINE, Darlene Clark et Jacqueline McLeod, *Crossing Boundaries : Comparative History of Black People in Diasporas*, Bloomington/Indianapolis, IN., Indiana University Press, 1999.

HIRSCH, Marianne, « Surviving Images : Holocaust Photographs and the Work of Postmemory », *Yale Journal of Criticism*, 14-1 (2001), p. 5-37.

HOFMEYR, Isabel, Pamila GUPTA et Michael PEARSON, éds., *Eyes across the Water : Navigating the Indian Ocean*, Pretoria, Unisa Press, 2010.

HOFMEYR, Isabel et Michelle WILLIAMS, éds., *South Africa and India : Shaping the Global South*, Johannesburg, Wits University Press, 2011.

HOOCK-DEMARLE, Marie-Claire, *L'Europe des lettres : réseaux épistolaires et construction de l'espace européen*, Paris, André Michel, 2008.

HOSEIN, Gabrielle Jamela, et Lisa OUTAR, éds., *Indo-Caribbean Feminist Thought. Genealogies, Theories, Enactments*, Londres et New York, Palgrave Macmillan, 2016.

HUNWICK, John et Eve TROUTT POWELL, *The African Diapora in the Mediterranean Lands of Islam*, Princeton, NJ., Markus Wiener Publishers, 2002.

HUSSAIN, Yasmin, *Writing Diaspora – South Asian Women, Culture and Ethnicity*, Burlington, Ashgate, 2005.

INGRAM, Forrest L., *Representative Short Story Cycles of the Twentieth Century : Studies in a Literary Genre*, The Hague, Mouton, 1971.

JAYASURIYA, Shihan de S. & Richard PANKHURST, éds., *The African Diaspora in the Indian Ocean*, Londres, African Research and Publications, 2001.

KALAMARAS, George, *Reclaiming the Tacit Dimension : Symbolic Form in the Rhetoric of Silence*, Albany, NY., State University of New York Press, 1994.

KAUR, Amarjit, *Wage Labour in Southeast Asia since 1840 : Globalisation, the International Division of Labour and Labour Transformations*. Basingstoke : Palgrave Macmillan, 2004.

KILLINGRAY, David, *Africans in Britain*, Londres, Frank Cass, 1994.

KIRPAL, Viney, *The Third World Novel of Expatriation : A Study of Emigre Fiction by Indian, West African, and Caribbean Writers*, New Delhi, Sterling Publishers, 1989.

KOWALESKI, Wallace, Elizabeth. *The British Slave Trade and Public Memory*, New York, Columbia University Press, 2006.

KUMAR, Ashutosh, *Coolies of the Empire – Indentured Indians in the Sugar Colonies 1830-1920*. Cambridge : Cambridge University Press, 2017.

LACAPRA, Dominick, *Writing History, Writing Trauma*, Baltimore, The University of John Hopkins Press, 2001.

LA GUERRE, John, éd., *Calcutta to Caroni : The East Indians of Trinidad*. Trinidad, the University of the West Indies, 1985.

LAL, Walton Look, éd., *Essays on the Chinese Diaspora in the Caribbean*, Trinidad, University of the West Indies, 2006.

LAL, Walton Look, *Indentured Labour, Caribbean Sugar*, Baltimore, Johns Hopkins University Press, 1993.

LAL, B.V., 'Approaches to the Study of Indian Indentured Emigration with Special Reference to Fiji', *Journal of Pacific History*, xv, nos. 1-2 (1980).

LAL, B.V., *Girmitiyas : The Origins of the Fiji Indians*, Canberra, Journal of Pacific History, 1983.

LAL, B.V., Doug MUNRO, et Edward D. BEECHERT éds. *Plantation Workers : Resistance and Accommodation*, Honolulu, University of Hawaii Press, c1993.

LARSON, Pier M., *Ocean of Letters – Language and Creolization in an Indian Ocean Diaspora*, Cambridge, Cambridge University Press, 2009.

LEDENT, Bénédicte, *Caryl Phillips*. Manchester et New York, Manchester University Press, 2002.

LEDENT, Bénédicte, *Bridges Across Chasms : Towards a Transcultural Future in Caribbean Literature*, Liége, Université de Liège, 2004.

LEDENT, Bénédicte et Daria TUNCA, *Caryl Phillips : Writing in the key of Life*, Amsterdam et New York, Rodopi. 2012.

LEYS, Ruth, *Trauma : A Genealogy*, Chicago, University of Chicago Press, 2000.

LOICHOT, Valérie, *The Tropics Bite Back – Culinary Coups in Caribbean Literature*, Minneapolis, University of Minnesota Press, 2013.

LOKAISINGH-MEIGHOO, Sean, *Dialectics of Diaspora and Home : Indentureship, Migration and Indo-Caribbean Identity*, Graduate Diss., York University, 1997.

MACEDO, Lynne, et Kampta KARRAN, éds., *No Land, No Mother – Essays on David Dabydeen*, Leeds, Peepal Tree Press, 2007.

MALFRAY, Hubert, « Une poétique de la précarité : Économies d'écritures dans *Crossing the River* de Caryl Phillips », *Traversée d'une œuvre :* Crossing the River *de Caryl Phillips*, Vanessa GUIGNERY et Christian GUTLEBEN, éds., Revue *Cycnos*, Nice, L'Harmattan, 2016, p. 124-137.

MANGRU, Basdeo, *Indenture and Abolition – Sacrifice and Survival on the Guyanese Sugar Plantations*, Toronto, TSAR, 1993.

MANGRU, Basdeo, *A History of the East Indian Resistance on the Guyana Sugar Estates 1869-1948*, New York, Mellon, 1996.

MANSINGH, Laxmi et Aji, *Home Away from Home – 150 Years of Indian Presence in Jamaica 1845-1995*, Kingston, Jamaïque, Ian Randle Publishers, 1999.

MATZKE, Christine et Susanne MÜHLEISEN, *Postcolonial Postmortems – Issues and Perspectives*, Amsterdam et New York, Rodopi, 2006.

MEHTA, Brinda, *Diasporic (Dis)locations : Indo-Caribbean Women Writers Negotiate the Kala Pani*. Kingston, Jamaïque, University of the West Indies Press, 2004.

MEHTA, Brinda, *Notions of Identity, Diaspora and Gender in Caribbean Women's Writing*, New York, Palgrave Macmillan, 2009.

MBEMBE, Achille, *Necropolitics*. Trans. Steve Corcoran. North Carolina : Duke University Press, 2019.

MERCER, Kobena, *Welcome to the Jungle : New Positions in Black Cultural Studies*, New York, Routledge, 1994.

MIANO, Léonora, éd. *Marianne et le garçon noir*, Paris, Pauvert, 2017.

MISHRA, Vijay, éd., *Rama's Banishment : a Centenary Tribute to the Fiji Indians, 1879-1979*, Auckland, New Zealand, Heinemann, 1979.

MISHRA, Vijay, *The Literature of the Indian Diaspora – Theorizing the Diasporic Imaginary*, Londres, Routledge, 2007.

MISRAHI-BARAK, Judith, « Skeletons in Caribbean Closets : Austin Clarke's *The Polished Hoe* and Denise Harris's *Web of Secrets* », *Family Fictions*, Irene VISSER et Heidi VAN DEN HEUVEL-DISLER, éds., Centre for Development Studies Research Report 23, Université de Groningen, Pays-Bas, août 2005, p. 53-64.

MISRAHI-BARAK, Judith, éd., *Revisiting Slave Narratives. PoCoPages*, Coll. « Horizons anglophones », Montpellier, Pulm, 2005.

MISRAHI-BARAK, Judith, éd., *Revisiting Slave Narratives 2. PoCoPages*, Coll. « Horizons anglophones », Montpellier, Pulm, 2007.

MISRAHI-BARAK, « Postérités anglophones et francophones des récits d'esclaves : regards vers le XXe et XXIe siècle », *Littérature et esclavage*, Sarga MOUSSA, éd., Paris, Éditions Desjonquères, 2010, p. 385-396.

MISRAHI-BARAK, Judith et Rita CHRISTIAN, éds., *India and the Diasporic Imagination*. Série *PoCoPages*, Coll. « Horizons anglophones », Montpellier, Pulm, 2011.

MISRAHI-BARAK, Judith, « Looking in, Looking out : the Chinese-Caribbean Diaspora through Literature – Meiling Jin, Patricia Powell, Jan Lowe Shinebourne ». *Journal of Transnational American Studies – Special Focus on Asian American Studies*, juin 2012.

MISRAHI-BARAK, Judith, « Diasporic Agency and the Power of Literary Form in Caribbean Literature ». A*tlantic Studies*, 9.4, 2012, p. 431-446.

MISRAHI-BARAK, Judith, « Ruptures and Junctures : Reinventing and Repossessing the Diasporic Self in Ramabai Espinet's *The Swinging Bridge* », *Repenser la diversité : le sujet diasporique*, Corinne DUBOIN, éd., St Denis de la Réunion, Océans Éditions, 2013, p. 127-139.

MISRAHI-BARAK, Judith, « Exploring Trauma through the Memory of Text : Edwidge Danticat Listens to Jacques Stephen Alexis, Rita Dove and René Philoctète ». *The Journal of Haitian Studies*, 19.1, 2013, p. 163-183.

MISRAHI-BARAK, « Rifts and Riffs, Roots and Routes in Ramabai Espinet's *The Swinging Bridge* », *Tracing the New Indian Diaspora*, Om DWIVEDI, éd. Amsterdam, Rodopi, Cross Cultures, 2014, p. 235-251.

MISRAHI-BARAK, « Post-*Beloved* Writing : Review, Revitalize, Recalculate », *Black Studies Papers* 1.1, 2014, *Slavery Revisited*, p. 37-55.

MISRAHI-BARAK, Judith, « Biopolitics and Translation : Edwidge Danticat's Many Tongues », *International Journal of Francophone Studies* 17, 3-4, 2014, p. 349-371.

MISRAHI-BARAK, Judith, « Regards croisés et décroisés : *translations* indo-céaniques et rencontres transatlantiques – Ananda Devi traduit David Dabydeen, Carl de Souza traduit Ismith Khan », *Interculturel Francophonies* n° 28, coordonné par Valérie MAGDELAINE-ANDRIANJAFITRIMO, décembre 2015, p. 215-231.

MISRAHI-BARAK, Judith, « Indentureship, Caste and the Crossing of the Kala pani », *Journal of the Inter-University Centre for Humanities and Social Sciences*, Numéro spécial sur « The Indian Nation and its Others », Indian Institute of Advanced Study à Shimla (Inde), coordonné par Sumanyu SATPATHI, Vol. XXIV (2), hiver 2017, p. 18-36.

MISRAHI-BARAK, Judith, « Ramabai and Gainder, Gaiutra and Sujaria are Turning Tides : Great-grandmothers' and Great-granddaughters' Odysseys and Narratives of the *Kala Pani* ». *Turning Tides : Caribbean Intersections in the Americas and Beyond*, Heather CATEAU and Milla COZART RIGGIO, eds., Kingston, Jamaïque, Ian Randle Publishers, 2019, p. 73-87.

MISRAHI-BARAK, Judith, « Letters and Chronicles from the Windrush Generation : Epistolary Sorrow, Epistolary Joy », *Windrush (1948) and Rivers of Blood (1968) : Legacy and Assessment*, Trevor HARRIS, éd., Routledge, 2019, p. 119-134.

MISRAHI-BARAK, Judith, « Narrative Strategies and the Deconstruction of Lies : Jan's Journey on board *The Last Ship* ». *Caribbean Quarterly*, vol. 67, n° 1-2, mars-juin 2021, p. 18-36.

MISRAHI-BARAK, Judith, « Reconstructive Textual Surgery in Edwidge Danticat's *Krik ? Krak !* and *The Dew Breaker* », *The Bloomsbury Handbook to Edwidge Danticat*, Jana Evans BRAZIEL et Nadège T. CLITANDRE, éds., Londres, Bloomsbury, 2021, p. 41-61.

MOÏSE, Myriam et Fred RÉNO, éds., *Border Transgression and Reconfiguration of Caribbean Spaces*, Londres, Palgrave, 2020.

MUNRO, Martin, éd., *Edwidge Danticat : A Reader's Guide*, Charlottesville, University of Virginia Press, 2010.

NASTA, Susheila, éd., *Motherlands : Black Women's Writing from Africa, the Caribbean, and South Asia.* New Brunswick, N. J., Rutgers University Press, 1992.

NASTA, Susheila, *Home Truths – Fictions of the South Asian Diaspora in Britain*, Londres, Palgrave, 2002.

OBOE, Annalisa et Anna SCACCHI, éds., *Recharting the Black Atlantic – Modern Cultures, Local Communities, Global Connections*, New York et Londres, Routledge, 2008.

O'CALLAGHAN, Evelyn, « Historical Fiction and Fictional History : Caryl Phillips's Cambridge », *Journal of Commonwealth Literature*, 1993.

ONG, Walter, *Orality and Literacy : The Technologizing of the Word*, 1982, Londres et New York, Methuen, 2004.

PANDE, Amba, *Women in the Indian Diaspora : Historical Narratives and Contemporary Challenges*. Singapore : Springer, 2018.

PATTESON, Richard F., *Caribbean Passages – A Critical Perspective on New Fiction from the West Indies*, Boulder et Londres, Three Continents, 1998.

PATTERSON, Tiffany Ruby et Robin D. G. KELLEY, « Unfinished Migrations : Reflections on the African Diaspora and the Making of the Modern World », *African Studies Review* 43-1, April 2000, p. 11-45.

PARIAG, Florence, *East Indians in the Caribbean : An Illustrated History*, Kingston, Jamaïque, Arawak Publications, 2004.

PHILLIPS, Mike, *London Crossings*, Londres et New York, Continuum, 2001.

POYNTING, Jeremy, *From the Sugar Estate to the Suburbs : Images of Diversity and Change in Indo-Caribbean Fiction*, Coventry, Centre for Caribbean Studies, University of Warwick, 1989.

PESSAR, Patricia, *Caribbean Circuits : New Directions in the Study of Caribbean Migration*, New York, Center for Migration Studies, 1997.

RABATÉ, Jean-Michel, *La Pénultième est morte. Spectrographies de la modernité*, Seyssel, Champ Vallon, coll. « L'Or d'Atalante », 1993.

RADHAKRISHNAN, R., *Diasporic Mediations : Between Home and Location*, Minneapolis, University of Minnesota Press, 1996.

RAMCHAND, Kenneth, « West Indian Literary History : Literariness, Orality and Periodization », *Callaloo* 34, hiver 1988, p. 95-110.

RAMDIN, Ron, *Arising from Bondage : A History of the Indo-Caribbean People*, New York, New York University Press, 2000.

RAMPERSAD, Kris. *Finding a Place – Indo-Trinidadian Literature*, Kingston, Jamaïque, Ian Randle Publisher, 2002.

RAMRAJ, Victor, « Trapdoors into a Bottomless past – V. S. Naipaul's Ambivalent Vision of the Indian Experience », *Indians in the Caribbean*, Bahadur SINGH, éd. New Delhi, Sterling Publishers, 1987, p. 85-102.

REDDOCK, Rhonda, *Ethnic Minorities in Caribbean Society*, St Augustine, Trinidad et Tobago, The University of the West Indies, 1996.

RICE, Alan, *Creating Memorials, Building Identities : The Politics of Memory in the Black Atlantic*, Liverpool, Liverpool University Press, 2010.

RICE, Alan, *Radical Narratives of the Black Atlantic*, Londres et New York, MPG Books, 2003.

ROCHMANN, Marie-Christine, *L'Esclave fugitif dans la littérature antillaise*, Paris, Karthala, 2000.

ROOPNARINE, Lomarsh, *Indo-Caribbean Indenture. Resistance and Accomodation, 1838-1920*, Kingston, Jamaïque, University of the West Indies Press, 2007.

ROSS, Stephen, *Fiction's Inexhaustible Voice – Speech and Writing in Faulkner*, Athènes et Londres, The University of Georgia Press, 1989.

ROTHBERG, Michael, *Multidirectional Memory : Remembering the Holocaust in the Age of Decolonization*, Stanford, Stanford University Press, 2009.

RUHOMON, Joseph, *India : Progress of her People at Home and Abroad*, Georgetown, C. K. Jardine, 1894.

RUHOMON, Peter, *Centenary History of the East Indians in British Guiana, 1838-1938*, 1947, Georgetown, the East Indians 150th Anniversary Committee, 1988.

RUSHDIE, Salman, « Imaginary Homelands », *Imaginary Homelands : Essays and Criticism, 1981-1991*, 1982, Londres, Granta, 1992.

RUSHDY, H. A., *Neo-Slave Narratives : Studies in the Social Logic of a Literary Form*, New York, Oxford University Press, 1999.

RUSHDY, H. A., « The Politics of the Neo-Slave Narrative », *Revisiting Slave Narratives, PoCoPages*, Judith MISRAHI-BARAK, éd. Montpellier, Pulm, 2005, p. 91-102.

RYAN, Selwyn et Taimoon STEWART, éds., *Entrepreneurship in the Caribbean – Culture, Structure, Conjuncture*, St Augustine, Trinidad et Tobago, The University of the West Indies, 1994.

RZEPKA, Charles J. et Lee HORSLEY, éds., *Companion to Crime Fiction*, Oxford, Wiley-Blackwell, 2010.

SAFRAN, William, « Diasporas in Modern Societies : Myths of Homeland and Return », *Diasporas* 1-1, 1991, p. 83-99.

SCOTT, Helen, *Caribbean Women Writers and Globalization : Fictions of Independence*, Farnham, Ashgate Publishing, 2006.

SAMAROO, Brinsley, « In Sick Longing for the Further Shore : Return Migration by Caribbean East Indians during the Nineteenth and Twentieth Centuries », *Return Migration and Remittances : Developping a Caribbean Perspective*, William F. STINER, Klaus DE ALBUQUERQUE et Roy S. BRYCE-LAPORTE, eds. Washington D. C., Research Institute on Immigration and Ethnic Studies Smithsonian Institution, 1982, p. 45-72.

SAMAROO, Brinsley, « Chinese and Indian Coolie Voyages to the Caribbean », *Journal of Caribbean Studies*, Vol. 14, 1 & 2, 2000, p. 3-24.

SEECHARAN, Clem, *India and the Shaping of the Indo-Guyanese Imagination 1890s-1920s*, Leeds, Peepal Tree Press, 1993.

SEECHARAN, Clem, *'Tiger in the Stars' : The Anatomy of Indian Achievement in British Guiana 1919-1929*, Londres, MacMillan Education Ltd., 1997.

SEECHARAN, Clem, *Bechu : "Bound Coolie" Radical in British Guiana, 1890s-1920s*, Kingston, Jamaïque, University of the West Indies Press, 1999.

SEECHARAN, Clem, *Sweetening "Bitter Sugar" : Jock Campbell, the Booker Reformer in British Guiana, 1934-1966*, Kingston, Jamaïque, Ian Randle, 2004.

SEECHARAN, Clem, *Mother's India Shadow over El Dorado – Indo-Guyanese Politics and Identity 1890s-1930*, Kingston, Jamaïque, Ian Randle Publishers, 2015.

SEECHARAN, Clem, *Finding Myself – Essays on Race, Politics and Culture*, Leeds, Peepal Tree Press, 2015.

SHEMAK, April, *Asylum Speakers*, New York, Fordham University Press, 2011.

SHEPERD, Verene, *Transients to Settlers : The Experience of Indians in Jamaica 1845-1950*, Leeds, Peepal Tree Press, 1994.

SHEPERD, Verene, *Maharani's Misery : Narratives of a Passage from India*, Kingston, Jamaïque, University of the West Indies Press, 2002.

SCHAEFFER, Jean-Marie, *Qu'est-ce qu'un genre littéraire ?* Paris, Seuil, 1989.

SHARPE, Christina, *Ghosts of Slavery : A Literary Archaeology of Black Women's Lives*, Minneapolis, Minnesota University Press, 2003.

SHARPE, Christina, *In the Wake : On Blackness and Being*, Durham, Duke University Press, 2016.

SHIH, Shu-mei et Françoise LIONNET, éds., *Minor Transnationalism*, Durham et Londres, Duke University Press, 2005.

STEEDMAN, Carolyn, *Dust – The Archive and Cultural History*, 2001, Chicago, Rutgers University Press, 2002.

STEPTO, Robert, *From Behind the Veil : A Study of Afro-American Narrative*, 1979, Urbana et Chicago, University of Illinois Press, 1991.

SUÁREZ, Lucía, « Gisèle Pineau : Writing the Dimensions of Migration », *World Literature Today* 75, 3-4, p. 9-21.

STEPHANIDES, Stephanos et Karna SINGH. *Translating Kali's Feast : The Goddess in Indo-Caribbean Ritual and Fiction.* Amsterdam, Rodopi, 2000.

TINKER, Hugh, *A New System of Slavery : The Export of Indian Labour Overseas 1830-1920*, Oxford, Institute of Race Relations, Londres, 1974.

TODOROV, Tzvetan, « Typologie du roman policier », *La Poétique de la Prose*, 1971, Paris, Le Seuil, 1980.

TÖLÖLYAN, Khachig, « The Nation States and its Others : In Lieu of a Preface », *Diaspora : A Journal of Transnational Studies* 1-1, 1991, p. 3-7.

TÖLÖLYAN, Khachig, « Rethinking Diaspora(s) : Stateless Power in the Transnational Moment », *Diaspora : A Journal of Transnational Studies*, 5-1, 1996, p. 3-36.

The Women of the South Asian Descent Collective San Francisco, eds. *Our Feet Walk the Sky : Women of the South Asian Diaspora.* Aunt Lute, 1993.

TROUILLOT, Michel-Rolph, *Silencing the Past : Power and the Production of History*, Boston, Beacon Press, 1995.

VENUTI, Lawrence, *The Translator's Invisibility – A History of Translation*, 1995, Londres et New York, Routledge, 2012.

VERTOVEC, Steve, *Hindu Trinidad : Religion, Ethnicity and Socio-Economic Change*, Londres, Macmillan, 1992.

VERTOVEC, Steve, *The Hindu Diaspora : Comparative Patterns*, Londres, Routledge, 2000.

WALKER, James W., *Black Loyalists : The Search for a Promised Land in Nova Scotia and Sierra Leone 1783-1870*, Toronto, University of Toronto Press, 1976.

WINKS, Robin, *Blacks in Canada : A History*, Montreal, McGill-Queen's University, 1971.

WOOD, Marcus, *Blind Memory : Visual Representations of Slavery in England and America*, New York, Routledge, 2000.

WOOD, Marcus, *Slavery, Empathy and Pornography*, Oxford, Oxford University Press, 2002.

INDEX DES NOMS

INDEX DES THÈMES

TABLE DES MATIÈRES

IMPRIM'VERT®

Achevé d'imprimer par Corlet,
Condé-en-Normandie (Calvados), en décembre 2021
N° d'impression : 174084 - dépôt légal : décembre 2021
Imprimé en France